Gary Chapman



# Frühstück MIT GOTT

365 Andachten für Paare

francke

**Über den Autor:**
Gary Chapman ist ein bekannter Eheberater und Autor. Von *Die fünf Sprachen der Liebe* wurden weltweit mehr als 10 Mio. Exemplare verkauft. Er hat zwei erwachsene Kinder, zwei Enkel und lebt mit seiner Frau Karolyn in North Carolina.

Bibliografische Information Der Deutschen Bibliothek
Die Deutsche Bibliothek verzeichnet diese Publikation in der Deutschen Nationalbibliografie; detaillierte bibliografische Daten sind im Internet über http://dnb.ddb.de abrufbar.

3. Auflage 2014
ISBN 978-3-86827-344-1

Originally published in English under the title
*The One Year Love Language Minute Devotional*
by Tyndale House Publishers, Inc. USA

35037 Marburg an der Lahn
Deutsch von Brigitte Hahn
Umschlaggestaltung: Verlag der Francke-Buchhandlung GmbH / Sven Gerhardt
Umschlagbild: © istockphoto.com / Daniel Laflor
Satz: Verlag der Francke-Buchhandlung GmbH
Printed in Czech Republic

www.francke-buch.de

# Einleitung

Seit mehr als drei Jahrzehnten habe ich das Vorrecht, Ehepaare zu beraten. In diesem Zeitraum habe ich eine ganze Menge Ehekonflikte mitansehen müssen. Aber ich habe auch immer wieder erlebt, wie Gott in Beziehungen eine Umwandlung bewirkt. Wenn zwei Menschen zu ihrer Liebe stehen und sich entschließen, sich dafür der fünf Sprachen der Liebe zu bedienen, kommt es zu positiven Veränderungen.

Weil ich beruflich in der Eheberatung tätig bin, verwende ich beim Schreiben auch die Sprache der Ehe. Manche der von mir angesprochenen Themen sind ehespezifisch. Ich hoffe jedoch, dass Sie dieses Buch auch lesen, wenn Sie als Paar befreundet oder verlobt sind. Es enthält auch für Sie hilfreiche Tipps. Die Bausteine einer Ehe wie zum Beispiel eine gute Kommunikation, gegenseitiger Respekt, vorbehaltlose Liebe und Vergebung, sind grundlegend für jede Art von romantischer Beziehung. Wenn man lernt, die „Liebessprache" eines geliebten Menschen zu identifizieren und zu sprechen, ist das für ein Paar in jeder Phase seiner Beziehung hilfreich.

Sie können dieses Andachtsbuch für sich allein oder täglich gemeinsam mit Ihrem Partner oder Ihrer Partnerin lesen. Verwenden Sie das Gebet am Schluss jeder Andacht als Ausgangspunkt für Ihr eigenes Beten, ob Sie es nun gemeinsam in aller Stille oder nacheinander laut tun. Jeden Tag können Sie in nur ein bis zwei Minuten Mut machende Entdeckungen in der Bibel machen.

Ob Ihre Beziehung nun stark ist oder sich in einer Krise befindet, ob sie stabil oder wacklig ist – mein Wunsch und Gebet ist es, dass dieses Andachtsbuch Ihnen Mut macht und Ihnen wieder neue Freude aneinander schenkt. Möge in diesem Jahr Ihre Beziehung neu gestärkt werden, während Sie Ihr Augenmerk darauf richten, einander zu lieben und in dieser Liebe gemeinsam zu wachsen.

*Gary Chapman*

# 1. Januar

## Ausdrucksformen der Liebe

*Was bleibt, sind Glaube, Hoffnung und Liebe. Die Liebe aber ist das Größte.*
*Die Liebe soll euer höchstes Ziel sein.*
1. Korinther 13,13-14,1

Nach drei Jahrzehnten Erfahrung in der Paar- und Eheberatung bin ich zu der Überzeugung gekommen, dass es fünf verschiedene Ausdrucksformen der Liebe gibt, fünf Sprachen der Liebe. Jeder von uns hat eine bevorzugte Liebessprache, die uns tiefer berührt als die anderen vier. Nur selten „spricht" ein Ehepaar dieselbe Sprache der Liebe. Wir sprechen meistens unsere eigene Sprache, und deshalb reden wir so oft aneinander vorbei. Natürlich meinen wir es ehrlich. Wir drücken unsere Liebe sogar aus, aber wir befinden uns gefühlsmäßig nicht auf derselben Ebene.

Kommt Ihnen das bekannt vor? Liebe muss nicht zwangsläufig im Laufe der Zeit schwächer werden. Am Schluss von 1. Korinther 13, dem berühmten „Liebeskapitel" in der Bibel, heißt es, dass Liebe von großem und bleibendem Wert ist. Der Apostel Paulus sagt sogar, dass die Liebe unser höchstes Ziel sein sollte. Aber wenn Sie Ihre Liebe zueinander am Leben erhalten wollen, müssen Sie eine neue Liebessprache lernen. Das erfordert Disziplin und Übung, aber Sie werden dafür mit einer dauerhaften, unauflöslichen Beziehung belohnt.

*Herr, danke, dass du jeden von uns anders geschaffen hast. Befreie mich von der falschen Vorstellung, mein Partner oder meine Partnerin müsste genauso denken und fühlen wie ich. Bitte gib mir die Geduld, die ich brauche, um herauszufinden, wie ich meinem Mann oder meiner Frau am besten meine Liebe zeigen kann.*

## 2. Januar

# Die Sprachen der Liebe lernen

*Meine Freunde, wenn uns Gott so sehr liebt, dann müssen auch wir einander lieben. Niemand hat Gott jemals gesehen. Doch wenn wir einander lieben, bleibt Gott in uns und seine Liebe erfüllt uns ganz.*
1. Johannes 4,11-12

Meine Forschungsarbeit hat ergeben, dass es fünf „Grundsprachen" der Liebe gibt, und zwar:

- Aufmunternde Worte: Mit positiven Worten bestärken Sie den Menschen, den Sie lieben.
- Geschenke: Mit kleinen Aufmerksamkeiten zeigen Sie, dass Sie an jemanden gedacht haben.
- Hilfsbereitschaft: Sie tun etwas, was Ihrem Partner oder Ihrer Partnerin gefällt.
- Zeit füreinander: Sie schenken Ihrem Partner oder Ihrer Partnerin Ihre volle Aufmerksamkeit.
- Zärtliche Berührungen: Händchenhalten, Küsse, Umarmungen, dem anderen die Hand auf die Schulter legen oder jede andere Berührung als Ausdruck von Liebe und Zuneigung.

Von diesen fünf hat jeder von uns eine bevorzugte Sprache der Liebe. Eine dieser Sprachen berührt uns tiefer als die anderen vier. Kennen Sie Ihre Sprache der Liebe? Kennen Sie die Liebessprache Ihres Ehepartners oder Ihrer Ehepartnerin? Viele Paare sind sich in aufrichtiger Liebe zugetan, aber sie bringen ihre Liebe nicht wirkungsvoll genug zum Ausdruck. Wenn Sie die bevorzugte Liebessprache Ihres Ehepartners nicht sprechen, dann fühlt er oder sie sich vielleicht nicht von Ihnen geliebt, obwohl Sie ihm oder ihr Ihre Liebe auf eine andere Art zeigen.

Die Bibel macht es uns klar, dass wir einander so lieben sollen, wie Gott uns liebt. Der Apostel Johannes schreibt, dass uns die Liebe Gottes „ganz erfüllen" kann. Wenn diese Worte auf die Gemeinde Jesu im Allgemeinen zutreffen, wie viel mehr gelten sie dann für ein Ehepaar? Indem Sie herausfinden, wie der Mensch, den Sie lieben, die Liebe empfindet, machen Sie einen wichtigen Schritt hin zu einer wirkungsvollen Ausdrucksform Ihrer Liebe.

*Vater, hilf mir, meinen Partner oder meine Partnerin aufmerksam zu beobachten. Ich möchte wissen, wie ich ihm oder ihr am besten meine Liebe zeigen kann. Bitte gib mir Weisheit, wenn ich versuche, die Liebessprache meines Geliebten herauszufinden.*

3. Januar

# Der Liebe auf der Spur

*Heute gebe ich euch ein neues Gebot: Liebt einander! So wie ich euch geliebt habe, so sollt ihr euch auch untereinander lieben. An eurer Liebe zueinander wird jeder erkennen, dass ihr meine Jünger seid.*
Johannes 13,34-35

Worum bittet Sie Ihr Ehepartner oder Ihre Ehepartnerin am häufigsten? Meistens verbirgt sich hinter solchen Bitten ein Hinweis auf die Liebessprache eines Menschen. Vielleicht deuten Sie diese Wünsche als Nörgeleien, aber in Wirklichkeit will Ihnen Ihr Partner oder Ihre Partnerin damit signalisieren, wodurch er oder sie sich geliebt fühlt. Wenn Ihr Mann oder Ihre Frau Ihnen zum Beispiel vorschlägt, nach dem Essen einen Spaziergang zu machen oder ein Picknick zu zweit zu veranstalten, den Fernseher abzuschalten und miteinander zu reden oder über das Wochenende zusammen wegzufahren, dann versteckt sich hinter solchen Bitten der Wunsch, mehr Zeit miteinander zu verbringen.

Eine Ehefrau sagte zu mir: „Ich fühle mich vernachlässigt und nicht geliebt, weil mein Mann so selten Zeit für mich hat. An meinem Geburtstag gibt er mir schöne Geschenke, und dann ist er erstaunt, weil ich mich nicht so recht darüber freuen kann. Geschenke haben doch keine Bedeutung, wenn man sich nicht geliebt fühlt.“ Ihr Mann meinte es ehrlich. Er versuchte, ihr seine Liebe zu zeigen, aber er sprach nicht ihre Liebessprache.

Der Evangelist Johannes berichtet, wie Jesus seinen Jüngern das Gebot gibt, einander so zu lieben, wie er sie geliebt hat.

Wie liebt Gott seine Kinder? Seine Liebe ist vollkommen, weil er uns durch und durch versteht. Er kennt uns und er weiß, wie wir seine Liebe erfahren können. Natürlich können wir hier auf Erden niemals auf diese vollkommene Art lieben. Aber wenn wir die Liebessprache unseres Ehepartners entdecken, ist das schon ein wichtiger Schritt in die richtige Richtung.

*Herr, hab Dank, dass du mich in- und auswendig kennst und deine Liebe zu mir vollkommen ist. Hilf mir, darauf zu achten, worum mich mein Ehepartner am häufigsten bittet. Gib mir die Weisheit, diese Wünsche richtig zu deuten und ihm oder ihr meine Liebe deutlicher zu zeigen.*

## 4. Januar

# Die Kunst der Selbstoffenbarung

*Der Herr hält Wort! Den Unterdrückten verhilft er zu ihrem Recht, so wie er es versprochen hat. Er weihte Mose in seine Pläne ein und zeigte allen Israeliten, dass er gewaltige Taten vollbringen kann.*
Psalm 103,6-7

Was wissen Sie über die Kunst der Selbstoffenbarung? Ihre Ursprünge sind bei Gott zu finden. Gott offenbarte sich uns durch die Propheten, die biblischen Schriften und vor allem durch seinen Sohn Jesus Christus. Der oben angegebene Bibelvers erklärt uns, dass Gott sich den Israeliten durch sein Handeln offenbart hat. Sie erlebten, wie er sie aus Ägypten in das gelobte Land führte und auf diese Weise lernten sie ihn kennen. Wenn Gott nicht den Weg der Selbstoffenbarung gewählt hätte, würden wir ihn heute nicht kennen können.

Das gleiche Prinzip gilt für die Ehe. Die Kunst der Selbstoffenbarung ermöglicht es uns, unsere Vorstellungen mitzuteilen, unsere Sehnsüchte, Frustrationen und Freuden. Somit ist diese Kunst der beste Weg zu einem engeren, vertrauteren Umgang miteinander. Ohne Selbstoffenbarung gibt es keine Vertrautheit. Aber wie erlernen wir die Kunst der Selbstoffenbarung?

Sie können einen Anfang machen, indem Sie für sich selbst sprechen. Experten für Kommunikation erklären es so: Verwenden Sie „Ich-Botschaften“ anstelle von „Du-Botschaften“. Ein Beispiel: „*Ich* bin enttäuscht, weil du nicht mit mir zusammen zur Geburtstagsfeier meiner Mutter gehen willst.“ Das klingt ganz anders als: „*Du* hast mich schon wieder enttäuscht, weil du mich nicht zur Geburtstagsfeier meiner Mutter begleitest.“ Wenn Sie den Schwerpunkt auf Ihre eigene Reaktion legen, zeigen Sie Ihre Gefühle. Legen Sie jedoch den Schwerpunkt auf das Verhalten des oder der anderen, geben Sie ihm oder ihr die Schuld. „Du-Botschaften“ führen oft zu Streitereien, „Ich-Botschaften“ dagegen fördern die Kommunikation.

*Himmlischer Vater, bitte mach mir immer wieder bewusst, dass mehr Offenheit der erste Schritt zu einer engeren Beziehung mit dem Menschen ist, den ich liebe. Danke, dass du dich uns offenbart hast. Bitte gib mir den Mut, meinem Ehepartner gegenüber genauso offen zu sein.*

# 5. Januar

## Über Gefühle sprechen

*Jedes Ereignis, alles auf der Welt hat seine Zeit:*
*Weinen und Lachen, Klagen und Tanzen.*
Prediger 3,1.4

Manche Leute fragen sich, warum sie mit ihrem Partner oder ihrer Partnerin überhaupt über ihre Gefühle sprechen sollen. Die Antwort lautet: Wenn Sie auch nicht offen über Ihre Gefühle reden, so zeigen die sich trotzdem in Ihrem Verhalten. Der Mensch, den Sie lieben, hat jedoch keine Ahnung, warum Sie sich so oder so verhalten. Dann hören Sie die sprichwörtliche Frage: „Stimmt etwas nicht mit dir?" Ihr Partner oder Ihre Partnerin weiß, dass etwas nicht stimmt, aber er oder sie kennt nicht die Ursachen Ihres Verhaltens.

Gefühle sind ein natürlicher Bestandteil des Lebens. König Salomo schreibt im Buch Prediger, dass es eine Zeit für alles gibt, für Freude und Leid, für Trauer und für Feiern. Alle Gefühle haben ihren Platz in unserem Leben, und viele von ihnen sagen eine ganze Menge über uns aus. Die meisten unserer Gefühle sind verknüpft mit Erlebnissen aus unserer Vergangenheit oder mit Phasen, die wir momentan durchleben. Wenn Sie wieder einmal enttäuscht sind, fragen Sie sich: *Was hat meine Enttäuschung ausgelöst?* Dann versuchen Sie, mit Ihrem Ehepartner oder Ihrer Ehepartnerin über die Ursachen dieses Gefühls zu sprechen.

Wenn Sie über Ihre Gefühle sprechen, weiß Ihr Ehepartner oder Ihre Ehepartnerin, was in Ihnen vorgeht, was Sie empfinden und warum. Zum Beispiel sagen Sie: „Ich bin wütend auf mich, weil ich gestern Abend spät nach Hause gekommen bin und wir deshalb nicht mehr wegfahren konnten." Eine solche Aussage ermutigt Ihren Partner oder Ihre Partnerin vielleicht zu dieser Reaktion: „Ja, ich bin auch ein bisschen enttäuscht, dass es nicht geklappt hat. Vielleicht können wir unseren Ausflug am Donnerstagabend nachholen." Wenn Sie dem oder der anderen Ihre Gefühle mitteilen, entsteht eine Atmosphäre der Vertrautheit und des Vertrauens.

*Herr, es fällt mir nicht immer leicht, über meine Gefühle zu reden. Mach mir bewusst, dass mein Partner bloß Mutmaßungen über mein Verhalten anstellen kann, wenn ich nicht offen zu ihm bin. Bitte schenke mir den Mut, über meine Gefühle zu sprechen. Hilf, dass wir uns dadurch näherkommen.*

6. Januar

# Über Hoffnungen und Sehnsüchte sprechen

*Endloses Hoffen macht das Herz krank;*
*ein erfüllter Wunsch schenkt neue Lebensfreude.*
Sprüche 13,12

In den vorhergehenden Andachten über Selbstoffenbarung haben wir uns damit beschäftigt, wie wir unsere Erfahrungen und Gefühle mitteilen können. Heute soll es darum gehen, wie wir über Hoffnungen und Sehnsüchte sprechen können. In jeder romantischen Beziehung führt es zu Missverständnissen und Frustrationen, wenn dieses Thema ausgeklammert wird. Sie verlangen Unmögliches, wenn Sie von Ihrem Partner erwarten, dass er Ihre unausgesprochenen Wünsche erfüllt. Auf diese Erwartung kann nur Enttäuschung folgen. Wenn Sie zum Beispiel möchten, dass sich Ihr Ehepartner an Ihrem Geburtstag etwas Besonderes ausdenkt, müssen Sie das auch sagen. Schließlich kann er doch nicht Ihre Gedanken lesen.

In Sprüche 13,12 zeichnet König Salomo ein erschreckendes Bild von erfüllten und unerfüllten Wünschen. Natürlich muss unser Herz nicht unbedingt krank werden, wenn unsere alltäglichen Wünsche nicht erfüllt werden. Uns wird hier vielmehr ein anderer, grundlegender Gedanke vermittelt. Wenn gute, gesunde Wünsche erfüllt werden, empfinden wir Freude. Warum sollten Sie Ihrem Ehepartner nicht eine Freude bereiten wollen? Und warum sollte Ihr Ehepartner nicht das Gleiche für Sie tun?

Es ist ein wichtiger Bestandteil der Selbstoffenbarung, wenn Sie Ihrem Ehepartner Ihre Wünsche mitteilen. Sie haben verschiedene Möglichkeiten, Wünschen und Sehnsüchten Ausdruck zu verleihen. „Ich möchte so gern" ... „Ich wünsche mir" ... „Weißt du, worüber ich wirklich glücklich wäre?" ... oder: „Es würde mich freuen, wenn ..." Wenn Sie Ihre Wünsche in Worte fassen, hat Ihr Partner oder Ihre Partnerin die Chance, diese Wünsche zu erfüllen. Sie fordern nicht, sondern äußern Sie lediglich eine Bitte. Sie haben keinen Einfluss auf die Entscheidungen, die Ihr Partner treffen wird, aber Sie können klar und deutlich sagen, was Sie sich wünschen. Das ist ein Schritt hin zu einer engeren, vertrauteren Beziehung.

• • • • • • • • • • • • • • • • • • • • • • • •

*Himmlischer Vater, bitte hilf mir, meine Sehnsüchte und Wünsche offener zum Ausdruck zu bringen. Ich will keine Forderungen stellen, sondern dem Menschen, den ich liebe, mehr über mich selbst offenbaren und über das, was mir am Herzen liegt. Bitte segne unsere Beziehung und unser Bestreben, die Wünsche des anderen zu erfüllen.*

7. Januar

# Unser Verhalten erklären

*Herr, du durchschaust mich, du kennst mich durch und durch.*
*Ob ich sitze oder stehe – du weißt es, aus der Ferne erkennst du, was ich denke.*
*Dass du mich so genau kennst – unbegreiflich ist das, zu hoch,*
*ein unergründliches Geheimnis!*
Psalm 139,1-2.6

Diese Verse aus Psalm 139 gehören zu den beliebtesten in der Bibel, weil sie uns offenbaren, dass Gott uns durch und durch kennt. Er kennt unsere Gedanken, unsere Gefühle und die Gründe für unser Verhalten. Diese Dimension des Verstehens können wir noch nicht einmal begreifen, geschweige denn nachahmen. Deshalb ist für ein Paar die Kunst der Selbstoffenbarung von so großer Bedeutung.

Wir haben darüber gesprochen, dass wir über unsere Wünsche und Gefühle sprechen sollten, aber es ist auch wichtig, über unser Verhalten zu reden. Ihr Partner kann zwar Ihr Verhalten beobachten, aber er deutet es womöglich falsch, wenn Sie es nicht erklären. Zum Beispiel sieht meine Frau, wie ich einnicke, während sie mit mir spricht. Es würde ihr helfen, wenn ich sagen würde: „Bitte entschuldige, dass ich eingenickt bin. Ich habe eine Kopfschmerztablette genommen, und davon bin ich müde geworden – nicht, weil ich vielleicht nicht hören will, was du mir zu sagen hast." Diese Erklärung hilft ihr, mein Verhalten richtig einzuordnen.

Es ist auch hilfreich, wenn Sie schon im Vorfeld etwas erklären. „Ich gehe jetzt zum Fußballspiel, aber ich mähe den Rasen, sobald ich zurück bin. Mach's gut – ich hab dich lieb." Jetzt muss Ihre Frau sich nicht den ganzen Nachmittag über das hohe Gras ärgern, während Sie auf dem Sportplatz sind. Schließlich weiß sie, was Sie vorhaben.

Wenn Sie erklären, was Sie getan haben, vermitteln Sie Ihrem Ehepartner wertvolle Informationen. „Heute war ich im Möbelgeschäft. Ich habe mir ein komplettes Schlafzimmer angesehen. Es gefällt mir richtig gut und der Preis ist auch noch stark reduziert. Am besten siehst du es dir auch mal an." Eine Erklärung, wie Sie sich angesichts einer Entscheidung oder einer Bitte verhalten haben, hilft Ihrem Partner, die Information richtig zu verarbeiten. Alle diese Schritte fördern das gegenseitige Verständnis und Ihre Paarbeziehung.

*Herr Jesus, danke, dass du uns durch und durch kennst und uns trotzdem liebst. Hilf uns, dass wir uns als Ehepaar bemühen, einander besser kennenzulernen. Bitte schenke uns den Mut, miteinander über die Gründe für unser Verhalten zu reden.*

## 8. Januar

# Veränderung beginnt bei mir

*Warum siehst du jeden kleinen Splitter im Auge deines Bruders, aber den Balken in deinem eigenen Auge bemerkst du nicht? Du Heuchler! Entferne zuerst den Balken aus deinem Auge, dann kannst du klar sehen, um auch den Splitter aus dem Auge deines Bruders zu ziehen.*
Matthäus 7,3.5

In meiner Tätigkeit als Eheberater bin ich zu dieser Schlussfolgerung gelangt: Jeder wünscht sich, dass sich der Partner ändert. „Unsere Ehe könnte so gut sein, wenn er bloß bereit wäre, mir öfter im Haushalt zu helfen." Oder: „Unsere Ehe wäre wirklich toll, wenn sie bereit wäre, öfter als bloß einmal im Monat mit mir zu schlafen." Er will, dass sie sich ändert, und sie will, dass er sich ändert. Und wie sieht das Ergebnis aus? Beide fühlen sich unverstanden, und beide empfinden Bitterkeit.

Die Worte Jesu in Matthäus 7 zeichnen ein lebhaftes Bild von diesem Problem. Wir meinen, dass wir die Fehler der anderen deutlich sehen und wir geben uns viel Mühe bei dem Versuch, diese Defizite zu korrigieren. Aber in Wirklichkeit macht uns unsere eigene Sünde blind. Wenn wir nicht bereit sind, an unseren eigenen Fehlern zu arbeiten, haben wir kein Recht darauf, das Versagen unseres Ehepartners zu kritisieren.

Es gibt jedoch einen besseren Weg. Beginnen Sie bei sich selbst. Geben Sie zu, dass Sie nicht perfekt sind. Bekennen Sie Ihrem Ehepartner Ihre offensichtlichsten Fehler und bekräftigen Sie Ihren Wunsch nach Veränderung. Bitten Sie Ihren Partner jede Woche um Vorschläge, was Sie tun können, um eine bessere Ehefrau oder ein besserer Ehemann zu sein. Setzen Sie Ihren Wunsch nach Veränderung in die Praxis um. Die Wahrscheinlichkeit ist hoch, dass Ihr Partner es Ihnen gleichtut.

*Himmlischer Vater, es fällt mir viel leichter, mich auf die Defizite meines Partners zu konzentrieren, anstatt an mir selbst zu arbeiten. Bitte schenke mir den Mut, ehrlich zu mir selbst zu sein. Hilf mir heute, eine Veränderung in die Tat umzusetzen und dadurch zu einem besseren Ehepartner zu werden.*

# 9. Januar

## Zeit zur Umkehr

*Er (Johannes der Täufer) rief: „Kehrt um zu Gott!*
*Denn jetzt beginnt seine neue Welt! Zeigt erst einmal durch Taten,*
*dass ihr wirklich zu Gott umkehren wollt!"*
Matthäus 3,2.8

Kürzlich sagte eine Frau zu mir: „Wenn wir uns streiten, drehen wir uns immer wieder im Kreis. Wir sind jetzt seit dreißig Jahren verheiratet und ich habe es endgültig satt, wenn er sich immer wieder bei mir entschuldigt. Ich will keine Entschuldigung mehr, sondern ich will, dass er sich ändert." Diese Frau wünschte sich von ihrem Mann eine echte Umkehr. Das Wort Umkehr beinhaltet schon seine Bedeutung, nämlich eine Abkehr von etwas Altem und eine Hinwendung zu etwas Neuem. Im Zusammenhang einer Entschuldigung heißt das, dass ich zutiefst bereue, dem anderen mit meinem Verhalten wehgetan zu haben, und mich entscheide, mein Verhalten zu ändern.

Johannes der Täufer verkündigte den Menschen die Notwendigkeit der Umkehr. Sie sollten sich von ihren Sünden abwenden und sich zu Gott hinwenden. Als Jesus mit seinem Dienst auf Erden begann, war seine Botschaft die gleiche. Dem oben angegebenen Vers 8 entnehmen wir, dass wir die Veränderung in unserem Herzen durch unsere Taten unter Beweis stellen. Wenn Christus in unserem Herzen regiert, sind wir nicht glücklich darüber, immer wieder in dieselben alten Verhaltensmuster zu fallen. Stattdessen strecken wir unsere Hand aus und bitten ihn, dass er uns verändert.

Wenn wir unseren Ehepartner verletzen, müssen wir uns eingestehen, dass wir ein Unrecht begangen haben und eine bloße Entschuldigung nicht genügt, um alles wieder in Ordnung zu bringen. Wir brauchen auch einen Plan für eine Verhaltensänderung, damit wir den Menschen, den wir lieben, nicht wieder auf dieselbe Weise verletzen. Warum sollten wir in unserer engsten zwischenmenschlichen Beziehung nicht zu so etwas bereit sein? Umkehr ist ein wichtiger Bestandteil einer echten Entschuldigung.

*Herr, ich weiß, dass von mir mehr gefordert ist als bloß eine Entschuldigung. Ich muss mich von meinen falschen Verhaltensmustern abwenden. Ich will mich ändern, aber dafür brauche ich deine Hilfe. Bitte gib mir die Kraft zu einer echten Umkehr.*

## 10. Januar

# Eine Frage des Wollens

*Kehrt um, wendet euch ab von allem Unrecht, das ihr getan habt,
damit ihr euch nicht weiter in Schuld verstrickt! Werft alles Böse von euch ab!
Ändert euch von Grund auf, ja, reinigt euer Herz!*
Hesekiel 18,30-31

Jeder von uns muss lernen, sich zu entschuldigen, und zwar aus einem ganz einfachen Grund: Wir alle sind Sünder. Von Zeit zu Zeit verletzt jeder von uns die Menschen, die wir am meisten lieben. Wenn wir uns entschuldigen, hoffen wir, dass der oder die Betroffene uns vergibt. Wir können dem oder der anderen die Vergebung leichter machen, indem wir uns nicht bloß entschuldigen, sondern auch unsere Reue und den Wunsch nach Veränderung zum Ausdruck bringen. Eine Frau hat es einmal so formuliert: „Ich will nicht bloß Worte hören, sondern Veränderungen sehen. Wenn er mir signalisiert, dass er sich ändern will, bin ich immer bereit, ihm zu vergeben."

Jede echte Reue und Umkehr beginnt im Herzen eines Menschen. Die Entscheidung, sich ändern zu wollen, kommt zum Ausdruck, wenn wir keine Ausreden mehr parat haben oder versuchen, unser Verhalten herunterzuspielen, sondern die volle Verantwortung für das übernehmen, was wir getan haben. Wie wir in dem oben angegebenen Bibelvers lesen, wenden wir uns ab von unserer Schuld und reinigen unser Herz. Nur Gott kann uns von Grund auf ändern und erneuern. Er kann in uns erneut den Wunsch wecken, nicht so zu bleiben, wie wir sind. Er kann uns helfen, es besser zu machen. Wenn wir unseren Wunsch nach Veränderung zum Ausdruck bringen, lassen wir den Menschen, den wir verletzt haben, in unser Herz blicken. Dadurch kommt es oft zu echter Vergebung.

*Himmlischer Vater, du gibst mir eine wunderbare Verheißung, wenn du sagst, dass du mir ein neues Herz und einen neuen Sinn geben kannst. Verändere mein Herz, oh Gott, und hilf mir, mein Verhalten zu ändern! Ich möchte das auch dem Menschen, den ich am meisten liebe, mitteilen, damit er oder sie mir wirklich vertrauen kann.*

# Eine ehrlich gemeinte Entschuldigung

*Wer seine Sünden vertuscht, hat kein Glück;*
*wer sie aber bekennt und meidet, über den erbarmt sich der Herr.*
Sprüche 28,13

Eine ehrliche Entschuldigung erfordert die Bereitschaft, unser Verhalten zu ändern. Die Worte in Sprüche 28,13 verdeutlichen, dass wir kein gutes Ergebnis erwarten können, wenn wir unser Unrecht nicht eingestehen – sowohl Gott als auch unserem Ehepartner gegenüber. Aber wenn wir unser verletzendes Verhalten zugeben („bekennen") und einen Plan haben, wie wir es lassen („meiden") können, dann ist Vergebung möglich.

Ich erinnere mich noch gut an einen Mann namens Joel. Seine Frau Joyce hatte eine extrem negative Einstellung. Es spielte keine Rolle, was Joel sagte. Joyce war immer anderer Meinung. Bei der Eheberatung entdeckte ich, dass für Joyce alles entweder gut oder schlecht, falsch oder richtig war. Wenn sie eine andere Meinung als ihr Mann hatte, war das deshalb nicht bloß eine Meinungsverschiedenheit, sondern Joel lag ihrer Ansicht nach völlig falsch. Es dauerte eine Weile, aber schließlich entschuldigte sich Joyce für ihre negative Haltung. Sie hatte sich auch schon einen Plan zurechtgelegt, wie sie dieses Schwarz-weiß-denken ändern wollte. Sie übte es, zu sagen: „Das ist eine interessante Sichtweise." Oder: „Das klingt auch ganz gut." Dabei lernte sie, ihre Ideen als Meinungen zu vertreten und nicht mehr als Dogmen. Schließlich konnte sie sagen: „Ich sehe das so und so ..." Joel konnte Joyce von ganzem Herzen vergeben, als er ihre echte Bereitschaft sah, sich zu ändern. Ehrlich gemeinte Entschuldigungen können Ehen retten.

*Himmlischer Vater, es fällt mir schwer, meine falschen Verhaltensmuster einzugestehen, aber ich weiß, dass ich meinen Partner immer wieder auf dieselbe Weise verletze. Bitte schenke mir Mut, dieses Unrecht zu bekennen und es zu meiden. Und wenn der Mensch, den ich liebe, das Gleiche tut, schenke mir Barmherzigkeit, damit ich ihm vergeben kann.*

## 12. Januar

# Teamarbeit, der Schlüssel zum Erfolg

*Zwei haben es besser als einer allein, denn zusammen können sie mehr erreichen. Stürzt einer von ihnen, dann hilft der andere ihm wieder auf die Beine. Doch wie schlecht steht es um den, der alleine ist, wenn er hinfällt! Niemand ist da, der ihm wieder aufhilft!*
Prediger 4,9-10

Zu Hause bin ich für das Staubsaugen und Geschirrspülen zuständig. Und welche Aufgaben haben Sie im Haushalt? Wer macht was? Diese Frage muss jedes Ehepaar für sich beantworten. Meiner Meinung nach sollten dabei die Gaben und Fähigkeiten des Einzelnen berücksichtigt werden. Der eine ist für bestimmte Aufgaben vielleicht besser geeignet als der andere. Warum sollte man sich diese Fähigkeiten nicht zunutze machen? Schließlich kann man sich bei diesen Aufgaben auch gegenseitig unter die Arme greifen. Wenn man einen Menschen wirklich liebt, möchte man ihm auch helfen. Im Buch Prediger hebt König Salomo den großen Wert der Teamarbeit hervor. Als Ehepaar können wir mehr erreichen als zwei Einzelpersonen, weil einer den anderen unterstützen kann. Die Texte in der Bibel sagen uns nicht genau, wer was machen soll, aber sie machen uns Mut, uns bei der Antwort auf diese Frage einig zu sein.

Der Prophet Amos stellte einmal die Frage: „Können etwa zwei miteinander wandern, sie seien denn einig untereinander?“ (Am 3,3). Die Antwort lautet: „Sie werden nicht sehr weit kommen, wenn sie sich nicht einig sind.“ Ich möchte Ihnen Mut machen, so lange über die Arbeitsteilung im Haushalt zu verhandeln, bis Sie beide sich gut fühlen bei der Frage, wer zu Hause was macht.

*Danke, Herr, dass mein Partner und ich ein Team sein können. Hilf uns, herauszufinden, wer am besten für welche Aufgaben geeignet ist, und hilf uns, uns gegenseitig zu unterstützen, wenn wir auf ein gemeinsames Ziel hinarbeiten.*

13. Januar

# Ein gemeinsames Ziel

*Trotz allem besserten wir die Mauer weiter aus,*
*und schon bald waren ihre Lücken bis zur halben Höhe geschlossen.*
*Denn das Volk arbeitete mit ganzer Kraft.*
Nehemia 3,38

Welches gemeinsame Ziel haben Sie als Ehepaar? Vielleicht ist es ein reibungslos funktionierender Haushalt, eine harmonische Beziehung und ein fairer Umgang miteinander. Erst kürzlich saß eine Frau in meinem Büro. Sie beklagte sich, dass ihr Mann ihr nicht im Haushalt helfen wolle. „Wir sind beide voll berufstätig", sagte sie. „Aber er erwartet von mir, dass ich die ganze Hausarbeit erledige, während er vor dem Fernseher sitzt und sich entspannt. Er denkt wohl nicht daran, dass ich auch Entspannung brauche." Offensichtlich hatte dieses Ehepaar es versäumt, ihr gemeinsames Ziel abzustecken.

Im Sport haben nicht alle Spieler einer Mannschaft dieselben Funktionen, aber sie haben ein gemeinsames Ziel. Das war auch der Fall, als Nehemia die Israeliten beim Wiederaufbau der Stadtmauer von Jerusalem anführte. Die einen erneuerten die Stadttore, andere wiederum trugen Baumaterial, und wieder andere hielten Wache, um Ausschau nach Feinden zu halten. Die Einzelnen hatten unterschiedliche Aufgaben, aber sie arbeiteten auf ein gemeinsames Ziel hin. Sie wollten Jerusalem wieder zu einem sicheren Ort machen.

Wenn wir Harmonie und Vertrautheit in unserer Beziehung anstreben, muss jeder seinen Teil dazu beitragen. Ein Ehepartner, der sich ausgenutzt fühlt, geht innerlich auf Distanz. Warum stellen Sie Ihrem Partner nicht die Frage: „Findest du, dass wir bei der Hausarbeit ein gutes Team sind?" Die Antwort ist eine Richtschnur für Ihr weiteres Vorgehen.

*Himmlischer Vater, danke für den aufschlussreichen Bericht über Teamarbeit im Buch Nehemia. Ich möchte unser gemeinsames Ziel im Auge behalten, während mein Partner und ich über die Aufgabenverteilung in unserem Zuhause verhandeln. Hilf mir, dass ich bereitwillig und liebevoll meinen Beitrag leiste.*

14. Januar

# *Gemeinsame Erfüllung beim Sex*

*Wenn ein Mann frisch verheiratet ist, darf er nicht zum Kriegsdienst oder zu anderen Aufgaben herangezogen werden. Er soll ein Jahr lang davon befreit sein, damit er ein Zuhause schaffen und seine Frau glücklich machen kann.*
5. Mose 24,5

Zwei Fragen höre ich in meiner Eheberatungs-Praxis immer wieder. Sie lauten: „Wie kann ich meine Frau dazu bringen, häufiger mit mir zu schlafen?" Und: „Wie kann ich sichergehen, dass wir beide Spaß am Sex haben?" Der Wunsch einer Frau nach sexueller Nähe hängt davon ab, wie ihr Mann sie behandelt. Außerdem ist gemeinsame sexuelle Erfüllung ein Prozess, der nicht automatisch zustande kommt. In 5. Mose 24,5 lesen wir von der Anweisung Gottes an das Volk Israel, einem frisch verheirateten Mann keine öffentliche Verantwortung aufzubürden, insbesondere auch Aufgaben, bei denen er sein Zuhause auf längere Zeit verlassen muss, wie das beim Kriegsdienst der Fall ist. Im ersten Ehejahr sollten sich die Ehepaare glücklich machen. Daraus können wir schließen, wie wichtig es Gott ist, dass Ehepaaren bei der Entwicklung eines erfüllten Sexuallebens geholfen wird.

Die beste Möglichkeit, mehr über Sexualität in der Ehe zu erfahren, besteht darin, sich gut zu informieren. Deshalb schlage ich Ihnen vor, dass Sie gemeinsam mit Ihrem Ehepartner ein gutes christliches Buch lesen, das Ihnen Tipps für eine erfüllende Sexualität in der Ehe gibt. Sprechen Sie dann über die im Buch dargelegten Gedanken. Auf diese Weise gelangen Sie zu einem besseren Verständnis von männlicher und weiblicher Sexualität, und Sie entdecken, wie Sie sich gegenseitig sexuelle Erfüllung schenken können.

Ihre Haltung sollte immer von Liebe geprägt sein und von dem Wunsch, sich gegenseitig Genuss zu bereiten. Sprechen Sie miteinander über Ihre sexuellen Wünsche, aber zwingen Sie Ihren Ehepartner niemals zu bestimmten Spielarten beim Sex. Wenn Sie offen und liebevoll miteinander umgehen, werden Sie gemeinsame sexuelle Erfüllung erleben.

*Himmlischer Vater, danke für das Geschenk der Sexualität. Hilf uns bei unserem Weg zu größerer sexueller Nähe, den gemeinsamen Genuss genauso hoch einzuschätzen wie unseren eigenen. Zeige uns, wie wir einander auch im körperlichen Bereich unsere Liebe zum Ausdruck bringen können.*

# 15. Januar

## Freude an der körperlichen Liebe

*Wie glücklich macht mich deine Liebe, mein Mädchen, meine Braut!*
*Ich genieße deine Liebe mehr als den besten Wein.*
*Dein Duft ist bezaubernder als jedes Parfüm.*
Hohelied 4,10

Heute möchte ich mit Ihnen über die beiderseitige Freude am Sex sprechen. Bitte beachten Sie das Wort *beiderseitig*. Es ist die Absicht Gottes, dass Mann und Frau eine tiefe sexuelle Erfüllung erleben. Alles andere entspricht nicht seinem Willen. Aber was hilft uns, zu dieser beiderseitigen Freude zu gelangen?

An erster Stelle steht eine gesunde Haltung im Hinblick auf die Sexualität. Aus den unterschiedlichsten Gründen haben manche Menschen eine sehr negative Einstellung zum Sexualleben, sogar dann, wenn es sich innerhalb der Ehe abspielt. Die Antwort auf diese negative Haltung beginnt mit einem Bibelstudium über die körperliche Liebe. In 1. Korinther 7 bekräftigt der Apostel Paulus, dass die Sexualität ein wichtiger Bestandteil des Ehelebens ist. Wenn Sie sich das Hohelied der Liebe durchlesen, entdecken Sie, wie detailliert die körperliche Liebe in der Ehe als Geschenk Gottes gerühmt wird. Diese Erkenntnis sollte für Sie eine befreiende Wirkung haben. Denn schließlich sagte Jesus: „Wenn ihr an meinen Worten festhaltet und das tut, was ich euch gesagt habe, dann gehört ihr wirklich zu mir. Ihr werdet die Wahrheit erkennen, und die Wahrheit wird euch befreien!“ (Joh 8,31-32).

Der zweite Schritt zu einer veränderten Einstellung zur Sexualität ist das Gebet. Bitten Sie Gott, Ihre bisher negative Haltung in eine positive umzuwandeln. Eine positive Einstellung führt zu positivem Verhalten.

*Himmlischer Vater, du weißt, dass ich manchmal mit einer negativen Einstellung der Sexualität gegenüber zu kämpfen habe. Aber ich lese in deinem Wort, dass Sex etwas Gutes ist. Hilf mir, dem von ganzem Herzen zuzustimmen. Leite mich in den Gesprächen mit meinem Ehepartner und bei meinem Streben nach Wachstum in diesem Bereich unseres Ehelebens.*

# Der Umgang mit sexueller Sünde

*Wer nun mit Jesus Christus verbunden ist, wird von Gott nicht mehr verurteilt. Denn für ihn gilt nicht länger das Gesetz der Sünde und des Todes. Es ist durch ein neues Gesetz aufgehoben, nämlich durch das Gesetz des Geistes Gottes, der durch Jesus Christus das Leben bringt.*

Römer 8,1-2

In unserer modernen Gesellschaft ist es ganz normal geworden, dass viele Paare lange vor der Heirat sexuelle Erfahrungen gesammelt haben, entweder miteinander oder mit anderen Partnern. Man will uns in unserer westlich geprägten Kultur einreden, dass sexuelle Erfahrungen vor der Ehe uns besser auf das Eheleben vorbereiten. Forschungsergebnisse sprechen jedoch eine ganz andere Sprache. Bei Paaren mit vorehelicher sexueller Erfahrung ist die Scheidungsrate sogar doppelt so hoch wie bei sexuell „unbelasteten" Paaren.

In Wirklichkeit kann vorehelicher Sex häufig zu einer Barriere werden, wenn es um gemeinsam erlebte Sexualität *in* der Ehe geht. Der christliche Weg zu einer Lösung dieses Problems sieht so aus: Bekennen Sie Ihr Fehlverhalten und vergeben Sie einander die in der Vergangenheit begangenen Sünden. Die wunderbaren Verse aus Römer 8 sollen uns daran erinnern, dass keine Sünde zu groß ist für die Barmherzigkeit Gottes. Wenn Sie mit Jesus Christus verbunden sind und Ihre Sünde bekannt haben, erfahren Sie Vergebung und Befreiung von früherer Schuld. Aus der Vergangenheit bleiben vielleicht Narben übrig, aber verheilte Narben dienen uns als Erinnerung an die Barmherzigkeit und Liebe Gottes. Wenn wir diese Narben annehmen und einander vergeben können, gehen wir den ersten Schritt auf dem Weg zu gemeinsamer sexueller Erfüllung.

*Herr, du kennst die Rolle, die sexuelle Sünden und Altlasten in unserer Beziehung spielen. Bitte vergib mir meine Schuld und hilf mir bei einem Neubeginn zu einem gesünderen Sexualleben mit meinem Ehepartner.*

# Gefühle – ein Geschenk Gottes

*Zornig sah Jesus einen nach dem anderen an, traurig über ihre Hartherzigkeit. Zu dem Mann aber sagte er: „Streck deine Hand aus!“ Er streckte sie aus, und die Hand war gesund.*
Markus 3,5

Manche Christen sind Gefühlen gegenüber kritisch eingestellt. Haben Sie schon einmal solche oder ähnliche Sätze gehört? „Gib nichts auf deine Gefühle. Der Glaube und nicht deine Gefühle ist ausschlaggebend für dein geistliches Wachstum.“ Warum verhalten wir uns so ablehnend unseren Gefühlen gegenüber? In Markus 3 lesen wir, dass Jesus Zorn und Trauer empfand. Beide Gefühle waren begründet. Als Jesus am Sabbat in der Synagoge war, bemerkte er einen Mann mit einer verkrüppelten Hand. Weil er Mitleid hatte, heilte er den Mann, aber die Pharisäer, die dieses Wunder beobachteten, dachten bloß daran, dass Jesus die Gesetze des Sabbats übertreten hatte. Der Zorn und die Trauer, die Jesus angesichts dieser Reaktion empfand, waren absolut angemessen, weil sie das innerste Wesen seines himmlischen Vaters widerspiegelten. Kaum jemand von uns würde Jesus wegen dieser Gefühle verurteilen. Aber warum verurteilen wir uns dann selbst?

Gott hat uns Gefühle geschenkt, um uns inneres Wachstum und Reife, Erfüllung und Genuss zu ermöglichen. Gefühle sollen unsere Freunde sein, und sie können uns auch wichtige Signale übermitteln. Ein negatives Gefühl will uns auf etwas aufmerksam machen. Vergleichen Sie es mit dem roten Signallicht, das aufleuchtet, wenn Ihr Auto einen Ölwechsel braucht. Wir schimpfen nicht auf das Licht, sondern lösen das Problem, auf das es uns aufmerksam macht. Warum gehen wir mit unseren Gefühlen nicht genauso um? Wenn Sie negative Empfindungen haben, vor allem gegenüber Ihrem Ehepartner, dann sollten Sie innehalten und dem Problem auf den Grund gehen. Wenn Sie konstruktive Maßnahmen ergreifen, hat das Gefühl seinen Zweck erfüllt.

*Herr Jesus Christus, danke für unsere Gefühle. Du hast uns nach deinem Bild als gefühlvolle Wesen erschaffen. Hilf mir, meine Gefühle als Geschenk zu verstehen. Bitte gib mir die Weisheit, das hinter einem negativen Gefühl liegende Problem zu erkennen und es zu lösen, bevor ich meinen Ehepartner mit meinem unbesonnenen Handeln verletze.*

# Gott kennt unsere Ängste

*Doch gerade dann, wenn ich Angst habe, will ich mich dir anvertrauen. Ich lobe Gott für das, was er versprochen hat; ihm vertraue ich und fürchte mich nicht. Was kann mir ein Mensch jetzt noch Böses tun?*
Psalm 56,4-5

Überrascht es Sie, wenn ich Ihnen erzähle, dass Jesus Angst empfunden hat? Angst ist ein Gefühl, das uns von einer Person, einem Ort oder einer Sache wegdrängt. In Matthäus 26,39 lesen wir, wie Jesus im Garten Gethsemane betete: „Mein Vater, wenn es möglich ist, so bewahre mich vor diesem Leiden!“ Als der Zeitpunkt seines Todes näher rückte, blickte er auf das vor ihm liegende körperliche und seelische Leiden, und deshalb hatte er Angst. Seine Gefühle suchten nach einem Ausweg. Aber er ließ es nicht zu, dass er in seiner Angst andere verletzte und er ließ sich auch nicht vom rechten Weg abbringen. Vielmehr zeigte uns Jesus den richtigen Umgang mit der Angst. Wir sollen sie nämlich Gott gegenüber eingestehen.

Der Psalmist erinnert uns daran, dass Gott uns seine Gegenwart und seinen Schutz zusichert. Wenn wir Gott vertrauen, wissen wir, dass er alles in der Hand hat, und deshalb gibt es keinen Grund, uns zu fürchten. Die Bibel berichtet uns sogar 365 Mal, wie Gott sagt: „Fürchte dich nicht, ich bin bei dir.“ Unsere Angst soll uns zu Gott führen. Bei ihm haben wir die Gewissheit, dass er die Macht hat, uns zu beschützen.

Wenn Sie Angst haben, brauchen Sie sich nicht schlecht zu fühlen und auch nicht Ihrem Ehepartner die Schuld zu geben. Werfen Sie sich stattdessen, so schnell Sie können, in die liebevoll geöffneten Arme Gottes.

*Himmlischer Vater, ich will dir meine Ängste anvertrauen. Vergib mir, wenn ich in meiner Angst meinem Ehepartner wehgetan habe oder ihm sogar die Schuld dafür gegeben habe. Hilf mir, mit meiner Angst sofort zu dir zu kommen. Danke, dass du bei mir bist.*

## 19. Januar

# Raus mit der Wut

*Wenn ihr zornig seid, dann ladet nicht Schuld auf euch, indem ihr unversöhnlich bleibt.*
*Lasst die Sonne nicht untergehen, ohne dass ihr einander vergeben habt.*
*Gebt dem Teufel keine Gelegenheit, Unfrieden zu stiften.*
Epheser 4,26-27

Explodieren Sie vor Wut, wenn Kleinigkeiten Sie stören? Ihr Mann hat beim Einkaufen die Milch vergessen. Sie verziehen ärgerlich den Mund und machen eine bissige Bemerkung. Ihr Kind hat auf dem neuen Teppich eine Schmutzspur hinterlassen. Sie gehen vor Zorn in die Luft. Wenn das der Fall ist, dann ist die Wahrscheinlichkeit hoch, dass Sie unter aufgestauter Wut leiden, einer Wut, die bereits seit Langem in Ihnen ist. Vielleicht haben Ihre Eltern Sie mit harten Worten oder strengen Strafen verletzt. Vielleicht haben Gleichaltrige Sie verspottet, als Sie noch ein Teenager waren, oder vielleicht hat Ihr Vorgesetzter Sie unfair behandelt. Wenn Sie alle diese verletzten Gefühle in sich gespeichert haben, könnte sich diese aufgestaute Wut an Ihrem Verhalten bemerkbar machen. Die Bibel gibt uns den klugen Rat, den Tag nicht enden zu lassen, während wir noch wütend sind. Anders ausgedrückt müssen wir uns mit unserer Wut beschäftigen, anstatt sie in uns aufzuspeichern. In meinem Buch „Die andere Seite der Liebe: Ärger, Wut und Zorn: Wie „negative" Gefühle zur positiven Kraft werden" spreche ich darüber, wie man aufgestauten Zorn loswerden kann. Sie machen einen Anfang, indem Sie Ihre Wut vor Gott bringen. Sprechen Sie mit ihm über Ihre Gefühle und bitten Sie ihn um Hilfe in der Situation, die Ihre Wut verursacht hat. Er kann Ihnen dabei helfen, verletzte Gefühle aus der Vergangenheit zu bereinigen und denjenigen zu vergeben, die Ihnen wehgetan haben.

Wir begehen kein Unrecht, wenn wir zornig werden. Aber aus Epheser 4 lernen wir, dass es ein Unrecht ist, wenn wir uns von unserem Zorn beherrschen lassen. Damit schaden wir auch unserer Ehe.

*Herr Jesus Christus, manchmal bin ich so wütend über Kleinigkeiten. Ich weiß, dass ich meinen Ehepartner verletze, und das will ich nicht mehr. Bitte vergib mir. Ich bringe diese Wut vor dich. Hilf mir herauszufinden, warum ich so wütend bin, und hilf mir, meinen Zorn an dich abzugeben.*

# 20. Januar

## *Liebe – das wichtigste Gebot*

*Jesus antwortete: „Dies ist das wichtigste Gebot: ‚Hört, ihr Israeliten! Der Herr ist unser Gott, der Herr allein. Ihn sollt ihr von ganzem Herzen lieben, mit ganzer Hingabe, mit eurem ganzen Verstand und mit all eurer Kraft.'*
*Ebenso wichtig ist das andere Gebot: ‚Liebe deinen Mitmenschen wie dich selbst!'*
*Kein anderes Gebot ist wichtiger als diese beiden."*
Markus 12,29-31

Das Wort „Christ" bedeutet „Christus ähnlich". Im ersten Jahrhundert hatten sich die Jünger und Jüngerinnen Jesu diese Bezeichnung nicht selbst ausgesucht, sondern andere hatten ihnen diesen Namen gegeben. Die Gläubigen richteten sich in ihrem Lebensstil nach den Lehren Jesu Christi. Deshalb war der Name „Christen" die beste Art, sie zu beschreiben.

Was würde geschehen, wenn Christen wirklich Jesus Christus ähnlich wären? Der Dreh- und Angelpunkt in den Lehren Jesu ist das Gebot der Liebe. In den oben zitierten Versen sagt Jesus sogar, dass das größte Gebot die Liebe zu Gott ist, gefolgt von der Liebe zu unserem Nächsten. Diese Gebote übertreffen alle weiteren, weil aus ihnen alles andere entspringt.

Liebe beginnt mit einer inneren Haltung, die wiederum zu praktizierter Hilfsbereitschaft führt. „Wie kann ich dir helfen?" Mit dieser Frage ist schon ein guter Anfang gemacht. Der heutige Tag ist ein günstiger Zeitpunkt, unserem Nächsten unsere Liebe zu zeigen. Meiner Meinung nach beginnen wir am besten mit den Menschen, die uns am nächsten stehen, also unserem Ehepartner und dann unserer Familie. Danach zieht unsere Liebe weitere Kreise.

*Himmlischer Vater, du machst mir klar, dass die Liebe zu dir und zu anderen Menschen das Wichtigste ist. Bitte hilf mir, die Liebe zu einer Priorität in meinem Leben zu machen. Hilf mir, heute meinem Ehepartner die Liebe Jesu zu zeigen.*

## 21. Januar

# Freundlichkeit tut gut

*Seid vielmehr freundlich und barmherzig, und vergebt einander, so wie Gott euch durch Jesus Christus vergeben hat.*
Epheser 4,32

„Seid aber untereinander freundlich" – vielleicht haben wir diese Worte in der Übersetzung nach Luther als Kinder auswendig gelernt. Aber haben wir sie als Erwachsene vergessen? Freundlichkeit gehört zu den Merkmalen der Liebe, wie sie in 1. Korinther 13, dem berühmten „Liebeskapitel" der Bibel, beschrieben wird. „Liebe ist geduldig und freundlich" (V.4). Nehmen Sie es sich ganz bewusst vor, im Laufe des Tages zu Ihrem Partner freundlich zu sein? Freundlichkeit drückt sich in unseren Worten und unseren Taten aus. Lautes Schreien und verächtliche Worte sind nicht freundlich, sondern mit sanfter Stimme gesprochene, respektvolle Worte. Freundlichkeit drückt sich auch darin aus, dass wir uns Zeit nehmen für ein aufbauendes Gespräch mit unserem Ehepartner, wenn er sich einsam fühlt, ausgelaugt oder verunsichert ist.

Dann gibt es noch die kleinen, freundlichen Gesten, mit denen wir anderen helfen. Wenn wir unsere Energie bündeln und freundlich zueinander sind, kann unsere Beziehung im wahrsten Sinne des Wortes verjüngt werden. Welche Gesten der Freundlichkeit können Sie heute Ihrem Partner zuteilwerden lassen? Vielleicht können Sie eine Routinearbeit übernehmen, die normalerweise nicht zu Ihren Aufgaben gehört. Vielleicht können Sie ihm oder ihr eine Tasse Kaffee ans Bett bringen. Sie könnten Ihrem Partner ein paar aufmunternde Zeilen schreiben oder ihm etwas mitbringen, worüber er sich freut. Das alles sind kleine Gesten, aber sie können eine große Wirkung haben. Stellen Sie sich einmal vor, wie Ihre Beziehung aussehen könnte, wenn Sie beide Wert auf Freundlichkeit legen würden.

*Herr Jesus Christus, ich möchte meine Liebe durch Freundlichkeit zum Ausdruck bringen. Bitte zeige mir heute, wie ich meinem Partner gegenüber freundlich sein kann.*

22. Januar

# Geduld, ein Ausdruck der Liebe

*Überhebt euch nicht über andere, seid freundlich und geduldig! Geht in Liebe aufeinander ein.*
Epheser 4,2 (NeÜ)

Wenn wir geduldig sind, ertragen wir die Fehler anderer Menschen. Von Natur aus möchten wir, dass andere so gut, so pünktlich, so organisiert sind wie wir. Menschen sind jedoch keine Maschinen. Die übrige Welt lebt nicht nach der Liste *unserer* Prioritäten. Andere Menschen haben andere Ziele und Vorstellungen als wir. Besonders Ehepaare sollten sich das immer wieder bewusst machen. In einer Liebesbeziehung drückt sich Geduld darin aus, die Fehler unseres Ehepartners zu ertragen. Wir sollten ihm oder ihr die Freiheit geben, anders zu sein als wir.

Wann haben Sie das letzte Mal mit Ihrer „besseren Hälfte" die Geduld verloren? Waren Sie ungeduldig, weil er oder sie Ihre Erwartungen nicht erfüllt hat? Für mich ist die enge Verbindung von Demut und Geduld in Epheser 4,2 kein Zufall. Wenn wir demütig sind, uns nicht über andere erheben, wird uns klar, dass sich die Welt nicht um uns dreht und wir nicht das Maß aller Dinge sind. Und wenn wir so denken, dann verlieren wir auch nicht so schnell die Geduld mit anderen Menschen.

„Liebe ist geduldig und freundlich" (1. Kor 13,4) – so steht es in der Bibel. Wenn Sie den Menschen, den Sie lieben, mit Ihrer Ungeduld verletzen, erfordert es die Liebe, dass Sie sich entschuldigen und die Sache in Ordnung bringen. Arbeiten Sie in Ihrer Ehe darauf hin, dass Sie geduldiger miteinander werden.

*Herr Jesus Christus, ich brauche mehr Geduld. Bitte zeig mir, wie ich mich von meinen hohen Erwartungen befreien kann, wie andere Menschen um mich herum sein sollten. Hilf mir, mich von meinen Erwartungen selber und davon, was mir andere Menschen angeblich schuldig sind, zu befreien. Hilf mir, meinem Partner mit liebevoller Geduld zu begegnen.*

## 23. Januar

# Die Kunst des Zuhörens

*Ein Dummkopf weiß immer alles besser,*
*ein Kluger nimmt auch Ratschläge an.*
Sprüche 12,15

Wir werden niemals Konflikte lösen, wenn wir nicht lernen, einander zuzuhören. Viele Menschen meinen, dass sie zuhören, während sie in Wirklichkeit bloß in ihrem Redefluss innehalten, um sich für das weitere Wortgefecht zu rüsten. Der oben angegebene Vers aus dem Buch der Sprüche macht es uns schonungslos klar. Menschen, die nicht zuhören können, sind *Dummköpfe*. Vielleicht gefällt uns dieses Wort nicht besonders, aber es ist wahr. Wenn ein Mensch sich weigert zuzuhören, offenbart er einen Mangel an Demut. Kluge Menschen hören auf andere, besonders auf diejenigen, die sie lieben. Echtes Zuhören bedeutet auch, dass man verstehen will, was der oder die andere denkt und fühlt. Dabei muss man sich in den anderen hineinversetzen und versuchen, die Welt mit seinen oder ihren Augen zu sehen.

Ein guter Satz zu Beginn eines Gesprächs könnte so lauten: „Ich will verstehen, was du sagst, weil ich weiß, dass es wichtig ist." Ein Mann berichtete mir, dass er sich ein Schild gebastelt hat mit der Aufschrift: „Ich bin ein guter Zuhörer." Wenn seine Frau anfing zu sprechen, hängte er sich dieses Schild um den Hals, um sich bewusst zu machen, was er tat. Seine Frau reagierte mit einem Lächeln. „Ich hoffe, das stimmt auch", sagte sie dann. Dieser Mann erlernte die Kunst des Zuhörens.

*Herr Jesus Christus, danke, dass du mir zuhörst, wenn ich bete. Hilf mir, auch meinem Partner zuzuhören, wirklich zuzuhören, damit ich ihn besser verstehen kann.*

## 24. Januar

# Zuhören, ein Ausdruck des Respekts

*Seid in herzlicher Liebe miteinander verbunden, gegenseitige Achtung soll euer Zusammenleben bestimmen.*
Römer 12,10

Wir alle sind sehr beschäftigt, oft zu beschäftigt, um einem anderen Menschen zuzuhören. Trotzdem ist Zuhören die einzige Möglichkeit, die Gedanken und Gefühle unseres Ehepartners verstehen zu lernen. Viele Menschen rühmen sich, dass sie zuhören können, während sie E-Mails lesen oder vor dem Fernseher sitzen, aber ich frage mich, ob das echtes Zuhören ist. Ein Mann sagte zu mir: „Meine Frau besteht darauf, dass ich mich hinsetze und ihr zuhöre. Ich fühle mich dann, als ob ich eine Zwangsjacke anhabe und meine Zeit verschwenden würde."

In Römer 12 fordert der Apostel Paulus uns auf, einander mit gegenseitiger Achtung zu übertreffen. Wir begegnen einem anderen Menschen mit Achtung, wenn wir aufmerksam zuhören und ihm oder ihr unsere volle Aufmerksamkeit widmen. Das ist eine Frage des Respekts. Wenn wir alles liegen und stehen lassen, unserem Partner in die Augen sehen und ihm oder ihr zuhören, dann geben wir ihm oder ihr zu verstehen: „Du bist der wichtigste Mensch in meinem Leben." Wenn wir aber versuchen zuzuhören, während wir uns mit anderen Dingen beschäftigen, dann geben wir unserem Partner zu verstehen: „Ich habe so viele Interessen, und du gehörst irgendwie auch noch dazu." Zuhören ist ein kraftvoller Ausdruck unserer Liebe.

*Himmlischer Vater, ich möchte meinem Partner Achtung entgegenbringen, indem ich ein guter Zuhörer bin. Schenke mir die Bereitschaft, ihm meine volle Aufmerksamkeit zu widmen, damit ich wirklich verstehe, was er mir sagen will.*

25. Januar

# Verlassen und verbinden

*„Ein Mann verlässt seine Eltern und verbindet sich so eng mit seiner Frau, dass die beiden eins sind mit Leib und Seele." Sie sind also eins und nicht länger zwei voneinander getrennte Menschen. Was nun Gott zusammengefügt hat, soll der Mensch nicht scheiden.*

Matthäus 19,5-6

Eine Frau stellte mir einmal die Frage: „Wir sollen doch unsere Familien verlassen und uns eng miteinander verbinden, aber mein Mann hängt so sehr an seiner Familie, dass ich mich ausgegrenzt fühle. Was soll ich bloß machen?"

Der Gedanke des „Verlassens und Verbindens" bildet den Dreh- und Angelpunkt bei der biblischen Lehre über die Ehe. Wir hören davon im ersten Buch Mose, gleich nachdem die erste Frau und der erste Mann miteinander vereint waren. Auch Jesus und Paulus haben diesen Vers zitiert, und dafür hatten sie gute Gründe. Wird dieses Prinzip nicht eingehalten, leidet eine Ehe.

Wenn Sie sich in der gleichen Lage befinden wie die eingangs erwähnte Frau, dann fühlen Sie sich ausgegrenzt, weil Ihr Ehepartner Ihr emotionales Bedürfnis nach Liebe nicht erfüllt. Sie lösen dieses Problem jedoch nicht, indem Sie Ihrem Partner wutentbrannte Vorträge über die zu enge Bindung an seine Familie halten. Dann kommt es bloß zu endlosen Streitereien über die Zeit, die er bei seinen Eltern verbringt, aber dadurch packen Sie das Problem noch lange nicht bei der Wurzel.

Es gibt einen besseren Weg: Erfüllen Sie Ihr beiderseitiges Bedürfnis nach Liebe. Wenn Sie miteinander reden, erwähnen Sie nicht Ihre Schwiegereltern. Finden Sie stattdessen heraus, wodurch sich Ihr Partner geliebt fühlt und teilen Sie ihm das Gleiche mit. Dann konzentrieren Sie sich darauf, die richtige Liebessprache zu sprechen. Sie und Ihr Partner werden sich zueinander hingezogen fühlen, wenn Sie sich geliebt wissen. Die Zeit, die Sie miteinander verbringen, wird Ihnen plötzlich wichtiger als das Zusammensein mit Ihren Eltern, und dadurch wird Ihre Beziehung gestärkt.

*Herr Jesus Christus, manchmal bin ich frustriert, wenn ich meine, dass die Familie meines Partners wichtiger ist als ich. Hilf mir, sinnlose Streitereien zu vermeiden und mich stattdessen darauf zu konzentrieren, meinem Partner meine Liebe zu zeigen. Hilf uns, uns eng miteinander zu verbinden und eins zu werden in Liebe.*

26. Januar

# Wenn Eltern Ratschläge geben

*Wie goldene Äpfel auf einer silbernen Schale,*
*so ist ein rechtes Wort zur rechten Zeit.*
Sprüche 25,11

In der Eheberatung höre ich häufig diese Frage: „Ich will meine Eltern ja ehren, aber sie wollen uns ständig Ratschläge geben. Wie gebe ich ihnen zu verstehen, dass wir bestimmte Entscheidungen selbst treffen müssen?"

Im Umgang mit Eltern, die sich zu gerne einmischen, sind drei Dinge zu beachten: Erstens sollten Sie verstehen, dass Ihre Eltern es gut mit Ihnen meinen. Sie wollen Ihnen nicht das Leben schwer machen, sondern Ihnen dabei helfen, Fehlentscheidungen zu vermeiden. Zweitens ist die Wahrscheinlichkeit hoch, dass Ihre Eltern über mehr Lebensweisheit verfügen als Sie, weil sie schon länger auf der Welt sind und mehr Erfahrung haben. Drittens sollten Ihre Eltern natürlich keine bestimmende Rolle mehr in Ihrem Leben spielen, wenn Sie erwachsen und verheiratet sind.

Wie können Sie diese drei Punkte miteinander in Einklang bringen? Ich schlage Ihnen vor, dass Sie Ihren Eltern zuvorkommen und sie um Rat fragen, bevor diese *Ihnen* Ratschläge geben. Seien Sie nicht sofort ablehnend, denn oft ist der Rat Ihrer Eltern nützlich. Schließlich zeigt uns auch das Buch der Sprüche den großen Wert von rechten Worten zur rechten Zeit. Bitten Sie Gott um Weisheit, sprechen Sie mit Ihrem Partner über die Sache und dann treffen Sie die Entscheidung, die Ihrer Meinung nach am besten ist. Wenn Ihre Eltern Einwände haben, sagen Sie ihnen, dass Sie ihren Beitrag zu schätzen wissen und auch hilfreich finden, aber trotzdem das tun, was Sie und Ihr Partner für richtig halten. Allmählich werden Ihre Eltern Sie beide als erwachsene Menschen sehen und Ihre Klugheit respektieren.

*Himmlischer Vater, danke, dass du uns Eltern geschenkt hast, die für uns da sind und die möchten, dass wir als Ehepaar gute Entscheidungen treffen. Bitte gib uns die Weisheit, ihre Ratschläge sorgfältig abzuwägen und danach zu streben, den Weg zu gehen, den du für uns vorgesehen hast.*

27. Januar

# Sieger oder Verlierer

*Einen fröhlichen Menschen erkennt man an seinem strahlenden Gesicht, aber einem verbitterten fehlt jede Lebensfreude. Für den Niedergeschlagenen ist jeder Tag eine Qual, aber für den Glücklichen ist das Leben ein Fest.*
Sprüche 15,13.15

Wie verschönern Sie die „Jahreszeiten" in Ihrer Beziehung? Wie gelangen Sie von einer sogenannten Winter-Ehe, einer Ehe, die von negativer Stimmung und Frustration geprägt ist, zu einer Frühlings-Ehe, einer Ehe voller Hoffnung und Erneuerung? Eine Strategie besteht darin, sich für die Haltung eines Siegers zu entschließen.

Die meisten Athleten würden zustimmend nicken, wenn ich behaupte, dass der Sieg zu 90 Prozent von meiner inneren Einstellung und zu zehn Prozent von hartem Training abhängt. Wenn das auf die Welt des Sports zutrifft, dann erst recht auf die Welt der zwischenmenschlichen Beziehungen. Frühlings-Ehen werden durch eine positive Haltung geschaffen und erhalten. In Winter-Ehen dagegen herrscht eine negative Grundeinstellung vor. Unser Denken bestimmt in vielen Fällen unser Verhalten. Unser Verhalten wiederum hat einen großen Einfluss auf unsere Gefühle. König Salomo bestätigt diese Wahrheiten in den oben zitierten Versen. Optimismus bringt noch mehr Freude hervor, während negatives Denken eine Brutstätte für noch größere Niedergeschlagenheit ist. Wenn man wählen könnte zwischen ständiger Qual und einem Leben, das ein einziges Fest ist, würde man sich dann nicht für Letzteres entscheiden?

Diese Verbindung zwischen der inneren Einstellung und unserem Verhalten öffnet allen Ehepaaren eine Tür der Hoffnung. Wenn wir unser Denken ändern können, dann können wir auch das Klima unserer Ehe verändern. Der am weitesten verbreitete Fehler unter Ehepaaren besteht darin, dass sie ihr Verhalten von negativen Gefühlen bestimmen lassen. Weil sie die umwandelnde Kraft einer positiven Grundhaltung verkennen, schöpfen sie nicht das volle Potential ihrer Ehe aus. Ich habe jedoch eine gute Nachricht für Sie: Sie können selbst wählen, mit welcher inneren Haltung Sie leben möchten.

• • • • • • • • • • • • • • • • • • • • • • •

*Himmlischer Vater, ich weiß, dass meine innere Haltung viel bewirken kann, auch in Bezug auf die Art, wie ich meine Ehe sehe, und darauf, wie ich mit meinem Partner umgehe. Bitte erneuere mein Denken und schenke mir Hoffnung und Zuversicht.*

# 28. Januar

## Veränderung ist möglich

*Schließlich, meine lieben Brüder und Schwestern, orientiert euch an dem, was wahrhaftig, gut und gerecht, was redlich und liebenswert ist und einen guten Ruf hat, an dem, was auch bei euren Mitmenschen als Tugend gilt und Lob verdient.*
Philipper 4,8

Eine veränderte Grundhaltung kann als Katalysator dienen und einen „Jahreszeitenwechsel" in Ihrer Ehe einleiten. Ich muss gestehen, dass ich das am eigenen Leib erfahren musste. In der ersten Zeit meiner Ehe befand ich mich wegen meiner negativen Einstellung häufig in der Wintersaison. Mitten im Winter konnte ich mir nur schwer eingestehen, dass es hauptsächlich an meiner inneren Haltung lag. Es fiel mir viel leichter, die Schuld an diesem Problem meiner Frau Karolyn und ihrem Verhalten zuzuschieben. Heute gebe ich ganz einfach zu, dass mein negatives Denken die Ursache dieser Winterstimmung war.

Wenn Ihre Beziehung geprägt ist von Frustration und Anspannung, vermute ich, dass auch Sie dazu neigen, Ihrem Partner die Schuld zu geben, ohne sich Ihr eigenes negatives Denken bewusst zu machen. Wenn Sie aus der Kälte und Bitterkeit einer Winter-Beziehung ausbrechen wollen, fordere ich Sie auf, Ihre Einstellung zu ändern. Solange Sie die winterliche Dunkelheit verfluchen, wird es nur noch dunkler. Aber wenn Sie in Ihrer Ehe das Gute suchen, finden Sie es auch.

Der berühmte Vers aus Philipper 4 erinnert uns daran, dass wir unsere Gedanken auf das richten sollen, was gut, wahrhaftig, gerecht, rein, liebens- und bewundernswert ist. Diese Art von Orientierung am Guten kann unsere gesamte Sichtweise verändern. Wenn wir uns am Positiven orientieren, wird ein angenehmeres Klima geschaffen. Loben Sie Ihren Partner wegen einer einzigen positiven Handlung, so werden bestimmt weitere folgen.

*Himmlischer Vater, es gibt so vieles, wofür ich dankbar sein kann. Überall um mich herum gibt es Grund zur Hoffnung. Ich muss bloß danach Ausschau halten. Bitte vergib mir meine negative Haltung und die Auswirkung, die dieses negative Denken auf meine Sichtweise und meine Ehe hatte. Gib mir einen Blick für das Positive.*

## 29. Januar

# Ein Blick für das Positive

*Die Worte eines gedankenlosen Schwätzers verletzen wie Messerstiche; was ein weiser Mensch sagt, heilt und belebt.*
Sprüche 12,18

Zu den wirkungsvollsten Strategien für ein besseres Klima in den Jahreszeiten unserer Ehe gehört die Haltung eines Gewinners. Wie schaffen wir es, das Leben aus der Warte des Gewinners zu sehen?

Erstens müssen wir uns unser negatives Denken eingestehen. Solange Sie negativ denken, können Sie das Leben nicht aus der Sicht des Gewinners heraus sehen. Der zweite Schritt besteht darin, die positiven Eigenschaften Ihres Partners herauszufinden, selbst wenn Ihnen das schwerfällt. Vielleicht können Sie sogar Ihre Kinder um Hilfe bitten, indem Sie sie fragen: „Was findet ihr an Papa oder Mama gut?" Drittens: Sobald Sie diese positiven Eigenschaften Ihres Ehepartners herausgefunden haben, danken Sie Gott dafür. Viertens: Fangen Sie an, Ihren Partner zu loben, wenn Sie etwas Positives an ihm beobachten. Setzen Sie sich ein Ziel. Nehmen wir einmal an, Sie wollen einen Monat lang Ihrem Partner pro Woche ein Kompliment machen. Dann nehmen Sie sich vor, diese Zahl auf zwei Komplimente pro Woche zu erhöhen, dann drei und so weiter, bis Sie schließlich Ihrem Partner jeden Tag ein ehrliches Kompliment machen können.

Das Buch der Sprüche hat über die Macht der Worte viel zu sagen. In Sprüche 18,21 steht: „Worte haben Macht: sie können über Leben und Tod entscheiden." Sprüche 12,18 spricht von der heilenden Wirkung der Worte. Sprüche 15,4 weist darauf hin, dass freundliche Worte „Freude am Leben" schenken. Sie können Ihrer Ehe neues Leben einhauchen, wenn Sie Verurteilung und Kritik gegen Komplimente und aufmunternde Worte eintauschen.

*Mein Herr und mein Gott, danke für die vielen positiven Eigenschaften meines Partners. Bitte erinnere mich immer wieder daran. Hilf mir, meine Anerkennung zum Ausdruck zu bringen, damit meine Worte heilend und belebend wirken.*

# 30. Januar

## Ungelöste Konflikte

*Wer Streit anfängt, gleicht dem, der dem Wasser den Damm aufreißt.*
*Lass ab von Streit, ehe er losbricht!*
Sprüche 17,14

Warum ist es so wichtig, unsere Konflikte zu lösen? Weil ungelöste Konflikte den Weg eines Paares zur Einheit blockieren. Konflikte entstehen, wenn wir bei bestimmten Fragen Differenzen haben und meinen, im Recht zu sein. Wenn wir uns nicht in der Mitte treffen können, werden wir zu Feinden und nicht zu Mitgliedern eines Teams. Dann wird unser Leben zu einem Schlachtfeld. Der oben zitierte Vers erinnert uns daran, dass ein Streit oft ein überraschendes Ende haben kann. Es ist immer besser, Konflikte zu lösen, bevor sie sich verschärfen. Nur wenige Menschen mögen Streit. Wenn ein Konflikt endlos weitergeht, wird früher oder später einer der Streithähne entnervt aufgeben und sich vom anderen abwenden.

Wie traurig, dass viele Tausend Beziehungen enden, weil Paare es nie lernen, Konflikte zu lösen. Der erste Schritt zur Lösung eines Konflikts sieht so aus: raus aus dem „Streit-Modus" und rein in den „Verstehens-Modus". Hören Sie auf, aus einem Streit als Gewinner hervorgehen zu wollen. Bemühen Sie sich lieber um gegenseitiges Verständnis.

*Herr Jesus Christus, du kennst die Konfliktpunkte zwischen mir und dem Menschen, den ich liebe. Schenke uns die Gnade, diese Konflikte ohne ständigen Kampf und Streit zu lösen. Hilf mir, meinen Partner verstehen zu wollen und zu können.*

# 31. Januar

## Konflikte lösen kann man lernen

*Liebe ist geduldig und freundlich. Sie ist nicht verbissen, sie prahlt nicht und schaut nicht auf andere herab. Liebe verletzt nicht den Anstand und sucht nicht den eigenen Vorteil, sie lässt sich nicht reizen und ist nicht nachtragend.*

1. Korinther 13,4-5

Warum streiten sich die Leute? Die Antwort lässt sich in einem Wort zusammenfassen: Starrsinn. Wenn wir uns streiten, wollen wir damit sagen: „Mein Weg ist der richtige. Wenn du es nicht so machst, wie ich es will, mache ich dir das Leben schwer." Der oder die Streitsüchtige will immer seinen oder ihren Kopf durchsetzen.

Menschen, die Konflikte lösen, haben eine andere Einstellung. Sie sagen: „Ich bin mir sicher, dass wir eine Lösung finden, die für uns beide positiv ist. Wir wollen zusammen darüber nachdenken." Sie suchen nach Lösungen, bei denen jeder gewinnt und keiner verliert. Es geht ihnen vor allem darum, die Gedanken des anderen zu respektieren und nach einer Lösung zu suchen, anstatt aus einem Streit als Gewinner hervorzugehen.

In der Bibel heißt es, dass die Liebe nicht den eigenen Vorteil sucht. Liebe ist auch nicht stolz, und so will sie nicht ihren eigenen Willen durchsetzen. Liebe bedeutet schließlich, auf die Interessen des anderen zu achten. In Philipper 2,4 steht: „Denkt nicht an euren eigenen Vorteil, sondern habt das Wohl der anderen im Auge." Die Liebe fragt: „Was wäre denn am besten für dich?"

*Himmlischer Vater, ich will nicht mehr streitsüchtig sein, sondern ein Mensch, der Konflikte löst. Bitte hilf mir, zuerst an meinen Partner zu denken und dann erst an mich selbst. Hilf mir, dass ich nicht das fordere, was mir meiner Meinung nach zusteht, sondern eine Lösung anstrebe, die gut für uns beide ist. Beim Kampf gegen meine Selbstsucht brauche ich deine Hilfe.*

## 1. Februar

# Für wen arbeiten wir?

*Denkt bei allem daran, dass ihr für den Herrn und nicht für die Menschen arbeitet. Als Lohn dafür wird Gott euch das Erbe geben, das er versprochen hat. Das wisst ihr ja. Denn Jesus Christus ist euer wahrer Herr!*
Kolosser 3,23-24

Ein Kernpunkt der christlichen Botschaft lautet: Wir dienen unserem Herrn Jesus Christus, wenn wir unseren Mitmenschen dienen. In Kolosser 3,23 wird betont, dass wir nicht für Menschen arbeiten, sondern für unseren Herrn und deshalb bereitwillig, fröhlich und voller Begeisterung an die Arbeit gehen sollen.

Wir alle träumen davon, dass unser Ehepartner uns fragt: „Wie kann ich dir heute Abend helfen?“ oder: „Womit kann ich dir diese Woche das Leben leichter machen?“ Aber viele von uns sind in Familien aufgewachsen, in denen wir ums Überleben kämpfen mussten. Wir haben den Wert der Hilfsbereitschaft nicht zu schätzen gelernt. Wie können Sie die Bereitschaft zum Dienen erlernen, wenn in Ihrer Familie das Ellenbogen-Prinzip gegolten hat?

Beginnen wir bei Ihrem Elternhaus. Stellen Sie sich eine Skala von null bis zehn vor. Wo würden Sie die Hilfsbereitschaft Ihres Vaters Ihrer Mutter gegenüber einordnen? Null bedeutet, dass er niemals einen Finger gerührt hat, um ihr zu helfen. Zehn bedeutet eine Bereitschaft zum Dienen, wie sie Jesus Christus an den Tag gelegt hat. Als Nächstes bewerten Sie die Hilfsbereitschaft Ihrer Mutter. An welcher Stelle der Skala würden Sie sie einordnen? Jetzt kommen wir der Sache näher. Wie würden Sie sich selbst bewerten? Gleichen Sie eher Ihrem Vater oder Ihrer Mutter? Gibt es noch eine Menge Raum zur Weiterentwicklung? Oder dienen Sie bereits unserem Herrn Jesus Christus, indem Sie Ihrem Ehepartner dienen?

*Himmlischer Vater, manchmal habe ich keine Lust, meinem Partner zu dienen. Manchmal meine ich, dass er meine Hilfsbereitschaft nicht verdient, besonders dann, wenn von ihm nicht allzu viel zurückkommt. Ich weiß aber auch, dass diese Einstellung nicht richtig ist. Bitte mache mir immer wieder eins bewusst: Wenn ich anderen helfe, diene ich dir. Wecke in mir die Freude am Dienen!*

# Das „Danke-Spiel"

*Wer der Erste sein will, der soll sich allen unterordnen.*
*Auch der Menschensohn ist nicht gekommen, um sich bedienen zu lassen.*
*Er kam, um zu dienen und sein Leben hinzugeben,*
*damit viele Menschen aus der Gewalt des Bösen befreit werden.*
Markus 10,44-45

Das Leitmotiv im Leben eines Christen lautet: Wir dienen Jesus Christus, indem wir unseren Mitmenschen dienen. Jesus kam auf die Erde, um anderen zu dienen, zuerst durch seine Liebe, seine Lehre und seine Wunder bei der Heilung von Kranken, und zuletzt durch seinen Tod. Wenn wir anderen Menschen helfen, dienen wir nicht nur unserem Herrn Jesus Christus, sondern wir werden ihm dadurch auch ähnlich. Warum beginnen wir dann nicht mit unserer Bereitschaft zum Dienen bei dem Menschen, der uns am nächsten steht? Schließlich helfen wir einander doch jeden Tag. Wir reden bloß nicht so oft über die vielen kleinen Dienste, die wir dem anderen erweisen, und so halten wir sie bald für selbstverständlich.

Ich möchte Ihnen eine kleine Kommunikationsübung vorschlagen, mit deren Hilfe das Dienen auf Ihrer Prioritätenliste ganz nach oben rücken wird. Es handelt sich dabei um ein Spiel mit dem Titel „Dafür bin ich dir dankbar". Und so geht es: Der Mann sagt zu seiner Frau: „Heute habe ich dir einen Dienst erwiesen, als ich eine ganze Ladung Wäsche weggeräumt habe." Die Frau reagiert darauf mit den Worten: „Dafür bin ich dir wirklich dankbar." Dann sagt sie: „Heute habe ich dir einen Dienst erwiesen, als ich das Abendessen gemacht habe." Der Mann erwidert: „Dafür bin ich dir wirklich dankbar." Spielen Sie dieses Spiel eine Woche lang einmal täglich. Sie werden plötzlich merken, wie viel Sie bereits füreinander tun. Während Sie über diese vielen kleinen Dienste reden, gewinnen sie eine neue Bedeutung für Sie. Wenn Sie Kinder haben, spielen Sie das Spiel in ihrer Gegenwart, und plötzlich werden Ihre Kinder mitmachen wollen.

*Herr Jesus Christus, danke, dass du uns ein Vorbild bist, wenn es darum geht, anderen Menschen zu dienen. Bitte mache mich dir ähnlicher, mit jedem Tag, der vergeht. Hilf uns, dass wir als Ehepaar einander in Liebe dienen und unsere Wertschätzung füreinander zum Ausdruck bringen können.*

# 3. Februar

## Freude als Kraftquelle

*Jubelt dem Herrn zu, ihr Völker der Erde!*
*Dient ihm voll Freude, kommt zu ihm mit fröhlichen Liedern!*
Psalm 100,1-2

Zu einer gesunden Ehe gehört eine positive Einstellung zum Thema Hilfsbereitschaft, und zwar vonseiten beider Ehepartner. Dann ist es ganz natürlich, dass sie ihm und er ihr helfen möchte. Aber woher wissen wir, was wir für unseren Partner tun sollen? Das ist ganz einfach. Sie finden es heraus, indem Sie Fragen stellen.

Sie können Ihren Partner zum Beispiel fragen: „Was kann ich diese Woche für dich tun, um dir das Leben zu erleichtern?“ Wenn er oder sie Ihre Frage beantwortet, erwidern Sie: „Ich will versuchen, das nicht zu vergessen.“ Wahre Hilfsbereitschaft muss von Herzen kommen. Deshalb bleibt Ihnen die Entscheidung überlassen, ob Sie dem Vorschlag Ihres Partners folgen wollen. Aber jetzt haben Sie wenigstens eine konkrete Vorstellung davon, wie Sie Ihre Zeit und Energie investieren können, damit Ihr Ehepartner es zu schätzen weiß.

Wenn Sie sich entschließen, die Bitte Ihres Partners zu erfüllen, dienen Sie Jesus Christus, indem Sie einem geliebten Menschen einen Dienst erweisen. Die ersten Verse in Psalm 100 erinnern uns daran, dass wir das voll Freude tun sollen. Wenn wir Gott dienen, z. B. indem wir anderen Menschen helfen, kann uns das mit Fröhlichkeit und neuer Kraft erfüllen, und es kann uns großen Segen bringen. Dienen ist der Weg zu wahrer Größe, aber auch der Weg zu einem guten Wachstum in Ihrer Ehe.

*Himmlischer Vater, ich möchte dir voll Freude dienen. Hilf mir, auf meinen Partner zuzugehen und herauszufinden, wie ich ihm oder ihr einen Dienst erweisen kann. Und dann hilf mir, es mit einem fröhlichen Herzen zu tun.*

# 4. Februar

## Ein besonderes Vermächtnis

*Ihr jungen Leute, hört mir zu! Ich will euch zeigen,*
*wie ihr dem Herrn dienen könnt!*
Psalm 34,12

Wie können wir unseren Kindern ein positives Vermächtnis hinterlassen? Ein Vermächtnis ist ein Erbe, das von einer Generation an die nächste weitergegeben wird. Im juristischen Sinn wird persönlicher Besitz in einem Testament vererbt. Aber ein echtes Vermächtnis geht über das Materielle hinaus, und auch seine Wirkung ist viel tiefgehender. Unser Vermächtnis hat einen starken Einfluss auf das Leben unserer Nachkommen.

Deshalb sind die bedeutendsten Vermächtnisse von ihrem Wesen her nicht materiell, sondern berühren unsere Gefühls- und Glaubenswelt sowie unsere Wertvorstellungen. Sie drehen sich um den Charakter des Menschen, der sie hinterlässt. Vermächtnisse aus der Vergangenheit wirken bis in die Zukunft einer Familie hinein. Wir alle kennen Familien, die über viele Jahre oder Jahrzehnte einen guten Ruf haben, wenn es um Eigenschaften wie Freundlichkeit, Ehrlichkeit und Anstand geht. Andererseits kennen wir auch Familien mit einem negativen Vermächtnis im Hinblick auf Wesenszüge oder Verhaltensweisen. Vielleicht zeigt es sich in einer gewissen Unehrlichkeit, einer schlechten Arbeitsmoral oder falschen Entscheidungen, wenn es um zwischenmenschliche Beziehungen geht. Wir glauben zwar, dass ein Mensch auch vererbte Nachteile überwinden kann, aber das Vermächtnis, das wir empfangen, kann für unser Leben entweder zu einem Segen oder einem Fluch werden.

Psalm 34 spricht von dem besonderen Segen, den wir unseren Kindern vermitteln können, indem wir ihnen beibringen, wie sie den Herrn lieben und ihm dienen können. Das geschieht durch Lesen und Reden, aber vor allem durch unser gelebtes Beispiel. Was müssen Sie in Ihrem Leben oder in Ihrer Paarbeziehung ändern, damit Sie Ihren Kindern ein positives Vermächtnis hinterlassen können?

*Himmlischer Vater, es tut gut, innezuhalten und darüber nachzudenken, welche Werte ich meinen Kindern vermittle und inwiefern sie mit dem übereinstimmen, was ich ihnen beibringen möchte. Bitte zeige mir, was ich in meinem Leben ändern muss. Leite mich in meinem Bestreben, meinen Kindern ein positives Vermächtnis zu hinterlassen.*

## 5. Februar

# Echte Liebe bringt Opfer

*Die Liebe Christi haben wir daran erkannt, dass er sein Leben für uns opferte. Ebenso müssen auch wir bereit sein, unser Leben für unsere Geschwister hinzugeben.*
1. Johannes 3,16

Bevor meine Frau und ich heirateten, war ich der Meinung, dass alle Menschen morgens bei Sonnenaufgang aufstehen. Aber nach unserer Hochzeit fand ich heraus, dass meine Frau kein Morgenmensch ist. Es dauerte nicht lange, bis ich sie nicht mehr mochte, und dieses Gefühl beruhte auf Gegenseitigkeit. Ein paar Jahre lang hatten wir schwer zu kämpfen, weil wir von unserer Ehe sehr enttäuscht waren.

Was führte schließlich zu einer Wende in unserer Beziehung? Es war eine erstaunliche Entdeckung. Meine Aufgabe bestand nicht darin, von meiner Frau zu fordern, dass sie meine Erwartungen erfüllte. Meine Aufgabe bestand vielmehr darin, mein Leben hinzugeben, damit ihr Leben leichter und sinnerfüllter werden konnte. Wer war mein Vorbild? Jesus Christus, der sein Leben für uns hingegeben hatte. Der Apostel Johannes erinnert uns daran, dass das Opfer Jesu die Verkörperung wahrer Liebe ist. Weil er dieses Opfer für uns gebracht hat, können auch wir unser Leben für andere hingeben und damit bei unserem Ehepartner beginnen.

Selbst in tausend Jahren wäre ich von selbst nicht auf diese Idee gekommen. Aber Gottes Wege sind nicht unsere Wege und seine Gedanken nicht unsere Gedanken (vgl. Jes. 55,8-9). Bei Gott ist der Weg zu wahrer Größe das Dienen. Wo liegt der beste Anfang dieses Weges, wenn nicht in Ihrer eigenen Ehe? Meine größte Verantwortung habe ich meiner Frau gegenüber. Wenn ich mich entschließe, Gott zu dienen, dann sagt er zu mir: „Fangen wir doch gleich bei deiner Frau an. Tue ihr heute etwas Gutes." Als ich das begriffen hatte, musste ich nicht lange auf eine positive Reaktion meiner Frau warten. Sie lernte sehr schnell.

Liebe bringt Liebe hervor. Das ist der Weg Gottes.

*Herr Jesus Christus, mit Worten kann ich es nicht ausdrücken, wie dankbar ich für dein großes Opfer bin. Du hast dein Leben für uns hingegeben, obwohl wir es nicht verdient haben. Bitte verwandle mein Herz, damit ich meinem Partner gegenüber die gleiche Haltung an den Tag lege. Mach mich bereit, meine eigenen Wünsche und Erwartungen zu opfern, um ihm oder ihr dienen zu können. Ich weiß, dass ich für dieses Opfer in unserer Beziehung belohnt werde.*

6. Februar

# Hoffnung trotz Verzweiflung

*Der Herr ist denen nahe, die verzweifelt sind, und rettet jeden, der alle Hoffnung verloren hat.*
Psalm 34,19

John war ein erfolgreicher Geschäftsmann, aber seine Frau litt unter Depressionen. „Sie verbringt die meisten Vormittage im Bett, und nachmittags sitzt sie im Haus herum", erzählte er mir. „Sie scheint keinen Funken Ehrgeiz zu haben. Ihr fehlt die Kraft zum Kochen, und an den meisten Abenden isst sie nicht gemeinsam mit uns. Sie hat im letzten Jahr über zwanzig Kilo abgenommen. Offen gesagt ist das Leben bei uns zu Hause ziemlich erbärmlich. Mir tun bloß die Kinder leid, obwohl sie von ihr mehr Aufmerksamkeit bekommen als ich. Aber trotzdem fragen sie sich bestimmt, was mit ihrer Mutter nicht stimmt."

John hat mit seinen Worten die klassischen Merkmale einer Depression geschildert. Leider ist diese Erkrankung ziemlich häufig, und sie verschwindet nicht im Laufe der Zeit. Johns Frau brauchte Medikamente und professionelle Hilfe. Ansonsten würde es mit ihr nicht besser, sondern nur noch schlimmer werden.

Vielen Christen fehlt das Verständnis, wenn es um Depressionen geht. Sie meinen, diese Erkrankung sei bloß ein geistliches Problem. Obwohl eine Depression auch eine geistliche Dimension haben kann, liegt ihre Ursache häufig in einem körperlichen und emotionalen Ungleichgewicht. In den nächsten Tagen werden wir uns mit den Ursachen von Depressionen und mit möglichen Heilmethoden befassen. Wenn Depressionen für Sie oder den Menschen, den Sie lieben, ein Problem darstellen, dann denken Sie an die Worte in Psalm 34,19. Sie enthalten die Verheißung, dass der Herr Mitleid mit Ihnen hat und Ihnen in schweren Zeiten nahe ist.

*Himmlischer Vater, du weißt, dass wir als Ehepaar Probleme mit Depressionen haben. Danke für deine zärtliche Liebe zu uns gerade in Zeiten, in denen wir uns schwach und verletzlich fühlen. Hilf mir, meinen Partner nicht zu kritisieren, sondern ihn zu unterstützen und auch professionelle Hilfe in Anspruch zu nehmen, wenn wir sie brauchen.*

# 7. Februar

## Depression verstehen lernen

*Er heilt den, der innerlich zerbrochen ist, und verbindet seine Wunden.*
Psalm 147,3

Was machen Sie, wenn Sie unter einer Depression leiden oder der Mensch, den Sie lieben, depressiv ist? Zunächst brauchen Sie Informationen, damit Sie sich die grundlegenden Fakten über Depressionen aneignen können. Dabei hilft Ihnen die Einteilung in drei Kategorien. Zum einen kann eine Depression eine Begleiterscheinung einer organischen Krankheit sein. Wenn unser Körper krank ist, bewegt sich unser Denken und Fühlen oft in einen Zustand der Niedergeschlagenheit hinein. Wir ziehen uns für eine gewisse Zeit in uns selbst zurück. Auf diese Weise schützt uns die Natur vor ständiger Angst über unseren Gesundheitszustand.

Die zweite Art von Depression wird auch als „situationsbedingte" oder „reaktive" Depression bezeichnet, und sie erwächst aus einer besonders schmerzlichen Situation im Leben, häufig in Zusammenhang mit einem Verlust, wenn man eine Arbeitsstelle verliert oder ein Kind. Diese Krisensituation kann auch ein Wandel sein, wenn zum Beispiel ein Kind das Elternhaus verlässt, um ein Studium zu beginnen oder wenn eine Freundschaft zu Ende geht.

Die dritte Kategorie ist eine Depression aufgrund einer biochemischen Fehlfunktion. Hier handelt es sich um eine organische Krankheit, die mit Medikamenten behandelt werden muss.

Lesen Sie Literatur zu diesem Thema oder sprechen Sie mit Ihrem Arzt, wenn Sie mehr über Depressionen erfahren möchten. Das ist der erste Schritt, um Hilfe in Anspruch zu nehmen.

• • • • • • • • • • • • • • • • • • • • • • • • • • •

*Herr Jesus Christus, danke für deine Verheißung, unsere Wunden zu verbinden, wenn wir verletzt und innerlich zerbrochen sind. Sei die Ursache nun körperlicher, emotionaler oder geistlicher Natur. Wenn wir von einer Depression betroffen sind, hilf uns, mit dieser Situation gemeinsam fertigzuwerden.*

# 8. Februar

## Hilfe bei Depressionen

*Warum nur bin ich so traurig? Warum ist mein Herz so schwer?*
*Auf Gott will ich hoffen, denn ich weiß: ich werde ihm wieder danken.*
*Er ist mein Gott, er wird mir beistehen!*
Psalm 42,6

Eine länger andauernde Depression kann für eine Beziehung extrem schädlich sein. Deshalb sollten Sie auf jeden Fall Hilfe in Anspruch nehmen, falls Sie selbst depressiv sind oder Ihr Ehepartner unter einer Depression leidet.

Der erste Schritt ist normalerweise ein Besuch bei einem Arzt oder Seelsorger. Häufig verschreibt der Arzt Antidepressiva. Wenn die Depression eine biochemische Ursache hat, können Medikamente hilfreich sein. Es dauert in der Regel drei bis vier Wochen, bis man feststellen kann, ob die Medikamente die gewünschte Wirkung haben. Wenn nicht, probiert es der Arzt meistens mit anderen Präparaten.

Nur etwa ein Drittel aller depressiven Störungen haben jedoch eine biochemische Ursache. Ob Medikamente die Symptome nun lindern oder nicht, es ist auf jeden Fall wichtig, einen psychologisch geschulten Seelsorger oder Psychologen aufzusuchen, der auf diesem Gebiet Erfahrung hat. Der Seelsorger oder Psychologe kann Ihnen dabei helfen, die emotionale Ursache einer Depression aufzudecken. Wenn die depressive Störung oder Verstimmung bereits mehrere Wochen oder Monate andauert, sollten Sie unbedingt handeln. Eine Depression ist keine unheilbare Krankheit. Es gibt Hoffnung, aber Sie brauchen Hilfe. Psalm 42 vermittelt uns ein anschauliches Bild, wie neue Hoffnung entstehen kann. Behalten Sie dieses Bild im Gedächtnis, während Sie eine Depression durchmachen. Sie beide, Ihr Partner und Sie, werden eines Tages wieder in der Lage sein, Gott voller Freude zu danken.

*Himmlischer Vater, gib mir neue Hoffnung, wenn ich in dieser schwierigen Lage keinen Ausweg sehe. Hilf mir, dir zu vertrauen, dass du Heilung und neue Kraft schenken kannst. Du sorgst für uns, und du bist bei uns. Dafür danken wir dir.*

## 9. Februar

# Die Vergangenheit vergessen?

*Es gibt keinen, auch nicht einen Einzigen, der ohne Sünde ist. Es gibt keinen, der einsichtig ist und nach Gott fragt. Alle haben sich von ihm abgewandt und sind dadurch für Gott unbrauchbar geworden. Da ist wirklich keiner, der Gutes tut, kein Einziger.*
Römer 3,10-12

Fragen Sie sich manchmal, warum wir die Vergangenheit nicht einfach hinter uns lassen und nach vorne sehen können? Oft liegt es daran, dass wir die Vergangenheit nicht richtig verarbeiten. Verletzende Worte und egoistische Verhaltensweisen haben auf der „Seele" unserer Beziehung Narben hinterlassen. Aber Heilung ist möglich. Zuerst müssen wir dazu frühere Fehler und Fehlverhalten erkennen, damit wir unser Versagen bekennen und um Vergebung bitten können. Die Mauer, die sich zwischen Ihnen und Ihrem Partner aufgebaut hat, muss Stein für Stein abgerissen werden. Der erste Schritt besteht jedoch darin, die einzelnen Steine der Mauer zu identifizieren.

Warum bitten Sie Gott nicht einfach, Sie daran zu erinnern, wann Sie sich Ihrem Partner gegenüber falsch verhalten haben? Halten Sie Papier und Bleistift bereit und schreiben Sie die einzelnen Vorfälle auf. Dann bitten Sie Ihren Partner darum, eine ähnliche Liste anzufertigen. Überlegen Sie sich, ob Sie auch Ihre Kinder oder Eltern bitten wollen, mit Ihnen darüber zu sprechen, wann Sie Ihrem Partner gegenüber verletzende Worte gebraucht oder unfreundlich gewesen sind. Während Sie Ihre Liste niederschreiben, stellen Sie vielleicht fest, dass die Mauer Ihrer Fehler aus der Vergangenheit hoch und dick ist. Das ist kein Grund zum Verzweifeln. Die Bibel sagt klar und deutlich, dass jeder von uns sündigt – an Gott und an anderen. Wenn Sie Fehler aus der Vergangenheit zugeben und erkennen, ist das jedoch der erste Schritt zum „Abriss" der Mauer.

*Himmlischer Vater, du kennst alle meine Sünden aus der Vergangenheit. Ich habe dich enttäuscht, und auch die Menschen, die ich liebe. Bitte erinnere mich an diese Vorfälle, damit ich sie ansprechen und bereinigen kann.*

10. Februar

# Die Mauer des Versagens einreißen

*Du großer, barmherziger Gott, sei mir gnädig, hab Erbarmen mit mir!*
*Lösche meine Vergehen aus! Meine schwere Schuld –*
*wasche sie ab, und reinige mich von meiner Sünde!*
Psalm 51,3-4

Gestern haben wir erwähnt, wie Sie früheres Fehlverhalten in Ihrer Beziehung erkennen können. Heute möchte ich darüber sprechen, wie Sie Ihre Fehler bekennen können. Sie als Ehepaar wissen, dass sich zwischen Ihnen eine Mauer befindet. Warum reißen Sie diese Mauer nicht ein?

Sobald Sie notiert haben, auf welche Art Sie Ihren Partner enttäuscht haben, nehmen Sie diese Liste und bekennen Sie Ihr Fehlverhalten vor Gott. Psalm 51 ist nach dem größten moralischen Vergehen von König David entstanden, dem Ehebruch mit Batseba und dem vorsätzlich geplanten Mord an ihrem Mann. Dieser Psalm ist ein zu Herzen gehendes Modell für ein Sündenbekenntnis. Danken Sie Gott, dass Jesus Christus die Strafe für Ihre Sünden auf sich genommen hat und bitten Sie ihn um Vergebung.

Dann gehen Sie zu Ihrem Partner und bekennen ihm Ihre Fehler. Bei einem Bekenntnis drückt man Folgendes aus: „Ich habe dir Unrecht getan. Das tut mir leid. Ich weiß, dass ich dich verletzt habe, und das will ich nicht wieder tun. Kannst du mir vergeben?" Ein echtes Bekenntnis öffnet die Tür zur Vergebung. Wenn Ihnen Vergebung angeboten wird, ist die Mauer auf Ihrer Seite eingestürzt. Wenn Ihr Partner ebenfalls bereit ist, sein Fehlverhalten zu bekennen und Vergebung zu empfangen, kann die gesamte Mauer eingerissen werden, und in Ihrer Ehe wird es wieder vorwärtsgehen.

• • • • • • • • • • • • • • • • • • • • • • • • • • • • • • • •

*Himmlischer Vater, ich bekenne dir meine Sünden, meinen Egoismus, meine Ungeduld und meine fehlende Liebe. Danke, dass du mir Vergebung zusagst. Bitte gib mir die Kraft, auch meinem Partner gegenüber meine Fehler zu bekennen, denn ich habe ihn sehr verletzt.*

# Vergebung ist keine Einbahnstraße

*Ertragt einander, und seid bereit, einander zu vergeben, selbst wenn ihr glaubt, im Recht zu sein. Denn auch Christus hat euch vergeben.*
Kolosser 3,13

An den letzten beiden Tagen haben wir darüber gesprochen, wie wir Fehler aus der Vergangenheit erkennen und diese Fehler vor Gott und unserem Ehepartner bekennen können. Jetzt möchte ich das Thema „Vergebung" ansprechen.

Wenn Ihr Partner Ihnen vergangenes Fehlverhalten bekennt und Sie um Vergebung bittet, sollten Sie ihm auch vergeben. Die Weigerung, dem anderen zu vergeben, ist ganz klar ein Verstoß gegen die Lehren Jesu. Schließlich hat er seinen Jüngern dieses Gebet beigebracht: „Vergib uns unsere Schuld, wie wir denen vergeben, die uns Unrecht getan haben" (Matthäus 6,12). Wir setzen unsere eigene Vergebung vonseiten Gottes aufs Spiel, wenn wir uns weigern, anderen zu vergeben, nachdem sie uns ihre Schuld bekannt und von Herzen bereut haben. Der Apostel Paulus unterstreicht das mit seinen Worten in Kolosser 3,13. Dort schreibt er, dass wir anderen vergeben müssen, weil der Herr uns vergeben hat. Und in einem seiner Gleichnisse verdeutlicht Jesus, um wie viel größer unsere Schuld gegenüber dem Herrn ist als das, was uns andere Menschen „schuldig" sind.

Wir gewinnen nichts, wenn wir uns an Fehlern aus der Vergangenheit festklammern. Im Gegensatz dazu öffnet unsere Bereitschaft zur Vergebung die Tür zu künftigem Wachstum. Vertrauen kann aufgebaut werden und Liebe wieder neu entstehen. Wenn ein Ehepaar bereit ist, Fehler aus der Vergangenheit zu bekennen und zu vergeben, kann sich eine Ehe aus einem Stadium der Bitterkeit und Härte zu einem Stadium der Erneuerung und Freude hin bewegen.

*Himmlischer Vater, ich bin dir so dankbar, dass du mir meine Sünden vergibst. Bitte hilf mir, meinem Partner dieselbe Liebe entgegenzubringen, wenn er mich um Vergebung bittet, auch wenn es mir schwerfällt. Ich weiß aber, dass du diese Bereitschaft segnen wirst.*

# Unser höchstes Ziel

*Die Liebe soll euer höchstes Ziel sein.*
1. Korinther 14,1

Möchten Sie die Liebessprache Ihres Partners kennenlernen? Wenn ja, dann beobachten Sie, wie er oder sie seine oder ihre Liebe Ihnen gegenüber zum Ausdruck bringt. Geschieht das mit aufmunternden Worten? Mit Geschenken? Mit dem Wunsch nach Zweisamkeit oder nach Zärtlichkeit? Die Art, wie Ihr Partner Ihnen seine Liebe zeigt, ist wohl auch seine Muttersprache der Liebe.

Wenn er Sie häufig umarmt und küsst, ist *Zärtlichkeit* offenbar seine Liebessprache. Dann möchte er, dass Sie auf diesem Gebiet die Initiative ergreifen. Wenn Sie die Blumenbeete jätet, alles Finanzielle regelt oder nach Ihrer Morgen- oder Abendtoilette das Bad putzt, dann ist *Hilfsbereitschaft* offenbar ihre Muttersprache der Liebe, und dann möchte sie, dass Sie ihr im Haushalt helfen. Wenn Sie diesen Wunsch nicht erfüllen, fühlt sich Ihre Frau von Ihnen nicht geliebt. Ein Ehemann sagte einmal: „Wenn ich gewusst hätte, dass sie sich von mir mehr geliebt fühlt und auch sexuell ansprechbarer ist, wenn ich den Mülleimer raustrage, dann hätte ich das schon vor vielen Jahren gemacht.“ Schade, dass er so lange gebraucht hat, bis er die wichtigste Liebessprache seiner Frau entdeckt hat!

Die Bibel bezeichnet die Liebe als unser höchstes Ziel. Wenn wir dieses Ziel erreichen wollen, sollten wir herausfinden, in welchem Bereich unser Ehepartner am ehesten für Liebe empfänglich ist.

*Herr Jesus Christus, bitte hilf mir, die Liebe zu meinem höchsten Ziel zu machen – in meinem Leben und in meiner Ehe. Bitte schenke mir Weisheit, wenn ich meinen Partner beobachte, um seine Muttersprache der Liebe herauszufinden. Ich möchte ihm oder ihr meine Liebe zeigen.*

## 13. Februar

# Beschwerden können hilfreich sein

*Liebe ist immer bereit zu verzeihen, stets vertraut sie,*
*sie verliert nie die Hoffnung und hält durch bis zum Ende.*
1. Korinther 13,7

Worüber beklagt sich Ihr Partner am häufigsten? Wir setzen Vorwürfe oder Klagen in der Regel mit negativer Kritik gleich, aber in Wirklichkeit vermitteln sie uns wertvolle Informationen. Beschwerden zeigen uns nämlich, was sich tief im Inneren des anderen verbirgt. Immer wiederkehrende Klagen offenbaren oft die Liebessprache eines Menschen.

Wenn ein Ehemann häufig sagt: „Wir verbringen überhaupt keine Zeit mehr miteinander. Wir leben nur noch nebeneinander her", dann will er seiner Frau sagen, dass seine Muttersprache der Liebe *Zweisamkeit* lautet und sein „Liebes-Tank" leer ist.

Wenn eine Ehefrau sagt: „Ich glaube, du würdest mich nie in den Arm nehmen, wenn ich nicht die Initiative ergreife", dann tut sie damit kund, dass *Zärtlichkeit* ihre Liebessprache ist.

Wenn ein Ehemann von einer Geschäftsreise zurückkehrt und seine Frau fragt: „Was, du hast mir gar nichts mitgebracht?", dann will sie ihm damit sagen, dass ihre Muttersprache der Liebe *Geschenke, die von Herzen kommen* lautet. Deshalb kann sie es kaum glauben, wenn er mit leeren Händen nach Hause kommt.

Wenn eine Frau sich mit diesen Worten beklagt: „Ich kann ihm nie etwas recht machen", dann will sie damit sagen, dass *Lob und Anerkennung* ihre Sprache der Liebe ist und sie beides nicht bekommt.

Wenn ein Ehemann sagt: „Wenn du mich wirklich liebst, würdest du mir helfen", dann ist *Hilfsbereitschaft* seine Muttersprache der Liebe.

Sind Sie frustriert, weil Sie Ihrem Ehepartner Ihre Liebe nicht so richtig zeigen können? Die Worte in 1. Korinther 13 erinnern uns daran, dass wir niemals aufgeben sollen. Wenn wir die Hoffnung nicht verlieren, kann sich alles zum Besseren wenden. Wenn Sie die Liebessprache Ihres Partners entdecken, ist das ein wichtiger Schritt zum Wachstum in Ihrer Beziehung.

*Himmlischer Vater, ich wünsche mir, dass unsere Beziehung enger und intensiver wird. Bitte hilf mir dabei, die Liebessprache meines Partners zu entdecken. Und bitte zeige mir, wie ich lernen kann, diese Sprache besser zu sprechen.*

## 14. Februar

# Den ersten Schritt machen

*Gottes Liebe zu uns ist für alle sichtbar geworden, als er seinen einzigen Sohn in die Welt sandte, damit wir durch ihn leben können. Das Einzigartige an dieser Liebe ist: Nicht wir haben Gott geliebt, sondern er hat uns seine Liebe geschenkt. Er gab uns seinen Sohn, der alle Schuld auf sich nahm, um uns von unserer Schuld freizusprechen. Meine Freunde, wenn uns Gott so sehr liebt, dann müssen auch wir einander lieben.*

1. Johannes 4,9-11

Unser tiefstes emotionales Bedürfnis ist meiner Meinung nach, sich geliebt zu fühlen. Wenn wir verheiratet sind, wünschen wir uns natürlich vor allem die Liebe unseres Ehepartners. Wenn wir uns von unserem Ehepartner geliebt fühlen, sieht die Welt für uns schon viel besser aus. Fühlen wir uns jedoch nicht geliebt, wird es dunkel um uns herum. Wir können jedoch Liebe nicht erzwingen – schon gar nicht mit Vorwürfen oder Forderungen.

Ein Mann sagte zu mir: „Wenn meine Frau nur ein bisschen liebevoller wäre, dann könnte ich entsprechend reagieren. Aber wenn sie keine Anstalten macht, zärtlich zu mir zu sein, habe ich auch keine große Lust, damit anzufangen." Dieser Mann wartet, bis er Liebe empfängt, bevor er bereit ist, Liebe zu geben. Aber jemand muss den ersten Schritt machen. Warum soll das immer der oder die andere sein?

Warum wollen wir nicht verstehen, dass es unsere Aufgabe ist, in der Liebe den ersten Schritt zu machen? Gott hat es uns doch vorgemacht. Wir lieben Gott, weil er uns zuerst geliebt hat (vgl. 1. Joh 4,19). Er hat uns sogar schon geliebt, als er uns noch gleichgültig war. Hier haben wir das größte Beispiel einer Liebe, die den ersten Schritt macht. Wenn Sie sich entschließen, Ihrem Partner bedingungslose Liebe entgegenzubringen und lernen, diese Liebe in einer Sprache auszudrücken, die Ihr Ehepartner versteht, dann ist die Wahrscheinlichkeit hoch, dass Ihr Partner diese Liebe erwidert. Liebe bewirkt Gegenliebe.

*Himmlischer Vater, du hast uns den Weg zur Liebe gezeigt. Du hast uns bedingungslose Liebe entgegengebracht, indem du den ersten Schritt gemacht und nicht gewartet hast, bis wir reagieren. Bitte hilf mir, meinem Partner diese Art von Liebe zu schenken.*

# 15. Februar

## Nähe auf geistiger Ebene

*Denn ich erinnere mich, dass du gesagt hast: „Suchet meine Nähe!“*
*Das will ich jetzt tun und zu dir beten.*
Psalm 27,8

Die meisten von uns haben nicht geheiratet, weil wir jemanden brauchen, der uns dabei hilft, das Essen zuzubereiten, das Geschirr zu spülen, das Auto zu reparieren und Kinder großzuziehen. Wir haben geheiratet, weil wir das tiefe Verlangen nach Zweisamkeit, nach Liebe und Nähe haben. Wie lässt sich dieses erhabene Ziel verwirklichen?

Es ist hilfreich, wenn wir uns die fünf wesentlichen Bestandteile einer engen zwischenmenschlichen Beziehung genauer ansehen. Das wollen wir in den nächsten Tagen tun.

An erster Stelle steht die Nähe auf geistiger Ebene. Ein Großteil des Lebens spielt sich in unserer Gedankenwelt ab. Im Laufe eines Tages machen wir uns viele hundert Gedanken über das Leben, das uns begegnet. Wir haben auch Wünsche und Sehnsüchte nach Dingen, die wir erleben oder erwerben möchten. Geistige Nähe kommt zustande, wenn wir unserem Ehepartner manche dieser Gedanken und Sehnsüchte mitteilen. Dabei kann es z. B. um finanzielle Angelegenheiten gehen, um Ernährung, Gesundheit, das aktuelle Tagesgeschehen, um Musik oder die Kirchengemeinde. Dabei spielt es keine Rolle, ob diese Gedanken an sich von Bedeutung sind. Auf jeden Fall offenbaren sie, was im Laufe eines Tages in uns vorgeht.

Die Worte in Psalm 27,8 schildern einen Weg, wie wir Gott näherkommen können. Wir sollen reagieren, wenn er uns zu einem Gespräch mit ihm einlädt. Das gleiche Prinzip gilt für zwischenmenschliche Beziehungen. In der Ehe haben wir die Freude und das Vorrecht, zu erfahren, was in der Gedankenwelt unseres Partners vor sich geht. Das ist das Wesentliche, wenn wir Nähe auf geistiger Ebene suchen.

*Himmlischer Vater, danke, dass du mit mir reden und von mir hören willst! Ich weiß, wie wichtig das Gespräch für eine Beziehung ist. Gib mir die Freiheit, meine Gedanken dem Menschen, den ich liebe, mitzuteilen und aufmerksam zuzuhören, wenn er oder sie mir seine oder ihre Gedanken mitteilt.*

# Nähe auf der Gefühlsebene

*Gekrümmt und von Leid zermürbt schleppe ich mich in tiefer Trauer durch den Tag.*
Psalm 38,7

Nähe auf der Gefühlsebene gehört zu den fünf Bestandteilen einer engen zwischenmenschlichen Beziehung. Gefühle sind unsere spontanen Reaktionen auf das, was wir mit unseren fünf Sinnen aufnehmen. Ich höre, dass der Hund unseres Nachbarn gestorben ist, und ich bin darüber traurig. Ich sehe, wie ein Feuerwehrwagen durch die Straße rast, und ich bin darüber beunruhigt. Meine Frau berührt zärtlich meine Hand, und ich fühle mich von ihr geliebt. Ich sehe, wie sie lächelt, und ich fasse neuen Mut.

Ihr Innenleben ist angefüllt mit Gefühlen, aber niemand kann sie sehen. Sobald Sie Ihre Gefühle jemand anderem mitteilen, entsteht emotionale Nähe. Wenn Sie Ihrem Ehepartner einen Einblick in Ihre innere Welt erlauben, sind Sie z. B. bereit zu sagen: „Ich habe jetzt eine Menge Angst" oder „Ich bin heute Abend wirklich glücklich". Solche oder ähnliche Aussagen offenbaren viel über Sie selbst. Der Vers in Psalm 38,7 ist nur eines von vielen Beispielen, wie der Psalmist sein Herz vor Gott ausschüttet. König David und die anderen Verfasser der Psalmen waren ehrlich im Umgang mit ihrer Traurigkeit, ihrer Niedergeschlagenheit, ihrer Wut und Trauer, aber auch mit ihren Gefühlen der Freude, der Verehrung und des Jubels. Diese Art der aufrichtigen Selbstoffenbarung brachte sie Gott näher.

Es kann zu einer äußerst bereichernden Erfahrung in unserem Leben werden, wenn wir lernen, über unsere Gefühle zu reden. Eine solche Offenheit erfordert jedoch eine Atmosphäre der Akzeptanz. Wenn ich mir sicher sein kann, dass mein Ehepartner meine Gefühle nicht verurteilt oder nicht versucht, mein Gefühlsleben zu verändern, dann bin ich auch eher bereit, darüber zu sprechen.

*Herr Jesus Christus, danke, dass du dir anhören willst, wie wir uns fühlen. Wenn wir als Ehepaar über unsere Gefühle reden, werden wir einander näherkommen. Ich bitte dich, dass du uns dabei hilfst, in einer Atmosphäre der liebevollen Akzeptanz offen über das zu sprechen, was uns bewegt.*

## 17. Februar

# Nähe auf der Beziehungsebene

*Bei Nacht sind meine Gedanken bei dir, voller Sehnsucht suche ich dich.*
Jesaja 26,9

In unserem Leben dreht sich vieles um Begegnungen, die sich im Laufe des Tages ereignen, um Dinge, die andere Menschen sagen, oder um Situationen, die sich entwickeln. Wenn meine Frau und ich miteinander über diese Erlebnisse sprechen, merken wir, dass wir Anteil haben an dem, was der oder die andere tut. Wir entwickeln eine Nähe auf der Beziehungsebene und spüren, dass wir eine Einheit bilden. Anders ausgedrückt: Das, was im Leben meiner Frau geschieht, ist auch für mich von Bedeutung.

Die Nähe auf der Beziehungsebene umfasst auch gemeinsame Aktivitäten. Ein Kinobesuch oder die Teilnahme an einem Sportereignis, zusammen einkaufen gehen, das Auto waschen oder ein Picknick im Park – das alles sind Bausteine für eine größere Nähe. Ein Großteil unseres Lebens besteht aus Aktivitäten. Wenn wir Dinge gemeinsam tun, entwickeln wir nicht nur einen Sinn für Teamarbeit, sondern wir verbessern auch unsere Beziehung. In dem oben zitierten Bibelvers spricht der Prophet Jesaja über seine starke Sehnsucht, Zeit mit Gott zu verbringen. Für die Ehe ist das gleiche Verlangen nach dem Zusammensein mit dem Ehepartner wichtig und wohltuend. Es wird häufig ausgelöst durch gute Erinnerungen an vorherige Begegnungen.

Die Dinge, die wir gemeinsam tun, gehören oft zu unseren schönsten Erinnerungen. Werden wir jemals vergessen, wie wir gemeinsam einen Berg bestiegen haben? Oder wie wir dem Hund einen Haarschnitt verpasst haben? Nähe auf der Beziehungsebene ist ein wichtiger Bestandteil einer guten Ehe.

*Herr Jesus Christus, ich bin dir dankbar für unsere gemeinsamen Erinnerungen als Ehepaar. Danke für die Freude und das Lachen, für die Zeiten, in denen wir unser Zusammensein und gemeinsame Unternehmungen genießen können. Hilf uns, einander näherzukommen und in unserer Beziehung zusammenzuwachsen.*

## 18. Februar

# *Nähe auf religiöser Ebene*

*Zugleich beten wir darum, dass ihr die herrliche Kraft Gottes erfahrt, damit ihr genug Geduld und Ausdauer habt für die Anforderungen, die an euch gestellt werden. Mit Freude sollt ihr ihm danken. …*
Kolosser 1,11-12

In der Ehe hat der vertraute Umgang miteinander fünf wesentliche Komponenten. Wir haben bereits die Nähe auf geistiger Ebene, auf der Gefühlsebene und auf der Beziehungsebene besprochen. Heute wollen wir uns mit der Nähe auf religiöser Ebene befassen. Wir sind religiöse Geschöpfe. Anthropologen haben entdeckt, dass Menschen aus allen Kulturkreisen an etwas Höheres glauben. Wir alle haben eine geistliche Dimension in unserem Wesen. Hier stellt sich jedoch die Frage: Sind wir bereit, diesen Teil unseres Lebens mit den Menschen zu teilen, die wir lieben? Wenn wir diese Bereitschaft mitbringen, erleben wir Vertrautheit auf religiöser Ebene.

Vielleicht sprechen Sie über einen Abschnitt, den Sie heute früh in der Bibel gelesen haben, darüber, was die Worte für Sie bedeuten. Vertrautheit auf religiöser Ebene wird auch durch gemeinsame Erfahrungen gefördert. Nachdem sie zusammen mit ihrem Mann einen Musikgottesdienst besucht hatte, sagte eine Frau zu mir: „Wenn ich höre, wie er singt, fühle ich mich ihm besonders nahe." Das gemeinsame Gebet ist ein weiterer Baustein für diese Art von Nähe. Wenn es Ihnen unangenehm ist, laut zu beten, dann beten Sie im Stillen, während Sie sich an den Händen halten. Obwohl bei diesem stillen Gebet niemand spricht, kommen Sie sich im Herzen näher.

Sie können auch füreinander beten und dadurch Ihre Beziehung zueinander stärken. Viele Briefe des Apostels Paulus enthalten wunderschöne Gebete für diejenigen, an die er schrieb. Dazu gehören auch die oben zitierten Worte aus Kolosser 1. Der Apostel bittet den Herrn, die Gläubigen zu stärken und ihnen Geduld, Ausdauer und Freude zu schenken. Ein leidenschaftliches Gebet für die Beziehung Ihres Partners zu Gott kann zu einem Erlebnis von Nähe auf höchster Ebene werden.

• • • • • • • • • • • • • • • • • • • • • • •

*Himmlischer Vater, ich weiß, dass es in unserem Leben nichts Wichtigeres gibt als unsere Beziehung zu dir. Hilf mir, meinem Partner auch auf diesem Gebiet Mut zu machen. Schenke uns die Bereitschaft, unsere Gedanken und Gebete miteinander zu teilen. Zieh uns näher zu dir, Herr, und lass uns deine Nähe suchen.*

19. Februar

# Sexuelle Nähe

*Der Mann soll seine Frau nicht vernachlässigen, und die Frau soll sich ihrem Mann nicht entziehen, denn weder die Frau noch der Mann dürfen eigenmächtig über ihren Körper verfügen; sie gehören einander.*
1. Korinther 7,3-4

Weil Männer und Frauen auf sexuellem Gebiet unterschiedlich sind, erreichen wir das Ziel der sexuellen Nähe oft auf verschiedenen Wegen. Für den Mann liegt der Schwerpunkt häufig im körperlichen Bereich. Sehen, Berühren und Fühlen, das Erlebnis des Vorspiels und des Höhepunktes sind für ihn am wichtigsten. Die Frau dagegen gelangt über die Gefühle zur sexuellen Nähe. Wenn sie sich geliebt, umsorgt, geschätzt und von Zärtlichkeit umgeben weiß, empfindet sie den größten Genuss. Kurz gesagt: Wenn sich eine Frau wirklich geliebt fühlt, ist das sexuelle Erlebnis bloß eine Fortführung dieses Genusses.

Sexuelle Nähe erfordert eine verständnisvolle Reaktion auf die Unterschiede zwischen Mann und Frau. In 1. Korinther 7 verdeutlicht der Apostel Paulus, dass jeder Ehepartner die sexuellen Bedürfnisse des anderen erfüllen soll. Anders ausgedrückt: Sexuelle Nähe erfordert Selbstlosigkeit. Damit die sexuelle Beziehung die Nähe zwischen den Ehepartnern fördern kann, muss jeder von ihnen zuerst an den anderen denken und daran, wie der Sex für den anderen zu einer Quelle der Freude werden kann.

Es sollte auch offensichtlich sein, dass wir sexuelle Nähe nicht von der Nähe auf der Gefühlsebene, auf geistiger Ebene, auf der Beziehungsebene und auf religiöser Ebene trennen können. Ohne Vertrautheit in den anderen Lebensbereichen ist auch keine wirkliche sexuelle Nähe möglich. Denn das Ziel ist ja nicht der Geschlechtsakt an sich, sondern das Erleben von Nähe und gegenseitiger Befriedigung.

*Himmlischer Vater, bitte vergib mir, wenn ich manchmal beim Sex bloß die körperliche Befriedigung anstrebe. Hilf uns, dass wir uns als Ehepaar auf die enge, gefühlsmäßige Verbindung konzentrieren, die zustande kommt, wenn wir in unserer sexuellen Beziehung füreinander da sind.*

20. Februar

# Wie stehen wir zum „lieben Geld"?

*Wer geldgierig ist, bekommt nie genug, und wer den Luxus liebt, hat immer zu wenig – auch das ist völlig sinnlos! Je reicher einer wird, umso mehr Leute scharen sich um ihn, die auf seine Kosten leben wollen – und er kann nur dabei zusehen. Was also hat der Reiche von seinem Besitz?*
Prediger 5,9-10

Je mehr wir haben, desto mehr scheinen sich unsere Gespräche um unseren Besitz zu drehen. Dabei führt im Vergleich zum Großteil der Weltbevölkerung selbst das ärmste Ehepaar in einer Industrienation wie Amerika ein Leben im Reichtum. Ich bin davon überzeugt, dass das Problem nicht in der Geldmenge liegt, über die ein Ehepaar verfügen kann, sondern in seiner Einstellung gegenüber dem Geld und der Art, wie es damit umgeht.

Viele von uns haben in ihrem Kopf eine „Zaubersumme", die wir uns als Maßstab für unser Glück vorstellen. Wenn wir diese Summe schließlich haben, erkennen wir, dass sie nicht so ganz ausreicht. König Salomo, der zu den reichsten Königen der Weltgeschichte gehörte, schildert uns in Prediger 5 drastisch das nie endende Streben nach „genug" Geld. Wenn wir meinen, ein bestimmter Geldbetrag könne uns glücklich machen, sind wir auf dem besten Weg zu einer tiefen Enttäuschung.

Die Autorin Jeannette Clift George hat einmal gesagt: „Die große Tragik im Leben besteht nicht darin, das nicht zu bekommen, wonach man strebt, sondern es zu bekommen und herauszufinden, dass es die Mühe nicht wert war!" Wenn unser Leben sich nur noch darum dreht, „mehr Geld" zu bekommen, haben wir unsere wahren Ziele verfehlt. Unsere Beziehung zum Ehepartner und zu Gott ist viel wichtiger als unser Kontostand. Wenn wir in unserem Leben die richtigen Prioritäten setzen, ist das ein erster Schritt zum richtigen Umgang mit Geld in unserer Ehe.

*Herr Jesus Christus, du weißt, wie leicht ich dem Trugschluss verfalle, dass alles besser sein könnte, wenn ich bloß mehr Geld hätte. Danke, dass du mir etwas anderes bewusst machst. Denn wenn ich so denke, dann werde ich nie zufrieden sein. Bitte hilf mir, in meinem Leben andere Prioritäten zu setzen und zufrieden zu sein mit dem, was du mir gibst.*

# 21. Februar

## Alles miteinander teilen – auch das Geld

*Liebe Brüder und Schwestern, im Auftrag unseres Herrn Jesus Christus möchte ich euch aber bitten: Hört auf, euch zu streiten! Duldet keine Spaltungen in der Gemeinde, sondern steht fest zusammen, seid einig in allem, was ihr glaubt und entscheidet!*
1. Korinther 1,10

Wenn Sie heiraten, dann heißt es nicht mehr „dein Geld" und „mein Geld", sondern „unser Geld". Genauso heißt es nicht mehr „meine Schulden" und „deine Schulden", sondern „unsere Schulden". Wenn Sie sich gegenseitig als Partner annehmen, dann akzeptieren Sie gleichzeitig das Vermögen und auch die Verbindlichkeiten des jeweils anderen.

Vor der Hochzeit sollten beide Partner ihre finanziellen Verhältnisse offenlegen, auch die Schulden. Es ist nicht verkehrt, eine Ehe mit Schulden zu beginnen, aber Sie sollten darüber Bescheid wissen und sich auch über einen Rückzahlungsplan einigen.

Das Leitmotiv für die Ehe lautet: Aus zwei wird eins. Auf den Bereich der Finanzen angewendet bedeutet das, dass alle Ihre finanziellen Mittel Ihnen beiden gehören. Vielleicht ist einer von Ihnen verantwortlich für die „Buchhaltung" und das Ausgleichen des Kontos, aber diese Tatsache sollte nicht als Vorwand dienen, finanzielle Angelegenheiten vor dem anderen zu verschleiern. Vielleicht haben Sie ein höheres Gehalt als Ihr Partner, aber das bedeutet nicht, dass Sie bei Fragen über die Aufteilung des vorhandenen Geldes mehr zu sagen haben.

Da das Geld Ihnen beiden gehört, sollten Sie sich auch beide einig sein, wie es verwendet werden soll. Jede größere Entscheidung bei finanziellen Fragen sollte ausführlich und offen besprochen werden. Das Ziel sollte eine Einigung sein. Folgen Sie dem Rat des Apostels Paulus und seien Sie „einig in allem". Das ist die richtige Haltung für Christen, die sich die gleichen Prioritäten setzen sollten. Denken Sie daran: Sie sind Partner und keine Konkurrenten. Einigkeit in finanziellen Angelegenheiten ist für eine Ehe ein großer Gewinn.

*Himmlischer Vater, danke, dass du aus uns beiden eins machst. Hilf uns, diese Einigkeit auch in Geldfragen an den Tag zu legen und bei allen unseren finanziellen Entscheidungen offen und ehrlich miteinander zu sein.*

22. Februar

# Klug und verantwortungsvoll handeln

*Nach langer Zeit kehrte der Herr von seiner Reise zurück und forderte seine Verwalter auf, mit ihm abzurechnen. Der Mann, der fünf Zentner Silbergeld erhalten hatte, brachte zehn Zentner. Er sagte: ‚Herr, fünf Zentner hast du mir gegeben. Hier, ich habe fünf dazuverdient.'*
*Da lobte ihn sein Herr: ‚Du warst tüchtig und zuverlässig. In kleinen Dingen bist du treu gewesen, darum werde ich dir größere Aufgaben anvertrauen. Ich lade dich zu meinem Fest ein!'*

Matthäus 25,19-21

Geben Sie Gott die Ehre, auch durch die Art, wie Sie mit Ihrem Geld umgehen? Gott ist es nicht gleichgültig, wie wir seine Gaben verwenden. In Matthäus 25 lesen wir das berühmte Gleichnis von den „Talenten". Jesus erzählt die Geschichte von dem Herrn, der seinen Verwaltern verschiedene Geldbeträge anvertraute, bevor er eine Reise antrat. Bei seiner Rückkehr hatten einige von ihnen das Geld klug verwaltet und es vermehrt. Wie wir in den oben zitierten Versen lesen, lobte der Herr die klugen Verwalter, und dann gab er ihnen noch mehr Verantwortung.

Finanzielle Mittel, ob reichlich vorhanden oder eher bescheiden, stellen ein enormes Potential zum Guten dar. Vernünftige Planung, kluges Handeln beim Kaufen, Sparen und Investieren – das alles gehört zu unserer Aufgabe als Verwalter der Gaben Gottes. Ein weiterer Aspekt dieses verantwortungsvollen Handelns ist das Geben. Wir geben Gott etwas von unseren finanziellen Mitteln zurück, indem wir unsere Kirchengemeinde und andere christliche Einrichtungen unterstützen.

Wichtiger als die Höhe des Geldbetrags ist unsere innere Haltung. Wenn Christen spenden, dann ist das eine Willensentscheidung, die von der Liebe zu Gott angespornt wird, nicht eine gesetzliche Pflichtübung aus einem Verdienstdenken heraus. Haben Sie und Ihr Partner schon darüber geredet, was Sie Gott geben möchten? Entspricht der Betrag, den Sie spenden, Ihrer Liebe zu Gott? Wenn Sie beide sich entschließen, Gott auch in finanzieller Hinsicht die Ehre zu geben, dann machen Sie einen großen Schritt hin zu weiterem Wachstum in Ihrer Ehe.

• • • • • • • • • • • • • • • • • • • • • • • •

*Himmlischer Vater, wir wollen auch als Ehepaar verantwortungsvoll umgehen mit allem, was du uns gegeben hast. Hilf uns, im Umgang mit unserem Geld klug zu handeln und auch die Arbeit für dich und dein Reich großzügig zu unterstützen.*

# Vorkehrungen für die Zukunft

*Der Kluge sieht das Unglück voraus und bringt sich in Sicherheit;*
*ein Unerfahrener läuft hinein und muss die Folgen tragen.*
Sprüche 22,3

Wenn man Geld spart, ist das ein Zeichen von Weisheit, aber nicht, wenn man Geld hortet. König Salomo erwähnt im Buch der Sprüche, dass kluge Menschen auch für Schwierigkeiten in der Zukunft vorausplanen, während törichte Menschen nicht weiter denken und plötzlich ins Unglück laufen. Ein kluges Ehepaar plant auch für schwierige Zeiten. In finanzieller Hinsicht bedeutet das Sparen und Investieren, wobei Sparen am wichtigsten ist. Viele christliche Finanzberater schlagen vor, dass zehn Prozent des gemeinsamen Einkommens gespart und investiert werden sollten. Sie können sich natürlich für einen größeren oder kleineren Betrag entscheiden, aber Sie sollten diese Entscheidung bewusst treffen. Wenn Sie planen, das „restliche Geld“ auf die Seite zu legen und zu sparen, dann ist die Wahrscheinlichkeit hoch, dass das nicht geschieht.

Wenn Sie zehn Prozent Ihres Einkommens für Gott reservieren und weitere zehn Prozent sparen, bleiben Ihnen 80 Prozent für Hypothekenzahlungen (oder die Miete), für Heiz- und Stromkosten, Telefon, Lebensmittel und so weiter. Das Ehepaar, das regelmäßig einen bestimmten Prozentsatz seines gemeinsamen Einkommens spart, hat nicht nur Reserven für Notfälle, sondern auch ein gutes Gefühl, das aus verantwortungsbewusstem Handeln entsteht. Deshalb sollte regelmäßiges Sparen zu Ihrer Finanzplanung gehören.

*Herr Jesus Christus, wir wollen auch als Ehepaar klug mit unserem Geld umgehen. Bitte schenke uns die Disziplin, bewusste Entscheidungen zu treffen, wenn es um Sparen, Investieren und Spenden geht. Wir wissen, dass du uns alles gibst, was wir haben, und deshalb wollen wir auch gut mit deinen Gaben umgehen.*

# Was ist Ihr Leben wert?

*Wer Mitleid zeigt und den Armen hilft, den wird Gott segnen.*
Sprüche 22,9

Kauf auf Kredit wird in unserer heutigen Zeit propagiert. Die Medien werben mit diesem Satz: „Jetzt kaufen, später bezahlen." Dabei wird jedoch nicht erwähnt, dass Sie später sehr viel mehr bezahlen müssen, wenn Sie „jetzt" kaufen. Die Zinsen bei offenen Beträgen auf Kreditkarten können weit über 21 Prozent betragen.

Der Besitz einer Kreditkarte kann zu Impulskäufen verleiten. Die meisten von uns haben jedoch mehr Impulse als finanzielle Mittel, um sie zu realisieren. Impulskäufe können zu enormem Stress in der Ehe führen, sobald die monatliche Kreditkartenabrechnung im Briefkasten liegt. Warum lassen Sie nicht das Motto „Jetzt kaufen, später bezahlen" außer Acht und einigen sich stattdessen, eine Sache, die Sie sich nicht leisten können, gar nicht erst anzuschaffen? Die meisten von uns brauchen gar nicht so viel zum Leben, und vielleicht sind sie mit weniger sogar glücklicher. Schließlich lehrt uns Jesus: „Wenn jemand auch noch so viel Geld hat, das Leben kann er sich damit nicht kaufen" (Lukas 12,15).

Das Leben findet seine größte Erfüllung in Beziehungen – zuallererst in der Beziehung zu Gott, dann zu unserem Ehepartner, unseren Kindern, unserer Familie und unseren Freunden. Es hat nur wenig Sinn oder Bedeutung, wenn wir unser Geld nur für uns selbst ausgeben. Die Worte in Sprüche 22,9 hingegen machen uns deutlich, dass Gott uns segnen kann, wenn wir mit unserem Geld anderen Menschen helfen –, entweder denen, die wir kennen, oder anderen, die in Not sind. Diese Großzügigkeit anderen gegenüber kann unsere zwischenmenschlichen Beziehungen stärken, unserem Leben einen neuen Sinn geben und anderen Menschen Mut machen.

Materielle Dinge haben nur einen Sinn, wenn sie zwischenmenschliche Beziehungen fördern. Warum müssen Sie denn unbedingt sofort das Beste von allem haben, wenn Sie damit Ihrer Ehe schaden? *Dinge* schenken uns bloß einen vorübergehenden Genuss, während Beziehungen ein Leben lang halten.

*Himmlischer Vater, ich lasse mich so leicht gefangen nehmen von Dingen, von denen ich meine, dass ich sie jetzt sofort brauche. Bitte schenke mir die richtige Sichtweise, damit ich erkenne, was wirklich einen Sinn hat, nämlich unsere Beziehung zu dir und zu anderen Menschen. Hilf uns, in Beziehungen zu investieren und nicht in Dinge.*

25. Februar

# Wenn Unterschiede aufeinanderprallen

*Gott hat jedem von uns unterschiedliche Gaben geschenkt.*
Römer 12,6

In meinem Eheberatungs-Büro höre ich häufig von Persönlichkeitsunterschieden, die in der Ehe zu Disharmonie führen. Mit Persönlichkeit meine ich bestimmte Verhaltensmuster in unserer Art, wie wir auf die Wechselfälle des Lebens reagieren. Menschen können extrovertiert oder introvertiert sein, ordentlich oder unordentlich, pessimistisch oder optimistisch, entschlossen oder unentschlossen, leicht erregbar oder ruhig. Diese Charakterzüge sind Persönlichkeitsmerkmale, die in bestimmten Lebenssituationen vorhersehbar sind.

Eine Frau sagte über ihren Mann: „Er ist so langsam und bedächtig, dass es immer zu spät ist, wenn er endlich eine Entscheidung trifft." Mit diesen Worten schilderte sie, wie sie sich über eines seiner Persönlichkeitsmerkmale ärgerte. Wir alle haben eine bunte Mischung von Charakterzügen. Jemand, der uns gut kennt, kann in der Regel vorhersehen, wie wir in einer bestimmten Situation reagieren. Die meisten Persönlichkeitsmerkmale beinhalten sowohl Stärken als auch Schwächen. In der Ehe ist es entscheidend, dass wir aus unseren Stärken das Beste machen und lernen, unsere Schwächen auf ein Mindestmaß zu reduzieren.

Dabei sollten wir uns jedoch bewusst machen, dass Gott jeden von uns als einzigartiges Wesen geschaffen hat. Das geht auch aus den Worten in Römer 12 hervor. Wir haben unterschiedliche Persönlichkeiten und Fähigkeiten. Diese Tatsache ist ein Grund zum Feiern und kein Grund zur Frustration. Wenn wir als Ehepaar einander besser verstehen lernen, können unsere unterschiedlichen Persönlichkeitsmerkmale für uns zu einem Vorteil anstatt zu einem Nachteil werden.

*Himmlischer Vater, danke, dass wir als deine Geschöpfe so unterschiedlich sind. Wie schnell ärgere ich mich über bestimmte Charakterzüge meines Partners, vor allem dann, wenn sie sich von meinen unterscheiden. Bitte hilf mir, diese Unterschiede als Geschenk und nicht als Problem anzusehen. Mach mich bereit, von meinem Partner zu lernen.*

## 26. Februar

# Der Friedensstifter

*Glücklich sind, die Frieden stiften, denn Gott wird sie seine Kinder nennen.*
Matthäus 5,9

Wenn wir einander besser verstehen wollen, müssen wir herausfinden, wo sich unsere Charakterzüge unterscheiden. Es gibt viele Persönlichkeitstypen. Alle von ihnen haben positive und negative Seiten. In den nächsten Tagen wollen wir uns ein paar von ihnen näher ansehen. Heute ist der Friedensstifter an der Reihe. Diese Persönlichkeit ist ruhig, bedächtig, gelassen und ausgeglichen. Ein solcher Mensch ist in der Regel liebenswürdig. Er mag keine Konflikte, lässt sich kaum aus der Ruhe bringen und zeigt selten negative Gefühle wie Wut.

Der Friedensstifter hat natürlich auch Gefühle, aber er offenbart sie nicht so leicht. In einer Ehe wünscht sich der Friedensstifter vor allem Ruhe. Deshalb neigt er dazu, Unstimmigkeiten zu ignorieren und Streit um jeden Preis zu vermeiden. Ein solcher Mensch ist problemlos im Umgang, aber dieser Persönlichkeitstyp hat auch eine Schattenseite. Konflikte bleiben häufig ungelöst. Wenn es in der Ehe tatsächlich einmal zu einem Streit kommt, versucht der Friedensstifter den Ehepartner zu beruhigen, indem er nachgibt, selbst wenn er anderer Meinung ist. Ein solcher Mensch ist gutherzig und verständnisvoll. Er will, dass jeder sich seines Lebens freut. Wenn ein Friedensstifter jedoch mit einer dominanten Persönlichkeit verheiratet ist, könnte er sich überrumpelt fühlen und schließlich stumm, aber wütend vor sich hin leiden.

In der Bergpredigt preist Jesus die Friedensstifter glücklich und sagt, dass Gott sie seine Kinder nennen wird. Das sind wunderbare Worte. In Jakobus 3,18 erhält dieser Persönlichkeitstyp eine weitere Auszeichnung: „Nur wer selber Frieden schafft, wird die Gerechtigkeit ernten, die dort aufgeht, wo Frieden herrscht.“ Wenn Sie mit einem Friedensstifter verheiratet sind, können Sie Gott dafür danken. Achten Sie jedoch darauf, dass Sie die Gelassenheit Ihres Ehepartners nicht ausnutzen.

• • • • • • • • • • • • • • • • • • • • • • • •

*Himmlischer Vater, ich bin dankbar, dass mein Partner ein Friedensstifter sein möchte. Ich weiß, dass du diese Haltung segnest. Bitte hilf mir, diesen Charakterzug wirklich zu schätzen und nicht zu meinem eigenen Vorteil auszunutzen.*

## 27. Februar

# Die dominante Persönlichkeit

*Aber Diotrephes, der bei euch gern die führende Rolle spielen möchte, will nicht auf uns hören. Doch damit noch nicht genug: Er ist auch nicht bereit, durchreisende Brüder aufzunehmen, ja, er schließt sogar die Leute aus der Gemeinde aus, die das tun.*
3. Johannes 9-10

Wie ist es, wenn man mit einem dominanten Menschen zusammenlebt? Leitungspersönlichkeiten sind schnell, aktiv, praktisch veranlagt und willensstark. Sie neigen jedoch dazu, selbstgenügsam zu sein, unabhängig und eigensinnig. Weil es ihnen leichtfällt, Entscheidungen zu treffen, entscheiden sie oft gleich für andere mit.

Dominante Persönlichkeiten vertreten gerne einen festen Standpunkt und kämpfen notfalls auch dafür. Sie knicken nicht ein, wenn andere Menschen Druck auf sie ausüben, sondern streiten bis zum bitteren Ende. Probleme sehen sie als Herausforderungen. Sie verfolgen ihre Ziele hartnäckig, und es fällt ihnen schwer, für andere Verständnis aufzubringen. Obwohl diese Menschen es typischerweise im Leben weit bringen, überrennen sie oft andere, die ihnen im Weg sind. In einer Ehe könnte der Partner das Gefühl bekommen, dass seine Gedanken und Gefühle nicht respektiert werden. Vielleicht beklagt er sich sogar darüber, dass er sich nicht geliebt fühlt.

Wahrscheinlich hatten einige biblische Propheten eine dominante Persönlichkeit. In ihrem Fall war das ein großes Plus. Sie brauchten Stärke und Entscheidungsfreudigkeit, um die ihnen übertragene Aufgabe zu erfüllen, auch unter Druck und Verfolgung. Ein weiteres biblisches Beispiel ist weniger positiv. In den obigen Versen erwähnt Johannes eine Führungsnatur namens Diotrephes. Dieser Mann war nicht bereit, die in jener Zeit herumreisenden Verkündiger aufzunehmen. Aber das war noch nicht alles. Er wollte auch andere davon abhalten, diesen „Reisepredigern“ zu helfen. Wenn wir nicht nur für uns selbst Entscheidungen treffen, sondern auch noch über andere bestimmen wollen, ist das die negative Seite dieses Persönlichkeitstyps.

Wenn Sie eine starke Führungspersönlichkeit sind, brauchen Sie wahrscheinlich Hilfe, damit Sie die Wirkung Ihrer Handlungen auf andere Menschen verstehen lernen. Ist hingegen Ihr Ehepartner eine dominante Persönlichkeit, sollten Sie ihn oder sie behutsam darauf hinweisen, wenn Sie sich missachtet oder gering geschätzt fühlen.

*Himmlischer Vater, bitte mache uns bewusst, wo in unserer Ehe einer den anderen zu kontrollieren versucht. Ich danke dir für die Fähigkeit, entscheidungsfreudig und leistungsfähig zu sein. Aber ich brauche deine Hilfe, damit ich diese Charakterzüge nicht meinem Ehepartner überstülpe. Hilf uns stattdessen, respektvoll und liebevoll miteinander umzugehen.*

# Die Stimmungskanone

*Da ging David voller Freude zum Haus Obed-Edoms, um die Bundeslade nach Jerusalem zu holen. … Als der Zug sich wieder in Bewegung setzte, tanzte David voller Hingabe neben der Bundeslade her, um den Herrn zu loben.*
2. Samuel 6,12.14

Wir haben bisher verschiedene Persönlichkeitstypen unter die Lupe genommen. Heute geht es um die Stimmungskanone, einen herzlichen, quirligen, begeisterungsfähigen Charakter. Für einen solchen Menschen ist das ganze Leben wie eine Party. Stimmungskanonen sind gerne unter Leuten. Sie mögen die Einsamkeit nicht so sehr, und sie laufen zur Hochform auf, wenn sie von Freunden umgeben und der strahlende Mittelpunkt einer Party sind. Stimmungskanonen sind stets schlagfertig und sie können aus einem einfachen Essen ein Festmahl machen. Für diese Menschen ist das Leben spannend, und sie machen es auch für andere interessant. Mit einem unerschöpflichen Vorrat an Geschichten, schauspielerischen Einlagen und Liedern verfolgt die Stimmungskanone nur ein Ziel: Jeder in ihrem Umfeld soll glücklich sein.

Die Bibel hat bestimmt nichts gegen Feste und Feiern. Die oben zitierten Verse schildern anschaulich, wie David eine nationale Feier anführte, als die Bundeslade nach Jerusalem zurückgebracht wurde. Er tanzte sogar voller Hingabe, um den Herrn zu loben! David wusste, dass manche Dinge eine Feier verdienen.

Dieser Persönlichkeitstyp hat auch seine Schattenseiten. Andere halten die Stimmungskanone vielleicht für unverlässlich und undiszipliniert. Warum ist das so? Weil die Stimmungskanone so stark für den Augenblick lebt, dass sie vorher eingegangene Verpflichtungen leicht vergisst. Das geschieht nicht absichtlich, sondern ist reine Vergesslichkeit. Wenn Sie mit einer Stimmungskanone verheiratet sind, genießen Sie die schönen Momente, fragen Sie aber Ihren Ehepartner, wie Sie ihm oder ihr helfen können, im Leben den richtigen Kurs zu halten.

*Himmlischer Vater, hab Dank für Feste und Feiern, und hab Dank für die überschäumende Lebensfreude meines Partners. Das Leben mit ihm ist nie langweilig. Hilf mir, diese positiven Eigenschaften schätzen zu lernen und behutsam vorzugehen, wenn ich ihm helfen möchte.*

# 1. März

## Wir sind verschieden, aber im selben Team

*Von Gottes Mitarbeitern ist einer so notwendig wie der andere, ob er nun das Werk beginnt oder weiterführt. Jeder wird von Gott den gerechten Lohn für seine Arbeit bekommen. Wir sind Gottes Mitarbeiter.*

1. Korinther 3,8-9

In den letzten Tagen haben wir über Persönlichkeitsunterschiede in der Ehe gesprochen. Es ist wichtig, die verschiedenen Persönlichkeitstypen richtig zu verstehen, weil wir im Allgemeinen dazu neigen, unsere psychischen und geistlichen Bedürfnisse auf eine Art zu befriedigen, die unserer Persönlichkeit entspricht.

So wird ein Helfertyp seine Erfüllung finden, indem er sich zum Beispiel um eine bedürftige Bekannte kümmert. Er verbringt eventuell viele Stunden damit, dieser Bekannten dabei zu helfen, Probleme zu lösen und im Leben noch einen Sinn zu finden. Sein Engagement wird jedoch bei einer dominanten Persönlichkeit kaum auf Verständnis stoßen. „Warum investiert jemand bloß so viel Zeit und Kraft, um einer Versagerin zu helfen?" Das ist die Einstellung der Führungsnatur. Dieser Persönlichkeitstyp erkennt nicht, dass der Helfertyp seine Erfüllung darin findet, wenn er einem Menschen in Not hilft. Die Führungsnatur dagegen findet ihre Erfüllung eher darin, wenn sie Projekte erfolgreich abschließt und zielgerichtet handelt.

Wenn wir verstehen, welche Rolle die Persönlichkeit als Antrieb für unser Verhalten spielt, werden wir einander auch besser verstehen. Gegenseitiges Verständnis wiederum führt zu Harmonie in der Ehe. Wir müssen uns bewusst machen, dass wir als Ehepaar in einem Team zusammenarbeiten. Paulus schreibt in 1. Korinther 3, dass er und Apollos, ein anderer Verkündiger des Evangeliums, keine Konkurrenten waren, sondern Kollegen in einem Team, mit unterschiedlichen Stärken und Verantwortungsbereichen. Beide arbeiteten jedoch auf ein gemeinsames Ziel hin. In der Ehe ist es ähnlich. Wir haben unterschiedliche Stärken und Schwächen, und oft übernehmen wir verschiedene Aufgaben. Trotzdem können wir vereint und mit gegenseitigem Verständnis zum Nutzen unserer Beziehung zusammenarbeiten.

*Himmlischer Vater, danke, dass ich anders bin als mein Ehepartner. Hilf uns, einander besser zu verstehen, Geduld mit dem anderen zu haben und uns daran zu freuen, dass wir als Team zusammenarbeiten können.*

## 2. März

# Wenn der andere in die Defensive geht

*„Warum hast du dem Herrn nicht gehorcht? Warum hast du dich gierig auf die Beute gestürzt und gerade das getan, was der Herr dir verboten hatte?"*
*„Aber ich habe dem Herrn doch gehorcht!", versuchte Saul sich zu rechtfertigen. „Ich bin dorthin gegangen, wohin er mich geschickt hat."*
1. Samuel 15,19-20

Warum nehmen wir so oft eine defensive Haltung ein? Dieses Verhalten gehört zu unserem Wesen als Menschen. Sogar die Bibel berichtet davon, wie bestimmte Menschen in die Defensive gehen. Als Hiob genug hatte von den Ratschlägen seiner sogenannten Freunde, wurde er wütend und entgegnete ihnen, er wisse genauso viel wie sie (Hiob 13,2). In den oben zitierten Versen lesen wir, dass König Saul, der erste König in Israel, sich gegenüber dem Propheten Samuel zu rechtfertigen versuchte und die Unwahrheit sagte, als dieser ihn mit seinem Ungehorsam konfrontierte.

Sehen wir uns ein modernes Beispiel an. Eric hackte Zwiebeln, während Jennifer schon einmal Öl in die Pfanne goss. Als Eric hinausging, um das Radio lauter zu stellen, ließ Jennifer die Zwiebelstücke einfach in die Pfanne plumpsen. Ihr Mann kam zurück und sagte: „Weißt du, das kann man auch besser machen!" Jennifer erwiderte. „Warum musst du immer für alles zuständig sein?" „Ich habe dir doch nur einen Tipp geben wollen. Du weißt doch, dass dieses Essen meine Spezialität ist", entgegnete Eric. „Dann mach deine Spezialität doch selber", sagte Jennifer und verließ beleidigt die Küche.

Was ist in dieser Küchen-Episode geschehen? Erics Worte trafen einen von Jennifers wunden Punkten. Sie merkte bereits, dass Eric in zu vielen Bereichen ihres Lebens die Führung übernahm. Jetzt wollte er ihr auch noch die Art des Kochens vorschreiben. Deshalb ging Jennifer in die Defensive.

Wir alle haben in unserem Gefühlsleben wunde Punkte, aber wir wissen meist nicht, wo sie sich befinden, bis sie berührt werden. Wenn das geschieht, sollten wir uns Zeit nehmen für ein paar Fragen. Was können wir aus unserer defensiven Haltung lernen? Warum haben dich meine Worte in die Defensive getrieben? Wenn wir auf diese Weise an das Problem herangehen, werden wir die Gründe für unsere defensive Haltung verstehen und Wege zu einem positiven Umgang mit diesem Problem finden.

• • • • • • • • • • • • • • • • • • • • • •

*Himmlischer Vater, wenn ich mich angegriffen fühle, gehe ich schnell in die Defensive. Bitte hilf mir zu verstehen, warum ich so reagiere, und zeige mir, wie ich mein Verhalten ändern kann.*

## 3. März

# Der richtige Umgang mit wunden Punkten

*Überhebt euch nicht über andere, seid freundlich und geduldig!*
*Geht in Liebe aufeinander ein!*
Epheser 4,2

Wir alle haben unsere wunden Punkte. Wenn unser Ehepartner etwas Bestimmtes sagt oder tut, gehen wir in die Defensive. Unsere Reaktion hat ihre Ursprünge meistens in unserer persönlichen Geschichte. Oft wiederholt Ihr Partner unbewusst Äußerungen Ihrer Eltern, die Sie in Ihrer Kindheit verletzt oder in Verlegenheit gebracht haben. Weil Sie eine defensive Haltung einnehmen, könnte es sein, dass diese Wunden aus der Vergangenheit nie richtig verheilt sind. Wenn Sie wieder einmal defensiv reagieren, fragen Sie sich, warum das der Fall ist. Die Chancen stehen gut, dass die Erinnerungen Sie wie eine Flut überrollen. Erzählen Sie Ihrem Partner von diesen Erlebnissen aus der Vergangenheit. Dann wird er oder sie mehr Verständnis für Sie haben.

Und wenn Sie selbst dieser Ehepartner sind? Sobald Sie erfahren, warum Ihr Mann oder Ihre Frau in einem bestimmten Bereich eine defensive Haltung einnimmt, können Sie sich entscheiden, wie Sie weiter vorgehen wollen. Sie können zum Beispiel die Frage stellen: „Wie kann ich in Zukunft mit dir über diese Sache reden? Ich will dich nicht verletzen. Deshalb möchte ich wissen, wie ich es sagen kann, ohne dir wehzutun." Jetzt sind Sie auf dem besten Weg, Ihren Partner aus der Defensive zu locken. Außerdem folgen Sie dem Rat der Bibel, wenn Sie Geduld haben und für die inneren Kämpfe Ihres Ehepartners Verständnis zeigen, so wie der Apostel Paulus es in Epheser 4,2 erwähnt. Wenn wir lernen, richtig mit den „wunden Punkten" in unserem Leben umzugehen, leisten wir einen großen Beitrag zu einer positiven Entwicklung in unserer Ehe.

*Herr Jesus Christus, bitte hilf mir herauszufinden, warum ich bei bestimmten Dingen in die Defensive gehe. Schenke mir Weisheit, mein Verhalten zu ändern. Ich weiß, dass ich auch meinem Partner gegenüber geduldig und freundlich sein muss, wenn er oder sie in die Defensive geht. Hilf uns beiden dabei, unsere wunden Punkte zu umgehen, anstatt sie immer wieder zu berühren.*

# 4. März

## Die Sprache der Zärtlichkeit

*Komm und küss mich, küss mich immer wieder!*
*Ich genieße deine Liebe mehr als den besten Wein.*
Hohelied 1,2

Wenn in einer Beziehung die Liebe lebendig bleibt, ist das Leben viel angenehmer. Der Mann oder die Frau, der sich geliebt fühlt, hat ein geringeres Bedürfnis nach einem Seitensprung. Wie erhalten wir die Liebe am Leben, nachdem die romantischen Gefühle der Verliebtheit abgeklungen sind? Meiner Meinung nach geschieht das, wenn wir lernen, die Liebessprache des oder der anderen zu sprechen. In den nächsten Tagen möchte ich den Schwerpunkt auf die Liebessprache der Zärtlichkeit legen.

Manche Männer denken sofort an Sex, wenn sie das Wort „Zärtlichkeit" hören. Aber der Geschlechtsverkehr ist nur ein „Dialekt" der Liebessprache „Zärtlichkeit". Sich an den Händen halten, Küsse, Umarmungen, zärtliches Streicheln, den Arm um die Schultern des Ehepartners oder die Hand sanft auf das Knie des anderen legen – das alles sind Ausdrucksformen der Liebe durch Zärtlichkeit. Das Hohelied verdeutlicht, dass Zärtlichkeit zwischen Eheleuten etwas Schönes sein kann, ihre Beziehung vertieft und ein Grund zur Freude ist. Der oben zitierte Vers ist nur *ein* Beispiel, wie in diesem alttestamentlichen Buch die körperliche Liebe gepriesen wird.

Für manche Menschen, Männer und Frauen gleichermaßen, ist Zärtlichkeit die wichtigste Sprache der Liebe. Wenn Sie diesen Menschen keine Zärtlichkeit entgegenbringen, fühlen sie sich nicht geliebt, obwohl Sie andere Liebessprachen sprechen. Wenn Ihr Partner zu dieser Sorte Mensch gehört, dann sollten Sie diese Sprache der Liebe erlernen.

*Himmlischer Vater, danke für das Geschenk der Zärtlichkeit. Bitte hilf mir, die Liebe zu meinem Partner durch zärtliche Berührungen auszudrücken.*

# 5. März

## Die Sprache der Zärtlichkeit lernen

*Sein linker Arm liegt unter meinem Kopf,*
*und mit dem rechten hält er mich umschlungen.*
Hohelied 2,6

Für einen Menschen mit der Liebessprache „Zärtlichkeit" ist nichts wichtiger als zarte Berührungen. Wenn man meinen Körper berührt, dann berührt man mein Wesen. Wenn man sich von meinem Körper zurückzieht, dann distanziert man sich gefühlsmäßig von mir. In unserer Gesellschaft wird durch einen Händedruck Offenheit und Freundlichkeit vermittelt. Wenn jemand sich weigert, den Händedruck eines anderen zu erwidern, dann bedeutet das, dass in der Beziehung der beiden etwas nicht stimmt. Das gleiche Prinzip gilt in der Ehe. Wenn Sie sich körperlich von Ihrem Ehepartner zurückziehen, bedeutet das eine gefühlsmäßige Distanz.

Berührungen können eindeutig sein und unsere volle Aufmerksamkeit fordern, wie zum Beispiel eine Rückenmassage oder das Vorspiel zum Geschlechtsakt. Oder sie können stillschweigend geschehen und nur einen Moment lang andauern, z. B., wenn Sie Ihrer Frau die Hand auf die Schulter legen, während Sie Ihr eine Tasse Kaffee eingießen, oder ein kurzer körperlicher Kontakt, wenn Sie in der Küche aneinander vorbeigehen. Sobald Sie herausgefunden haben, dass Zärtlichkeit die wichtigste Liebessprache Ihres Mannes oder Ihrer Frau ist, sind Ihnen nur noch durch Ihre Fantasie Grenzen gesetzt. Geben Sie sich beim Einsteigen ins Auto einen zärtlichen Kuss. Diese Geste kann Ihre Autofahrten zu schönen Erlebnissen machen. Umarmen Sie Ihren Mann kurz, bevor Sie einkaufen gehen, und Sie werden bei Ihrer Rückkehr vielleicht kaum noch verärgerte Kommentare von ihm hören. Probieren Sie neue Varianten der Zärtlichkeit aus und achten Sie auf eine positive oder negative Resonanz. Ihr Mann oder Ihre Frau sollte in dieser Angelegenheit das letzte Wort haben, denn schließlich lernen Sie seine oder ihre Liebessprache.

*Herr Jesus Christus, bitte hilf mir zu lernen, welche Art von Zärtlichkeit mein Partner von mir erwartet. Meine Liebe zu ihm ist stark, und ich möchte ihm diese Liebe mitteilen.*

# 6. März

## Zärtlichkeit spendet Trost

*Jedes Ereignis, alles auf der Welt hat seine Zeit: Weinen und Lachen, Klagen und Tanzen, Steinewerfen und Steinesammeln, Umarmen und Loslassen.*
Prediger 3,1.4-5

Wenn wir eine Krise durchmachen, reagieren wir instinktiv und umarmen einander. Warum ist das der Fall? Weil wir in einer Krise das überwältigende Bedürfnis haben, uns geliebt zu fühlen. Wir können nicht immer den Verlauf von bestimmten Ereignissen verändern, aber wir können schwere Zeiten überleben, wenn wir wissen, dass uns jemand liebt.

Jede Ehe macht Krisenzeiten durch. Der Tod eines Elternteils kann eine solche Krise sein. Durch Autounfälle werden jedes Jahr Tausende von Menschen verletzt. Eine schwere Erkrankung kann jeden treffen. Enttäuschungen gehören zum Leben. In Krisenzeiten ist das Wichtigste, was Sie für Ihren Partner tun können, ihn oder sie zu lieben. Wenn Zärtlichkeit die wichtigste Liebessprache Ihrer Frau ist, ist es wichtig, sie in den Armen zu halten, wenn sie weint, oder Ihrem Mann die Hand auf die Schulter zu legen, wenn er vor einer schwierigen Entscheidung steht. Worte bedeuten nur wenig für einen Menschen, der verletzt ist oder unter Schock steht, aber eine zärtliche Berührung zeigt ihm, dass er Ihnen etwas bedeutet.

In Prediger 3 werden wir daran erinnert, dass alles auf der Welt seine Zeit hat. Krisensituationen sind für uns einzigartige Gelegenheiten, unserem Partner oder unserer Partnerin unsere Liebe zu zeigen. Zärtliche Berührungen bleiben in Erinnerung, auch wenn die Krise längst überwunden ist, aber fehlende Zärtlichkeit wird eventuell niemals vergessen. Zärtlichkeit ist eine aussagekräftige Sprache der Liebe. In einer Zeit der Krise ist eine Umarmung mehr wert als tausend Worte.

*Himmlischer Vater, wenn wir als Ehepaar in einer schwierigen Situation stecken, schenke mir den Mut, mich meinem Partner mit einer liebevollen Berührung zuzuwenden. Hilf, dass meine Zärtlichkeit ihm oder ihr Trost spendet.*

# 7. März

## Der richtige Umgang mit Wut oder Zorn

*Lass dich nicht von Zorn und Wut überwältigen,*
*denn wenn du dich ereiferst, gerätst du schnell ins Unrecht.*
Psalm 37,8

Wann sind Sie das letzte Mal wütend auf Ihren Partner gewesen, und wie sind Sie mit Ihrer Wut umgegangen? In den nächsten Tagen möchte ich mit Ihnen gemeinsam in einem Fünf-Schritte Programm den konstruktiven Umgang mit Wut oder Zorn erarbeiten.

Der erste Schritt: Gestehen Sie sich ein, dass Sie wütend sind. „Das ist doch offensichtlich", könnten Sie jetzt einwenden. „Jeder weiß doch, dass ich wütend bin." Vielleicht, aber hier stellt sich doch die Frage: Sind Sie sich Ihrer Wut bewusst? Die Wut packt uns so plötzlich, dass Sie häufig mit Worten oder gar körperlich reagieren, bevor Sie sich bewusst sind, was in Ihnen vorgeht.

Die Bibel erwähnt an keiner Stelle, dass Wut oder Zorn verkehrt ist, aber eine Vielzahl von Texten spricht darüber, wie wichtig es ist, die Wut in den Griff zu bekommen. In Psalm 37 ist die Rede davon, dass wir uns von Zorn und Wut nicht überwältigen lassen sollen, denn dadurch können wir anderen Menschen schaden. Wenn die Wut in Ihnen hochkommt, schlag ich Ihnen vor, die folgenden Worte laut auszusprechen: „Ich bin wütend. Und was soll ich jetzt dagegen tun?" Sie haben die Karten auf den Tisch gelegt und unterscheiden zwischen Ihrem Gefühl, also Ihrer Wut, und den Schritten, die Sie unternehmen wollen, also Ihrem Handeln. Damit haben Sie die Voraussetzungen geschaffen, damit die Vernunft den Sieg über Ihre Wut erringt und Sie nicht ausschließlich von Ihren Gefühlen beherrscht werden. Das ist der erste Schritt zu einem konstruktiven Umgang mit Wut oder Zorn.

*Himmlischer Vater, ich werde öfter wütend, als ich es mir eingestehen will. Bitte hilf mir, zu einem richtigen Umgang mit meiner Wut zu finden. Bewahre mich davor, die Beherrschung zu verlieren und den Menschen, den ich am meisten liebe, zu verletzen.*

8. März

# Alte Verhaltensmuster ändern

*Wer schnell aufbraust, ruft Streit hervor;*
*und ein Jähzorniger lädt viel Schuld auf sich!*
Sprüche 29,22

Wie kann ich es vermeiden, Schuld auf mich zu laden, wenn ich zornig bin? Diese Herausforderung erwähnt auch ein Text in Epheser 4,26: „Wenn ihr zornig seid, dann ladet nicht Schuld auf euch." König Salomo äußert sich in Sprüche 29 ähnlich, wenn er uns daran erinnert, dass schnelles Aufbrausen zu einer Vielzahl von Sünden führen kann. Wir alle haben das schon am eigenen Leib erfahren. Diese Sünde kann aus verletzenden Worten bestehen, aus körperlicher Gewalt oder unbesonnenem Verhalten. Es gibt jedoch einen besseren Weg.

Gestern haben wir den ersten Schritt zu einem konstruktiven Umgang mit der Wut betrachtet: Gestehen Sie sich bewusst ein, dass Sie wütend sind.

Heute befassen wir uns mit Schritt zwei: Reagieren Sie nicht sofort. Denken Sie nach, bevor Sie vorschnell handeln. Die meisten von uns folgen Verhaltensmustern, die wir in unserer Kindheit gelernt haben. Diese Muster lassen sich in zwei Extreme gruppieren. Entweder man macht seinem Ärger mit Worten oder körperlicher Gewalt Luft, oder aber man zieht sich zurück und schweigt. Beide Verhaltensweisen sind destruktiv.

Wie ändern Sie diese Verhaltensmuster? Wie halten Sie sich zurück, damit Sie nicht sofort reagieren? Manche Leute zählen bis zehn oder bis hundert. Andere wieder holen tief Luft oder machen einen kurzen Spaziergang. Eine Frau berichtete mir, dass sie ihre Blumen gießt, wenn sie wütend wird. Sie sagte: „Im ersten Sommer, als ich das ausprobiert habe, habe ich meine Petunien fast tot gegossen." Ja, es ist möglich, alte Verhaltensmuster zu durchbrechen. Finden Sie heraus, welche Methode für Sie am besten funktioniert, und lernen Sie, Ihre negative Reaktion auf Wut oder Zorn zu zügeln.

*Herr Jesus Christus, wenn ich wütend werde, verliere ich oft die Beherrschung und verletze meinen Partner, indem ich meinem Zorn mit Worten Luft mache. Ich weiß, dass ich mit diesem Verhalten unserer Beziehung schade. Bitte hilf mir, mich zu beherrschen und anders zu reagieren.*

# 9. März

## Der Wut auf den Grund gehen

*Wenn dein Bruder Schuld auf sich geladen hat,*
*dann geh zu ihm und sag ihm, was er falsch gemacht hat.*
*Wenn er auf dich hört, hast du deinen Bruder zurückgewonnen.*
Matthäus 18,15

In den vergangenen Tagen haben wir uns mit zwei Schritten zur Selbstbeherrschung befasst. Erstens: Gestehen Sie sich ein, dass Sie wütend sind, und zweitens: Reagieren Sie nicht vorschnell.

Heute betrachten wir Schritt Nummer drei: Gehen Sie Ihrer Wut auf den Grund. Wenn Sie auf Ihren Mann oder Ihre Frau wütend sind, treten Sie innerlich einen Schritt zurück und fragen Sie sich: Warum bin ich wütend? Liegt es an etwas, was mein Mann oder meine Frau gesagt oder getan hat? Liegt es an seiner Art zu sprechen? Liegt es an der Art, wie er mich ansieht?

Bei diesen Fragen geht es darum, die Ursache Ihrer Wut genau zu lokalisieren. Hat Ihr Partner Ihnen Unrecht getan oder Schuld auf sich geladen? Wenn er oder sie keine Sünde begangen hat, ist Ihre Wut fehlgeleitet. Sie konnten vielleicht Ihren Willen nicht durchsetzen und sind deshalb wütend. Eine solche Reaktion ist kindisch. Werden Sie endlich erwachsen und sehen Sie ein, dass Sie in der Ehe nicht immer das bekommen, was Sie wollen. Wenn Ihr Ehepartner jedoch wirklich Schuld auf sich geladen hat, dann wird es Zeit für eine ruhige und liebevolle Aussprache. Folgen Sie dem Beispiel, das uns Jesus in Matthäus 18 gegeben hat. Sprechen Sie offen und unter vier Augen mit Ihrem Ehepartner, und seien Sie auch bereit, zuzuhören. Wenn Sie der Ursache Ihrer Wut auf den Grund gehen, können Sie leichter feststellen, ob Ihr Zorn fehlgeleitet oder angebracht ist.

*Himmlischer Vater, ich bitte dich um Weisheit, damit ich erkennen kann, warum ich wütend werde. Hilf mir, dass meine Gefühle nicht mein Denken vernebeln. Zeig mir, wie ich klar unterscheiden kann zwischen berechtigter und unberechtigter Wut. Ich bitte dich um eine konstruktive Kommunikation zwischen mir und meinem Partner.*

# 10. März

## „Langsam zum Zorn"

*Denkt daran, liebe Brüder und Schwestern: Seid immer sofort bereit, jemandem zuzuhören; aber überlegt genau, bevor ihr selbst redet. Und hütet euch vor unbeherrschtem Zorn! Denn im Zorn tun wir niemals, was Gott gefällt.*
Jakobus 1,19-20

Wie wir bereits besprochen haben, kann die Art, wie Sie mit Ihrer Wut umgehen, Ihrer Ehe schaden. Heute kommen wir zu Schritt vier beim konstruktiven Umgang mit der Wut: Analysieren Sie Ihre Möglichkeiten. Jetzt, da Sie wissen, warum Sie wütend sind, können Sie sich entscheiden, wie Sie auf Ihre Wut reagieren wollen.

Es gibt eine Menge Möglichkeiten, aber einige von ihnen sind extrem schädlich. Sie könnten zum Beispiel Ihrem Ehepartner eine Standpauke halten. Manche Menschen reagieren mit körperlicher Gewalt und schütteln oder schlagen sogar ihren Mann oder ihre Frau. Gott verabscheut diese Art von Gewalt, wie wir es in Psalm 11,5 lesen können: „Der Herr hasst den Gewalttätigen." Der Apostel Jakobus ermuntert die Leser seines Briefes aus genau dem gleichen Grund, sich vor unbeherrschtem Zorn zu hüten, denn Zorn führt oft zu Handlungen, die Gott nicht gefallen. Deshalb sollten Sie von unbesonnenen Reaktionen Abstand nehmen und einen positiveren Weg wählen.

Wie Ihre Entscheidung auch ausfällt, Sie sollten sich zwei Fragen beantworten. Erstens: Ist der Weg, den ich in Erwägung ziehe, positiv? Wird dadurch das begangene Unrecht ausgeräumt und die allgemeine Situation verbessert? Zweitens: Ist der von mir gewählte Weg ein Weg der Liebe? Ist er von Vorteil für die Person, auf die ich wütend bin?

Wenn Sie beide Fragen mit Ja beantworten können, sind Sie bereit für den letzten Schritt.

*Himmlischer Vater, bitte vergib mir, dass ich zu schnell die Beherrschung verliere und in meinem Zorn Unrecht begehe. Bitte gib mir die Kraft, die ich brauche, um in Zukunft mit meiner Wut konstruktiv umzugehen.*

## 11. März

# Der konstruktive Umgang mit Wut

*Mit Bitterkeit, Jähzorn und Wut sollt ihr nichts mehr zu tun haben. Schreit einander nicht an, redet nicht schlecht über andere und vermeidet jede Feindseligkeit. Seid vielmehr freundlich und barmherzig und vergebt einander, so wie Gott euch durch Jesus Christus vergeben hat.*
Epheser 4,31-32

In den letzten Tagen haben wir uns mit einem Fünf-Schritte-Programm für den Umgang mit Wut oder Zorn befasst.

Die einzelnen Schritte sind: Gestehen Sie sich ein, dass Sie wütend sind. Halten Sie sich zurück und reagieren Sie nicht vorschnell. Gehen Sie Ihrer Wut auf den Grund. Analysieren Sie Ihre Möglichkeiten. Heute sind wir bereit für Schritt fünf: Handeln Sie konstruktiv.

Meiner Meinung nach haben Sie zwei Möglichkeiten. Erstens können Sie die Person, auf die Sie wütend sind, direkt und liebevoll darauf ansprechen. Zweitens können Sie sich bewusst dafür entscheiden, die Sache auf sich beruhen zu lassen. Diese zweite Möglichkeit bezeichnet die Bibel als „Langmütigkeit". Im Römerbrief ist die Rede von der Barmherzigkeit und Langmütigkeit Gottes. Er verwendet unsere Sünden nicht gegen uns. Langmütigkeit ist die beste Option, wenn Ihnen klar wird, dass Ihr Zorn fehlgeleitet und aus Selbstsucht heraus entstanden ist. Sollte das der Fall sein, legen Sie Ihre Wut in die Hände Gottes und sprechen Sie ein kurzes Gebet: „Himmlischer Vater, vergib mir, dass ich so egoistisch bin." Dann lassen Sie Ihre Wut einfach los. Den gleichen Weg können Sie auch gehen, wenn Ihnen echtes Unrecht geschehen ist, das Sie aber übermäßig dramatisiert haben.

Wenn Ihr Partner Ihnen Unrecht getan hat, empfiehlt die Bibel, dass Sie die Sache liebevoll ansprechen. „Mir ist klar, dass ich nicht alle Umstände weiß, die dich bewogen haben, so zu handeln, aber ich bin wirklich wütend. Deshalb muss ich mit dir reden. Ist der Zeitpunkt jetzt günstig?" Dann erklären Sie Ihrem Partner die Sache und suchen einen Weg zur Versöhnung. In diesem Fall hat Ihre Wut einem guten Zweck gedient. Ihre Beziehung ist dadurch gestärkt worden.

*Himmlischer Vater, danke, dass Wut oder Zorn auch einem guten Zweck dienen können. Hilf uns als Ehepaar, uns vom Zorn weg zu einer guten Lösung hin zu bewegen, damit unsere Beziehung stärker wird.*

12. März

# Prioritäten setzen

*Um eines habe ich den Herrn gebeten; das ist alles, was ich will: Solange ich lebe, möchte ich im Hause des Herrn bleiben. Dort will ich erfahren, wie gut der Herr es mit mir meint, still nachdenken im heiligen Zelt.*
Psalm 27,4

Eine Priorität ist etwas, was unserer Meinung nach wichtig ist. Wenn wir eine Prioritätenliste erstellen, notieren wir uns Dinge, die für unser Leben einen großen Wert haben.

Die meisten Christen würden mir zustimmen, dass Priorität Nummer eins unsere Beziehung und Gemeinschaft mit Gott sein sollte. Nichts ist wichtiger in unserem Leben. Unsere Beziehung zu Gott hat auch einen prägenden Einfluss auf unsere anderen Prioritäten. Wenn Gott der Ursprung des Lebens ist, dann ist nichts wichtiger, als ihn zu kennen. Wenn Gott zu uns Menschen gesprochen hat, ist nichts wichtiger, als seine Stimme zu hören. Wenn Gott uns liebt, macht uns nichts größere Freude, als seine Liebe zu erwidern. In Psalm 27,4 bringt der Psalmist seinen sehnlichsten Wunsch zum Ausdruck. Er sucht die Begegnung mit Gott und will in seiner Gegenwart sein.

Jesus sagte: „Sorgt euch vor allem um Gottes neue Welt, und lebt nach Gottes Willen!“ (Matthäus 6,33).

Können Sie frei heraus sagen, dass die Sorge um das Reich Gottes Ihre Priorität Nummer eins ist? Wenn das der Fall sein sollte, dann hat diese Priorität eine tief greifende Wirkung auf die Art, wie Sie Ihre Ehe führen. Denn dann haben Sie den brennenden Wunsch, sich am Willen Gottes zu orientieren, auch im Hinblick auf die Ehe.

*Himmlischer Vater, ich weiß, dass der Bau deines Reiches meine Priorität Nummer eins sein sollte, aber nur allzu oft zeigt sich diese Haltung nicht in der Art, wie ich lebe. Bitte vergib mir. Hilf mir, mich vor allem anderen auf die Erfüllung deines Willens in dieser Welt zu konzentrieren und alle Bereiche meines Lebens mit deinen Augen zu sehen, auch meine Ehe.*

# 13. März

## Familie ist wichtig

*Da rief dieser: „Endlich gibt es jemanden wie mich! Sie wurde aus einem Teil von mir gemacht – wir gehören zusammen!“ Darum verlässt ein Mann seine Eltern und verbindet sich so eng mit seiner Frau, dass die beiden eins sind mit Leib und Seele.*

1. Mose 2,23-24

Gehört Ihre Familie zu Ihren höchsten Prioritäten? Wenn es uns bewusst wird, dass Gott die Ehe und die Familie als wichtigste „Zellen“ der Gesellschaft ins Leben gerufen hat, dann hat die Familie für uns eine große Bedeutung. In Psalm 68,6 heißt es, dass Gott in seiner Barmherzigkeit den Einsamen eine Familie schafft.

Im Rahmen der familiären Beziehungen ist die Ehe noch grundlegender als die Eltern-Kind-Beziehung. Die oben zitierten Verse aus 1. Mose 2 zeigen uns, wie einzigartig die Beziehung zwischen Mann und Frau ist. Die Frau wurde nicht nur aus der Seite des Mannes geschaffen, sondern es gibt auch für keine andere zwischenmenschliche Beziehung Begriffe wie „sich eng verbinden“ („anhangen“ Übers.) oder „eins werden“. Die Ehe ist eine lebenslange, enge Beziehung. Im Gegensatz dazu verlassen die Kinder ihre Eltern irgendwann, um eigene Familien zu gründen.

Wenn die Familie zu meinen höchsten Prioritäten zählt, wie wirkt sich das dann auf meine Zeit, mein Geld und meine Energie aus? Wenn ich meine Frau unterstütze, tue ich gleichzeitig etwas für meine Kinder. Ich lebe ihnen ein Vorbild vor, an das sie sich hoffentlich erinnern, wenn sie selbst heiraten. Zu den wichtigsten Dingen, die Sie für Ihre Kinder tun können, gehört die Liebe und Fürsorge für Ihren Ehepartner. Wenn Kinder sehen, wie ihre Eltern sich lieben, fühlen sie sich geborgen. Es gibt nichts Vergleichbares, was ihnen diese Geborgenheit vermitteln kann. Und diese gegenseitige Liebe ist das ideale Fundament für Ihre Ehe.

*Himmlischer Vater, danke, dass die Familie für dich so wichtig ist. Hilf mir, die Familie auch in meinem Leben zur Priorität zu machen. Mach mir bewusst, welchen Einfluss mein Verhalten meinem Partner gegenüber auf meine Kinder hat, und zwar auf lange Sicht.*

# 14. März

## Auf sich selbst achten

*Denkt also daran, dass ihr Gottes Tempel seid und dass Gottes Geist in euch wohnt! Denn Gottes Tempel ist heilig, und dieser Tempel seid ihr!*
1. Korinther 3,16-17

Kürzlich sagte eine Frau zu mir: „Ich habe so viel Arbeit in meiner Familie, meinem Beruf und meiner Kirchengemeinde, dass ich das Gefühl habe, überhaupt keine Zeit für mich selbst zu haben." Ist diese Ehefrau etwa egozentrisch? Keineswegs. Sie versucht bloß, ihre Prioritäten auszubalancieren. Wenn wir glauben, dass wir nach dem Ebenbild Gottes geschaffen und unsere Körper ein Tempel des Heiligen Geistes sind, sollte in unserem Leben als Christen die Sorge um unser körperliches, emotionales und geistliches Wohlergehen zu unseren Prioritäten gehören. Paulus schreibt in 1. Korinther 3, dass wir als Gläubige der heilige Tempel Gottes sind, weil der Heilige Geist in uns wohnt. Der Wunsch, diesen Tempel zu pflegen, sollte uns dazu motivieren, auf uns selbst zu achten. Jesus zitierte aus dem Alten Testament, als er seinen Zuhörern sagte, wir sollten unseren Nächsten lieben wie uns selbst (Matthäus 22,39). Ein Christ, der seinen eigenen Bedürfnissen nicht genügend Beachtung schenkt, kann seinen Nächsten nicht sehr lange lieben.

In der Ehe müssen wir einander helfen, genügend Zeit für unsere persönliche Entwicklung zu finden. Der Ehemann, der sich um die Kinder kümmert, während seine Frau einen Spaziergang macht oder in einem Buch liest, verhält sich wie ein verantwortungsvolles Familienoberhaupt. Er sorgt sich um das Wohlergehen seiner Frau. Wenn sich die Frau bei ihrem Mann für seine Fürsorge revanchiert, dient sie Gott, indem sie ihrem Mann hilft. Diese Art der gegenseitigen Unterstützung bei der Erneuerung unserer körperlichen, emotionalen und geistlichen Ressourcen ist ein bedeutendes Element für das Wachstum einer Ehe.

*Großer Gott, es erfüllt mich mit Ehrfurcht, wenn ich daran denke, dass der Heilige Geist in mir wohnt. Ich weiß aber, dass mein Leib ohne deine Hilfe niemals ein würdiger Tempel sein kann. Deshalb bitte ich dich: Reinige mich. Hilf mir dabei, Freiräume zu schaffen, dass sich mein Leib, meine Seele und mein Geist erneuern können. Zeig mir, wie ich meinem Partner dabei helfen kann, ebenfalls auf sich zu achten.*

15. März

# Füreinander da sein

*So wie unser Leib aus vielen Gliedern besteht und diese Glieder einen Leib bilden, so besteht auch die Gemeinde Christi aus vielen Gliedern und ist doch ein einziger Leib.*
1. Korinther 12,12

Für die meisten von uns stehen Ehe, Familie und Beruf an der Spitze unserer Prioritätenliste. Aber es ist manchmal schwer fassbar, wie man seine Zeit und Kraft zwischen diesen Prioritäten aufteilen soll. Deshalb mache ich Ihnen einen Vorschlag. Berufen Sie eine Familiensitzung ein. Legen Sie einen Kalender auf den Tisch und markieren Sie für diesen Monat alle wichtigen Ereignisse im Leben eines jeden Familienmitglieds. Dazu können Arzttermine gehören, Gemeindeaktivitäten, berufliche Termine. Wenn Sie Kinder haben, stehen vielleicht Klavierkonzerte, Schulveranstaltungen und Sportereignisse auf dem Kalender. Machen Sie für jedes Familienmitglied eine Fotokopie dieses Kalenderblatts.

Dann überlegen Sie gemeinsam mit Ihrem Partner, an welchen Veranstaltungen Sie teilnehmen müssen. Überarbeiten Sie Ihren Terminplan sorgfältig, damit Sie diese Veranstaltungen gemeinsam besuchen können. Viele Arbeitgeber haben großes Verständnis für familiäre Verpflichtungen. Sie sollten die anderen Familienmitglieder auch bitten, für die anderen zu beten, wenn wichtige Termine oder Veranstaltungen anstehen.

Die Bibel macht uns deutlich, dass die Glieder der Gemeinde Jesu zwar unterschiedliche Begabungen und Funktionen haben, aber in Jesus Christus eins sind. Wenn das auf die Gemeinde zutrifft, dann erst recht auf eine christliche Familie. Bei der Arbeit an diesem Kalender sollten Sie Ihre Kinder daran erinnern, dass trotz der Unterschiede in Wesen und Charakter alle in Ihrer Familie füreinander da sein sollten. Ausgewogenheit ist der Schlüssel zu diesem Ziel, das erreichbar ist.

*Himmlischer Vater, ich danke dir für meine Familie. Obwohl wir Einzelpersonen sind, sind wir eins in dir. Hilf uns, diese Einheit zu leben, indem wir füreinander da sind und uns genügend Zeit füreinander nehmen.*

# Ein offenes Ohr für den anderen

*Ein kluger Mensch möchte sein Wissen vergrößern,*
*darum läuft er mit offenen Augen und Ohren durch die Welt.*
Sprüche 18,15

Die Fähigkeit zu sprechen und zuzuhören sind zwei der größten Geschenke Gottes an seine Geschöpfe. Nichts ist für eine zwischenmenschliche Beziehung von grundlegenderer Bedeutung als das Reden und Zuhören. Eine nach beiden Seiten hin offene Kommunikation lässt eine Ehe in den Jahreszeiten „Frühling" und „Sommer" bleiben. Im Gegensatz dazu führt mangelnde Kommunikation eine Ehe in den Herbst und den Winter, in Zeiten der Mutlosigkeit und des negativen Denkens.

Es klingt ja so einfach, aber das Problem liegt darin, dass viele von uns sehr kritische Zuhörer sind. Wir bewerten das Gehörte aufgrund unserer eigenen Sichtweise der Situation, und wir reagieren, indem wir unser Urteil kundgeben. Und dann fragen wir uns, warum unser Ehepartner plötzlich verstummt.

Wirksames Zuhören erfordert für die meisten von uns eine grundlegende Änderung unserer Einstellung. Wir müssen weg vom *egozentrischen* Zuhören (bei dem wir das Gespräch durch unsere eigene Brille betrachten) und hin zu einem *einfühlsamen* Zuhören (bei dem wir das Gespräch durch die Brille unseres Gesprächspartners betrachten). Schließlich soll es unser Ziel sein, festzustellen, wie unser Ehepartner die Situation wahrnimmt und was er oder sie dabei empfindet. In Sprüche 18,15 wird Weisheit gleichgesetzt mit sorgfältigem Zuhören und dem Wunsch eines Menschen, sein Wissen zu vergrößern. In einer Ehe bedeutet das auch, unser Wissen über unseren Ehepartner zu erweitern. Worte bilden den Schlüssel zum Herzen eines anderen Menschen. Wenn wir unserem Gesprächspartner zuhören, um ihn oder sie zu verstehen, bekommt unser Gespräch erst einen tieferen Sinn.

*Herr Jesus Christus, ich möchte ein einfühlsamer Zuhörer sein und kein Urteil über meinen Gesprächspartner fällen. Bitte hilf mir, mich im Gespräch auf meinen Partner zu konzentrieren anstatt auf mich selbst. Schenke unseren Gesprächen deinen Segen.*

# 17. März

## Miteinander reden, nicht streiten

*Wer Gott gehorcht, spricht Worte so wertvoll wie reines Silber.*
*Wer Ehrfurcht vor Gott hat, hilft vielen Menschen durch das, was er sagt.*
Sprüche 10,20-21

Wie können wir miteinander reden, ohne zu streiten? Am Anfang steht ein Entschluss: Ich werde deine Gedanken nicht verurteilen, sondern versuchen, sie zu verstehen.

Ihre Reaktion auf die Gedanken eines geliebten Menschen kann auf den anderen ermutigend oder entmutigend wirken. Es macht einen großen Unterschied, ob Sie sagen: „Das ist ein interessanter Gedanke. Kannst du mir das noch ein bisschen erklären?" oder „So was Lächerliches habe ich noch nie gehört. Wie kannst du das bloß denken?" Welche Reaktion wird Ihrem Partner wohl weitere Erklärungen entlocken?

Das Buch Hiob enthält viele Beispiele für negative Reaktionen in Gesprächen. In Hiob 8,1-2 wird uns berichtet, wie Hiobs angeblicher Freund Bildad reagiert, als Hiob ihm sein Herz ausschüttet. Die Worte Bildads („Wie lange willst du noch so weiterreden und lässt den unbeherrschten Worten freien Lauf?") stehen in krassem Gegensatz zu König Salomos in den Sprüchen.

Im Folgenden möchte ich Ihnen einige Anregungen für einen Gesprächseinstieg und eine Vertiefung Ihrer Kommunikation geben.

- Lesen Sie in der Zeitung denselben Artikel. Dann tauschen Sie sich darüber aus.
- Sehen Sie sich gemeinsam einen Film oder eine Fernsehsendung an. Dann beantworten Sie diese Fragen: Welche Botschaft wird darin vermittelt? Was hat dich gestört? Was hast du interessant gefunden?
- Lesen Sie beide das gleiche Buch über ein beliebiges Thema, und zwar ein Kapitel pro Woche. Dann berichten Sie Ihrem Partner, welchen Gedanken Sie in dem jeweiligen Kapitel faszinierend oder hilfreich fanden.

Bei jeder dieser Möglichkeiten kommt es darauf an, dass Sie einander verstehen und nicht den anderen widerlegen oder unbedingt recht haben wollen. Vertrautheit entwickelt sich durch positive Gespräche. Wenn man diese gezielten Gespräche eine Zeitlang praktiziert, sind sie ein Anreiz für Vertrautheit auf geistiger Ebene, die wiederum zu emotionaler und sexueller Vertrautheit führen kann. Gute Kommunikation ist ein Schlüssel zu einer starken ehelichen Beziehung.

*Himmlischer Vater, bitte vergib mir, wenn meine Worte manchmal eher denen von Bildad gleichen als denen von König Salomo. Ich bitte dich, dass wir als Ehepaar Gespräche ohne Streit einüben können und uns diese Gespräche helfen, einander besser zu verstehen.*

# Verständnis haben, auch wenn man anderer Meinung ist

*Eine freundliche Antwort vertreibt den Zorn,*
*aber ein kränkendes Wort lässt ihn aufflammen.*
Sprüche 15,1

Wissen Sie, wie Sie Ihren Ehepartner bestätigen können, obwohl Sie anderer Meinung sind? Das ist ein bedeutender Schritt, wenn Sie lernen wollen, wie Sie sinnvolle Gespräche führen können. Ich möchte das anhand eines Beispiels verdeutlichen.

Eine Frau sagt ihrem Mann, dass sie sich durch eine bestimmte Verhaltensweise verletzt fühlt. Er erwidert: „Ich bin dir dankbar, dass du mir deine Gedanken und Gefühle mitteilst. Jetzt kann ich verstehen, warum du dich verletzt fühlst. Wenn ich an deiner Stelle wäre, würde ich genauso empfinden. Ich habe dich sehr lieb, und deshalb tut es mir weh, dass du so aufgewühlt bist. Danke für deine Offenheit.“ Dieser Mann beherrscht die Kunst, seine Frau zu bestätigen, obwohl er die Dinge vielleicht ganz anders sieht als sie.

Natürlich hat auch er seine Ansicht, und schließlich wird er auch darüber sprechen. Aber zunächst soll seine Frau wissen, dass er sie versteht und er sich mit ihrem Schmerz identifizieren kann. Weder verurteilt er ihre Deutung der Situation, noch sagt er ihr, sie solle sich nicht aufregen. Stattdessen bestätigt er, dass er so empfinden würde wie sie, wenn er an ihrer Stelle wäre. Und das wäre tatsächlich so. Wenn er dieselbe Persönlichkeit und Wahrnehmung hätte wie seine Frau, dann würde er so empfinden wie sie.

Abfällige Worte oder eine verurteilende Haltung sind oft die Auslöser von Wut oder Zorn. Aber eine freundliche Antwort, wie es König Salomo in dem oben zitierten Ausspruch sagt, bringt das Gegenüber zum Nachdenken. Dieses Verständnis den Gefühlen des anderen gegenüber schafft ein positives Klima, in dem der oder die Betroffene bereit ist, auch die Beweggründe der anderen Seite anzuhören.

*Himmlischer Vater, ich möchte meinem Partner eine freundliche Antwort geben. Bitte schenke mir die Demut, seine oder ihre Empfindungen zu verstehen, ohne dass ich gleich meine Sicht der Dinge erklären muss.*

## 19. März

# Lieben und geliebt werden

*Wie köstlich ist deine Güte, Gott, dass Menschenkinder unter dem Schatten deiner Flügel Zuflucht haben.*
Psalm 36,8

Die Beweggründe für menschliches Verhalten sind bestimmte körperliche, emotionale und geistliche Bedürfnisse. Wenn Sie die Bedürfnisse Ihres Ehepartners nicht kennen, werden Sie niemals sein oder ihr Verhalten verstehen. In den nächsten Tagen werden wir ein paar von diesen Bedürfnissen genauer betrachten. Heute konzentrieren wir uns auf das Bedürfnis nach Liebe.

Lieben und geliebt zu werden gehört zu den grundlegendsten menschlichen Bedürfnissen. Der Wunsch nach Liebe ist auch ein Beweggrund für humanitäres Engagement. Wir fühlen uns gut, wenn wir andere Menschen lieben. Andererseits wird unser Verhalten auch stark bestimmt durch den Wunsch, Liebe zu *empfangen*. Wir fühlen uns geliebt, wenn wir davon überzeugt sind, dass jemand echtes Interesse an unserem Wohlbefinden hat. Der Psalmist gibt dieses menschliche Bedürfnis wieder, indem er in dem oben zitierten Vers Gott für seine unvergleichliche Güte und Liebe dankt. Das Bild von den Menschen, die Zuflucht beim Herrn suchen wie Küken unter den Flügeln ihrer Mutter, berührt uns zutiefst, weil unser Bedürfnis nach beschützender Liebe so stark ist.

Wenn Ihr Partner sich beklagt, dass Sie ihm oder ihr nicht genug Zeit widmen, dann ist das ein verzweifelter Schrei nach Liebe. Wenn Ihr Partner sagt: „Ich kann es dir nie recht machen", dann bettelt er oder sie förmlich um aufmunternde Worte. Brechen Sie einen Streit über sein Verhalten vom Zaun, lösen Sie weitere negative Reaktionen aus. Deshalb blicken Sie *hinter* das Verhalten des oder der anderen, um sein oder ihr emotionales Bedürfnis zu entdecken. Erfüllen Sie dieses Bedürfnis, und die negativen Reaktionen werden nach und nach verschwinden. Liebe sehnt sich danach, die Bedürfnisse des oder der anderen zu erfüllen.

*Himmlischer Vater, bitte gib mir die innere Reife, hinter das Verhalten meines Partners zu blicken. Hilf mir, ihm meine große Liebe zu zeigen.*

# 20. März

## *Freiraum gewähren*

*Denn durch sein Blut, das er am Kreuz vergossen hat, sind wir erlöst, sind unsere Sünden vergeben. Und das verdanken wir allein Gottes unermesslich großer Gnade.*
Epheser 1,7

Die Freiheit ist eine der großen Gaben Gottes. Im oben angegebenen Vers wird uns erklärt, dass Gott uns die endgültige Freiheit geschenkt hat, indem er uns von den Fesseln der Sünde befreit hat. Wir sind in Jesus Christus zu freien, erlösten Menschen geworden. Dieser Freiheitsdrang ist ein Teil unseres Wesens.

Der Wunsch nach Freiheit ist in uns so stark, dass wir in die Defensive gehen und wütend werden, sobald jemand versucht, unsere Freiheit zu beschneiden. Das gilt besonders bei Menschen, die wir lieben. Deshalb müssen wir einander genügend Freiheit geben – die Freiheit, in Ruhe ein Buch zu lesen, im Fernsehen ein Sportereignis zu verfolgen, einkaufen zu gehen, einen Mittagsschlaf zu machen, eine berufliche Veränderung in Erwägung zu ziehen.

Wenn wir versuchen, das Verhalten eines geliebten Menschen zu steuern, beschneiden wir seine Freiheit und lösen eine zornige Reaktion aus.

Haben Sie sich schon einmal gefragt, warum Ihr Partner förmlich explodiert, wenn Sie ihm oder ihr vorwerfen, dass er oder sie seine Zeit vergeudet? Sie bedrohen ihn in seiner Freiheit. Er meint, sie wollten sein Verhalten lenken. Es ist in Ordnung, wenn Sie den anderen darum bitten, bestimmte Verhaltensweisen zu ändern, aber Bitten sind etwas völlig anderes als Forderungen. Forderungen wirken wie Kontrollfragen, während Bitten Informationen vermitteln. Versuchen Sie es doch einmal mit dieser respektvollen Bitte: „Bist du so gut und bringst den Abfalleimer raus? Dafür wäre ich dir wirklich dankbar." Ihr Partner kann dieser Bitte entsprechen oder auch nicht, aber er hat auf jeden Fall nicht das Gefühl, dass Sie ihn in seiner Freiheit beschneiden wollen.

*Herr Jesus Christus, danke für die Freiheit, die du uns durch deinen Opfertod anbietest. Hilf uns, dass wir uns als Ehepaar ebenfalls diese Freiheit zugestehen und nicht versuchen, den anderen zu unterdrücken.*

# 21. März

## Der Wunsch, Spuren zu hinterlassen

*Sie sollen mein Volk sein, und ich will wieder ihr Gott sein.*
*Dann werden sie nur ein Ziel haben: mich zu achten und zu ehren,*
*denn ich selbst lege ihnen diesen Wunsch ins Herz.*
Jeremia 32,38-39

Wir alle sehnen uns danach, im Leben eine gewisse Bedeutung zu erlangen. Tief in uns steckt eine Sehnsucht, etwas zu tun, was über unseren kleinen Radius hinausreicht. Wir wollen in der Welt etwas bewirken. Das Wissen, dass uns das gelingt, bringt uns Erfüllung und Zufriedenheit. Diese Sehnsucht, über uns selbst hinauszuwachsen, kommt von Gott. Er will, dass wir das Ziel unserer Wünsche in ihm finden. Wie der Vers aus dem Buch Jeremia verdeutlicht, hat er uns geschaffen, damit wir ihm dienen und ihn ehren.

Dieses Bedürfnis, nicht in der Bedeutungslosigkeit zu enden, treibt manchmal auch Menschen an, die unter Arbeitssucht leiden. Oft wird der Same für dieses Bedürfnis schon in der frühen Kindheit gelegt. Der Vater, der seinem Sohn sagt, dass aus ihm sowieso nichts wird, macht es diesem Sohn schwer, ein gesundes Selbstwertgefühl zu entwickeln. Vielleicht versucht dieser Sohn sein Leben lang, seinen Vater zu widerlegen. Vielleicht hat er sogar viel Erfolg, aber trotzdem fühlt er sich bedeutungslos.

Das Verständnis für die Wurzel dieses inneren Antriebes ist hilfreich, wenn der Ehepartner arbeitssüchtig ist. Es ist viel produktiver, den Workaholic zu loben, wenn er oder sie erfolgreich ist, anstatt ihm oder ihr vorzuwerfen, dass er zu viel Zeit in seine Arbeit investiert. Bestätigung oder Zustimmung ist produktiv, Ablehnung oder Verurteilung ist jedoch destruktiv.

*Himmlischer Vater, schenke mir Mitgefühl und Verständnis für meinen Partner, der so hart arbeitet, weil er sich danach sehnt, im Leben etwas zu bewirken. Hilf mir dabei, ihn oder sie aufzumuntern. Mache uns jedoch auch bewusst, dass wir unser höchstes Ziel im Leben nicht selbst erreichen müssen, sondern dass du es uns schenkst.*

22. MÄRZ

# *Unser Bedürfnis nach Ruhe*

*Am siebten Tag hatte Gott sein Werk vollendet und ruhte von seiner Arbeit aus.*
1. Mose 2,2

Von ihrer körperlichen, geistigen und emotionalen Veranlagung her sind Menschen mit dem Bedürfnis nach dem Wechsel zwischen Arbeit und Vergnügen ausgestattet. Das Sprichwort „Arbeit gebiert Ruhe" ist Ausdruck eines menschlichen Grundbedürfnisses nach Erholung und Entspannung. Dieses Bedürfnis zeigt sich auch im zweiten Kapitel der Bibel. Dort erfahren wir, dass Gott nach vollendeter Schöpfung von seinem Werk ruhte. Überrascht es uns, wenn wir das gleiche Bedürfnis nach Ruhe haben? Schließlich sind wir nach dem Bild Gottes geschaffen.

Beobachten Sie bloß einmal, wie Sie und Ihr Partner sich verhalten, und dann erkennen Sie, wie zumindest einige Ihrer Handlungen von diesem Bedürfnis nach Erholung und Entspannung angetrieben werden. Die Methoden, wie Sie zu diesem Ziel kommen, unterscheiden sich je nach unserer Persönlichkeit und unseren Erfahrungswerten.

Warum kommt zum Beispiel Eric von der Arbeit nach Hause, schaltet den Fernseher ein und genießt erst einmal ein Glas Bier, bevor er ein Gespräch mit seiner Frau beginnt? Weil er sich erst einmal entspannen will, um sich danach seiner Frau zu widmen. Oder warum trainiert Ashley noch kurz im Fitness-Studio, bevor sie nach Hause kommt und sich mit ihrer Familie auseinandersetzt? Bewusst oder unbewusst will sie ihren Wunsch nach Entspannung erfüllen. Wenn wir verstehen, welche Bedürfnisse unser Ehepartner hat, können wir einen Weg finden, von ihm die Liebe und Aufmerksamkeit zu bekommen, die wir brauchen, und trotzdem unserem Partner die Freiheit zu geben, seine eigenen Wünsche zu erfüllen. Auch wir müssen unsere eigene Methode der Entspannung finden, ob wir nun ein Buch lesen, Sport treiben, fernsehen oder einem Hobby nachgehen. Wenn wir das nicht tun, verlieren wir unser emotionales Gleichgewicht. Ein kluger Ehepartner sorgt dafür, dass der andere die nötige Erholung und Entspannung bekommt.

*Himmlischer Vater, danke für das Bedürfnis nach Ruhe und Entspannung. Viel zu oft halte ich es für eine Zeitverschwendung, aber ich weiß, dass du uns dieses Bedürfnis nicht umsonst geschenkt hast. Hilf mir, meinen Partner nicht zu kritisieren, wenn er Ruhe und Entspannung sucht, sondern diesen Wunsch zu respektieren und positiv zu sehen.*

# 23. März

## *Liebe ist eine Entscheidung*

*Wenn es euch aber nicht gefällt, dem Herrn zu dienen, dann entscheidet euch heute, wem ihr gehören wollt. Ich aber und meine Familie, wir wollen dem Herrn dienen.*
Josua 24,15

Kürzlich sagte eine Frau zu mir: „Wie können wir die Liebessprache des anderen sprechen, wenn wir wegen Fehlern aus der Vergangenheit verletzt, wütend und verbittert sind?“ Die Antwort auf diese Frage liegt im Wesen unseres Menschseins. Wir haben vom Schöpfer die Fähigkeit mitbekommen, Entscheidungen zu treffen. Das bedeutet, dass wir in der Lage sind, schlechte oder kluge Entscheidungen zu treffen, unabhängig von unseren Gefühlen.

Als die Israeliten sich im Gelobten Land niederließen, ermahnte sie ihr Anführer Josua, ihren weiteren Weg sorgfältig zu wählen. Wollten sie den Göttern des Kulturkreises dienen, den sie hinter sich gelassen hatten (Ägypten) oder den Göttern des Kulturkreises, dem sie sich gerade anschließen wollten (Kanaan)? Oder würde ihre Wahl auf Gott fallen, der sie in das verheißene Land geführt hatte? Bei der Wanderung durch die Wüste hatte das Volk unkluge Entscheidungen getroffen, aber jetzt hatte es eine neue Chance und entschied, dem Herrn zu folgen.

Wenn wir in der Vergangenheit Fehlentscheidungen getroffen haben, bedeutet das nicht, dass das in der Zukunft auch so sein muss. In zwischenmenschlichen Beziehungen haben wir die Möglichkeit zu sagen: „Bitte entschuldige. Ich weiß, dass ich dich verletzt habe, aber ich möchte, dass es anders wird. Ich will dich und deine Bedürfnisse respektieren.“ Wir treffen eine Entscheidung, wenn wir Fehler aus der Vergangenheit bekennen und den Wunsch äußern, die Zukunft besser gestalten zu wollen. Ich habe erlebt, wie Ehen kurz vor der Scheidung noch gerettet wurden, weil das Ehepaar sich entschied, einander zu lieben und die Liebessprache des anderen zu lernen.

Verletzte Gefühle muss man nicht unter den Teppich kehren. Man sollte sie jedoch durch Ausdrucksformen der Liebe ersetzen. Wenn wir uns für die Liebe entscheiden, auch wenn wir das Gegenteil fühlen, werden wir merken, wie negative Gefühle weichen und die alte Vertrautheit allmählich zurückkehrt.

*Himmlischer Vater, danke, dass du uns die Fähigkeit gegeben hast, uns für die Liebe zu entscheiden. Hilf mir, in meiner Beziehung zu meinem Partner die richtigen Entscheidungen zu treffen, Entscheidungen, die nicht bloß aus einem Gefühl heraus oder aufgrund von Problemen in der Vergangenheit fallen. Hilf mir, liebevolles Handeln an die Stelle der verletzten Gefühle zu setzen.*

# 24. März

## *Liebe ist Handeln*

*Liebe ist geduldig und freundlich. Sie ist nicht verbissen, sie prahlt nicht und schaut nicht auf andere herab. Liebe verletzt nicht den Anstand und sucht nicht den eigenen Vorteil, sie lässt sich nicht reizen und ist nicht nachtragend. Sie freut sich nicht am Unrecht, sondern freut sich, wenn die Wahrheit siegt. Liebe ist immer bereit zu verzeihen, stets vertraut sie, sie verliert nie die Hoffnung und hält durch bis zum Ende.*

1. Korinther 13,4-7

Ein Mann namens Brent vertraute mir Folgendes an: „Ich liebe sie einfach nicht mehr, und das schon seit langer Zeit. Ich will sie ja nicht verletzen, aber ich bin nicht mehr gerne mit ihr zusammen. Mir ist schleierhaft, wie das passieren konnte. Ich wünschte, es wäre anders, aber ich empfinde nichts mehr für sie."

Brent brachte mit diesen Worten zum Ausdruck, was Tausende im Laufe der Jahre gedacht und gefühlt haben. Dieses immer wiederkehrende Motto: „Ich liebe meinen Partner nicht mehr" gibt Männern und Frauen ihrer Meinung nach die Freiheit, die verloren gegangene Liebe bei jemand anderem zu suchen. In diesem Zusammenhang ist es die Mühe wert, sich noch einmal die berühmte „Definition" der Liebe anzusehen, die der Apostel Paulus in 1. Korinther 13 niedergeschrieben hat. In diesem bei zahlreichen Hochzeiten verlesenen Text liegt der Schwerpunkt allein auf der inneren Haltung und dem Handeln, nicht auf den Gefühlen. Wenn wir beispielsweise unter allen Umständen durchhalten und nicht den eigenen Vorteil suchen sollen, dann spielen unsere Gefühle dabei eine eher untergeordnete Rolle. Aber wenn wir in einer liebevollen Weise mit dem anderen umgehen, stellen sich die Gefühle oft von selbst wieder ein.

Leider kannte Brent nicht den Unterschied zwischen den beiden Phasen einer romantischen Beziehung. In Phase eins sind die Gefühle euphorisch und kosten keine Anstrengung. In Phase zwei tritt das Handeln in den Vordergrund. Die Gefühle stellen sich erst dann ein, wenn beide Partner die Liebessprache des jeweils anderen sprechen. Kann die Ehe von Brent gerettet werden? Ja, wenn er und seine Frau ihre Fehler aus der Vergangenheit bekennen und sich einigen, ihre Liebe in einer Sprache auszudrücken, die der andere versteht. In Phase zwei haben liebevolle Handlungen den Vorrang vor Gefühlen.

*Herr Jesus Christus, du erinnerst mich daran, dass es bei der wahren, gottgemäßen Liebe eher um meine Art zu handeln geht als um meine Gefühle. Manchmal fällt es mir schwer, liebevoll zu handeln, obwohl meine Gefühle eine andere Sprache sprechen. Bitte gib mir die Bereitschaft und den Mut, meinem Partner trotzdem meine Liebe zu zeigen.*

## 25. März

# Wenn uns Liebe nicht einfach in den Schoß fällt

*Und so lautet mein Gebot: Liebt einander, wie ich euch geliebt habe. Niemand liebt mehr als einer, der sein Leben für die Freunde hingibt.*
Johannes 15,12-13

Oft höre ich diese Frage: „Was ist, wenn einem die Liebessprache des Ehepartners nicht so einfach in den Schoß fällt?" Vielleicht ist für Ihren Partner *Zärtlichkeit* die Sprache der Liebe, aber zärtliche Berührungen sind nicht so Ihr Fall. Oder vielleicht freut er oder sie sich über *Geschenke*, aber Ihnen bedeuten Geschenke nur wenig. Vielleicht ist die Liebessprache des Partners auch *Zweisamkeit*, aber für Sie ist es ein wahrer Albtraum, sich eine halbe Stunde lang nur zu zweit zu unterhalten. Der andere möchte *Lob und Anerkennung* von Ihnen hören, aber solche Worte kommen Ihnen nur schwer über die Lippen. Eventuell ist für den Partner auch *Hilfsbereitschaft* eine Sprache der Liebe, aber für Sie ist es keineswegs befriedigend, den Haushalt zu organisieren. Wie lösen Sie dieses Problem?

Für Sie ist es hilfreich, wenn Sie die Liebessprache Ihres Ehepartners erlernen. Wenn Ihnen das nicht leichtfällt, ist das sogar ein besonderer Ausdruck Ihrer Liebe, weil Sie damit Ihr Bemühen und Ihre Lernbereitschaft unter Beweis stellen. Für Ihren Ehepartner spricht dieses Verhalten Bände. Bedenken Sie auch, dass Ihre eigene Liebessprache Ihrem Ehepartner vielleicht auch nicht in den Schoß fällt. Er oder sie muss genauso hart wie Sie daran arbeiten, *Ihre* Sprache zu sprechen. Aber genau darum geht es ja in der Liebe.

Jesus sagt, dass wir einander so lieben sollen, wie er uns geliebt hat. Er hat für uns das größte Opfer gebracht. Nur wenige von uns werden buchstäblich ihr Leben für andere hingeben müssen, aber wir sind dazu aufgefordert, die gleiche Hingabe jeden Tag in den kleinen Dingen zum Ausdruck zu bringen. Wenn Sie sich entschließen, Ihre Liebe in einer Sprache auszudrücken, die für Ihren Ehepartner einen Sinn ergibt, dann wird sich dieser Einsatz von Zeit und Energie für Sie beide lohnen.

*Herr Jesus Christus, danke, dass du uns deine absolute, bedingungslose Liebe gezeigt hast. Ich staune immer wieder über deine Bereitschaft, dein Leben für mich hinzugeben. Dafür bin ich dir so dankbar. Bitte hilf mir, das Gleiche für meinen Partner zu tun, auch in den kleinen Dingen wie beim Erlernen seiner oder ihrer Liebessprache.*

26. März

# Dem Ehepartner gebührt der erste Platz

*„Ein Mann verlässt seine Eltern und verbindet sich so eng mit seiner Frau, dass die beiden eins sind mit Leib und Seele." Sie sind also eins und nicht länger zwei voneinander getrennte Menschen. Was nun Gott zusammengefügt hat, soll der Mensch nicht scheiden.*

Matthäus 19,5-6

Kein Ehepaar kann in der Ehe sein Potenzial voll ausschöpfen, ohne vorher die Eltern verlassen zu haben. Das hat auch praktische Auswirkungen auf die Entscheidungen, die Sie beide zu treffen haben, weil Ihre Eltern für viele Bereiche Ihres Lebens gute Vorschläge parat haben könnten. Jede dieser Anregungen sollte ernst genommen werden, aber letzten Endes müssen Sie und Ihr Partner selbst entscheiden, was für Sie am besten ist.

Sobald Sie verheiratet sind, sollten Sie bei Ihren Entscheidungen nicht mehr das Wohlwollen Ihrer Eltern im Auge haben, sondern das Wohl Ihres Ehepartners. Vielleicht muss ein Ehemann auch einmal zu seiner Mutter sagen: „Mama, du weißt, dass ich dich sehr lieb habe, aber du weißt auch, dass ich jetzt verheiratet bin. Ich kann nicht immer das machen, was du von mir erwartest, aber ich möchte, dass wir uns immer noch so gern haben wie bisher. Trotzdem hat jetzt meine Frau den ersten Platz in meinem Leben. Ich hoffe, dass du das verstehst."

Ein Ehemann darf nach der Hochzeit seiner Mutter nicht mehr erlauben, sein Leben zu lenken, denn das entspricht nicht dem biblischen Muster. Jesus erklärt ausdrücklich, dass ein Mann und eine Frau eins werden, wenn sie heiraten. Niemand sollte einen Keil zwischen sie treiben. Die Beziehung zu Ihrem Ehepartner nimmt den ersten Platz in Ihrem Leben ein. Sie sollten Ihren Eltern weiterhin mit Respekt begegnen, aber in erster Linie sind Sie für Ihren Ehepartner verantwortlich.

*Himmlischer Vater, ich liebe meine Eltern, und ich möchte ihre Erwartungen erfüllen. Aber manchmal zählt ihre Meinung für mich mehr als die meines Partners. Bitte mach mir bewusst, dass ich bei meinen Entscheidungen immer das Wohl meines Partners im Auge behalte und nicht das Wohl meiner Eltern.*

27. März

# Bitte recht freundlich!

*Mit Bitterkeit, Jähzorn und Wut sollt ihr nichts mehr zu tun haben. Schreit einander nicht an, redet nicht schlecht über andere und vermeidet jede Feindseligkeit. Seid vielmehr freundlich und barmherzig, und vergebt einander, so wie Gott euch durch Jesus Christus vergeben hat.*
Epheser 4,31-32

Wenn wir unsere Eltern auch nach der Hochzeit ehren wollen, bedeutet das, dass wir freundlich zu ihnen sind. Als der Apostel Paulus an Timotheus schrieb, der damals noch ein sehr junger Pastor war, ermahnte er ihn: „Einen älteren Mann fahre nicht hart an, wenn du ihn ermahnen musst, sondern rede mit ihm wie mit einem Vater“ (1. Timotheus 5,1). Wir sollen älteren Menschen Verständnis und Mitgefühl entgegenbringen. Natürlich sollen wir die Wahrheit aussprechen, aber das soll immer in Liebe geschehen (vgl. Epheser 4,15). Häufig ist der Ton, in dem wir etwas sagen, genauso wichtig wie der Inhalt unserer Worte.

Die oben zitierte Anweisung in Epheser 4,31-32 sollten wir in unserer Beziehung zu unseren Eltern und Schwiegereltern sehr ernst nehmen. Wir sollen unfreundliche Worte und Wutanfälle vermeiden, sondern uns mit gegenseitiger Achtung behandeln und einander vergeben.

Es ist undenkbar, dass Sie Ihre Eltern oder Schwiegereltern anbrüllen. Das Gesetz der Freundlichkeit muss den Sieg über Ihre Wut davontragen, auch wenn Eltern oder Schwiegereltern dieses Gesetz nicht befolgen. Wenn sie die Beherrschung verlieren, sollten Sie gelassen bleiben und ihnen zuhören. Wir brauchen uns nicht herumschikanieren zu lassen, aber die Bibel macht es uns klar, dass wir verantwortlich sind für die Art, wie wir mit anderen Menschen sprechen, auch mit unserem Ehepartner und unseren Eltern.

*Himmlischer Vater, du forderst uns auf, unsere Eltern unter allen Umständen zu ehren. Bitte gib mir die nötige Selbstbeherrschung und deine Gnade, damit ich jederzeit meinen Eltern und Schwiegereltern respektvoll begegne.*

## 28. März

# Zuerst die anderen und dann ich

*Denkt bei dem, was ihr tut, nicht nur an euch.*
*Denkt vor allem an die anderen und daran, was für sie gut ist.*
1. Korinther 10,24

Die meisten Seelsorger sind sich einig, dass gemeinsame Entscheidungen zu den größten Herausforderungen einer Ehe zählen. In den Köpfen vieler frisch verheirateter Ehepaare schwirren Wunschvorstellungen über demokratische Prozesse herum, aber wenn nur zwei Personen ihre Stimme abgeben, endet die Demokratie häufig in einer gegenseitigen Blockade. Wie kann ein Ehepaar diese Blockaden umgehen? Die Antwort liegt in einem einzigen Wort: Liebe.

Die Liebe stellt immer die Frage: Was ist gut für den anderen oder die andere? Wie Paulus im ersten Korintherbrief erwähnt, sollten Christen vor allem an das Wohl der anderen denken und weniger an den eigenen Vorteil. Die Liebe will nicht ihren eigenen Willen durchsetzen, sondern sie will dem geliebten Menschen eine Freude machen. Deshalb sollten Christen weniger Probleme bei Entscheidungen haben als Nichtchristen. Unser Denken und Handeln soll von Liebe geprägt sein. Wenn ich meine Frau liebe, zwinge ich ihr nicht aus Egoismus meinen Willen auf. Stattdessen berücksichtige ich vor allem das, was in ihrem Interesse ist.

*Der Gedanke, meinem Ehepartner, dem Menschen, den ich liebe, den ersten Platz einzuräumen, ist einerseits einfach, aber dennoch schwer in die Praxis umzusetzen. Ich brauche deine Hilfe, Herr Jesus Christus. Hilf uns, nicht zu fordern, sondern Angebote zu machen, wenn wir als Ehepaar Entscheidungen treffen. Bitte hilf mir, damit meine Entscheidungen von deiner Liebe geprägt sind.*

## 29. März

# Zwei sind besser als einer

*Gott, der Herr, dachte sich: „Es ist nicht gut, dass der Mensch allein lebt. Er soll eine Gefährtin bekommen, die zu ihm passt!“*
1. Mose 2,18

Die biblische Erwähnung vom Ehemann als Haupt seiner Frau gehört zu den am häufigsten missbrauchten Aussagen der Bibel. Christliche Ehemänner rechtfertigen ihre oft törichten, aus ihrem Eigenwillen entspringenden Forderungen ihren Frauen gegenüber, indem sie sich auf eine scheinbar biblische Grundlage berufen. Die Rolle des Hauptes bedeutet jedoch nicht, dass der Mann das Recht hat, alle Entscheidungen selbst zu treffen und die Frau vor vollendete Tatsachen zu stellen.

Die Frau wird in 1. Mose 2,18 als „Hilfe“ oder „Gefährtin“ bezeichnet. Ohne sie wäre der Mann auf sich allein gestellt, und diesen Zustand bezeichnet Gott als „nicht gut“. Die Hilfe der Frau ist demnach unentbehrlich. Aber wie kann sie ihrem Mann eine Hilfe sein, wenn sie keine Gelegenheit hat, ihre Gedanken zu äußern? Vom weisen König Salomo stammen diese Worte: „Zwei haben es besser als einer allein, denn zusammen können sie mehr erreichen“ (Prediger 4,9). Das trifft auf jeden Fall zu, wenn Entscheidungen getroffen werden sollen. Warum sollte ein Mann sich auf seine eigene Klugheit beschränken, wenn Gott ihm eine Gefährtin geschenkt hat?

*Himmlischer Vater, danke für deinen Plan mit der Ehe und die wertvollen Aufgaben, die du uns beiden darin zugedacht hast. Hilf mir, diese Rollen besser zu verstehen. Schenke mir Liebe und Weisheit, damit ich meine Rolle ausfüllen kann.*

30. März

# Respekt ist keine Einbahnstraße

*Ordnet euch einander unter; so ehrt ihr Christus.*
*Ihr Frauen, ordnet euch euren Männern unter, so wie ihr euch dem Herrn unterordnet.*
*Ihr Männer, liebt eure Frauen so, wie Christus seine Gemeinde liebt,*
*für die er sein Leben gab.*
Epheser 5,21-22.25

Vielen Ehefrauen läuft es eiskalt den Rücken herunter, wenn der Pastor sagt: „Schlagen Sie in Ihrer Bibel den Text in Epheser 5,22 auf.“ Sie wissen genau, was jetzt kommt: *„Ihr Frauen, ordnet euch euren Männern unter, so wie ihr euch dem Herrn unterordnet.“ „Wenn Sie meinen Mann bloß kennen würden“*, denken sie. Manchmal stelle ich mir vor, wie Gott ihnen antwortet: *Ihr versteht nicht, worum es hier eigentlich geht.* Das Gebot der Unterordnung bezieht sich nicht nur auf die Frauen. In Epheser 5,21 werden wir aufgefordert, uns aus Liebe zu Jesus Christus *einander* unterzuordnen.

Sowohl die Aufforderung an die Ehemänner, ihre Frauen zu lieben, als auch die Anweisung an die Frauen, sich ihren Männern unterzuordnen, setzen eine Bereitschaft zum Dienen voraus. Unterordnung bedeutet nicht, dass allein die Frau die Gebende sein soll, denn der Mann muss bereit sein, sein Leben für seine Frau hinzugeben. Wenn eine Frau sich ihrem Mann unterordnet, heißt das auch nicht, dass sie ihre Gedanken nicht in Worte fassen darf. Die Anweisungen des Apostels Paulus haben ein ganz bestimmtes Ziel, nämlich die Einigkeit der Ehepartner. Um dieses Ziel zu erreichen, müssen beide bereit sein, dem anderen zu dienen.

*Himmlischer Vater, mir wird bewusst, dass du meinem Partner und mir gleichermaßen spannende Aufgaben geschenkt hast. Wir brauchen deine Hilfe, um diese Aufgaben in Angriff zu nehmen. Bitte hilf uns, einander zu lieben und zu dienen, so wie du es von uns erwartest.*

# 31. März

## Jahreszeiten in der Ehe

*Dir gehört der Tag und auch die Nacht, du hast die Sonne und den Mond geschaffen.*
*Du hast alle Grenzen der Erde festgelegt,*
*hast Sommer und Winter gemacht.*
Psalm 74,16-17

Aus der Bibel wissen wir, dass Gott alle Grenzen der Erde geschaffen hat, auch die Umdrehung um die Sonne, durch die der Wechsel der Jahreszeiten entsteht. Jahreszeiten kommen und gehen. Auf den Winter folgt der Frühling, auf den Sommer folgt der Herbst. Genauso ist es mit den Jahreszeiten in der Ehe. Beziehungen sind einem unaufhörlichen Wandel unterworfen. Sie bewegen sich ständig von einer Jahreszeit zur anderen. Aber die Jahreszeiten in der Ehe entsprechen nicht immer der Reihenfolge in der Natur. Heute befinden Sie sich vielleicht im Frühling der Ehe, aber im nächsten Monat sind Sie schon im Winter. Wie sehen die Jahreszeiten der Ehe eigentlich aus?

Manchmal befinden wir uns im Winter. Wir sind mutlos, distanziert und unzufrieden. Dann erleben wir den Frühling mit seiner Offenheit, Hoffnung und frohen Erwartung. Bei anderen Gelegenheiten schwelgen wir in der Wärme des Sommers. Wir fühlen uns wohl, entspannt und genießen das Leben. Aber dann kommt der Herbst mit seiner Unsicherheit, Nachlässigkeit und dunkler Vorahnung. In einer Ehe wiederholt sich der Zyklus dieser Jahreszeiten viele Male, so wie die Jahreszeiten in der Natur immer wieder kommen.

In den nächsten Tagen beschäftigen wir uns mit diesen periodisch wiederkehrenden Jahreszeiten der Ehe. Wir helfen Ihnen herauszufinden, in welcher Jahreszeit sich Ihre Ehe gerade befindet. Ich werde Ihnen auch zeigen, wie Sie diese Jahreszeiten für sich nutzen können. Sie bleiben niemals in einer Jahreszeit stecken, denn Sie können mit Gottes Hilfe positive Veränderungen herbeiführen.

*Herr Jesus Christus, du hast unterschiedliche Jahreszeiten auf Erden geschaffen, und wir können auch in unserem Leben diese verschiedenen Zeiten erkennen. Aber ich weiß, dass du uns nicht in winterlich kalten, zwischenmenschlichen Beziehungen belassen möchtest. Mach uns Mut, damit wir als Ehepaar in unserer Beziehung zueinander wieder Hoffnung schöpfen und optimistisch sein können.*

## 1. April

# Die Kälte des Winters

*Duftendes Öl und Weihrauch erfreuen das Herz,*
*aber noch angenehmer und wertvoller ist der gute Rat eines Freundes.*
Sprüche 27,9

Erzählen Sie mir, was Sie momentan für Ihren Partner empfinden, wie Sie über ihn denken und wie Sie sich ihm gegenüber verhalten, und ich sage Ihnen, in welcher Jahreszeit sich Ihre Ehe befindet. Heute wollen wir uns mit der Winter-Ehe beschäftigen.

Welche Gefühle haben wir im Winter?

Wir fühlen uns verletzt, wir empfinden Wut, Enttäuschung, Einsamkeit und Zurückweisung. Wie sieht unsere innere Haltung in einer Winter-Ehe aus? Sie lässt sich mit einem Begriff beschreiben: Wir sehen alles negativ. Möglicherweise hören Sie Sätze wie: „Ich bin so enttäuscht von meiner Ehe." „Ich bin total frustriert." „Ich weiß nicht, ob wir das alles noch hinkriegen."

Wie sieht unser Verhalten in einer Winter-Ehe aus?

Wir werfen uns unfreundliche Worte an den Kopf oder reden überhaupt nicht mehr miteinander. Vielleicht handeln wir sogar zerstörerisch oder werden gewalttätig. In der winterlichen Jahreszeit einer Ehe fehlt beiden Partnern die Bereitschaft, ihre Meinungsverschiedenheiten friedlich zu lösen. Aus Gesprächen werden Auseinandersetzungen. Es fehlt jegliche Form von Gemeinsamkeit. Die Ehe sieht so aus, als würden zwei Menschen in zwei getrennten Iglus wohnen.

Ein Gutes hat die Winter-Ehe jedoch:

Oft suchen Ehepaare vor lauter Verzweiflung einen Ausweg aus ihrem gemeinsamen Leid und nehmen die Hilfe eines Eheberaters oder Pastors in Anspruch. Im Buch der Sprüche wird der gute, von Herzen kommende Rat eines Freundes als angenehm bezeichnet. Guter Rat ist von hohem Wert. Oft ist die Sichtweise eines Außenstehenden entscheidend für ein Ehepaar, das sich wirklich ändern will. Diejenigen, die um Hilfe bitten, bekommen sie auch.

*Himmlischer Vater, wenn unsere Beziehung voller Probleme ist, wenn sich Zurückweisung und Mutlosigkeit breitmachen, dann hilf uns bei der Suche nach einem klugen Ratgeber. Gib uns deine Gnade und die nötige Energie, damit wir an der Erneuerung unserer Liebe arbeiten können.*

## 2. April

# Frühling – Zeit für einen Neubeginn

*Ich bin davon überzeugt: Wer wenig sät, der wird auch wenig ernten;*
*wer aber viel sät, der wird auch viel ernten.*
2. Korinther 9,6

Eine Frühlings-Ehe ist geprägt von Hoffnung, froher Erwartung und Optimismus, Dankbarkeit, Liebe und Vertrauen. Klingt das nicht spannend? Das ist es auch! Manche von Ihnen mögen jetzt sagen: „Ich erinnere mich noch an die erste Zeit in unserer Ehe, als wir im Frühling waren." Ich möchte Ihnen einen Tipp geben: Sie können den Frühling immer wieder aufs Neue erleben! In einer gesunden Ehe kehrt der Frühling im Laufe der Jahre ständig zurück.

Wie kann ein Ehepaar dieses positive Klima erzeugen? Indem beide Pläne schmieden und offen miteinander reden. Diejenigen Paare, die in einer Frühlings-Beziehung leben wollen, nehmen gern die Hilfe eines Eheberaters in Anspruch oder lesen gemeinsam ein Buch über ein Thema, das beide interessiert. Im Frühling ist es Zeit für einen Neubeginn, wenn die Kommunikation frei fließen kann. Dann ist ein Paar voller Begeisterung über das gemeinsame Leben. Beide haben große Hoffnungen für die Zukunft, und sie streuen Samen, von denen sie sich eine Ernte des Glücks erhoffen. Der oben zitierte Vers aus dem zweiten Korintherbrief enthält diese Verheißung: Wenn wir viel säen, wird unsere Arbeit einen guten Ertrag einbringen. Diejenigen, die etwas in ihre Beziehung investieren, werden im Frühling ihrer Ehe eine reiche Blütenpracht erleben.

*Himmlischer Vater, ich erinnere mich an Zeiten des Frühlings in meiner Ehe, und ich möchte so etwas wieder erleben. Bitte entfache in uns erneut das Feuer der Begeisterung und des Optimismus. Hilf uns, Zeit und Mühe zu investieren, um in unserer Beziehung Samen zu säen, damit wir eine gute Ernte einbringen können.*

# Die Wärme des Sommers

*Wenn ihr zornig seid, dann ladet nicht Schuld auf euch, indem ihr unversöhnlich bleibt. Lasst die Sonne nicht untergehen, ohne dass ihr einander vergeben habt. Gebt dem Teufel keine Gelegenheit, Unfrieden zu stiften.*
Epheser 4,26-27

In einer Sommer-Ehe herrscht ein Klima des Glücks, der Zufriedenheit mit erreichten Zielen und der engen Verbundenheit. Beide Partner haben absolutes Vertrauen zueinander und eine große Bereitschaft, an ihrer Beziehung zu arbeiten. Das gemeinsame Leben verläuft entspannter und die Kommunikation konstruktiv. Ein Ehepaar, das sich in dieser Phase befindet, nimmt eventuell in regelmäßigen Abständen an Eheseminaren teil. Es werden gemeinsam Bücher zum Thema Ehe gelesen, und beide Partner wachsen auch in ihrem Glauben.

Das Klima einer Sommer-Ehe ist angenehm. Es ist geprägt von gegenseitiger Unterstützung und Verständnis. Konflikte löst das Ehepaar auf positive Art. Beide akzeptieren ihre Verschiedenheit, die sie zu ihrem gemeinsamen Vorteil nutzen, um einander zu helfen. Im Sommer einer Ehe entwickeln Eheleute ein immer stärkeres Gefühl der Zusammengehörigkeit.

Aber diese Jahreszeit hat auch ihre Schattenseiten. Es gibt vielleicht „Wespen", die ihre Nester im Verborgenen bauen – Sinnbild für jene ungelösten Probleme, die man um des lieben Friedens willen unter den Teppich kehrt. Denken Sie an den klugen Rat des Apostels Paulus im Epheserbrief. Verarbeiten Sie Ihre Wut direkt und zeitnah. Wenn Sie Probleme ungelöst lassen, weil Sie den Frieden Ihrer Ehe nicht stören wollen, machen Sie alles nur noch schlimmer. Letzten Endes müssen Sie die „Wespen" bekämpfen, denn sonst bewegt sich Ihre Sommer-Ehe auf den Herbst zu.

*Himmlischer Vater, hab Dank für die angenehme, positive Beziehung zu meinem Partner. Obwohl ich dankbar bin, dass zwischen uns Frieden herrscht, will ich auf eine echte Lösung vorhandener Probleme hinarbeiten. Hilf mir, das in Liebe zu tun.*

# 4. April

## Der Herbst, eine Zeit des Verfalls

*Wir setzen unsere Hoffnung auf den Herrn, er steht uns bei und rettet uns.*
*Er ist unsere ganze Freude; wir vertrauen ihm, dem heiligen Gott.*
*Herr, lass uns deine Güte erfahren, wir hoffen doch auf dich!*
Psalm 33,20-22

In North Carolina, dem Bundesstaat, in dem ich wohne, färben sich im Herbst die Blätter in wunderschönen Farben, bis sie schließlich von den Bäumen herunterfallen. Genau das geschieht in einer Herbst-Ehe. Die Beziehung mag nach außen hin gut aussehen, aber in Wirklichkeit fällt sie auseinander. In dieser Jahreszeit spüren Ehepaare vielleicht sogar, dass etwas nicht stimmt, aber sie wissen nicht, was die Ursache für ihre Probleme ist. Ein Ehepartner fühlt sich eventuell vernachlässigt, vielleicht auch beide, und sie distanzieren sich voneinander.

In einer Herbst-Ehe fühlen Sie sich zunächst traurig. Dunkle Vorahnungen plagen Sie. Dann werden Sie mutlos, ängstlich und schließlich verbittert. Sie haben Ihre Beziehung zum Ehepartner vernachlässigt, und jetzt leben Sie sich auseinander. Sie machen sich immer größere Sorgen, werden immer unsicherer und neigen dazu, sich gegenseitig die Schuld in die Schuhe zu schieben.

Der Herbst einer Ehe ist ein Warnruf an Sie, Hilfe in Anspruch zu nehmen. Gehen Sie zu einem Eheberater oder einem Pastor. Lesen Sie ein Buch über das Thema Ehe oder besuchen Sie ein Eheseminar. Anders als bei den Jahreszeiten in der Natur können sich Ehen vom Herbst zum Frühling bewegen, ohne den Winter durchleben zu müssen. Aber Sie müssen handeln, damit das geschehen kann. Wenn Sie nichts tun, werden Sie sich bald in der Kälte des Winters wiederfinden.

Die Bibel gibt uns die Gewissheit, dass es immer eine Hoffnung gibt. Setzen Sie Ihre Hoffnung auf den Herrn. Lassen Sie sich von seiner Liebe umhüllen und von ihm ermutigen, dass auch wieder bessere Zeiten kommen können.

*Herr, hab Dank, dass du unsere Hoffnung bist – für die Welt, die Erlösung und auch für unsere Beziehung. Gib uns den Mut, unsere Probleme anzusprechen und alles Erforderliche zu tun, um sie zu lösen.*

# Die Ehe, ein Bund fürs Leben

*Wo du hingehst, da will auch ich hingehen. Wo du bleibst, da bleibe ich auch.*
*Dein Volk ist mein Volk, und dein Gott ist mein Gott.*
*Wo du stirbst, da will ich auch begraben werden.*
Ruth 1,16-17

Ist die Ehe ein Vertrag oder ein Bund? Sie ist beides, aber der Schwerpunkt liegt auf dem Bund. Warum ist das so? Weil die meisten Verträge nur für eine begrenzte Zeit gelten, wie zum Beispiel ein Dreijahresvertrag, wenn wir ein Auto leasen wollen. Leider begeben sich viele Leute mit dieser Vertragsmentalität in eine Ehe. Sie denken: Wenn es nicht gut geht, können wir uns immer noch scheiden lassen. Forschungsergebnissen zufolge enden deshalb fünfzig Prozent aller Ehen innerhalb von zwei Jahren.

Ein Bund dagegen ist auf Dauer angelegt, wie wir an vielen Beispielen in der Bibel erkennen können. Gott schloss mit Noah einen Bund, der sich über „alle Zeiten" erstrecken sollte (vgl. 1. Mose 9). Auch mit Abraham schloss er einen Bund (vgl. 1. Mose 17). Bundesschlüsse zwischen zwei Menschen wurden ebenfalls als dauerhaft angesehen. So sagte Ruth ihrer verwitweten Schwiegermutter Noomi, dass sie ihr folgen wolle, wohin sie auch gehe, bei ihr bleiben und ihre Kultur sowie ihren Glauben annehmen wolle, sogar bis zu ihrem Tod. Ruths wunderschönes Bekenntnis erinnert an die Ehe, den Bund für ein ganzes Leben. Es hat eine gewisse Ähnlichkeit mit dem Gelöbnis, das bei vielen Trauungen wiederholt wird: „In guten wie in schlechten Zeiten, in Armut und Reichtum, in Gesundheit und Krankheit, bis dass der Tod uns scheidet."

Eine christliche Ehe wird als Bund fürs Leben angesehen. Der Gedanke an diese lebenslange Verpflichtung hilft uns über die schweren Zeiten im Leben hinweg. Wenn wir jedoch die Ehe als Vertrag betrachten, dann steigen wir aus, wenn der Weg steinig wird. Vielleicht sollten Sie sich jetzt bewusst machen, dass Ihre Ehe ein Bund fürs Leben ist.

*Großer Gott, mich packt ein ehrfürchtiges Staunen, wenn ich daran denke, dass du mit sündigen Menschen einen Bund geschlossen hast. Auch die Ehe sollte ein auf Dauer angelegter Bund sein – so hast du es gewollt. Wenn mein Partner und ich über unsere Beziehung frustriert sind, dann mache uns diese Tatsache wieder bewusst, damit wir wieder neuen Mut fassen und Freude an unserer Ehe haben.*

# 6. April

## Liebe als Bund

*Meine Schafe erkennen meine Stimme; ich kenne sie, und sie folgen meinem Ruf. Ihnen gebe ich das ewige Leben, und sie werden niemals umkommen. Niemand kann sie aus meiner Hand reißen.*
Johannes 10,27-28

In der gestrigen Andacht haben wir festgestellt, dass ein Vertrag zeitlich begrenzt, aber ein Bund auf Dauer angelegt ist. Welche weiteren Unterschiede bestehen zwischen einer Ehe als Bund fürs Leben und einer Ehe als Vertrag? Verträge sind an Bedingungen geknüpft, nach dem Motto: *Ich tue dies, wenn du das tust.* Wenn Sie zum Beispiel Ihr Auto geleast haben, können Sie es fahren, solange Sie Ihre Leasingraten zahlen. Wenn Sie die Zahlungen einstellen, geht das Auto wieder zurück an den Vertragspartner. Manche Ehepaare betrachten die Ehe aus derselben Perspektive: *Wenn du deinen Teil unserer Abmachung einhältst, halte ich auch meinen Teil ein.* Bei dieser Sichtweise verliert die Ehe jedoch ihren Wert.

Die Ehe als Bund fürs Leben hat bedingungslose Liebe als Fundament. Ich sorge mich um das Wohlergehen meines Ehepartners, komme, was da wolle. Ist das nicht die gleiche Liebe, die Gott zu uns hat? Wenn wir zum Glauben an Jesus Christus kommen, werden wir zu Gottes Kindern. Auch wenn wir ungehorsam sind, gehören wir zu ihm. Er verstößt uns nicht. Er wird uns zwar zur Verantwortung ziehen, aber er wird uns nicht im Stich lassen. In Johannes 10 vergleicht sich Jesus mit einem Hirten, der sich für seine Schafe aufopfert. Er gibt ihnen, also denjenigen, die an ihn glauben, ewiges Leben. Niemand kann sie von ihm trennen, auch nicht unter größten Anstrengungen. Hier haben wir ein treffendes Bild von einem Bund.

Das ist das Modell für eine christliche Ehe. Wir sollten immer bemüht sein, zum Wohlergehen unseres Ehepartners beizutragen, und da spielt es keine Rolle, was er oder sie tut. Natürlich sind wir einander Rechenschaft schuldig, wenn wir gesündigt haben, aber wir werden den Bund unserer Ehe nicht auflösen, weil wir einander stützen und tragen sollen. Partner in einem Bund sagen: „Ich will immer das Beste für dich."

*Herr Jesus Christus, danke für deine bedingungslose Liebe. Selbst wenn wir uns oft verhalten wie richtige Schafe, indem wir weglaufen, töricht handeln, deine Stimme überhören, hältst du uns doch liebevoll an deiner Hand. Hilf mir, dieses Bild vor Augen zu haben, wenn ich versuche, meinen Partner so zu lieben, wie du uns liebst. Erneuere unsere Liebe und unser Verantwortungsgefühl.*

# 7. April

## Zu einem Bund gehört Versöhnung

*Ich werde dafür sorgen, dass mein Volk sich wieder in seinem Land ansiedeln kann. Es wurde als eine Nation bezeichnet, ‚die kein Erbarmen findet'; doch die Zeit kommt, in der ich mich über mein Volk erbarmen werde. Es war einst ‚Nicht mein Volk'; nun aber sage ich zu ihm: ‚Du bist mein Volk', und Israel wird antworten: ‚Du bist mein Gott!'*
Hosea 2,25

Eine Ehe als Bund fürs Leben erfordert Auseinandersetzung und Vergebung. Bei der Hochzeit geben wir uns gegenseitig große Versprechen, aber wir können sie manchmal nicht einhalten. Fehler an sich führen noch nicht zur Zerstörung einer Ehe, aber die Weigerung, an diesen Fehlern zu arbeiten, lässt eine Ehe scheitern. Wir reagieren richtig auf einen Fehler, wenn wir ihn bekennen und um Vergebung bitten. So geht Gott mit uns um. Er sagt: „Wenn du gegen meinen Bund verstößt, wirst du die Konsequenzen tragen müssen, aber ich werde dich noch immer lieben und dir treu bleiben." Gott nimmt unser Fehlverhalten sehr ernst. Er lässt es zu, dass wir die Folgen spüren, aber seine Liebe zu uns bleibt bestehen. Sein Ziel mit uns ist die Versöhnung.

Die oben zitierten Verse gehören zu den schönsten, tiefgründigsten Worten aus dem Buch Hosea. Der Herr war enttäuscht und zornig über die Israeliten, die sich wiederholt von ihm abgewandt und Götzen an seine Stelle gesetzt hatten. Einige Abschnitte im Buch verdeutlichen, welche Folgen es für das Volk haben würde, weil es sich weigerte, auf Gott zu hören. Aber gleich im Anschluss finden sich wundervolle Verheißungen wie die in unserem heutigen Text. Der Herr will immer Versöhnung. Er ist bereit, uns mit offenen Armen aufzunehmen.

Gleiches sollte auch für die Ehe gelten. Wir können es nicht tolerieren, wenn unser Ehepartner sündigt, aber wir können ihn oder sie liebevoll mit seinem Verhalten konfrontieren und unserem Wunsch nach Vergebung und Versöhnung Ausdruck geben. Wenn Ihr Partner sagt: „Es tut mir leid. Ich weiß, dass ich einen Fehler gemacht habe. Kannst du mir vergeben?", dann lautet die Antwort in einer Ehe als Bund fürs Leben immer: „Ja, ich möchte unseren Bund erneuern." Liebe strebt nach Versöhnung.

*Himmlischer Vater, danke für das Vorbild, das du uns im Buch Hosea so deutlich vor Augen stellst. Wenn du uns immer wieder vergeben und uns mit offenen Armen aufnehmen kannst, wie viel mehr bin ich dann zu Vergebung und Versöhnung meinem Partner gegenüber verpflichtet? Bitte erinnere mich erneut an diesen wichtigen Bestandteil einer Ehe als Bund fürs Leben.*

8. April

# Wie man schweigsame Menschen zum Reden ermutigt

*Wer Gutes sagt und tut, dem wird es gut ergehen. Denn der Mensch bekommt, was er verdient. Ein Dummkopf weiß immer alles besser, ein Kluger nimmt auch Ratschläge an.*
Sprüche 12,14-15

Wenn wir miteinander ins Gespräch kommen, stellt sich rasch heraus, dass es zwei Persönlichkeitstypen gibt. Den ersten bezeichne ich als *Totes Meer*. Wie das Tote Meer in Israel vom Wasser des Jordans gespeist wird, aber keines weitergibt, machen viele Menschen den ganzen Tag lang Erfahrungen, die sie zwar speichern, aber nicht mit anderen teilen wollen.

Der zweite Persönlichkeitstyp ist der *plätschernde Bach*. Bei diesem Menschen kommen alle über die Augen oder Ohren aufgenommenen Eindrücke rasch aus dem Mund heraus. Häufig sind diese beiden Grundtypen miteinander verheiratet. Können sie eine glückliche Ehe führen? Ja, wenn sie ihre Verschiedenheit verstehen und sich gemeinsam weiterentwickeln wollen.

Vielleicht hört man vom „plätschernden Bach“ diese Klage: „Mein Mann redet einfach nicht mit mir. Ich weiß nicht, was er denkt. Wir werden uns immer fremder.“ Wie können Sie einen schweigsamen Menschen zum Reden ermutigen?

Ich mache Ihnen zwei Vorschläge. Erstens: Stellen Sie konkrete Fragen. Das Schlimmste, was einem „Toten Meer“ passieren kann, ist die Aufforderung: „Rede doch mit mir!“ Mit diesen Worten fühlt sich der Schweigsame überfordert, weil sie wie ein Vorwurf klingen. Eine konkrete Frage dagegen ist viel besser geeignet, den Partner zum Reden zu bringen.

Zweitens: Stoppen Sie Ihren eigenen Redefluss. Wenn Sie möchten, dass Ihr Gegenüber mehr redet, sollten Sie selbst weniger sprechen. Sie sollten kleine Pausen des Schweigens entstehen lassen. Denken Sie an die Worte von König Salomo: „…ein Kluger nimmt auch Ratschläge an.“ Wenn Sie merken, dass Sie zu viel reden und ihr Ehepartner zu wenig spricht, folgen Sie dem Rat des Apostels Jakobus: „Seid immer sofort bereit, jemandem zuzuhören; aber überlegt genau, bevor ihr selbst redet“ (Jakobus 1,19). Ihre Ehe wird davon profitieren.

*Himmlischer Vater, danke, dass du uns so verschieden geschaffen hast. Der eine redet gern, und den anderen muss man zum Reden erst ermutigen. Bitte hilf mir, zum Zuhören bereit zu sein und gut zu überlegen, bevor ich selbst rede. Ich möchte meinen Partner besser kennenlernen und mit ihm im Gespräch bleiben.*

9. April

# Frei von Angst

*Gott aber kann viel mehr tun, als wir jemals von ihm erbitten oder uns auch nur vorstellen können. So groß ist seine Kraft, die in uns wirkt.*
Epheser 3,20

Gestern haben wir darüber gesprochen, dass es an der Persönlichkeit liegen kann, wenn ein Ehepartner schweigsam ist. Heute möchte ich auf eine weitere, häufig anzutreffende Ursache für Schweigsamkeit eingehen, und zwar die Angst. Vielleicht war es in der Kindheit, in einer vorherigen oder in der jetzigen Ehe, als Ihr Partner festgestellt hat, dass es zu einer „Explosion" kommt, wenn er seine oder ihre wahren Gedanken mitteilt. Weil er Angst vor Explosionen hat, macht er lieber dicht.

Wie überwinden Sie diese Verschlossenheit? Mein Vorschlag: Beginnen Sie mit einer liebevollen Konfrontation. Sprechen Sie das Thema freundlich an. Sie könnten zum Beispiel sagen: „Ich möchte, dass unsere Ehe immer besser wird, und ich glaube, du möchtest das auch. Wenn du früher gesagt hast, was du denkst, hast du manchmal meinen Zorn zu spüren bekommen, vielleicht auch den Zorn deiner Eltern oder von jemand anderem. Ich weiß nicht, was früher gewesen ist, aber ich weiß eins: Das will ich nicht. Deshalb bitte ich Gott, dass er mir die Bereitschaft schenkt, dir richtig zuzuhören. Wollen wir einen neuen Anfang machen und jeden Tag von einer Sache erzählen, die uns passiert ist? Ich glaube, damit sind wir auf einem guten Weg." Ihr Partner ist bestimmt erleichtert, dass Sie diese Sache angesprochen haben. Deshalb wird er bereit sein, einen neuen Versuch zu wagen. Denken Sie daran: Die Bibel macht uns deutlich, dass Veränderung möglich ist. Der Herr kann mehr tun, als wir es uns vorstellen. Er kann auch eine Wende herbeiführen in unserer Art, miteinander zu reden.

• • • • • • • • • • • • • • • • • • • • • • • • •

*Himmlischer Vater, bitte vergib mir, wenn ich meinem Partner mit meiner wütenden Reaktion das Wort abgeschnitten habe. Bitte mach es mir bewusst, wenn ich wieder so reagieren will. Sprich auch zu meinem Partner und mach ihn bereit, einen neuen Versuch zu wagen.*

# 10. April

## Respektvoll miteinander umgehen

*Achtet alle Menschen, und liebt eure Brüder und Schwestern!*
1. Petrus 2,17

Häufig höre ich diesen Satz: „Mein Partner redet einfach nicht mit mir." Wenn das eine treffende Beschreibung Ihrer Ehe ist, dann stellt sich die Frage, warum das so ist. Ein Grund für das Schweigen eines Ehepartners kann in negativen Kommunikationsmustern liegen. Die folgenden Fragen sollen Ihnen helfen, über Ihre eigenen Muster nachzudenken. Überlegen Sie dabei, ob Sie häufig negativ reagieren oder sich beklagen.

- Höre ich meinem Partner zu, wenn er redet, oder unterbreche ich ihn und nehme gleich selbst Stellung zu dem Gesagten?
- Gebe ich meinem Partner den nötigen Raum oder zwinge ich ihm ein Gespräch auf, auch wenn er oder sie alleine sein will?
- Behalte ich vertrauliche Mitteilungen für mich oder verbreite ich den Inhalt unserer Privatgespräche in meinem Freundeskreis?
- Äußere ich meine eigenen Bedürfnisse und Wünsche als Bitten oder als Forderungen?
- Gebe ich meinem Partner die Freiheit, anderer Meinung zu sein, oder rücke ich ihm rasch den Kopf zurecht?

Wenn Sie die zweite Hälfte dieser Fragen mit „Ja" beantworten, ist es höchste Zeit, Ihre Kommunikationsmuster zu ändern. Es geht vor allem darum, Ihrem Ehepartner (und allen anderen Menschen) mit Respekt und Liebe zu begegnen, wie es uns die Worte in 1. Petrus 2,17 nahebringen. Damit können wir vielleicht sogar einem schweigsamen Ehepartner die Zunge lösen.

*Himmlischer Vater, bitte vergib mir, wenn ich durch meine Art zu reden meinem Partner gegenüber respektlos bin. Ich höre nicht zu, bin fordernd und bestimmend, und habe sein Vertrauen missbraucht. Ich weiß, dass dieses Verhalten nichts mit Liebe zu tun hat. Deshalb bitte ich dich: Hilf mir, hilf uns, in Zukunft respektvoll miteinander umzugehen.*

## 11. April

# Liebe weitergeben

*Geht liebevoll miteinander um, so wie auch Christus euch seine Liebe erwiesen hat. Aus Liebe hat er sein Leben für uns gegeben. Und Gott hat dieses Opfer angenommen.*
Epheser 5,2

Was wünschen Sie sich von Ihrem Ehepartner? Die Antwort auf diese Frage offenbart wahrscheinlich Ihre Muttersprache der Liebe. Wenn Sie antworten: Er sollte die Garage aufräumen, das Schlafzimmer renovieren, die Fußböden saugen, das Geschirr spülen oder mit dem Hund nach draußen gehen, dann ist *Hilfsbereitschaft* Ihre wichtigste Liebessprache. Wenn Sie es gerne hätten, dass Ihr Partner bei einem gemeinsamen Spaziergang Ihre Hand hält, dann ist *Zärtlichkeit* wohl Ihre Muttersprache der Liebe. Wenn Ihnen bewusst ist, welche der fünf Liebessprachen am ehesten eine Verbindung zwischen Ihnen und Ihrem Ehepartner herstellt, wissen Sie, was geschehen muss, damit Sie beide sich geliebt fühlen.

Bevor Sie Ihren Partner anpredigen, doch endlich Ihre Liebessprache zu sprechen, halten Sie stattdessen kurz inne und stellen sich die Frage: „Fühlt mein Partner sich von *mir* geliebt?“ Vielleicht fragen Sie ihn oder sie sogar: „Wie voll ist dein Liebestank, wenn du das auf einer Skala von null bis zehn bewerten solltest? Wie sehr fühlst du dich von mir geliebt?“ Wenn die Bewertung unter zehn liegt, dann fragen Sie: „Was kann ich tun, um deinen Liebestank aufzufüllen?“ Hören Sie gut zu und erfüllen Sie die Wünsche Ihres Partners, so gut es geht. Schließlich fordert uns Paulus in Epheser 5 auf, ein Leben voller Liebe zu führen. Wenn wir dem Beispiel Jesu folgen und einander unsere Liebe anbieten, ohne etwas dafür zu erwarten, hat das positive Folgen. Wenn Sie die Liebessprache Ihres Partners erlernen, ist die Wahrscheinlichkeit hoch, dass er ebenfalls lernt, Ihre Liebessprache zu sprechen.

• • • • • • • • • • • • • • • • • • • • • • • • • • • • • •

*Herr Jesus Christus, ich möchte dir die Ehre geben durch liebevolles Verhalten meinem Mann oder meiner Frau gegenüber. Hilf mir, meine Kraft für ihn einzusetzen und nicht für mich allein. Bereichere unsere Ehe durch neue Ausdrucksformen der Liebe.*

12. April

# Anderen helfen macht Freude

*Das Gesetz des Herrn ist vollkommen, es macht glücklich und froh.*
*Auf seine Gebote kann man sich verlassen. Sie machen auch den klug,*
*der bisher gedankenlos in den Tag hineinlebte.*
Psalm 19,8

Was ist, wenn *Hilfsbereitschaft* die Muttersprache des wichtigsten Menschen in Ihrem Leben ist? Fühlt er sich am meisten geliebt, während Sie den Abfall zum Müllcontainer tragen, das Geschirr spülen oder die Wäsche waschen? Ein Ehemann sagte zu mir: „Also, ich glaube nicht, dass sie sich bei so was geliebt fühlt." Nun, das ist eine Sichtweise, aber aus biblischer Sicht ist es besser, wenn Sie lernen, Ihrem Ehepartner zu dienen.

Es fällt Ihnen vielleicht schwer, die Liebessprache der Hilfsbereitschaft zu erlernen. Ich erinnere mich noch an eine Ehefrau, die zu mir sagte: „Ich muss gestehen, dass es anstrengende und auch witzige Vorfälle gegeben hat in den ersten Wochen, in denen mein Mann anfing, mir im Haushalt zu helfen. Als er zum ersten Mal die Wäsche gewaschen hat, hat er unverdünntes Bleichmittel anstelle von normalem Waschpulver verwendet. Unsere blauen Handtücher kamen mit weißen Punkten aus der Waschmaschine. Aber er hat mich in meiner Sprache geliebt, und mein Liebestank hat sich aufgefüllt. Inzwischen weiß er, was im Haushalt zu tun ist. Er nimmt mir sehr viel Arbeit ab. Wir haben viel mehr Zeit füreinander, weil ich nicht mehr so viel zu tun habe. Ob Sie es glauben oder nicht, ich habe auch seine Liebessprache gelernt. Wir sind so richtig glücklich."

Dem Herrn gefällt es, wenn wir einander in Liebe dienen und den Bedürfnissen des anderen den Vorrang vor unseren eigenen geben. Wenn wir die göttlichen Gebote befolgen, empfinden wir hinterher oft Freude, so wie es in dem oben zitierten Psalm oder am Beispiel dieses Ehepaars deutlich wird. Lernen Sie die Liebessprache Ihres Ehepartners, und auch Sie können in Ihrer Beziehung Wachstum und Gedeihen erleben.

*Himmlischer Vater, es macht uns froh, wenn wir deine Gebote befolgen. Danke für die Liebe und Verjüngung unserer Beziehung, die wir erleben können, wenn wir einander helfen und liebevoll miteinander umgehen. Ich bitte dich, hilf uns, das gerne und aus freien Stücken zu tun.*

# 13. April

## Geben Sie nie auf!

*Liebe ist immer bereit zu verzeihen, stets vertraut sie,*
*sie verliert nie die Hoffnung und hält durch bis zum Ende.*
1. Korinther 13,7

Seit mehr als drei Jahrzehnten berate ich Leute mit Eheproblemen. Häufig kommen sie allein in mein Büro, weil ihr Ehepartner sie nicht begleiten will, und oft haben sie die Hoffnung verloren. Sie leben in sehr problematischen Ehen.

Ich gebe mich nicht der Illusion hin, dass ich eine Zauberformel für die Heilung solcher Ehen bereithalte. In jeder Problembeziehung kann jedoch ein Partner positive Schritte unternehmen, die das emotionale Klima zwischen beiden verändern können. Der erste Schritt ist der Entschluss, nicht aufzugeben. Lesen Sie ein Buch über das Thema Ehe, sprechen Sie mit einem Eheberater, mit einem Pastor oder einem Freund, dem Sie vertrauen. Aber eins sollten Sie nicht tun: aufgeben. Der oben zitierte Vers aus dem berühmten Kapitel über die Liebe im ersten Korintherbrief sagt es uns: Wenn Sie nicht aufgeben, nicht das Vertrauen und die Hoffnung verlieren und durchhalten, praktizieren Sie die Liebe, wie Gott sie schildert. Das macht uns neuen Mut. Denn bei Gott ist nichts unmöglich.

• • • • • • • • • • • • • • • • • • • • • • • • • •

*Himmlischer Vater, ich glaube, dass dir nichts unmöglich ist. Wenn es für mich so aussieht, als sei meine Ehe mit Problemen beladen oder sogar nicht mehr zu retten, komme ich zu dir, weil du alle Wunden heilen kannst. Bitte schenke mir neue Hoffnung und unserer Ehe neues Leben.*

# 14. April

## Liebe bewirkt Veränderung

*Wichtiger als alles andere ist die Liebe. Wenn ihr sie habt, wird euch nichts fehlen. Sie ist das Band, das euch verbindet.*
Kolosser 3,14

In manchen Beziehungen stellt die Herrschsucht ein größeres Problem dar. Eine Ehefrau, die mit einem herrschsüchtigen Mann zu kämpfen hatte, erzählte mir: „Ich fühle mich wie ein Vogel in einem Käfig oder besser gesagt wie ein Hamster in einem Käfig, denn ich habe keine Flügel mehr. Ich will mich nicht scheiden lassen, aber ich weiß nicht, wie lange ich diesen Druck noch aushalte." Diese Frau hatte ihre Freiheit verloren und empfand einen tiefen Schmerz, weil die Ehe für sie zum Gefängnis geworden war.

Gibt es noch Hoffnung für ein Ehepaar wie dieses? Ja. Der erste Schritt besteht im Glauben an Veränderung. Kann sich der Mann noch ändern? Ja! Kann die Frau zu dieser Veränderung beitragen? Ja! Ihre kraftvollste „Waffe" ist die Liebe. Der Apostel Paulus schreibt in Kolosser 3, dass wir vor allem anderen nach der Liebe streben sollen. Warum sollen wir das tun? Weil Liebe die Macht hat, Menschen zu vereinen, sie auf innige Weise miteinander zu verbinden. Deshalb hat Liebe in einer Ehe die größte Wirkung.

In der Situation, in der sich diese Frau befindet, sind zwei Arten von Liebe gefragt. An erster Stelle steht die sanfte oder zärtliche Liebe. Diese Frau muss die Liebessprache ihres Mannes erlernen und versuchen, sein Bedürfnis nach Liebe zu erfüllen. Zweitens ist liebevolle Strenge erforderlich. Die Frau kann zum Beispiel sagen: „Ich liebe dich zu sehr, um hier herumzusitzen und nichts zu tun, während du unsere Ehe zerstörst." Dann sollte sie ein paar „Spielregeln" festlegen und auch Konsequenzen ankündigen, falls diese Regeln nicht eingehalten werden. Sie sollte ihm sagen, was er von ihr zu erwarten hat, bis er bereit ist, Schritte zu unternehmen, um sein Verhalten zu ändern.

Wenn ein Ehepartner zunächst sanfte Liebe zu spüren bekommt, ist er auch in der Lage, liebevolle Strenge zu akzeptieren.

*Himmlischer Vater, wenn ich in meiner Ehe Kämpfe auszufechten habe, dann hilf mir, zunächst mit Liebe zu reagieren. Hilf, dass meine echte, zärtliche Liebe das Herz meines Partners berührt und den Weg für die erforderliche liebevolle Strenge bereitet. Bitte leite mich, wenn ich diese Schritte unternehme.*

# 15. April

## Zweisamkeit ist besser als Einsamkeit

*Genieße das Leben mit der Frau, die du liebst, solange du dein vergängliches Leben führst, das Gott dir auf dieser Welt gegeben hat. Genieße jeden flüchtigen Tag, denn das ist der einzige Lohn für deine Mühen.*
Prediger 9,9

Ein entscheidender Vorteil der Ehe ist die Gemeinschaft. Ein liebevoller, positiv eingestellter Ehepartner ist nicht nur gut für Ihre emotionale Gesundheit, sondern auch für Ihre körperliche Gesundheit. Vor einiger Zeit führte man mit zehntausend verheirateten Männern im Alter von vierzig Jahren und darüber ein Forschungsprojekt durch. Man fand heraus, dass die Probanden mit liebevollen, positiv eingestellten Ehefrauen seltener unter Herzerkrankungen litten als die anderen Männer. Eine enge, vertraute Beziehung in der Ehe ist demnach gesundheitsfördernd.

Einsamkeit in einer Ehe ist jedoch gesundheitsschädlich. Die Ehe ist von Gott auf Gemeinschaft hin angelegt. Gott sagte über Adam: „Es ist nicht gut, dass der Mensch allein lebt. Er soll eine Gefährtin bekommen, die zu ihm passt!“ (1. Mose 2,18). Gefährten teilen ihr Leben miteinander. Wenn ein Ehepaar täglich miteinander kommuniziert, entwickelt sich ihr Sinn für Gemeinsamkeit. Beide Partner fühlen sich eng verbunden. Gemeinsam stellen sie sich den Ungewissheiten des Lebens. Wenn man einen Gefährten an seiner Seite hat, wird das Leben erträglicher. Das war der Plan Gottes für die Ehe. König Salomo schreibt im Buch Prediger, dass eine Ehefrau – und natürlich auch ein Ehemann – ein Geschenk Gottes ist, das uns von den Mühen des Alltags entschädigt.

Deshalb sollten Sie als Ehepaar miteinander reden, einander zuhören und Ihre Beziehung fördern und aufbauen. Lassen Sie nicht zu, dass Einsamkeit Ihnen die Gesundheit raubt.

*Herr Jesus Christus, danke für das Geschenk der Ehe und die daraus entstehende Gemeinsamkeit. Ich möchte meinem Partner Freundschaft und Partnerschaft schenken, damit er nicht in Einsamkeit leben muss. Bitte hilf uns, damit unsere Beziehung immer stärker wird.*

# 16. April

## Wenn Ihr Ehepartner wütend ist

*Eine freundliche Antwort vertreibt den Zorn,*
*aber ein kränkendes Wort lässt ihn aufflammen.*
Sprüche 15,1

Wie reagieren Sie, wenn Ihr Partner wütend ist? Es wäre nur natürlich, wenn man mit ebenso zornigen Bemerkungen antwortet. Aber der Text in Sprüche 15,1 erinnert uns daran, dass diese Reaktion bloß zu weiterem Streit führt. Wenn Sie die Wut umlenken und die Ursache der Verstimmung herausfinden wollen, ist Zuhören der erste Schritt. Warum ist Ihr Partner wütend? Was haben Sie zu diesen verletzten Gefühlen beigetragen? Vielleicht handelt es sich bloß um ein Missverständnis, aber das können Sie erst dann erfahren, wenn Sie zuhören. Wenn Ihr Partner wütend ist, dann sollten Sie alles stehen und liegen lassen und fragen: „Liebling, warum bist du so wütend auf mich?" Und dann hören Sie gut zu.

Der zweite Schritt ist erneutes Zuhören. Stellen Sie Fragen, um sicherzugehen, dass Sie Ihren Mann richtig verstanden haben. Eine solche Frage könnte zum Beispiel so lauten: „Ist es das, was du mir sagen willst? Du bist wütend, weil du deine Hemden auf den Stuhl gelegt hast, damit ich sie in die Reinigung bringen soll. Aber als du heute Abend nach Hause gekommen bist, hast du gesehen, dass sie immer noch da liegen." „Genau", könnte Ihr Mann jetzt antworten. „Und dabei hast du mir doch versprochen, die Hemden in die Reinigung zu bringen. Das verstehe ich einfach nicht."

Der dritte Schritt ist wieder Zuhören. Richtig, Sie sollten es ein weiteres Mal tun. „Liebling, willst du mir damit sagen, dass ich dich enttäuscht habe, weil ich deine Hemden nicht in die Reinigung brachte?" „Ja, und außerdem habe ich jetzt für morgen kein Hemd. Ich weiß nicht, was ich machen soll." Jetzt sind Sie bereit für Schritt vier, den ich Ihnen morgen vorstellen werde.

*Himmlischer Vater, wenn mein Partner wütend ist und mich deswegen zornig anfährt, will ich es meinem Partner eigentlich mit gleicher Münze zurückzahlen. Es erfordert eine Menge Selbstbeherrschung, freundlich zu reagieren, aber ich weiß, dass das für unsere Beziehung am besten ist. Bitte lehre mich, zuerst zuzuhören, bevor ich reagiere, damit ich verstehe, warum mein Partner wütend ist. Dafür brauche ich deine Hilfe.*

17. April

# Die richtige Reaktion auf Wut

*Hört jetzt genau zu, wenn ich meinen Fall klarstelle! Achtet auf jedes Wort!*
Hiob 13,17

Erinnern Sie sich noch an die ersten drei Schritte bei der Reaktion auf die Wut eines Ehepartners? Zuhören, zuhören, zuhören. Bevor Sie Ihrem Partner nicht drei Mal zugehört haben, können Sie sich kein klares Bild über die Ursache seiner Wut machen. Wenn Sie Fragen stellen und genau zuhören, weiß Ihr Partner, dass Sie ihn ernst nehmen. Die Bibel berichtet, wie Hiob großes körperliches und seelisches Leid ertragen musste. Als er sprach, ohne dass ihm jemand richtig zuhörte, wuchsen sein Zorn und seine Frustration. Ein Freund oder ein Ehepartner aber, der die Kunst des Zuhörens beherrscht, kann viel bewirken.

Der vierte Schritt ist der Versuch, die Notlage Ihres Ehepartners zu verstehen. Schlüpfen Sie in seine Haut und versuchen Sie, die Welt mit seinen Augen zu sehen. Vielleicht hätten Sie sich nicht so sehr aufgeregt über das, was passiert ist. Aber wenn Sie die Persönlichkeit Ihres Partners berücksichtigen, können Sie dann verstehen, warum er so reagiert hat?

Sobald Sie zu einer neuen Einsicht gelangt sind, können Sie im fünften Schritt Ihrem Verständnis Ausdruck verleihen. Zum Beispiel könnten Sie sagen: „Liebling, wenn ich versuche, die Sache mit deinen Augen zu sehen, kann ich verstehen, warum du wütend bist. Wenn ich an deiner Stelle wäre, würde es mir genauso gehen. Jetzt macht es Sinn für mich." Großartig! Sie treten sich nicht mehr als Feinde gegenüber, sondern als Freunde, und Freunde können einander helfen, ihre Probleme zu lösen.

• • • • • • • • • • • • • • • • • • • • • • • • •

*Unser großer Gott, wenn mein Partner wütend ist, will ich nicht zu seinem Gegner werden. Hilf mir, ihm stattdessen zuzuhören, ihn zu verstehen und dieses Verständnis auch zum Ausdruck zu bringen, damit wir Freunde sein können. Bitte schenke mir die nötige Nachsicht und Demut für die Lösung unserer Probleme.*

18. April

# Eine Lösung finden

*Ertragt einander, und seid bereit, einander zu vergeben, selbst wenn ihr glaubt, im Recht zu sein. Denn auch Christus hat euch vergeben.*
Kolosser 3,13

Wie wir in den letzten Tagen festgestellt haben, müssen Sie gut zuhören und Verständnis aufbringen, wenn Ihr Ehepartner wütend ist, damit Sie den Grund seiner Wut erkennen. Erst dann sind Sie bereit für den sechsten Schritt: Sprechen Sie über *Ihre* Sicht der Dinge. Bestimmt sehen Sie die Situation mit anderen Augen als Ihr Partner, und deshalb sollten Sie ihm das auch mitteilen. Sagen Sie zum Beispiel: „Liebling, bitte lass mich dir erzählen, woran ich gedacht habe, als ich das sagte." Oder: „Ich möchte dir sagen, was ich mir dabei gedacht habe." Es ist gut möglich, dass Ihr Partner Ihre Erklärungen wohlwollend anhört, weil Sie durch die Schritte eins bis fünf bereits eine freundliche Atmosphäre geschaffen haben.

Schritt sieben besteht schließlich darin, eine Lösung zu finden. Jetzt stellen Sie die Frage: „Wie lösen wir dieses Problem?" Zwei erwachsene Menschen, die einander zugehört haben, können jetzt eine Lösung suchen. Wenn echtes Unrecht begangen worden ist, dann kann es jetzt bekannt und vergeben werden. Beide Partner können darüber sprechen, wie sich solche Dinge in der Zukunft vermeiden lassen. Die Worte in Kolosser 3,13 sollen Christen daran erinnern, dass wir keine andere Wahl haben, als einander zu vergeben. Sie sollten einander diese Gnade zugestehen. Wenn die Ursache der Wut in einem Missverständnis lag, dann sollten Sie darüber reden, wie Sie künftig mit solchen Situationen umgehen wollen.

Jede ärgerliche Auseinandersetzung in einer Ehe sollte Ihnen als Lernerfahrung dienen, und Sie haben jetzt sogar einen Plan, wie Sie das Gelernte in die Praxis umsetzen können.

*Herr Jesus Christus, wir danken dir, dass Wut und Zorn unsere Beziehung nicht zerstören müssen. Wenn mein Partner und ich versuchen, der Wut des anderen ruhig zu begegnen, dann hilf uns, dass wir gemeinsam eine Lösung finden. Schenke uns die Fähigkeit, auch aus Konfliktsituationen zu lernen und beim nächsten Mal besser damit umzugehen.*

# Kindererziehung im Team

*Wie man Eisen durch Eisen schleift,*
*so schleift ein Mensch den Charakter eines anderen.*
Sprüche 27,17

Ist es möglich, zu einer Einigung zu kommen, wenn Eltern vollkommen verschiedene Auffassungen über Kindererziehung haben? Die Antwort ist ein uneingeschränktes Ja. Ich habe es selbst erlebt. In unserer Ehe haben wir herausgefunden, dass ich eher der ruhige, besonnene Elternteil war, der mit unseren Kindern über alles reden wollte. Meine Frau Karolyn dagegen war für sofortiges Handeln. Wir brauchten eine Weile, bis uns das klar wurde, bis wir unsere Verhaltensmuster analysiert und uns gegenseitig unsere unterschiedlichen Neigungen eingestanden hatten.

Schließlich konzentrierten wir uns jedoch auf die Frage: Was ist für unsere Kinder am besten? Wir fanden heraus, dass wir als Team zusammenarbeiten konnten, ja sogar mussten. Unsere jeweiligen Neigungen änderten sich nicht, aber wir lernten, sie zu mäßigen. Ich lernte, wie ich verantwortlich handeln konnte, damit Worte und Taten übereinstimmten. Karolyn lernte, vor dem Handeln zuerst zu überlegen.

Die bekannten Worte aus dem Buch der Sprüche werden oft auf Freundschaften oder Kleingruppen in christlichen Gemeinden angewandt. Aber sie beziehen sich auch – oder sogar noch zutreffender – auf die Ehe. Wenn wir erkennen, dass unser Ehepartner andere Fähigkeiten und Methoden hat, mit denen unsere eigenen ausgeglichen werden können, werden wir „geschliffen". Für Ehepaare mit Kindern gilt: Wir können erleben, wie sich unsere gemeinsame Erziehungsarbeit und unsere Ehe verbessert, wenn wir akzeptieren, dass wir verschieden sind, und lernen, uns gegenseitig zu ergänzen.

*Herr Jesus Christus, danke, dass du uns Kinder geschenkt hast. Ich bitte dich: Hilf uns, ihre Erziehung als Teamarbeit anzusehen. Wir haben verschiedene Methoden und Stärken, und das ist auch gut so. Bitte schenke uns die Weisheit, eine gute Mischung dieser Methoden zu finden und als Team gut zusammenzuarbeiten.*

# Worte und Taten gehören zusammen

*Ihr Väter, behandelt eure Kinder nicht ungerecht!*
*Sonst fordert ihr sie nur zum Widerspruch heraus.*
*Eure Erziehung soll sie vielmehr in Wort und Tat zu Gott, dem Herrn, hinführen.*
Epheser 6,4

Wenn Sie Kinder haben, wissen Sie, dass die beiden Räder, auf denen sich der Wagen der Kindererziehung fortbewegt, *Lehren* und *Lernen* sind. Beim Lehren gebraucht man Worte, um mit dem Kind zu kommunizieren, während man beim Lernen den Schwerpunkt auf Taten legt. Es ist nicht ungewöhnlich, dass ein Elternteil eher zum Reden und der andere eher zum Handeln neigt. Der eine will das Kind mit Worten zum Gehorsam bewegen, während der andere das Kind einfach dazu bringt, zu gehorchen. Beide Methoden haben ihren Wert, aber wenn sie bis zum Äußersten getrieben werden, hat jeder dieser Ansätze seine eigenen Probleme. Der eine kann zu Beschimpfungen, der andere zu körperlicher Gewalt führen.

Die Bibel verdeutlicht, dass gute Kindererziehung die Kinder nicht „zum Widerspruch herausfordern" oder „zum Zorn reizen" (Luther 1984) sollte. Obwohl sich die Verse aus dem Epheserbrief an Väter richten, beziehen sie sich bestimmt auch auf beide Elternteile, denn beide können ein Kind durch unfaire, respektlose oder unangebracht harte Behandlung zum Zorn reizen. Ein besserer Weg ist das Zusammenwirken von Worten und Taten. Sagen Sie Ihrem Kind genau, was Sie erwarten und welche Folgen es hat, wenn es nicht gehorcht. Wenn das Kind sich zum Ungehorsam entschließt, dann lassen Sie es freundlich, aber bestimmt die Folgen spüren. Anstatt die Kindererziehung zu einem Konkurrenzkampf zu machen, sollten Sie lieber ein Team bilden und Ihre Fähigkeiten miteinander verbinden. Legen Sie hilfreiche Regeln fest und beschließen Sie, welche Folgen der Ungehorsam haben sollte. Eine positive Auswirkung zeigt sich darin, dass Sie beide wissen, was zu tun ist, wenn Ihr Kind Ihnen nicht gehorcht. Natürlich funktioniert das am besten, wenn sich das Kind von beiden Eltern geliebt fühlt. Kindererziehung ist Teamarbeit – in jeder Hinsicht.

*Herr Jesus Christus, danke für die Chance, gemeinsam mit meinem Partner die Herausforderungen der Kindererziehung als Teil eines Teams zu meistern. Hilf uns, damit wir zusammenarbeiten und die beste Erziehungsmethode für unsere Kinder entwickeln, eine Methode, die sie nicht zum Widerstand herausfordert, sondern sie zu den Menschen macht, die sie nach deinem Willen sein sollen. Wir danken dir für die Familie, die du uns geschenkt hast.*

21. April

# Die Mauer niederreißen

*Bekennt einander eure Sünden und betet füreinander, damit ihr geheilt werdet. Denn das Gebet eines Menschen, der nach Gottes Willen lebt, hat große Kraft.*
Jakobus 5,16

Viele Ehepaare befinden sich in einer Sackgasse, weil sie es zugelassen haben, dass sich eine Mauer zwischen ihnen aufgebaut hat. Mauern entstehen, indem ein Stein auf den anderen gesetzt wird. Jeder Stein steht für ein bestimmtes Fehlverhalten oder Versagen eines Ehepartners. Vielleicht ist es eine Kleinigkeit wie die fehlende Bereitschaft, den Abfall zum Müllcontainer zu bringen, oder eine größere Sache wie die Unfähigkeit, die sexuellen Bedürfnisse des anderen zu erfüllen. Der- oder diejenige, der das Unrecht begeht, neigt oft dazu, es zu ignorieren, anstatt aktiv dagegen anzugehen. Man hört häufig Ausreden wie: „Was erwartet sie überhaupt? Ich mache doch schon alles." Oder: „Warum denkt er nicht daran, dass ich auch Bedürfnisse habe?"

Häufig wird ein Fehlverhalten nach dem anderen ignoriert, bis sich eine lange, hohe und dicke Mauer bildet zwischen zwei Menschen, die ihren gemeinsamen Weg doch eigentlich „in Liebe" begonnen haben. Die Kommunikation kommt zum Stillstand, und was bleibt, ist Verbitterung.

Möchten Sie die Mauer in Ihrer Beziehung niederreißen? Ich kann Ihnen sagen, wie das geht. Sie tragen die Mauer ab, indem Sie einen Stein des Versagens nach dem anderen wegräumen. Bekennen Sie Ihr Fehlverhalten so konkret wie möglich, und dann bitten Sie Ihren Ehepartner um Vergebung. Wenn Sie damit beginnen, die Mauer auf Ihrer Seite niederzureißen, machen Sie es Ihrem Partner leichter, das Gleiche auf seiner Seite zu tun.

Die Worte in Jakobus 5,16 fordern uns auf, einander unsere Sünden zu bekennen. Das trifft umso mehr im Rahmen einer Ehe zu, weil das begangene Unrecht eine direkte Wirkung auf den Ehepartner hat. Seien Sie bereit, zu Ihren Fehlern zu stehen. Wenn Sie beide bereit sind, die Mauer der Trennung niederzureißen, können Sie den Schutt wegräumen und in Ihrer Beziehung etwas Wunderbares aufbauen.

*Danke, Herr Jesus Christus, dass du uns immer wieder die Möglichkeit für einen Neuanfang schenkst. Bitte mache uns bereit, die Mauer aus verletzten Gefühlen niederzureißen, begangenes Unrecht zu bekennen und einander zu vergeben, damit wir neu anfangen können. Danke, dass du uns immer wieder aufs Neue Vergebung anbietest.*

22. April

# Ein reines Gewissen

*Bleib in deinem Glauben fest, und bewahr dir ein reines Gewissen.*
1. Timotheus 1,19

In Apostelgeschichte 24,16 spricht der Apostel Paulus über ein Prinzip, nach dem er sein eigenes Leben ausrichtete: „Deshalb bemühe ich mich auch, immer ein reines Gewissen vor Gott und den Menschen zu haben." In seinem Fall sollte ihn nichts daran hindern, die frohe Botschaft über Jesus Christus zu verbreiten. Das ist auch für uns ein hervorragender Grund, aber ein reines Gewissen ist überdies gut für Ihre seelische Gesundheit und für Ihre zwischenmenschlichen Beziehungen. Leider haben wir alle unsere Mängel. Wir können nicht immer die Gebote Gottes halten. Sie müssen auch gar nicht vollkommen sein, um eine gute Ehe zu führen, aber Sie sollten sich Ihren Fehlern stellen.

Wie erreichen Sie es, ein reines Gewissen vor Gott zu bekommen? Indem Sie ihm Ihre Sünden bekennen. Wie erreichen Sie es, ein reines Gewissen vor Menschen zu bekommen? Indem Sie Ihre Sünden bekennen, und zwar der Person gegenüber, der Sie Unrecht getan haben. In der Ehe ist das Ihr Mann oder Ihre Frau.

Häufig stellt man mir die Frage: „Aber was ist, wenn mein Partner mir nicht vergeben will?" Das ist nicht Ihr Problem. Sie haben die Pflicht, Ihren Fehler einzugestehen und um Vergebung zu bitten. Solange Sie Ihr Versagen nicht bekannt haben, haben Sie nicht den ersten Schritt getan. Tun Sie es aber, dann hat Ihr Ehepartner die Wahl, Ihnen zu vergeben oder nicht. Auf jeden Fall ist Ihr Gewissen rein. Jetzt können Sie Gott um Hilfe bitten, damit Sie zu einem Teil der Lösung und nicht des Problems werden.

*Himmlischer Vater, danke, dass ich dir immer meine Sünden bekennen kann und du mir vergibst. Das ist ein unglaubliches Geschenk. Hilf mir, auch meinem Partner gegenüber meine Sünden zu bekennen und mir ein reines Gewissen zu bewahren.*

# Unsere Verantwortung

*Denn jeder ist für sein eigenes Tun vor Gott verantwortlich.*
Galater 6,5

Warum schieben wir gerne die Schuld auf unseren Ehepartner, wenn in unserer Beziehung nicht alles glattläuft? Leider liegt dieses Verhalten in der Natur des Menschen, und es lässt sich zurückverfolgen bis zu Adam und Eva. In 1. Mose 3 lesen wir, wie sie sich gegenseitig die Schuld zuschieben. Aber die Worte in Galater 6,5 erinnern uns daran, dass jeder von uns für seine eigenen Entscheidungen und sein eigenes Verhalten verantwortlich ist, und dazu gehört auch unsere Rolle in einer Beziehung.

Darf ich Ihnen einige hilfreiche Schritte vorstellen?

1. Ich erkenne, dass meine Ehe nicht so ist, wie sie sein sollte.
2. Ich schiebe die Schuld nicht mehr auf meinen Ehepartner, sondern ich bitte Gott, mir zu zeigen, wo *ich* im Unrecht bin.
3. Ich bekenne meine Sünde und empfange von Gott Vergebung, wie es in 1. Johannes 1,9 steht.
4. Ich bitte Gott um Kraft und Vollmacht, damit ich in meinem Leben konstruktive Veränderungen herbeiführen kann.
5. Ich gehe zu meinem Partner, bekenne meine Schuld und bitte ihn um Vergebung.
6. Ich nehme die Kraft Gottes in Anspruch und ändere mein Verhalten, meine Worte und meine Haltung, gemäß den Prinzipien, die ich in der Bibel entdecke.

Das ist der Plan Gottes, und er funktioniert auch. Wenn Sie Ihrem Ehepartner immer wieder die Schuld zuschieben, bewirken Sie bloß Verbitterung und Zwietracht. Wenn Sie Ihre eigenen Fehler bekennen und zulassen, dass Gott Ihr Verhalten ändert, wird in Ihrer Ehe ein neues und positives Klima geschaffen. Dann befinden Sie sich auf dem Weg zu einer immer stärkeren Beziehung.

• • • • • • • • • • • • • • • • • • • • • • • • • •

*Himmlischer Vater, ich weiß, wie leicht ich meinem Partner die Schuld an Dingen zuschiebe, die in unserer Ehe falschlaufen. Bitte vergib mir. Hilf mir, stattdessen die volle Verantwortung für meine eigenen Fehler zu übernehmen. Zeig mir, wo ich Unrecht begangen habe, und hilf mir, mich zu ändern. Ich weiß, dass ich es schaffen kann, wenn du mir die Kraft dazu schenkst.*

## 24. April

# Der Balken im eigenen Auge

*Warum siehst du jeden kleinen Splitter im Auge deines Bruders, aber den Balken in deinem eigenen Auge bemerkst du nicht? Du sagst: ‚Mein Bruder, komm her! Ich will dir den Splitter aus dem Auge ziehen!' Dabei hast du selbst einen Balken im Auge! Du Heuchler! Entferne zuerst den Balken aus deinem Auge, dann kannst du klar sehen, um auch den Splitter aus dem Auge deines Bruders zu ziehen.*

Matthäus 7,3-5

In den letzten Andachten haben wir darüber gesprochen, dass wir die Verantwortung für unsere eigenen Fehler übernehmen sollten, anstatt unserem Ehepartner die Schuld in die Schuhe zu schieben. Natürlich bedeutet das nicht, niemals das Fehlverhalten unseres Partners anzusprechen. Als Ehepaar versuchen wir zu lernen, wie wir im Team zusammenarbeiten können. Wenn ich meine, dass mein Ehepartner mich unfair behandelt, sollte ich liebevoll über meine verletzten Gefühle sprechen. Aber das ist erst dann angebracht, wenn ich mich vorher mit meinen eigenen Fehlern auseinandergesetzt habe.

Das will Jesus uns in den Versen aus Matthäus 7 sagen. Wenn wir die Schuld auf unseren Ehepartner schieben, ohne uns vorher selbst geprüft zu haben, sind wir nicht in der Lage, eine klare Sicht von dem Problem zu bekommen. Beim Scheitern einer Beziehung sind meistens beide Seiten beteiligt. Vielleicht hat der eine Partner mehr Schuld daran als der andere, aber beide können aktiv werden, damit die Beziehung wieder gut wird. Allerdings muss jeder erst einmal bei sich selbst anfangen.

Seien Sie bereit, den ersten Schritt zu machen. Sitzen Sie nicht herum und schieben Ihrem Partner die Schuld in die Schuhe. Vergeuden Sie Ihre Zeit nicht mit Warten, bis der oder die andere zu Ihnen kommt und seine Fehler zugibt. Wenn Sie Ihre Fehler aufrichtig bekennen, kann das ein Anreiz für Ihren Ehepartner sein, das eigene Fehlverhalten einzugestehen. Der erste Schritt ist am wichtigsten.

*Himmlischer Vater, ich bitte dich um die nötige Demut und den Mut, den ersten Schritt zu machen. Hilf mir, meine eigenen Fehler einzusehen und zu bekennen, ohne auf meinen Partner zu warten, dass er zuerst aktiv wird. Bitte segne unser Bemühen um eine gute Beziehung.*

25. April

# Liebe gepaart mit der Fähigkeit zur Konfrontation

*Da antwortete der Herr: „Die Leute von Israel und Juda hören nicht auf, Schuld auf sich zu laden. Im ganzen Land haben sie Menschen umgebracht, und in Jerusalem herrschen Unrecht und Gewalt."*
Hesekiel 9,9

Es gibt Dinge, die in einer Ehe einfach nicht vorkommen dürfen. Körperliche Gewalt, Ehebruch, Kindesmisshandlung oder -missbrauch, Drogen- oder Alkoholsucht erfordern liebevolles, aber klares Handeln. Es ist kein Zeichen von Liebe, wenn wir ein derartiges Verhalten einfach so hinnehmen.

Warum ist das so? Weil Liebe sich immer um das Wohlergehen des anderen sorgt, und ein solches Verhalten sowohl die Person selbst als auch die Ehe oder andere Familienmitglieder zerstört. Liebe muss den anderen auch mit seinen Fehlern konfrontieren können. Wahre Liebe ist gepaart mit der Fähigkeit, gute Grenzen zu ziehen.

In der Bibel wird Konfrontation häufig als heilsam und erlösend geschildert. Die Propheten im Alten Testament hatten von Gott immer wieder den Auftrag, Israel mit seinen Sünden zu konfrontieren. Das können wir auch aus den oben zitierten Versen entnehmen. Der Ton, den der Prophet anschlägt, klingt für unsere Ohren vielleicht hart, aber das Volk sollte erkennen, wie tief es gefallen war, damit es mit Gott wieder ins Reine kommen konnte.

Auf einer eher zwischenmenschlichen Ebene lautet die Aufforderung Jesu an uns: „Wenn dein Bruder Schuld auf sich geladen hat, dann geh zu ihm und sag ihm, was er falsch gemacht hat" (Matthäus 18,15). Der Sinn einer Konfrontation liegt darin, dass die Beziehung wiederhergestellt werden soll. Wenn eine echte Umkehr und Veränderung stattfindet, dann ist auch echte Vergebung möglich, und dann kann eine Ehe wieder aufgebaut werden. Ohne Konfrontation und Umkehr wird sich jedoch nichts ändern. Liebe gepaart mit der Fähigkeit zur Konfrontation sorgt sich so sehr um den anderen, dass sie ihn nicht einfach seinen schlechten Charaktereigenschaften oder falschen Entscheidungen überlässt.

*Himmlischer Vater, es fällt mir schwer, meinen Partner mit seinen Fehlern zu konfrontieren. Aber aus deinem Wort lerne ich, dass manche Dinge nicht einfach hingenommen werden können, weil sie zu viel Schaden anrichten. Bitte gib mir die nötige Weisheit, damit ich weiß, wann ich meinen Partner mit seinen Fehlern konfrontieren soll. Zeige mir auch, wie ich reagieren soll, wenn er oder sie mich mit meinem eigenen Fehlverhalten konfrontiert.*

26. April

# Wann konfrontative Liebe angebracht ist

*In großer Sorge, mit schwerem Herzen und unter Tränen hatte ich euch geschrieben. Aber ich wollte euch damit nicht verletzen. Im Gegenteil! Ihr solltet vielmehr erkennen, wie sehr ich gerade euch liebe.*
2. Korinther 2,4

Sie sollten niemals aufhören, Ihren Ehepartner zu lieben. Dennoch kann sich die Art, wie Sie diese Liebe zum Ausdruck bringen, ändern. Wenn Ihr Partner sich weigert, ein zerstörerisches Verhaltensmuster zu ändern, obwohl Sie versucht haben, seine oder ihre Bedürfnisse zufriedenzustellen, dann könnte die Zeit für konfrontative Liebe gekommen sein. Der Apostel Paulus musste diese Art von Liebe bei der Gemeinde in Korinth praktizieren. Weil die Gemeinde in ihrer Mitte Sünde geduldet hatte, wies er sie zurecht, aber nicht, weil ihm die Menschen in dieser Gemeinde gleichgültig waren, wie er in dem oben zitierten Vers deutlich macht. Gerade weil er sie so sehr liebte, wollte er, dass sie sich von diesem für sie nachteiligen Weg abwenden und bessere Entscheidungen treffen sollten.

Liebe gepaart mit der Fähigkeit zur Konfrontation sagt zum Beispiel zu einem Ehepartner, der ständig beleidigende Worte gebraucht: „Ich liebe dich zu sehr, als dass ich dich bei deinem Fehlverhalten unterstütze. Ich werde nicht hier sitzen bleiben und zulassen, wie du dich selbst und mich zerstörst, indem du mich jeden Abend mit Flüchen und Schimpfwörtern traktierst. Ich kann dich nicht zwingen, damit aufzuhören, aber ich werde heute Abend nicht da sein, um das über mich ergehen zu lassen. Wenn du willst, dass unsere Ehe besser wird, dann bin ich dafür offen. Aber ich werde nicht zulassen, dass du mich zerstörst."

Mit dieser Haltung zeigen Sie, dass Sie Ihren Partner nicht aufgeben, sondern lieben. Liebe zu einem Ehepartner beinhaltet auch die Sorge um das Wohlergehen des anderen. Deshalb weigern Sie sich, auf das krankhafte Verhalten Ihres Partners einzugehen. Viele Menschen werden von ihrem Drang nach Selbstzerstörung geheilt, wenn ihr Ehepartner sie so sehr liebt, dass er ihrem Verhalten Einhalt gebietet.

*Mein Herr und Gott, ich bitte dich um Weisheit, damit ich erkenne, wann der Zeitpunkt gekommen ist, den anderen mit seinem Fehlverhalten zu konfrontieren. Bitte hilf uns, einander so sehr zu lieben, dass wir zerstörerisches Verhalten offen ansprechen und dagegen angehen.*

27. April

# Der Ton macht die Musik

*Eine freundliche Antwort vertreibt den Zorn,*
*aber ein kränkendes Wort lässt ihn aufflammen.*
Sprüche 15,1

Positive Worte sind wirksame Werkzeuge für den Aufbau einer guten Ehe. Wenn meine Frau mir ein Kompliment macht, beflügelt mich das, noch mehr zu tun. Wenn sie mich kritisiert, will ich mich verteidigen und zurückschlagen. Wollen Sie, dass Ihr Partner in der Beziehung blüht und gedeiht, dann versuchen Sie einmal, ihm dreißig Tage lang täglich ein Kompliment zu machen. Warten Sie ab, was dann geschieht.

Haben Sie schon einmal bemerkt, dass sich Ihr Partner zu beruhigen scheint, wenn Sie leise und freundlich mit ihm sprechen und hingegen lauter wird, wenn Sie unfreundlich mit ihm umgehen? Wir beeinflussen uns gegenseitig – nicht nur mit dem, was wir sagen, sondern auch mit dem Tonfall unserer Stimme. Schreien und Schimpfen ist ein erlerntes Verhalten, das man auch wieder verlernen kann. Wir brauchen uns nicht anzuschreien. Der oben zitierte Vers aus dem Buch der Sprüche vermittelt uns, was wir instinktiv bereits wissen: Kränkende Worte führen zu noch mehr Zorn, freundliche Worte können jedoch eine angespannte Situation entschärfen. Auch hier gilt: Der Ton macht die Musik.

Wenn Sie mit Ihrem Ehepartner über ein Problem sprechen müssen, schreiben Sie sich vorher auf, was Sie sagen wollen. Dann stellen Sie sich vor einen Spiegel und halten Sie Ihren kleinen Vortrag mit sanfter Stimme. Bitten Sie Gott, Ihnen denselben Tonfall zu schenken, wenn Sie mit Ihrem Partner sprechen. Vielleicht klappt es beim ersten Mal noch nicht so gut, aber nach und nach lernen Sie, die Wahrheit in Liebe zu sagen.

*Herr Jesus Christus, ich möchte meinen Partner mit den Dingen, die ich sage, und mit der Art, wie ich sie sage, ermutigen. Bitte erinnere mich daran, dass Freundlichkeit immer mehr bewirkt als Kritik. Bewahre mich davor, meinen Partner anzuschreien oder zu beschimpfen, und zeige mir, wie ich sanft und freundlich mit ihm reden kann.*

28. April

# Kleine Zunge, große Macht

*Von der Frucht des Mundes wird der Körper satt, vom Erfolg der Lippen kann man leben. Die Zunge hat Macht über Leben und Tod.*
Sprüche 18,20-21

Ein jüdisches Sprichwort lautet: „Die ganze Welt steht auf der spitzen Zunge." Wie wahr! Sie können Ihren Partner mit negativen Worten vernichten, und Sie können mit positiven Worten Leben spenden. Aufmunternde Worte sollten in Ihrer Ehe die Norm sein. Mut machende Worte sind nicht wie ein Feuerlöscher, den man nur im Notfall verwendet und danach wieder wegstellt. Mut machen sollte zu einer Lebensweise werden.

Aufmunternde Worte entstehen aus einer freundlichen Haltung heraus. Wenn ich mich entschließe, zu meinem Partner freundlich zu sein, nach seinen positiven Eigenschaften Ausschau zu halten und ihm das Leben zu erleichtern, dann gehören aufmunternde Worte allmählich zu meinem Vokabular. Nörgelei und bissige Bemerkungen entstehen aus einer negativen Haltung heraus. Wenn ich von meinem Partner nur das Schlimmste denken und von ihm nur fordere, dann wird mein ganzes Denken negativ, und ich zerstöre meinen Ehepartner mit negativen Worten.

Ich möchte Ihnen Mut machen, Ihrem Ehepartner Leben zu spenden, indem Sie positive, aufmunternde Worte wählen. Die Bibel sagt uns, dass weise oder hilfreiche Worte satt machen wie eine gute Mahlzeit. In Sprüche 20,15 wird der Wert von Worten der Weisheit mit dem Wert von Gold und Juwelen verglichen. Aufmunterung kann in einer Beziehung Wunder wirken. Suchen Sie bei Ihrem Ehepartner nach guten Eigenschaften und bringen Sie Ihre Wertschätzung zum Ausdruck. Fangen Sie heute damit an und dann tun Sie es jeden Tag aufs Neue.

*Himmlischer Vater, danke für das Geschenk der Ermutigung. Ich will in meiner Ehe dieses Geschenk an meinen Partner weitergeben. Ich möchte mit meinen Worten Zufriedenheit und Hoffnung vermitteln, nicht Entmutigung und Frustration. Bitte hilf mir, dass das Aussprechen positiver Worte für mich zur Gewohnheit wird.*

29. April

# Mut machen kann man lernen

*Redet nicht schlecht voneinander. Was ihr sagt,*
*soll für jeden gut und hilfreich sein,*
*eine Wohltat für alle.*
Epheser 4,29

Nicht jeder hat von Geburt an die Gabe der Ermutigung. Deshalb möchte ich Ihnen ein paar praktische Tipps geben, wie Sie die konstruktive Kraft Ihrer Worte steigern können. Erstens: *Wählen Sie einfache Worte.* Manche Menschen meinen, sie müssten eine blumige Sprache verwenden, wenn sie anderen Mut machen wollen. Manchmal nenne ich diese Neigung das „Grußkarten-Syndrom". Viel besser sind einfache, klare Worte, die so klingen, wie Sie auch normalerweise reden. Ihr Partner wird Ihr aufrichtiges Bemühen, ihm Mut zu machen, zu schätzen wissen.

Zweitens: *Seien Sie ehrlich.* Mut machen bedeutet nicht, dass Sie lügen oder übertreiben müssen, damit sich Ihr Ehepartner besser fühlt. Sie werden es merken und Ihr Partner auch, wenn Sie nicht aufrichtig sind. Was bringt es dann? Ein kleines, ehrlich gemeintes Kompliment ist besser als eine lange Lobeshymne, die im Grunde genommen nur Schaumschlägerei ist.

Drittens: *Es geht um Ihren Ehepartner, nicht um Sie selbst.* Wenn Ihr Partner dazu neigt, ein Kompliment zurückzugeben, indem er sagt: „Ach, du kannst das doch viel besser als ich", dann lenken Sie das Kompliment wieder auf ihn zurück. Beim Ermutigen geht es nicht um Sie, sondern immer um den anderen.

Die Bibel verdeutlicht uns, dass Christen sich gegenseitig Mut machen sollten. Die Worte in Epheser 4,29 enthalten eine Herausforderung an uns. Alles, was wir sagen, soll gut und hilfreich sein, eine Wohltat für andere Menschen. Wenn wir dieses Prinzip auf unseren Ehepartner anwenden, wird unsere Ehe von Optimismus und göttlichem Segen geprägt sein.

• • • • • • • • • • • • • • • • • • • • • • • •

*Himmlischer Vater, wenn ich meinem Partner Mut machen will, erinnere mich bitte an die drei oben erwähnten Tipps. Ich möchte ermutigende Worte zu einer Gewohnheit machen, weil ich weiß, dass ich dir damit die Ehre gebe und auch unsere Ehe davon profitiert.*

30. April

# Ein Auftrag für uns

*Ich komme zum Schluss, liebe Geschwister. Freut euch!*
*Lasst euch ermutigen und zurechtbringen! Seid eines Sinnes und lebt in Frieden.*
*Dann wird der Gott der Liebe und des Friedens mit euch sein.*
2. Korinther 13,11

Heute möchte ich Ihnen weitere Richtlinien für das Erlernen von ermutigenden, bestätigenden Worten vorstellen. Erstens: *Wenn Sie Ihrem Ehepartner Mut machen, tun Sie das ohne Zweideutigkeiten.* Das bedeutet auch, dass Sie ironische Bemerkungen bleiben lassen sollten, wie zum Beispiel: „Du hast fast zwei volle Tage gebraucht, bis du diese Tüte Kekse aufgegessen hast. Ich bewundere deine Willenskraft." Es sollte klar sein, dass derartige Bemerkungen alles andere als bestätigend sind. Wenn Sie Ihrem Ehepartner wirklich Mut machen wollen, dann verkneifen Sie sich sarkastische Bemerkungen.

Zweitens: *Ärgern Sie sich nicht, wenn die Reaktion Ihres Ehepartners nicht Ihren Erwartungen entspricht.* Denken Sie daran, dass jeder anders auf Komplimente reagiert. Natürlich wäre es wunderbar, wenn Ihr Ehepartner Ihnen für Ihre aufmunternden Worte mit einem Lächeln und einer kurzen Umarmung danken würde. Vielleicht ernten Sie stattdessen erstaunte Blicke. Das kann besonders dann geschehen, wenn Sie und Ihr Ehepartner im Bereich der ermutigenden Worte ungeübt sind. Ein Gutes hat diese Sache jedoch: Je mehr Komplimente Sie Ihrem Partner machen, desto besser wird auch seine Reaktion werden.

Am Ende des zweiten Korintherbriefs gibt Paulus seinen Zuhörern mehrere knappe Anweisungen. Genau in der Mitte steht die Aufforderung, einander zu ermutigen. Mut machen ist ein biblischer Auftrag, etwas, das Gott gefällt, und es wird Ihre Ehe stärken. Machen Sie noch heute den ersten Schritt.

• • • • • • • • • • • • • • • • • • • • • • •

*Himmlischer Vater, danke, dass du mir immer wieder Mut machst. Bitte hilf mir, wenn ich mich bemühe, aus meinen negativen Worten positive zu machen. Zeig mir, wie ich meinen Partner am besten bestätigen kann, damit er oder sie neuen Mut fasst und sich meiner Liebe bewusst ist.*

## 1. Mai

# Was uns wirklich wichtig ist

*Liebt einander mit aufrichtiger Zuneigung und habt Freude daran, euch gegenseitig Achtung zu erweisen.*
Römer 12,10

Ich beobachte immer wieder, dass viele Ehemänner nicht verstehen, welche Bedürfnisse ihre Frauen haben. Manche Männer meinen, sie füllen ihre Rolle als Ehemann schon vollständig aus, wenn sie einen guten Arbeitsplatz haben und ein anständiges Gehalt nach Hause bringen. Sie haben nur wenig Verständnis für die emotionalen und gesellschaftlichen Bedürfnisse ihrer Frauen. Deshalb bemühen sie sich auch nicht, diese Bedürfnisse zu erfüllen. Ich kann jetzt förmlich hören, wie mir einige Ehefrauen zurufen: „Stimmt genau!", während Sie diese Worte lesen.

Aber ich beobachte auch, dass viele Frauen nicht verstehen, welche Bedürfnisse ihre Männer haben. Manche Frauen meinen, sie seien gute Ehefrauen, wenn sie sich um die Kinder kümmern, mit ihren Männern gemeinsam zum Einkommen der Familie beitragen und für Ordnung im Haus oder in der Wohnung sorgen. Sie haben nur wenig Verständnis dafür, dass sich ihre Männer nach Bewunderung und Zuneigung sehnen.

Wo haben wir mittlerweile unsere Schwerpunkte gesetzt? Warum haben wir vor der Hochzeit einander so viel Zeit und Aufmerksamkeit gewidmet, und warum ist uns nach ein paar Jahren Ehe alles andere wichtiger als der Ehepartner? In Wirklichkeit aber brauchen wir einander! Die Bibel fordert uns nicht nur auf, einander zu lieben, sondern sogar Freude daran zu haben. Ich möchte Sie heute dazu ermutigen, Ihren Ehepartner wieder zur wichtigsten Person in Ihrem Leben zu machen!

*Himmlischer Vater, du weißt, wie sehr mein Partner und ich einander brauchen. Du hast uns so geschaffen, dass wir auf Gemeinschaft hin angelegt sind. Bitte hilf uns, die Bedürfnisse des anderen zu erkennen und uns zu freuen, wenn wir sie erfüllen können.*

# 2. Mai

## Ganz füreinander da sein

*Josua fuhr fort: „Deshalb habt Ehrfurcht vor dem Herrn! Dient ihm aufrichtig und mit ganzer Hingabe! Trennt euch von den Göttern, die eure Vorfahren jenseits des Euphrat und in Ägypten verehrt haben. Dient allein dem Herrn!"*

Josua 24,14

Die meisten Frauen sehnen sich nach Sicherheit. Diese Sehnsucht erstreckt sich auf Sicherheit vor Gefahren innerhalb und außerhalb ihres Zuhauses, aber vor allem will eine Frau sich der Liebe ihres Mannes sicher sein. Der Mann, der seiner Frau mit Scheidung droht oder Bemerkungen fallen lässt wie: „Mit einem anderen Mann würde es dir besser gehen" oder: „Ich glaube, ich suche mir eine andere Frau", setzt seine Ehe aufs Spiel.

Als Josua die Israeliten ins Gelobte Land führte, forderte er sie zu ganzer Hingabe Gott gegenüber auf. Sie konnten nicht gleichzeitig dem Gott Israels dienen und noch immer ihre alten Götzen anbeten. Deshalb mussten sie eine Entscheidung treffen. Auch in der Ehe müssen wir uns eine ähnliche Frage stellen. Wollen wir jeden Gedanken und jede Bemerkung über eine mögliche Scheidung verbannen und ganz für unseren Ehepartner da sein?

Ein kluger Ehemann gibt seiner Frau zu verstehen, dass er ihr immer zur Seite steht. Wenn es zu Meinungsverschiedenheiten kommt, nimmt er sich die Zeit zuzuhören, seine Frau zu verstehen und gemeinsam mit ihr Lösungen zu finden. Er steht ihr bei, wenn Sie unter körperlichem oder seelischem Schmerz leidet. Jede Ehefrau sollte von ihrem Mann sagen können: „Ich weiß, dass mein Mann mir zur Seite steht, egal, was passiert. So wichtig ist ihm unsere Ehe." Die gleiche Sicherheit braucht auch ein Ehemann von seiner Frau.

*Großer Gott, ich weiß, dass mein Partner in meinem Leben die wichtigste Person sein sollte. Er oder sie ist ein Geschenk von dir, und dafür bin ich dir dankbar. Bitte hilf mir, meine Hingabe und Dankbarkeit mit meinen Worten und Handlungen zu zeigen, damit mein Partner sich meiner Liebe und Unterstützung sicher sein kann.*

# 3. Mai

# Fünf Ebenen der Kommunikation

*Redet mit jedem Menschen freundlich; alles, was ihr sagt, soll gut und hilfreich sein. Bemüht euch darum, für jeden die richtigen Worte zu finden.*
Kolosser 4,6

Ich habe entdeckt, dass es in einer Beziehung fünf Ebenen der Kommunikation gibt. Man könnte sie bildhaft darstellen als fünf Sprossen auf einer Leiter oder aufwärts führende Stufen, von denen uns jede auf eine höhere Ebene führt.

Heute beginnen wir mit der untersten Stufe. Ich nenne sie die „Flurgespräch-Stufe", weil derartige Gespräche häufig stattfinden, wenn sich zwei Menschen in einem Flur begegnen. Sie sagen zum Beispiel: „Guten Tag, wie geht es dir?" „Gut, und dir?" „Danke, auch gut." Dann gehen die beiden weiter, und das Gespräch ist zu Ende.

In der Ehe trifft man diese Ebene der Kommunikation häufig an, aber nur selten ergeben sich daraus befriedigende Gespräche. Vor ein paar Jahren saß eine Frau bei mir im Büro. Ihr Mann war Pilot bei einer Fluggesellschaft. Sie sagte zu mir: „Mein Mann ist drei Tage weg und dann wieder drei Tage zu Hause. So ist sein Dienstplan. Nach den drei Tagen Dienst kommt er nach Hause, und ich sage zu ihm: ‚Na, wie ist alles gelaufen?' Und er antwortet: ‚Gut.' Wir sind drei Tage lang getrennt, und das ist alles, was er mir zu sagen hat."

Können Sie nachvollziehen, wie frustriert diese Frau war? Manche Ehepaare bewegen sich tagelang nur auf dieser Kommunikationsebene. Sie sollten nicht überrascht sein, wenn ihnen dann in ihrer Ehe die Vertrautheit abhandenkommt. In Kolosser 4 schreibt Paulus über die Art, wie wir miteinander reden sollten. „Eure Rede sei allezeit freundlich und mit Salz gewürzt" (Luther 1984). Anders ausgedrückt sollte unsere Kommunikation in der Ehe nicht fade und banal sein, sondern sinnvoll und hilfreich. Wenn unseren Gesprächen die nötige Würze fehlt, sind wir unzufrieden. In den nächsten Tagen werden wir uns mit den anderen Sprossen auf der Leiter der Kommunikation befassen.

*Himmlischer Vater, bitte vergib mir, wenn ich mich so sehr in meiner eigenen Welt verloren habe, dass ich meinem Partner nichts Besseres als Smalltalk geboten habe. Hilf uns, damit unsere Gespräche tiefgehend und bereichernd werden.*

# 4. Mai

## Fakten, Fakten …

*Jeder freut sich, wenn er treffend zu antworten weiß –*
*wie gut ist ein wahres Wort zur rechten Zeit!*
Sprüche 15,23

Gestern haben wir uns mit der ersten und am wenigsten sinnvollen Stufe der Kommunikation befasst, und zwar mit dem Smalltalk. Heute nehmen wir die nächste Sprosse der Kommunikationsleiter. Sie heißt „Reportersprache". Hier geht es um Fakten und die sogenannten W-Fragen: Wer, was, wann, wo und wie.

Stellen Sie sich zum Beispiel vor, wie Emma zu ihrem Mann Rich sagt: „Ich habe heute Morgen mit meiner Nachbarin gesprochen. Michael ist schon sechs Tage lang krank. Der Arzt hat ihr empfohlen, am Freitag mit ihm ins Krankenhaus zu fahren, damit er mal gründlich untersucht wird." „Hmm", erwidert ihr Mann. Dann fragt er: „Hat Jimmy den Hund gefunden?" „Ja", antwortet Emma. „Ein Nachbar hat ihn versehentlich im Garten eingeschlossen. Jimmy hat ihn heute Nachmittag bellen gehört und ihn befreit." Der Ehemann nickt zustimmend, geht zur Tür hinaus und beginnt den Rasen zu mähen.

Auf dieser Kommunikationsebene tauschen wir Informationen aus. Gefühle oder Meinungen kommen nicht zum Ausdruck. Manche Ehepaare befinden sich ausschließlich auf dieser Ebene, meinen aber, dass sie miteinander gute Gespräche führen. Natürlich können bei dieser Art von Kommunikation viele Worte gewechselt werden. Aber in Wirklichkeit entsteht bei der Reportersprache kaum Vertrautheit, weil wir praktisch nichts von uns selbst preisgeben. Welch ein Unterschied zu der „treffenden Antwort", die Salomo in Sprüche 15,23 erwähnt! Unser Ziel sollte es sein, miteinander Gedanken und Gefühle auszutauschen.

*Herr Jesus Christus, natürlich ist es wichtig, wenn wir wissen, was der andere gerade tut. Aber allzu oft bleiben wir bei den Fakten, ohne tiefer zu gehen. Bitte mach mich bereit, mich auch in die Gedanken und Gefühle meines Partners zu versetzen.*

# 5. Mai

## Meinungen und Gedanken austauschen

*Ein kluger Mensch möchte sein Wissen vergrößern,*
*darum läuft er mit offenen Augen und Ohren durch die Welt.*
Sprüche 18,15

Die erste Sprosse auf der Kommunikationsleiter ist der Smalltalk, und die zweite haben wir die Journalistensprache genannt. Heute kommen wir zur dritten Sprosse, nämlich dem Gedankenaustausch. Bei dieser Art der Kommunikation lautet die Frage: „Weißt du, was ich denke?"

Aber betrachten wir dazu ein Beispiel. Olivia sagt zu ihrem Mann John: „Ich habe heute erfahren, dass George unter grauem Star leidet." Ihr Mann erwidert: „Da sollte er zu Dr. Gillespie gehen. Ich habe gehört, dass er der beste Augenarzt in der Stadt ist." „Ich weiß nicht so recht", sagt seine Frau. „Dr. Black soll sehr gut sein. Er ist jünger und hat die modernsten Geräte." „Also, ich würde lieber zu Dr. Gillespie gehen, weil er mehr Erfahrung hat", meint John. Dann wechseln die beiden das Thema.

Nachdem sie die wichtigste Information kennen (George hat grauen Star), tauschen die Eheleute ihre Gedanken zu diesem Thema aus. Wenn Gespräche auf dieser Ebene stattfinden, achten die Gesprächspartner auf die Reaktion der anderen Person. Wenn einer von beiden in die Defensive geht, beendet der oder die andere in der Regel das Gespräch oder wechselt das Thema.

Bei dieser Art der Kommunikation ist es möglich, unsere Meinungen zum Ausdruck zu bringen, aber weiter führt das Gespräch nicht. Die Gesprächspartner gehen nicht auf die Gedanken des anderen ein. Wie es in dem oben zitierten Vers aus dem Buch der Sprüche heißt, möchte ein kluger Mensch jedoch sein Wissen vergrößern. Ein solcher Mensch gibt sich nicht mit dem zufrieden, was er bereits weiß. Auch wir sollten unser Wissen über unseren Ehepartner erweitern.

*Herr Jesus Christus, bitte bring mir bei, wie ich zuhören und vom anderen lernen kann. Mach uns als Ehepaar bereit, unsere Gedanken auszutauschen und ausführlich und tiefgehend darüber zu sprechen. Bitte hilf, dass unsere Beziehung gestärkt wird durch die Art, wie wir miteinander reden.*

# 6. Mai

## Über Gefühle reden

*Denkt daran, liebe Brüder und Schwestern: Seid immer sofort bereit, jemandem zuzuhören; aber überlegt genau, bevor ihr selbst redet. Und hütet euch vor unbeherrschtem Zorn!*
Jakobus 1,19

Wie wir bereits festgestellt haben, gibt es fünf Ebenen der Kommunikation. Die vierte Ebene ist die Sprache der Gefühle, die dem anderen mitteilt: „Lass mich dir sagen, was ich empfinde."

Erst jetzt befinden wir uns auf einer höheren Kommunikationsebene. Manchen von uns fällt es schwerer, über ihre Gefühle zu sprechen als über ihre Gedanken, weil Gefühle viel intimer sind. Viele Ehepaare scheuen aus Angst vor Ablehnung die Kommunikation auf dieser Ebene.

Ein Beispiel soll uns das verdeutlichen. Peter sagt: „Ich habe das Gefühl, dass du mich nicht mehr magst." Seine Frau Rachel geht jetzt vielleicht in die Defensive. Entweder fängt sie an zu weinen und zieht sich zurück, oder aber sie reagiert wütend und erklärt Peter, wie albern er ist, wenn er so etwas empfindet. Es ist jedoch nicht angemessen und auch nicht hilfreich, wenn wir jemandem Vorschriften machen wollen, was er oder sie fühlen soll.

Eine andere, gesündere Reaktion könnte so aussehen: „Es tut mir leid, so etwas zu hören. Ich habe ja gar nicht gewusst, dass du so empfindest. Bitte erzähl mir noch mehr davon." Wenn Rachel ihren Mann Peter zu einem Austausch von Gefühlen ermutigt, können die beiden dieses Problem in den Griff bekommen. Wenn nicht, fällt ihr Gespräch auf eine niedrigere Ebene zurück, und ihre Beziehung stagniert.

Die Sprache der Gefühle ist ein natürlicher Bestandteil einer gesunden Ehe. Wenn Sie sich davon bedroht fühlen, versuchen Sie, Ihre anfängliche Reaktion abzumildern. Der Apostel Jakobus erinnert uns daran, dass wir sofort zum Zuhören bereit sein sollen, aber wir sollten erst nachdenken und dann reden. Wenn Sie dann schnell in die Defensive gehen, sobald Ihr Partner über Gefühle spricht, stellen Sie ihm zunächst eine Frage. Hören Sie gut zu. Denken Sie in aller Ruhe über das Gesagte nach. Denken Sie daran: Wenn Sie es lernen, offen zu sein und über Ihre Gefühle zu reden, kann Ihre Beziehung nur davon profitieren.

*Himmlischer Vater, bitte vergib mir, dass ich meinen Partner abgeblockt habe, wenn er über Gefühle reden wollte. Bitte hilf mir, besser zuzuhören und offen zu sein für solche Gespräche, damit unsere Beziehung wachsen kann.*

## 7. Mai

# Offen und ehrlich sein

*Liebe verletzt nicht den Anstand und sucht nicht den eigenen Vorteil, sie lässt sich nicht reizen und ist nicht nachtragend. Sie freut sich nicht am Unrecht, sondern freut sich, wenn die Wahrheit siegt.*
1. Korinther 13,5-6

Heute kommen wir zur höchsten Sprosse auf der Kommunikationsleiter, und zwar nenne ich sie die „Sprache der Wahrheit", weil wir uns auf dieser Ebene die Wahrheit in Liebe sagen können. Wir sind ehrlich, aber ohne den anderen zu verurteilen, offen, aber ohne unseren eigenen Willen durchsetzen zu wollen. Die Sprache der Wahrheit gibt jedem von uns die Freiheit, anders zu denken und zu fühlen als unser Gegenüber. Wir versuchen, einander zu verstehen, und suchen nach Wegen, wie wir trotz unserer Meinungsverschiedenheiten zueinanderfinden. Diese Art von Kommunikation finden wir teilweise wieder in der Schilderung des Apostels Paulus über die Liebe in 1. Korinther 13. Wenn wir im Umgang miteinander ehrlich sind, dann benehmen wir uns „freundlich", wir freuen uns, wenn die Wahrheit siegt, und wir verlangen nicht, dass ein Gespräch so verläuft, wie wir es wollen. Unsere größten Ziele sind tiefere Zuneigung und Vertrautheit.

Klingt das in Ihren Ohren einfach? Ich versichere Ihnen, dass es möglich ist. Klingt es unmöglich? Dann versichere ich Ihnen, dass es das nicht ist. Obwohl viele Ehepaare nur selten auf dieser Ebene miteinander kommunizieren, erleben immer mehr Paare, dass diese Art der offenen und liebevollen Kommunikation zu mehr Vertrautheit in ihrer Ehe führt.

Häufig wird diese Art des Umgangs miteinander gefördert, wenn sich ein Ehepaar z. B. einem Ehebereicherungskurs anschließt, in dem die Teilnehmer u. a. lernen, wie sie die Kommunikation in der Ehe verbessern können. Fragen Sie in Ihrer Kirchengemeinde oder in Ihrem Wohnort nach einer solchen Gruppe. Nehmen Sie an den Veranstaltungen teil und klettern Sie immer höher auf der Kommunikationsleiter.

*Himmlischer Vater, hab Dank für dieses Bild von dem liebevollen Umgang miteinander. Bitte hilf mir, wenn ich versuche, heute die Wahrheit in Liebe zu sagen. Hilf mir, im Gespräch mit meinem Partner wahrhaftig, geduldig und liebevoll zu sein.*

# 8. Mai

## Mein Geld, dein Geld, unser Geld

*Liebe Brüder und Schwestern, im Auftrag unseres Herrn Jesus Christus möchte ich euch aber bitten: Hört auf, euch zu streiten! Duldet keine Spaltungen in der Gemeinde, sondern steht fest zusammen, seid einig in allem, was ihr glaubt und entscheidet!*
1. Korinther 1,10

Wie gehen Sie mit Ihrem Geld um? Als Sie noch nicht verheiratet waren, haben Sie wahrscheinlich einfach das gekauft, was Sie sich wünschten. Aber sobald zwei Menschen ihre finanziellen Mittel zusammenlegen, ist es damit vorbei. Nach der Hochzeit sind es schließlich zwei, die Geld ausgeben. Wenn Sie beide dann noch immer kaufen, was Sie sich wünschen, werden Sie innerhalb kürzester Zeit in Schwierigkeiten geraten. Sie brauchen nicht unbedingt Ihren Ehepartner jedes Mal zu fragen, wenn Sie etwas Geld ausgeben wollen, aber Sie brauchen einen Plan, damit Ihre Ausgaben im Rahmen bleiben.

Natürlich muss man bestimmte Beträge für die laufenden Kosten zurücklegen, wie zum Beispiel Miete oder Raten für eine Hypothek, Nebenkosten, Benzin für das Auto, Lebensmittel und andere Rechnungen. Ich hoffe auch, dass Sie sich von Anfang an einig werden, wie viel Geld Sie jeden Monat für das Reich Gottes geben möchten. Aber sobald die Beträge der regelmäßigen Zahlungen und Spenden geklärt sind, wissen Sie, wie viel Geld Sie jeden Monat übrig haben. Dann können Sie entscheiden, welche Summe Sie sparen und wie viel Sie ausgeben wollen. Ich möchte Ihnen einen Vorschlag machen. Jeder von Ihnen sollte einen wöchentlichen Geldbetrag haben, den Sie nach Belieben verwenden können. Die Höhe dieses „Taschengeldes" richtet sich nach der Höhe der Geldsumme, die Sie jeden Monat übrig haben. Den Rest sollten Sie gemeinsam ausgeben.

Der Apostel Paulus erinnert uns daran, dass wir uns in allem, was wir glauben und entscheiden, einig sein sollten. Als Ehepaare sollten wir in allen Bereichen unserer Beziehung auf dieses Ziel hinarbeiten, auch beim Thema Geld. Streben Sie nach Harmonie, wenn Sie gemeinsam überlegen, wie Sie Ihr Geld ausgeben. Diese Art von Zusammenarbeit kann Freude machen und für Sie beide äußerst gewinnbringend sein.

*Himmlischer Vater, ich bitte dich um Weisheit und Teamgeist, wenn wir gemeinsam entscheiden, was wir mit unserem Geld machen wollen. Hilf uns, dass uns diese Art von Zusammenarbeit Freude bereitet.*

# Leichtsinn lohnt sich nicht

*Was der Fleißige plant, bringt ihm Gewinn;*
*wer aber allzu schnell etwas erreichen will, hat nur Verlust.*
Sprüche 21,5

Das Wort „Budget“ klingt für manche Ehepaare furchterregend, weil sie sich nicht festlegen wollen. Aber in Wirklichkeit haben sie bereits ein Budget, denn ein Budget ist nichts anderes als ein Plan, wie Sie mit Ihrem Geld umgehen. Manche Leute haben den Plan, ihr gesamtes Geld auszugeben, sobald es auf ihrem Konto ist. Die langen Öffnungszeiten von Geschäften und Einkaufszentren helfen Ihnen dabei, Ihr Geld schnell loszuwerden. Manche Leute haben den Plan, ihr ganzes Geld auszugeben, bevor sie es bekommen. Dann braucht man bloß jeden Monat ein paar Raten zu bezahlen. Beide Methoden können in einer Ehe zu Stress führen. Die Frage lautet nicht: „Haben Sie ein Budget?“ Die Frage lautet vielmehr: „Könnte Ihr Budget besser aussehen?“

König Salomo hat in dem oben zitierten Vers aus dem Buch der Sprüche eine kluge Feststellung gemacht. Meiner Meinung nach wollte er damit nicht sagen, dass jeder, der sinnvolle Pläne macht, reich werden kann. Stattdessen formulierte er eine Lebensweisheit: Wenn Sie sinnvoll planen und gut durchdachte Entscheidungen treffen, sind die Ergebnisse besser, als wenn Sie sich einfach treiben lassen. Das trifft auch auf unsere Finanzen zu. Sorgfältige Planung gehört zu einem verantwortungsvollen und klugen Umgang mit den Mitteln, die uns zur Verfügung stehen.

Wenn Sie Ihr Budget noch nie zu Papier gebracht haben, möchte ich Ihnen nicht vorschlagen, heute damit anzufangen. Vielmehr sollten Sie zwei Monate lang Aufzeichnungen machen über die Geldsummen, die Sie ausgeben, spenden und sparen. Am Ende von diesen beiden Monaten haben Sie Ihr Budget schriftlich fixiert, zumindest für diesen Zeitraum. Dann können Sie die Daten überprüfen und sich die Frage stellen: „Ist unser Budget so in Ordnung? Wo werden wir in zwei Jahren sein, wenn wir mit diesem Plan weitermachen?“ Wenn Sie herausfinden, dass Ihnen die Art, wie Sie Ihr Geld aufteilen, nicht gefällt, dann können Sie gemeinsam an einer Veränderung arbeiten. Eine sinnvolle Finanzplanung ist ein echter Gewinn für eine gut funktionierende Ehe.

*Herr Jesus Christus, es ist erstaunlich, wie uns das Geld durch die Finger rinnt, wenn wir nicht aufpassen. Wir wollen verantwortungsvoller umgehen mit den Mitteln, die du uns gegeben hast. Bitte schenke uns die nötige Disziplin für eine sinnvolle Planung.*

# 10. Mai

## Die beste von drei Möglichkeiten

*Sorgt euch vor allem um Gottes neue Welt, und lebt nach Gottes Willen!*
*Dann wird er euch mit allem anderen versorgen.*
Matthäus 6,33

Beim Umgang mit Geld haben Sie bloß drei Möglichkeiten: Sie können es ausgeben, sparen oder spenden. Ich möchte Ihnen vorschlagen, bei der letzten Möglichkeit zu beginnen. In Matthäus 6,33 sagt Jesus zu seinen Zuhörern, dass sie sich „vor allem" um Gottes neue Welt sorgen sollten, denn dann würde Gott sie mit allem anderen versorgen. Aus dem Zusammenhang seiner Worte geht hervor, dass sich „alles andere" auf Essen, Kleidung und ein Dach über dem Kopf bezieht. Der Herr weiß um unsere Bedürfnisse, und er wird sie erfüllen, wenn er den ersten Platz in unserem Leben einnimmt.

König Salomo trifft den Nagel auf den Kopf, wenn er sagt: „Ehre den Herrn mit deinen Opfergaben: Schenke ihm das Beste deiner Ernte. Dann wird er deine Vorratskammern füllen und deine Weinfässer überfließen lassen" (Sprüche 3,9-10). Haben wir uns schon einmal gefragt, warum die Vorratskammern leer sind und wir in finanzieller Hinsicht so sehr zu kämpfen haben? Vielleicht liegt es daran, dass wir Gott nicht ehren mit den Erstlingsfrüchten, also mit dem Besten, was wir haben. Bitte geben Sie Gott nicht das, was Ihnen am Wochen- oder Monatsende übrig bleibt. Verpflichten Sie sich stattdessen als Ehepaar, Gott einen festen Betrag zu geben als Zeichen, dass alles, was Sie haben, ihm gehört. Einigen Sie sich über einen Betrag oder einen Prozentsatz von Ihrem Einkommen, den Sie Ihrer Ortsgemeinde oder anderen christlichen Einrichtungen spenden, und dann geben Sie diese Summe voller Freude. Diese gemeinsame Großzügigkeit gibt Ihnen ein Gefühl der Einigkeit, und sie wird Ihrer Ehe Segen bringen.

*Himmlischer Vater, wir wollen mit unserem Geld verantwortungsvoll umgehen. Bitte hilf uns, dass dein Reich für uns an erster Stelle steht. Wir vertrauen dir, und deshalb wollen wir dir unser Vertrauen auch zeigen, wenn es um unser Geld geht.*

# 11. Mai

## Für den Notfall vorsorgen

*Der Kluge sieht das Unglück voraus und bringt sich in Sicherheit;*
*ein Unerfahrener läuft hinein und muss die Folgen tragen.*
Sprüche 22,3

Haben Sie schon gewusst, dass Haushaltsgeräte nicht ewig leben? Kühlschränke sind besonders anfällig. Meistens segnen sie ausgerechnet dann das Zeitliche, wenn Sie gerade einen schönen Urlaub am Meer verbringen. Haben Sie auch gewusst, dass Sie für ein neues Gerät viele hundert Euro hinblättern müssen? Sparen Sie bereits für das „Ableben" Ihres Kühlschranks?

Nach Sprüche 22,3 bedeutet Klugheit, dass man Vorsorge für den Notfall trifft. Ein regelmäßiger Sparplan gehört zu einem verantwortungsvollen Handeln dazu. Bitte beachten Sie das Wort „regelmäßig". Wenn man jede Woche zehn Euro zurücklegt, ist das besser, als wenn man am Monatsende den Rest spart, den man noch auf dem Konto hat. Mit kluger Planung können Sie nur gewinnen. Damit Sie nicht vergessen, einen bestimmten Betrag auf die Seite zu legen, könnten Sie auch veranlassen, dass von Ihrem Girokonto automatisch eine Summe auf ein Spar- oder Anlagekonto überwiesen wird.

Geben Sie zuerst Gott einen Teil Ihres Einkommens, dann denken Sie an sich selbst (indem Sie eine gewisse Summe sparen), und erst dann leben Sie von dem Geld, das Sie übrig haben. Vielleicht müssen Sie Ihren Lebensstandard herunterschrauben, um sich nach diesem Plan zu richten, aber das ist gar keine so schlechte Idee. Die Bibel sagt uns: „Wertvolle Schätze und duftendes Öl ist in der Wohnung des Weisen, doch ein Dummer vergeudet es schnell" (Sprüche 21,20). Unser Leben verläuft nicht ohne Probleme. Plötzlich springt das Auto nicht mehr an oder unsere Kinder werden krank und brauchen teure Medikamente. Wenn diese Probleme zu finanziellen Engpässen führen, verursachen Sie in Ihrer Ehe noch mehr Stress, als das sowieso schon der Fall ist. Seien Sie deshalb klug und beginnen Sie mit einem regelmäßigen Sparplan. Die Vorsorge für unerwartete Notfälle ist ein wichtiger Schritt hin zu einer gut funktionierenden Ehe.

*Himmlischer Vater, ich weiß, dass unerwartete Ausgaben in meiner Ehe zu Spannungen führen können. Bitte hilf uns, dass wir diszipliniert genug sind, um für die Zukunft vorzusorgen. Sparen gehört auch zum verantwortlichen Handeln, denn dadurch sind wir vorbereitet auf das, was noch kommen kann. Danke, dass die Zukunft in deinen Händen liegt.*

# 12. Mai

## Ziele für die Ehe

*Ich will alles vergessen, was hinter mir liegt, und schaue nur noch auf das Ziel vor mir. Mit aller Kraft laufe ich darauf zu, um den Siegespreis zu gewinnen, das Leben in Gottes Herrlichkeit. Denn dazu hat uns Gott durch Jesus Christus berufen.*
Philipper 3,13-14

Zeitmangel ist eine Barriere, die das Wachstum einer Ehe behindert. Eine Ehefrau drückte es so aus: „Ich will eine gute Ehe haben, aber ich weiß nicht, ob ich dafür genug Zeit habe.“ Viele Menschen finden sich in diesen Worten wieder. Schließlich müssen Mahlzeiten zubereitet, Kinder erzogen und die Pflichten gegenüber dem Arbeitgeber erfüllt werden. Wie können wir alle diese Verpflichtungen wahrnehmen und trotzdem noch Zeit füreinander haben? Ich möchte Ihnen deshalb ein paar Ideen an die Hand geben, wie man die Zeitbarriere überwinden kann.

Erstens: Wir müssen uns Ziele setzen. In der Geschäftswelt oder im Berufsleben ist das selbstverständlich. Warum sollten wir uns nicht auch in der Ehe Ziele setzen? Wie oft möchten Sie beide zusammen essen gehen? Wie oft möchten Sie übers Wochenende wegfahren oder einen Spaziergang machen? Wie oft möchten Sie miteinander Geschlechtsverkehr haben? Welche Art von gemeinsamen Unternehmungen erhalten Ihre Ehe am Leben? Möchten Sie eine tägliche Zeit für den Gedankenaustausch vereinbaren, in der Sie berichten, was Sie tagsüber erlebt haben? Wenn das der Fall ist, wie viel Zeit möchten Sie dafür investieren? Wie können Sie füreinander beten oder einander Mut machen? Solche und ähnliche Fragen führen zu sinnvollen Zielen.

In Philipper 3 spricht der Apostel Paulus über seinen persönlichen, größten Wunsch: die Ziellinie des Wettlaufs zu erreichen –, das Ende seines Lebens im Dienst für Gott –, um dann den Siegespreis zu gewinnen, nämlich das Leben in der Herrlichkeit Gottes. Er hat alles hinter sich gelassen, um dieses Ziel zu erreichen.

Diese Art von Entschlossenheit würde uns auch in unseren Ehen guttun. Denken Sie daran: Wenn Sie sich Ziele setzen, machen Sie den ersten Schritt zur Überwindung der Barriere namens Zeitmangel, weil unsere Ziele uns dauerhaft daran erinnern, was im Leben wirklich wichtig ist.

*Himmlischer Vater, es ist einfach, meine Zeit mit Dingen zu verschwenden, die nicht wirklich wichtig sind. Aber dann erkenne ich, wie weit ich mich von den Dingen entfernt habe, die wirklich zählen. Bitte hilf uns als Ehepaar, dass wir uns die richtigen Ziele setzen. Ich will alles tun, was für unsere Beziehung förderlich ist.*

13. Mai

# Der direkte Weg zum Ziel

*Verliere nie dein Ziel aus den Augen, sondern geh geradlinig darauf zu.*
*Überleg sorgfältig, was du tun willst, und dann lass dich davon nicht mehr abbringen!*
*Schau weder nach rechts noch nach links, damit du nicht auf Abwege gerätst.*
Sprüche 4,25-27

Ist es nicht seltsam, dass wir trotz der modernen Technik und ihren vielfältigen Werkzeugen zum „Zeitsparen" immer weniger Zeit füreinander zu haben scheinen? Geräte wie eine Mikrowelle, eine Fernbedienung, Spülmaschinen und Computer sollten uns doch dabei helfen, wertvolle Zeit zu gewinnen. Aber wo ist denn diese zusätzliche Zeit geblieben? Offenbar ist sie von anderen Aktivitäten verschlungen worden. Können wir einen Teil dieser Zeit für unsere Ehe zurückfordern? Die Antwort lautet: *Ja*, wenn wir uns Ziele setzen und uns Zeit nehmen, diese Ziele auch zu erreichen.

Der oben zitierte Abschnitt aus dem Buch der Sprüche enthält einen Rat von König Salomo zu diesem Thema. Wenn Sie sich Ziele setzen, sollten Sie vor allem wissen, wohin Sie gehen. Dann sollten Sie direkt auf dieses Ziel zuhalten, ohne sich ablenken zu lassen. Diese Einstellung sollten wir auch haben, wenn wir unsere Ziele für die Ehe erreichen wollen.

Wie schaffen wir uns Freiräume, damit wir füreinander Zeit haben? Indem wir Abstriche machen bei den guten Dingen, die wir tun, um Zeit für die besten Dinge zu haben. Den Sinn des Lebens finden wir nicht im Geld, beim Sport, beim Einkaufsbummel, in akademischen Errungenschaften oder beruflichem Erfolg, so gut manches davon auch sein mag. Den Sinn des Lebens finden wir in Beziehungen, und zwar vor allem in der Beziehung zu Gott, dann aber auch zu anderen Menschen. Wenn Sie verheiratet sind, kommt gleich nach der Beziehung zu Gott die Beziehung zu Ihrem Ehepartner, denn sie ist der Rahmen, in dem Sie nach dem Willen Gottes Ihr Leben investieren und auch seine Liebe erfahren sollen. Die Aufforderung an den Mann lautet, seine Frau zu „lieben", und die Frau erhält die Anweisung, ihren Mann zu „ehren". Wie kann man diese Aufforderungen besser in die Tat umsetzen, als wenn man sich Zeit füreinander nimmt?

*Himmlischer Vater, danke für die Ziele, die wir für unsere Beziehung setzen können. Ich bitte dich um Weisheit und Selbstbeherrschung, damit ich das Ziel nicht aus den Augen verliere. Wir wollen uns nicht von anderen Dingen ablenken lassen, auch wenn es gute Dinge sind. Bitte zeige uns, wie wir die richtigen Prioritäten setzen können.*

# 14. Mai

## Praktische Hilfen gegen Zeitnot

*Gebt also sorgfältig darauf Acht, wie ihr lebt! Verhaltet euch nicht wie unverständige Leute, sondern verhaltet euch klug. Macht den bestmöglichen Gebrauch von eurer Zeit, gerade weil wir in einer schlimmen Zeit leben.*
Epheser 5,15-16

In den letzten Tagen haben wir uns darüber unterhalten, wie wir uns Ziele setzen und Zeit füreinander haben können. Ich möchte Ihnen jetzt zwei weitere Möglichkeiten empfehlen, mit deren Hilfe Sie diese Ziele erreichen können. Einmal sollten Sie bestimmte Aufgaben und Pflichten auf andere übertragen und zweitens sollten Sie mit Ihrem Ehepartner feste Termine vereinbaren.

Wenn Sie daran denken, Aufgaben und Pflichten aufzuteilen, beginnen Sie damit am besten bei Ihren Kindern. Wie wäre es, Ihnen z. B. die Verantwortung für das Geschirrspülen, das Wäschewaschen und die Versorgung von Haustieren zu übertragen? Wenn es finanziell machbar ist, können Sie auch einen Teenager aus der Nachbarschaft zum Rasenmähen oder Staubsaugen engagieren. Jede Aufgabe, die Sie an andere delegieren können, verschafft Ihnen mehr Freiraum für Ihre Ehe. Wenn Ihr Partner sagt: „Weißt du, es ist schön, dass wir wieder gute Freunde werden", dann wissen Sie, dass sich diese Investition gelohnt hat.

Nun zu meinem zweiten Vorschlag: Sie sollten auch in Ihrem Terminkalender neue Prioritäten setzen. Wenn Sie das Ziel haben, mit Ihrem Partner mindestens einmal in der Woche auszugehen, haben Sie für diese Woche schon die Termine eingetragen? Und wie ist es in der nächsten Woche? Wenn Sie keine festen Termine machen, dann setzen Sie Ihre Ziele oft nicht in die Tat um. Deshalb möchte ich Sie dazu ermuntern, sich mit Ihrem Partner zusammenzusetzen, Ihre Terminkalender herauszuholen und darin zu vermerken, wann Sie Zeit miteinander verbringen wollen. Wenn Ihr Partner in Ihrem Terminkalender steht, zeigen Sie ihm, dass er Ihnen wichtig ist. Auf diese Weise machen Sie den bestmöglichen Gebrauch von Ihrer Zeit, so wie es uns die Bibel nahelegt, und Sie sind auf dem besten Weg, die Barriere der Zeitnot zu überwinden.

*Himmlischer Vater, danke für die Ideen, die uns dabei helfen können, die Ziele, die wir uns für unsere Beziehung gesetzt haben, zu erreichen. Bitte hilf mir, meinen Teil dazu beizutragen, dass ich diese Ziele nicht aus den Augen verliere. Nach dir kommt gleich mein Partner. Bitte erinnere mich immer wieder daran und hilf mir, auch danach zu handeln.*

15. Mai

# *Liebe durch Geschenke ausdrücken*

*„Wir geben dir Rebekka, sie soll den Sohn deines Herrn heiraten, wie der Herr es bestimmt hat!" Als der Knecht das hörte, warf er sich zu Boden und dankte dem Herrn. Dann holte er aus den Satteltaschen die mitgebrachten Geschenke hervor. Rebekka gab er Silber- und Goldschmuck und schöne Kleider, und auch ihrem Bruder und ihrer Mutter überreichte er viele wertvolle Geschenke.*

1. Mose 24,51-53

Von meinem akademischen Hintergrund her bin ich Anthropologe. Bei allen Kulturen, mit denen sich Anthropologen beschäftigen, haben sie eine interessante Entdeckung gemacht: Geschenke spielen überall eine große Rolle, wenn es um Liebe und Ehe geht. Der biblische Bericht über die Verlobung von Rebekka und Isaak zeigt uns deutlich diese Sitte. Sobald Rebekka und ihre Familie sich damit einverstanden erklärt hatten, dass sie Isaaks Frau werden wollte, gab Abrahams Diener ihr wertvolle Geschenke, um ihr die Aufrichtigkeit und den Respekt seines Herrn zu demonstrieren. Das Überreichen von Geschenken als Ausdruck von Liebe ist ein durchgängiges Muster in allen Kulturen. Ein Geschenk ist ein sichtbares Zeichen, mit dem man sagen möchte, dass man an den Beschenkten gedacht hat.

Für manche Menschen ist das Annehmen von Geschenken ihre Muttersprache der Liebe. Nichts anderes zeigt ihnen deutlicher die Zuneigung ihres Ehepartners. Leider haben solche Menschen oft einen Ehepartner, der diese Sprache nicht sehr gut beherrscht.

Vor der Ehe macht ein Mann seiner Freundin oder Verlobten vielleicht noch Geschenke, weil er meint, dass so etwas zum Liebeswerben dazugehört. Aber nach der Hochzeit hört er damit auf. Vielleicht drückt er die Liebe zu seiner Frau jetzt auf andere Art aus, aber nicht mehr mit Geschenken. Ich erinnere mich noch an eine Frau, die zu mir sagte: „Mein Mann sagt mir, dass er mich liebt, aber Worte haben für mich keinen großen Wert. ‚Ich liebe dich, ich liebe dich.' Ich habe diese Worte so satt. Wo bleiben denn die Geschenke?" Ihr Mann hat es bestimmt ehrlich gemeint, aber er spricht die falsche Liebessprache. Für seine Frau ist ein Geschenk aussagekräftiger als tausend Worte.

Wenn das auch auf Ihren Partner zutrifft, dann sorgen Sie dafür, dass Sie Ihre Liebe auf die richtige Art zum Ausdruck bringen.

• • • • • • • • • • • • • • • • • • • • • • • • •

*Unser Herr und Gott, manchmal vergesse ich, dass eine kleine Geste für meinen Partner sehr viel bedeuten kann, auch wenn er eine andere Muttersprache der Liebe spricht. Bitte hilf mir, aufmerksam zu sein und ihm zu zeigen, wie viel er mir bedeutet.*

# Ein Zeichen der Liebe

*Da kannte ihre Freude keine Grenzen. Sie gingen in das Haus, wo sie das Kind mit seiner Mutter Maria fanden, knieten vor ihm nieder und ehrten es wie einen König. Dann packten sie ihre Schätze aus und beschenkten das Kind mit Gold, Weihrauch und Myrrhe.*
Matthäus 2,10-11

Wann haben Sie Ihrem Ehepartner zum letzten Mal ein Geschenk gemacht? Was haben Sie ihm geschenkt? Wenn Sie diese Fragen nicht beantworten können, dann ist es höchste Zeit, Ihrem Partner ein Geschenk zu machen. Geschenke, die von Herzen kommen, gehören zu den fünf wichtigen Sprachen der Liebe. Wenn Sie Ihrem Partner ein Geschenk machen, dann ist das ein sichtbares Zeichen dafür, dass Sie liebevoll an ihn denken. Die berühmtesten Geschenke, von denen die Bibel berichtet, sind zweifellos die Gaben der Weisen für Jesus, als er noch ein Säugling war. Diese Männer brachten kostbare Geschenke aus Gold und teure Gewürze. Damit ehrten sie Jesus und zeigten gleichzeitig, dass sie ihn für einen König hielten. Bestimmt waren Josef und Maria tief beeindruckt von diesen schönen Dingen und der Liebe zu ihrem Sohn, die darin zum Ausdruck kam.

Ein Geschenk muss jedoch nicht teuer sein. Liebe Ehemänner, Sie können Blumen auch kostenlos bekommen. Gehen Sie einfach in Ihren Garten und pflücken Sie welche. Das tun Kinder auch, wenn sie ihrer Mutter eine Freude machen wollen. Haben Sie keine Blumen in Ihrem Garten? Dann fragen Sie Ihre Nachbarn. Sie geben Ihnen bestimmt eine Blume. Wenn Sie es sich jedoch leisten können, Geschenke zu kaufen, geben Sie Ihrer Frau keine selbst gepflückten Blumen. Warum sollten Sie nicht ein bisschen Geld in Ihre Ehe investieren? Schenken Sie Ihrem Partner etwas, worüber er sich wirklich freut. Wenn Sie nicht so recht wissen, was Sie ihm kaufen sollen, fragen Sie nach. Erklären Sie Ihrem Partner, dass Sie ihm eine Freude machen wollen. Bitten Sie ihn um eine Liste von Dingen, die er sich wünscht. Solche Informationen sind wertvoll. Nutzen Sie dieses Wissen für Ihre Beziehung.

*Himmlischer Vater, danke für den Bericht über die Weisen, die das Kostbarste brachten, was sie besaßen, um ihre Liebe zu Jesus zu zeigen. Bitte hilf mir, diesem Beispiel zu folgen und meinem Partner mit schönen, sinnvollen Geschenken zu sagen, wie sehr ich ihn liebe.*

# 17. Mai

## Entscheidungen gemeinsam treffen

*Verlass dich nicht auf deine eigene Urteilskraft, sondern vertraue voll und ganz dem Herrn! Denke bei jedem Schritt an ihn; er zeigt dir den richtigen Weg und krönt dein Handeln mit Erfolg.*
Sprüche 3,5-6

Gibt es eine Methode, wie man gemeinsame Entscheidungen treffen kann, ohne zu streiten? Ich glaube schon, aber das Ganze sollte nicht zu einer Art Diktatur werden. Der Ehemann, der mit harter Hand das „Zepter" führt oder die Ehefrau, die unbedingt das letzte Wort haben muss, kann eventuell seinen Willen durchsetzen, ist aber weit entfernt von wahrer Einheit in der Ehe. Einheit erfordert gegenseitigen Respekt. Wir sind uns vielleicht nicht immer einig, aber wenn wir unterschiedlicher Meinung sind, dann respektieren wir die Auffassung des anderen, auch wenn wir sie nicht so richtig verstehen können.

„Zwei haben es besser als einer allein", heißt es in der Bibel (Prediger 4,9), aber wie kann das wahr werden, wenn einer immer allein handelt? In einer Ehe werden die meisten Fehlentscheidungen von nur einem Partner getroffen. Wenn ich mich für etwas entscheide, ohne mich mit meiner Frau abzusprechen, verlasse ich mich auf meine eigene Urteilskraft. So etwas ist tragisch. Gott hat die Ehe als Partnerschaft eingerichtet, bei der zwei Menschen als Team zusammenarbeiten sollen. Wenn wir unsere Urteilskraft bündeln, ist die Wahrscheinlichkeit viel größer, dass wir eine kluge Entscheidung treffen.

Die Bibel gibt uns klare Anweisungen, uns nicht auf unsere begrenzte Weisheit zu verlassen, wie wir es in den oben angegebenen Versen aus Sprüche 3 lesen. Als Ehepaar müssen wir vor allem Gott um Weisheit bitten, wenn wir Entscheidungen treffen wollen. Gleichzeitig ist es aber unerlässlich, dass beide Ehepartner ihre Einsichten in den Entscheidungsprozess einfließen lassen. Das Leben ist schwer genug. Warum wollen wir es allein meistern? Betrachten Sie Ihren Partner als wertvollen Partner. Machen Sie sich bewusst, dass Gott Ihnen mit diesem Partner eine Fülle an Weisheit geschenkt hat.

*Himmlischer Vater, danke, dass du mir meinen Partner geschenkt hast und die Weisheit, die er verkörpert. Wenn wir Entscheidungen treffen, halte mich davon ab, alles allein machen zu wollen. Bitte hindere mich auch daran, die Verantwortung auf meinen Partner abzuwälzen. Hilf uns, miteinander zu reden, alles zu überdenken und kluge Entscheidungen zu treffen.*

# 18. Mai

## Der Weg zur Einigung

*Gott aber, der uns immer wieder neuen Mut und Trost schenkt, helfe euch, einmütig zu sein, so wie es euch Jesus Christus gezeigt hat.*
Römer 15,5

Was sollen wir tun, wenn wir uns bei einer Entscheidung nicht einig sind? Ich finde, dann sollten wir abwarten. Wenn Sie es mit der Entscheidung nicht eilig haben, sollten Sie nicht handeln, bis Sie beide einer Meinung sind. Die meisten Entscheidungen können bis morgen, bis nächste Woche oder sogar bis zum nächsten Monat warten. In dieser Zeit des Abwartens sollten Sie beide Gott bitten, Sie in dieser Angelegenheit zu leiten. Sie könnten auch einen guten Freund um Rat bitten. Vielleicht können Sie sich schon morgen einigen. Wenn nicht, warten Sie noch ein bisschen. Ich finde, Sie sollten so lange warten, wie Sie können. Es ist wichtiger, sich einig zu sein, als eine voreilige Entscheidung zu treffen.

Der Apostel Paulus bat Gott, dass die Christen in Rom in Einigkeit und Harmonie leben sollten. Das ist wichtig für eine christliche Gemeinde und sogar noch wichtiger für eine Ehe. Wenn ein Ehepartner eine Entscheidung trifft, ohne dass der andere damit einverstanden ist, erleidet die Beziehung Schaden durch Disharmonie.

Dazu möchte ich folgendes Beispiel erzählen. Ein paar Männer aus meinem Bekanntenkreis haben sich Motorräder gekauft, obwohl ihre Frauen damit nicht einverstanden waren. Und wissen Sie, was diese Männer fünf Wochen nach ihrer Entscheidung herausgefunden haben? Es ist schwierig, neben einem Motorrad zu schlafen. Einigkeit ist wichtiger als die Entscheidung selbst. Wäre es nicht besser, zunächst abzuwarten, bis Sie sich einig sind? Sobald Sie zu einem gemeinsamen Nenner gefunden haben, können Sie zusammen mit Ihrer Frau Motorrad fahren. Oder Sie können entscheiden, dass ein Leben in Einigkeit wichtiger ist als der Geschwindigkeitsrausch auf einem Motorrad. Für die Einigkeit lohnt sich das Abwarten.

*Herr Jesus Christus, ich bitte dich um Harmonie in unserer Ehe. Wenn wir Entscheidungen treffen müssen, möchte ich abwarten, bis wir uns einig sind, anstatt meinen Willen durchzusetzen. Bitte schenke uns Weisheit und Einigkeit.*

19. Mai

# Jeder ist für sich verantwortlich

*Darum soll jeder sich selbst genau prüfen. Dann wird er sich über seine guten Taten freuen können, aber keinen Grund zur Überheblichkeit haben. Denn jeder ist für sein eigenes Tun vor Gott verantwortlich. Das ist schon schwer genug!*
Galater 6,4-5

Warum sind manche Ehemänner und Ehefrauen nicht bereit, Verantwortung zu übernehmen? Wenn wir heiraten, erwarten wir, dass unser Ehepartner seinen Teil der Last mitträgt. Aber wenn Ihr Ehepartner nicht bereit ist zu arbeiten, kein Interesse an der Kindererziehung hat und Sie geflissentlich ignoriert, haben Sie ein Problem. Die Bibel macht deutlich, dass jeder von uns verantwortlich sein sollte für sein eigenes Verhalten und seine eigene Arbeit. Ehepartner sind im selben Team. Aber wenn ein Teammitglied keinen Beitrag leistet, kann das Team nicht funktionieren. Ich möchte Ihnen mögliche Ursachen für ein solches Verhalten vorstellen.

1. Ein verantwortungsloser Ehepartner folgt vielleicht dem Vorbild eines Elternteils.
2. Ein verantwortungsloser Ehepartner rebelliert eventuell gegen das Rollenmodell eines Elternteils. Vielleicht hat er miterlebt, wie seine Mutter jeden Schritt seines Vaters überwacht hat, und so hat er sich geschworen, dass ihm so etwas nie passieren soll.
3. Ein verantwortungsloser Ehepartner hat möglicherweise eine egozentrische Haltung entwickelt und meint, die Welt drehe sich nur um ihn oder sie.
4. Das Verhalten eines verantwortungslosen Ehepartners kann auch ein Ausdruck des Grolls gegen seinen Partner sein. Vielleicht haben seine Worte oder Handlungen verletzte Gefühle oder Zorn ausgelöst. Er kann seinen Groll nicht mit Worten ausdrücken, aber dieser Groll zeigt sich in seinem Verhalten.

Wie entdecken Sie, warum sich Ihr Ehepartner so verhält? Am besten stellen Sie Fragen, aber keine direkten Fragen wie: „Warum bist du nicht bereit, Verantwortung zu übernehmen?“, sondern vorsichtig tastende Fragen wie: „Wie war deine Beziehung zu deinem Vater?“ oder: „Auf welche Art haben dich meine Worte und Handlungen am meisten verletzt?“ Wenn Sie diesen Dialog beginnen und ehrliche Antworten bekommen, sind Sie auf dem besten Weg, Ihren Ehepartner zu verstehen. Das ist der erste Schritt beim Umgang mit verantwortungslosem Verhalten.

*Himmlischer Vater, du weißt, wie frustriert ich bin, wenn ich sehe, dass mein Ehepartner nicht bereit ist, Verantwortung zu übernehmen. Du siehst auch, wie schlecht ich manchmal darauf reagiere. Bitte hilf mir, einen Schritt zurückzutreten und mein Bestes zu tun, damit ich die Ursache seines Verhaltens ergründen kann. Zeig mir, welche Fragen ich stellen muss, und schenke mir ein offenes Ohr für die Antworten.*

20. Mai

# Auf dem Weg zur Veränderung

*Gehört jemand zu Christus, dann ist er ein neuer Mensch. Was vorher war, ist vergangen, etwas Neues hat begonnen.*
2. Korinther 5,17

Der Umgang mit einem verantwortungslosen Ehepartner ist kein Vergnügen. Es kann jedoch großen Spaß machen zu beobachten, wie sich ein solcher Ehepartner verändert und reifer wird. Gestern habe ich Ihnen vorgeschlagen, dass Sie den ersten Schritt zu einer Veränderung hin machen, wenn Sie herausfinden, warum Ihr Ehepartner keine Verantwortung übernehmen will. Heute möchte ich Ihnen den nächsten Schritt vorstellen. Sie sollten sich nämlich Ihre eigenen Fehler aus der Vergangenheit eingestehen.

Wenn Sie erleben möchten, wie sich Ihr Ehepartner verändert, sollen Sie bei sich selbst mit der Veränderung beginnen. Sie wissen es, und auch Ihr Ehepartner weiß es: Sie sind nicht vollkommen. Wenn Sie sich Ihre eigenen Fehler zunächst selbst eingestehen, sie vor Gott und dann vor Ihrem Partner bekennen, bereiten Sie den Weg zu Veränderung und Reifung für Sie beide. Der Apostel Paulus verdeutlicht in 2. Korinther 5,17, dass diejenigen, die zu Jesus Christus gehören, etwas Neues beginnen. Eines sollten Sie nie vergessen: Gott hat die Macht, Ihr eigenes Herz genauso zu verändern wie das Ihres Ehepartners. Wenn Sie bei sich selbst beginnen und Gott bitten, Sie zu verändern, dann werden sich auch bei Ihrem Ehepartner Veränderungen einstellen.

Überlegen Sie sich, ob Sie nicht zu Ihrem Ehepartner sagen sollten: „Ich habe dich oft kritisiert, aber mir ist auch bewusst, dass ich mich dir gegenüber nicht so verhalten habe, wie ich es als Christ hätte tun sollen. Ich habe dir nicht immer Mut gemacht, wenn du es gebraucht hättest. Deshalb hoffe ich, dass du mir vergibst. Ich möchte, dass es in Zukunft anders wird.“ Mit diesen Worten bewirken Sie eine sofortige Veränderung des Klimas zwischen Ihnen beiden. Sie haben damit die Tür zu Wachstum und Reife geöffnet.

*Herr, ich bin dir dankbar, dass du Menschenleben veränderst. Obwohl es verlockend für mich ist zu meinen, dass nur mein Ehepartner Veränderung braucht, stimmt das nicht. Bitte schenke mir die Bereitschaft, auch mich selbst zu ändern. Zeig mir, wie ich ein besserer Ehepartner sein kann. Schenke mir die Demut, mein Fehlverhalten meinem Partner gegenüber zu bekennen, ohne von ihm oder ihr zu verlangen, dass er sich zuerst ändern soll.*

21. Mai

# Zuwendung schafft Veränderung

*Er machte sich auf den Weg und ging zurück zu seinem Vater. Der erkannte ihn schon von Weitem. Voller Mitleid lief er ihm entgegen, fiel ihm um den Hals und küsste ihn.*
Lukas 15,20

Wie können Sie in einer Beziehung das Wachstum ankurbeln, wenn Sie mit einem Partner verheiratet sind, der nicht bereit ist, Verantwortung zu übernehmen? Sie können einen positiven Einfluss auf Ihren Ehepartner ausüben, wenn Sie den richtigen Zugang wählen.

Wir haben darüber gesprochen, wie Sie herausfinden, warum Ihr Ehepartner sich so verhält. Stellen Sie Fragen oder versuchen Sie festzustellen, warum er oder sie die Verantwortung scheut. Dann habe ich vorgeschlagen, wie Sie die Tür zur Veränderung öffnen können, indem Sie Ihre eigenen Fehler bekennen und um Vergebung bitten. Heute möchte ich Ihnen Mut machen, das Bedürfnis Ihres Ehepartners nach emotionaler Zuwendung zu erfüllen. Vielleicht denken Sie jetzt: *Moment mal. Ich bin es doch, der sich nicht geliebt fühlt.* Das verstehe ich, aber Sie sind auch derjenige oder diejenige, der bereit ist, Verantwortung zu übernehmen. Sie wollen doch schließlich eine Veränderung herbeiführen.

Wenn Sie die wichtigste Liebessprache Ihres Ehepartners sprechen, machen Sie einen ersten, wichtigen Schritt. Warum? Weil ein Mensch, der sich geliebt und geborgen fühlt, offener für Veränderung ist. Hat Jesus uns nicht auch geliebt, als wir nicht liebenswert waren? Er starb für uns, während wir noch immer in unserer Sünde verstrickt waren (vgl. Römer 5,8). Sagt uns die Bibel nicht auch, dass wir ihn lieben, weil er uns zuerst geliebt hat (vgl. 1. Johannes 4,19)? Ein schönes Beispiel dafür ist die Geschichte vom verlorenen Sohn in Lukas 15. Als der Sohn nach Hause zurückkehrte, nachdem er sein gesamtes Vermögen vergeudet hatte, lief der Vater ihm entgegen. Er umarmte ihn, bevor er wusste, wie es im Herzen seines Sohnes aussah. Genauso ist es bei uns. Wenn wir unseren Partner lieben, bevor wir erleben, wie er sich verändert, ist das einer der wirkungsvollsten Auslöser von Veränderung.

*Herr Jesus Christus, danke für das Beispiel vom Vater des verlorenen Sohnes. Er umarmte seinen Sohn buchstäblich und im übertragenen Sinn, bevor er wusste, ob sein Sohn sich verändern würde oder nicht. Bitte hilf mir, mich meinem Ehepartner gegenüber genauso zu verhalten. Hilf mir, ihm meine Liebe zu zeigen, ohne etwas von ihm zu erwarten.*

# 22. Mai

## Denken und handeln wie Jesus

*Eure Einstellung soll der von Jesus Christus gleichen: Er war genauso wie Gott und hielt es nicht gewaltsam fest, Gott gleich zu sein. Er legte alles ab und wurde einem Sklaven gleich. Er wurde Mensch und alle sahen ihn als Menschen. Er erniedrigte sich selbst und gehorchte Gott bis zum Tod – zum Verbrechertod am Kreuz.*

Philipper 2,5-8

Welche Auswirkung hat meine Beziehung zu Gott auf meine Ehe? Eine ganz tief greifende Wirkung! Von Natur aus bin ich egozentrisch. Ich bringe diese Einstellung mit in meine Ehe. Wenn ich meinen Willen nicht durchsetzen kann, fange ich einen Streit an oder ich ziehe mich schmollend zurück. Ein solches Verhalten führt aber nicht zu Wachstum in einer Ehe. Deshalb muss sich meine Einstellung ändern, und hier tritt Gott auf den Plan. Es ist sozusagen sein „Beruf", Menschen zu ändern.

Der Apostel Paulus sagt: „Eure Einstellung muss der von Jesus Christus gleichen." Welche Einstellung hatte Jesus? Er war bereit, vom Himmel auf die Erde zu kommen, um sich mit uns zu identifizieren. In einer Bibelübersetzung wird diese Bereitschaft zur Erniedrigung so beschrieben: „Er wurde zu einem Nichts." Sobald Jesus Mensch wurde, war er bereit zu einem weiteren Schritt nach unten. Er war bereit, für uns zu sterben. Die Einstellung Jesu ist vor allem geprägt von aufopfernder Liebe und der Bereitschaft zum Dienen. Wenn ich dieselbe Einstellung habe, wird es in meiner Ehe zu einem Wachstum kommen.

In meiner Forschungsarbeit habe ich festgestellt, dass in der gesamten Geschichte Amerikas keine einzige Ehefrau ihren Mann ermordet hat, während er das Geschirr spülte. Das ist wirklich so! Das ist jetzt ein bisschen humorvoll zu verstehen, soll uns aber dennoch etwas verdeutlichen:

Es scheint uns ein Ding der Unmöglichkeit zu sein, dieselbe dienende Haltung zu entwickeln, wie Jesus sie hatte, aber es ist nicht unmöglich! Unterschätzen Sie niemals die Macht Gottes, einen Menschen umzuwandeln, wenn dieser dazu bereit ist.

*Herr Jesus Christus, ich bin erstaunt über deine Bereitschaft, dich zu erniedrigen. Ich kann es noch nicht einmal richtig verstehen, was es für dich bedeutet haben muss, die himmlische Herrlichkeit zu verlassen, um Mensch zu werden – und für uns zu sterben. Danke, Herr. Ich brauche deine verändernde Macht, damit ich dieselbe dienende Haltung lernen kann. Bitte mach mich bereit dafür.*

# 23. Mai

## Gott kann verändern

*Kommt alle her zu mir, die ihr euch abmüht und unter eurer Last leidet! Ich werde euch Ruhe geben. Lasst euch von mir in den Dienst nehmen, und lernt von mir! Ich meine es gut mit euch und sehe auf niemanden herab. Bei mir findet ihr Ruhe für euer Leben. Mir zu dienen ist keine Bürde für euch, meine Last ist leicht.*
Matthäus 11,28-30

Kann Gott in einer Ehe etwas bewegen? Tausende Ehepaare können bezeugen, dass Gott in ihrer Ehe tatsächlich etwas bewegt hat. Wie geschieht diese Umwandlung? Vor allem müssen wir eine Beziehung zu Gott aufbauen. Das bedeutet, dass wir zu ihm kommen müssen. Wir müssen ihm bekennen, dass wir unseren eigenen Weg gegangen sind und seine Gesetze übertreten haben, Vergebung brauchen und uns von unseren Sünden abwenden wollen.

Gott erwartet uns mit offenen Armen. Er sagt zu uns: „Kommt her zu mir, die ihr euch abmüht und unter eurer Last leidet. Ich werde euch Ruhe geben.“ Das ist eine wunderschöne und verblüffende Einladung. Wenn wir bereit sind, zu Gott zu kommen, vergibt er uns nicht nur unsere Sünden, sondern er sendet uns auch seinen Geist, um in uns zu wohnen.

Der Heilige Geist ist es nämlich, der unsere Einstellung verändert. Wenn er in unserem Leben die Führung übernimmt, sehen wir vieles mit anderen Augen. Er zeigt uns, dass Menschen wichtiger sind als Dinge und dass es wichtiger ist, anderen zu dienen, als sich dienen zu lassen. Er bewirkt in uns gute Charaktereigenschaften wie Liebe, Geduld, Freundlichkeit und Güte (vgl. Galater 5,22-23). Er allein kann in unserem Denken und Handeln eine so grundlegende Veränderung herbeiführen.

Erkennen Sie, wie diese neue Denkweise Ihre Beziehung umwandeln könnte? Nichts bietet ein größeres Potenzial zur Veränderung Ihrer Ehe als Ihre Bitte an Gott, in Ihr Leben zu kommen, Ihre Sünden zu vergeben und Sie die Welt mit seinen Augen sehen zu lassen.

• • • • • • • • • • • • • • • • • • • • • • • •

*Himmlischer Vater, danke, dass du uns einlädst, zu dir zu kommen. Ich bin so dankbar für die Vergebung, die du mir schenkst, für deine Unterweisung und deinen Heiligen Geist, der in mir lebt und mich auf meinen Wegen leitet. Ich brauche deine umwandelnde Kraft. Bitte hilf mir, damit ich zulasse, dass du mich veränderst.*

# 24. Mai

## Wahrheit befreit

*Zu den Juden, die nun an ihn glaubten, sagte Jesus: „Wenn ihr an meinen Worten festhaltet und das tut, was ich euch gesagt habe, dann gehört ihr wirklich zu mir. Ihr werdet die Wahrheit erkennen, und die Wahrheit wird euch befreien!“*
Johannes 8,31-32

Die Art, wie Sie sich selbst wahrnehmen, hat einen großen Einfluss auf Ihre Ehe. Manche Menschen sehen sich seit ihrer Kindheit als Versager. Von ihren Eltern haben sie vielleicht immer wieder gehört: „Du bist nicht gut genug.“ Diese Wahrnehmung wirkt wie eine Fessel. Solche Menschen denken: Warum soll ich es überhaupt probieren? Ich schaffe es sowieso nicht. Wenn sich solche Menschen verlieben und schließlich heiraten, bringen sie diese verzerrte Selbstwahrnehmung mit in die Ehe.

Ich kann Ihnen nur sagen, dass der Ehepartner eines solchen Menschen zutiefst frustriert sein wird. Jemand, der sich für einen Versager hält, erwartet vom Ehepartner häufig, dass er sein Selbstvertrauen aufbaut. Aber es dauert in der Regel nicht lange, bis der Ehepartner merkt, wie vergeblich sein Bemühen ist.

Wenn Sie eine verzerrte Wahrnehmung von sich selbst haben, sollten Sie sich bewusst machen, dass Ihr Ehepartner diese Sichtweise nicht verändern kann. Das können nur Sie selbst tun.

Aber wo fangen Sie an? In Johannes 8 sagt Jesus, dass die Wahrheit Sie frei machen wird, frei von Sünde und auch frei von falschen Denkmustern. Was ist die Wahrheit über Sie selbst – nach dem Wort Gottes? Sie sind nach dem Bild Gottes geschaffen (vgl. 1. Mose 1,27), wertvoll in Gottes Augen (vgl. unter anderem Matthäus 10,31) und durch Gottes Gaben befähigt zum Dienst in seinem Reich (vgl. 1. Korinther 12; Hebräer 13,20-21). Glauben Sie der Wahrheit über sich selbst! Entdecken Sie Ihre Fähigkeiten, und dann legen Sie diese in die Hände Gottes. Er wird dafür sorgen, dass Sie Großes für ihn vollbringen können, und wenn Sie das tun, befreien Sie Ihren Ehepartner von dem Druck, gegen Ihre falsche Selbstwahrnehmung ankämpfen zu müssen. Außerdem befreien Sie sich selbst vom negativen Denken.

*Himmlischer Vater, ich halte mich oft für einen Versager oder für wertlos. Ich klammere mich an meinen Partner und erwarte, dass er mir Mut macht, aber dann schenke ich seinen Worten keinen Glauben. Mir ist bewusst, wie destruktiv dieses Verhalten ist. Bitte hilf mir, mich selbst so zu sehen, wie du mich siehst. Weil du mich liebst, bin ich wertvoll. Bitte mach mich frei von den Lügen, an die ich bisher geglaubt habe.*

# Wir alle brauchen Hilfe

*Ohne eine gute Regierung geht jedes Volk zugrunde;*
*wo aber viele Ratgeber sind, gibt es Sicherheit.*
Sprüche 11,14

Haben Sie diesen Satz auch schon gehört? „Das Problem hast doch du. Ich brauche keinen Eheberater." Wer meint, er habe immer recht, liegt falsch. Niemand von uns ist vollkommen. Wir alle brauchen Hilfe. Im Buch der Sprüche heißt es: „Wo aber viele Ratgeber sind, gibt es Sicherheit." Warum ist das so? Weil andere Leute unsere Probleme oft klarer sehen als wir selbst. Wenn jemand Hilfe ablehnt und versucht, alle Probleme allein zu lösen, ist das häufig ein Zeichen von Unsicherheit. Ein solcher Mensch meint, es sei ein Beweis seiner Unzulänglichkeit, wenn er einen Fehler zugibt, und das ist seine größte Angst. Vielleicht hat sein Vater ihm eingeredet, dass aus ihm nie etwas werden würde. Deshalb tut er alles, um seinen Vater zu widerlegen.

Wie können Sie Ihrem Ehepartner helfen, wenn er diese Wahrnehmung von sich selbst hat? Schenken Sie ihm bedingungslose Liebe. Sprechen Sie häufig seine Muttersprache der Liebe. Schwärmen Sie von ihm, wenn Sie mit Freunden und Bekannten sprechen, in seiner Anwesenheit oder auch wenn er nicht dabei ist. Sprechen Sie vor allen von seinen guten Eigenschaften und Erfolgen. Wenn er sich in Ihrer Liebe geborgen weiß, gibt er vielleicht von sich aus zu, dass er nicht vollkommen ist. Ist das der Fall, lassen Sie ihn wissen, dass Sie ihn bewundern, weil er sich seine Fehler eingesteht. Wenn ihm bewusst wird, dass er erfolgreich sein kann, ohne perfekt zu sein zu müssen, kann sich Ihr Partner entspannen und endlich zu der Person werden, die sie nach Willen Gottes sein soll.

*Himmlischer Vater, manchmal fällt es mir schwer, meine eigenen Fehler zuzugeben. Bitte mach mir bewusst, dass die Probleme nicht gelöst, sondern nur noch schlimmer werden, wenn ich so tue, als ob ich perfekt bin. Wenn mein Partner mit so etwas zu kämpfen hat, zeig mir, wie ich ihm auf liebevolle Art Mut machen kann. Hilf mir, ihm bedingungslose Liebe zu schenken, unabhängig von dem, was er oder sie tut.*

# 26. Mai

## Veränderung ist möglich

*Passt euch nicht dieser Welt an, sondern ändert euch, indem ihr euch von Gott völlig neu ausrichten lasst. Nur dann könnt ihr beurteilen, was Gottes Wille ist, was gut und vollkommen ist und was ihm gefällt.*
Römer 12,2

Wie würden Sie sich selbst beschreiben? Wie würden Sie Ihren Ehepartner beschreiben? Sind Sie Optimist oder Pessimist, eher negativ oder positiv eingestellt, kritisch oder unkritisch? Ist Ihr Ehepartner extrovertiert oder introvertiert, gesprächig oder schweigsam, geduldig oder ungeduldig? Die Art, wie Sie sich selbst und Ihren Ehepartner wahrnehmen, hat Auswirkungen auf Ihr Verhalten und auch auf Ihre Ehe.

Diese Charaktereigenschaften bezeichnen wir in der Regel als Persönlichkeitsmerkmale. Leider hat man uns weisgemacht, dass diese Merkmale bereits im Alter von fünf oder sechs Jahren in Stein gemeißelt sind und dass wir sie ab diesem Zeitpunkt nicht mehr ändern können. Glücklicherweise brauchen wir uns von diesen Vorstellungen nicht leiten zu lassen. Die Botschaft der Bibel lautet: wir können uns verändern, mit Gottes Hilfe! Der Text in Römer 12 verdeutlicht, dass Gott uns umwandelt, wenn wir dazu bereit sind. Er kann uns bis in unser tiefstes Inneres hinein verändern, indem er bei unserer Denkweise beginnt. Ich nenne Ihnen jetzt eine Möglichkeit, diesen Prozess in Gang zu setzen. Wenn Sie sich selbst als negativ und überkritisch wahrnehmen, dann praktizieren Sie die Kunst der Komplimente. Vielleicht beginnen Sie bei sich selbst. Machen Sie sich selbst ein Kompliment. Wenn Sie eine Sache gut gemacht haben, halten Sie lange genug inne, um zu sagen: „Mensch, das ist mir aber gut gelungen." Ihre Selbstwahrnehmung ändert sich allmählich, sobald Sie sich jeden Tag ein Kompliment machen.

Tun Sie das Gleiche bei Ihrem Partner, und Sie werden merken, wie er oder sie sich ebenfalls verändert. Sie können nicht nur Ihre Selbstwahrnehmung verbessern, sondern auch die Art, wie Sie mit Ihrem Ehepartner umgehen.

*Himmlischer Vater, du hast die Macht, uns von innen nach außen zu verwandeln und dafür danke ich dir. Ich möchte nicht nur die Art, wie ich mich selbst sehe, ändern, sondern auch meine negative Haltung gegenüber meinem Ehepartner, weil ich nicht in den alten Mustern stecken bleiben will. Bitte verändere mich. Schenke mir die Bereitschaft, die ersten Schritte zu gehen.*

27. Mai

# Teamarbeit – eine Erfindung Gottes

*Gott hat schon damals beschlossen, dass wir durch Jesus Christus seine eigenen Kinder werden sollten. Dies war sein Plan, und so gefiel es ihm. Nachdem ihr diese Botschaft im Glauben angenommen habt, gehört ihr nun Gott. Er hat euch sein Siegel aufgedrückt, als er euch den Heiligen Geist schenkte, den er jedem Glaubenden zugesagt hat.*
Epheser 1,5.13

Es kommt mir so vor, als ob wir die Ehe besser verstehen könnten, wenn wir Gott besser verstehen würden. Ist Ihnen schon aufgefallen, dass Gott der Vater, Gott der Sohn und Gott der Heilige Geist als Team zusammenarbeiten? Lesen Sie das erste Kapitel des Epheserbriefs. Der Vater hat unsere Erlösung geplant, der Sohn hat sein Blut vergossen, um unsere Erlösung zu bewirken, und der Heilige Geist hat unsere Erlösung besiegelt. Im Geheimnis der Dreieinigkeit ist Gott einer, und diese Einheit kommt zum Ausdruck in der Verschiedenheit der Rollen, die benötigt wurden, um ein Ziel zu erreichen, nämlich unsere Erlösung.

Die Bibel sagt uns, dass in der Ehe Mann und Frau eins werden sollen, ein Fleisch. Diese Einheit bedeutet aber nicht Gleichförmigkeit. Wir sollen nicht zu einer genauen Kopie unseres Ehepartners werden. Vielmehr sind wir eigenständige Geschöpfe, die als Team zusammenarbeiten, um ein bestimmtes Ziel zu erreichen, nämlich den Willen Gottes für unser Leben. Wir ergänzen uns, ob es nun bei ganz profanen Arbeiten wie dem Wäschewaschen oder dem Saubermachen ist oder bei spannenderen Aufgaben wie dem ehrenamtlichen Dienst in einer Suppenküche oder der Leitung eines Bibelkreises. Der Ehemann, der sich um die Kinder kümmert, während seine Frau einen Bibelkreis leitet, hat einen Anteil an ihrem Dienst. Denn zwei Menschen werden eins, wenn sie als Team zusammenarbeiten.

*Himmlischer Vater, ich bin dir dankbar, dass du uns auch bei der Teamarbeit ein Vorbild bist. Ich kann das Geheimnis der Dreieinigkeit zwar nicht so recht begreifen, aber ich weiß, dass die drei Personen der Gottheit in vollkommener Einheit zusammenwirken. Ich bitte dich um diese Art von Einigkeit in meiner Beziehung zu meinem Partner. Hilf uns, als Team reibungslos zusammenzuarbeiten, tolerant zu bleiben und unser höchstes Ziel im Auge zu behalten. Wir bitten dich, dass wir dir in unserer Ehe die Ehre geben, wenn wir deinen Willen tun.*

28. Mai

# Die Grundlagen für echte Teamarbeit

*Ich habe gepflanzt, Apollos hat begossen, aber Gott hat euren Glauben wachsen lassen. Es ist nicht so wichtig, wer pflanzt und wer begießt; wichtig ist allein Gott, der euren Glauben wachsen lässt. Von Gottes Mitarbeitern ist einer so notwendig wie der andere, ob er nun das Werk beginnt oder weiterführt. Jeder wird von Gott den gerechten Lohn für seine Arbeit bekommen.*

1. Korinther 3,6-9

Teamarbeit ist der wichtigste Bestandteil einer erfolgreichen Ehe. Denken Sie nur an das erste Gebot, das Gott Adam und Eva gegeben hatte. Sie sollten fruchtbar sein und sich vermehren. Wenn schon bei diesem einfachen biologischen Ziel Teamwork gefragt ist, ist es auch in allen anderen Bereichen wichtig. Der Apostel Paulus schreibt in 1. Korinther 3 über die Grundlagen für die Arbeit im Team. Er reagierte mit seinen Worten auf die Haltung einiger neu zum Glauben gekommener Christen, die die Gemeinde spalteten, indem sie sich entweder zu Paulus oder zu Apollos zugehörig fühlten. Paulus erinnerte die Korinther daran, dass es keine Rolle spielt, wer die Aufgabe zu Ende führt, wenn beide dasselbe Ziel haben. Er und Apollos trugen beide zur Verkündigung des Evangeliums bei, und sie legten das Resultat in die Hände Gottes. Das ist echte Teamarbeit.

Der Gedanke der Teamarbeit ist bei der Bewältigung des Alltags besonders hilfreich. Damit das tägliche Leben funktioniert, müssen Dinge erledigt werden – das Kochen, das Geschirrspülen, das Bezahlen von Rechnungen, das Putzen der Wohnung, die Gartenarbeit und das Kutschieren der Kinder zum Unterricht oder zum Sport. Wer macht was? Und wer macht was wie oft? Wenn Sie diese Punkte rechtzeitig klären, sparen Sie sich später eine Menge Konflikte.

Aufgaben im Haushalt sollten nicht eine Frage des Geschlechts sein. Manche Männer sind bessere Köche als ihre Frauen. Manche Frauen sind in Mathematik besser als ihre Männer und sollten sich deshalb um die Finanzen kümmern. Sie sind Mitglieder eines Teams, keine Konkurrenten. Warum arbeiten Sie nicht einen Plan für die Teamarbeit aus, bei dem Ihre besten Gaben und Fähigkeiten berücksichtigt werden? Denken Sie daran: Sie sind keine Feinde, sondern Sie sind in ein und demselben Team.

*Himmlischer Vater, es fällt mir zu leicht, meinen Partner als Konkurrenten zu sehen. Ich mache mir Gedanken, wer von uns den größeren Beitrag leistet, und ich konzentriere mich zu stark darauf, ob die Arbeitsteilung fair ist. Bitte zeig mir stattdessen, wie ich mit meinem Partner ein gutes Team bilden kann. Hilf uns, dass wir zusammenarbeiten, um unser gemeinsames Ziel zu erreichen.*

# 29. Mai

# Wahre Größe

*Jesus setzte sich, rief die zwölf Jünger zu sich und sagte: „Wer der Erste sein will, der soll sich allen anderen unterordnen und ihnen dienen."*
Markus 9,35

Sklaverei verhärtet das Herz und bewirkt Zorn, Bitterkeit und Verärgerung. Frauen, die dazu gezwungen werden, ihren Männern zu dienen, können sich nur selten dazu aufraffen, ihre Männer zu lieben. Es ist schwer, jemanden zu lieben, der Sie wie einen Sklaven behandelt. Wenn Menschen ihren Mitmenschen aus Zwang dienen, verlieren sie die Freiheit zum echten Dienen.

Die Bibel fordert uns zu einem Dienen auf, das freiwillig geschieht, nicht aus Angst, sondern aus einer Entscheidung heraus, aus der persönlichen Erkenntnis, dass „Geben seliger ist als Nehmen" (Apostelgeschichte 20,35). Diese Art des Dienens ist das Markenzeichen von wahrer Größe. Jesus sagte, dass der Größte in seinem Reich der hingegebenste Diener sein wird.

Wenn wir unserem Ehepartner dienen, dann ist das eine Art, die Lehre Jesu in die Praxis umzusetzen. Und wenn das Dienen nicht in der Ehe beginnt, wo denn dann? Jesus sagt, dass wir ihm dienen, wenn wir einem seiner Geschöpfe dienen (vgl. Matthäus 25,40). Damit wird das Dienen auf eine noch höhere Ebene gehoben. Jedes Mal, wenn ich für meine Frau die Wohnung putze, diene ich Jesus. Wenn das so ist, dann her mit dem Staubsauger!

*Herr Jesus Christus, du erinnerst uns daran, dass wir dir dienen, wenn wir einander dienen, und dafür danken wir dir. Bitte schenke uns die Demut, die wir für diese Haltung des Dienens brauchen.*

30. Mai

# Dienen, ohne zu fordern

*Jesus goss Wasser in eine Schüssel und begann, seinen Jüngern die Füße zu waschen und mit dem Tuch abzutrocknen. „Wie ich, euer Meister und Herr, euch jetzt die Füße gewaschen habe, so sollt auch ihr euch gegenseitig die Füße waschen. Ich habe euch damit ein Beispiel gegeben, dem ihr folgen sollt. Handelt ebenso!“*
Johannes 13,5.14-15

In jeder Berufssparte sind die Besten diejenigen, die ein echtes Bedürfnis haben, anderen Menschen zu dienen. Die namhaftesten Ärzte sehen ihren Beruf als eine Berufung, den Kranken und Leidenden zu helfen. Echte Spitzenpolitiker sehen ihre Aufgabe darin, der Gesellschaft zu dienen. Die besten Pädagogen wollen ihren Schülern oder Studenten dabei helfen, ihr volles Potenzial auszuschöpfen.

In der Familie ist es genauso. Die besten Ehemänner wollen ihre Frauen dabei unterstützen, ihre Ziele zu erreichen. Und die besten Ehefrauen geben alles, um ihren Männern zu helfen, damit sie erfolgreich sind. Wenn Mann und Frau einander ihr Leben geben, werden beide zu Gewinnern.

Wenn Sie allerdings krampfhaft an Ihren Rechten festhalten und fordern, dass Ihr Ehepartner Ihnen zu dienen hat, verhalten Sie sich genau entgegengesetzt zu dem, was die Bibel lehrt. „Gebt, so wird euch gegeben“, sagt die Bibel (Lukas 6,38), und nicht: „Fordert, und die Leute werden eure Forderungen erfüllen.“ Es ist doch so: Die meisten Menschen reagieren nicht gerade wohlwollend auf Forderungen, aber kaum jemand kann liebevollem Dienen widerstehen. Wenn wir anderen dienen, folgen wir dem Vorbild Jesu und zeigen wahre Größe.

*Herr Jesus Christus, ich bin immer wieder erstaunt über die Art, wie du anderen gedient hast. Wenn du für deine Jünger bereitwillig eine niedrige Arbeit übernommen hast, wie viel mehr sollte ich dann bereit sein, meinem Ehepartner zu dienen? Bitte hilf mir, damit ich deinem Beispiel folgen kann.*

# 31. Mai

## Schweigen ist keine Lösung

*Missmutig ging Ahab in den Palast zurück. Er war wütend, dass Nabot ihm den Weinberg nicht verkaufen wollte, nur weil es ein Erbstück seiner Vorfahren war. Vor Ärger rührte er sein Essen nicht an, sondern legte sich ins Bett und drehte sich zur Wand.*
1. Könige 21,4

Jill erzählte ihrem Mann Mike, dass sie vorhabe, gemeinsam mit ihren Arbeitskolleginnen eine Wochenendreise ans Meer zu machen. Mike reagierte auf ihre Worte mit Schweigen. Er explodierte nicht, er schrie nicht, er fing keinen Streit an. Von ihm kam gar nichts, bloß Schweigen. Dieses Schweigen dauerte bereits vier Tage, als Jill in mein Büro kam und mich um Rat bat.

Ich hatte drei Vermutungen.

1. Es war nicht das erste Mal, dass Mike seine Frau anschwieg.
2. Mike war sehr unglücklich über Jills Plan, mit ihren Freundinnen ans Meer zu fahren.
3. Jill missachtete Mikes emotionales Bedürfnis nach Liebe.

Eines möchte ich Ihnen ganz deutlich sagen: Wenn Sie eine gesunde Ehe wollen, dürfen Sie sich nicht mit dem Schweigen des Ehepartners abfinden. Wenn Sie derjenige oder diejenige sind, der Ihren Partner anschweigt, sollten Sie wissen, dass Sie sich mit Ihrem Schweigen ein Eigentor schießen und Ihre Ehe sabotieren. Schweigen ist vielleicht zunächst einmal besser als ein Wutausbruch, aber als langfristige Lösung nicht besonders hilfreich. Ein ziemlich drastisches biblisches Beispiel schildert das Schweigen des berüchtigten Königs Ahab. Als ein Mann namens Nabot sich weigerte, dem König seinen Weinberg zu verkaufen, ging Ahab nach Hause und legte sich mit dem Gesicht zur Wand auf sein Bett. Das war eine eindeutig unproduktive Reaktion.

Wenn Sie von Ihrem Ehepartner mit Schweigen bestraft werden, sollten Sie die erste Lektion daraus lernen. Wenn Ihr Ehepartner nicht mehr mit Ihnen spricht, hat das immer einen Grund, oft auch mehr als einen. Wenn Sie mit Ihrem Ehepartner wieder ins Gespräch kommen wollen, müssen Sie mehr *denken* als *reden*. Kritik am schweigsamen Partner führt nur dazu, dass das Schweigen noch länger anhält.

• • • • • • • • • • • • • • • • • • • • • • •

*Himmlischer Vater, bitte vergib mir, wenn ich aus Wut aufhöre, mit meinem Partner zu sprechen. Zeig mir einen besseren Weg. Und wenn mein Partner mich anschweigt, zeig mir, wie ich besser zuhören und die Ursache seines Schweigens herausfinden kann.*

# 1. Juni

## *Was verbirgt sich hinter dem Schweigen?*

*Wenn Vater und Mutter mich verstoßen, nimmst du, Herr, mich doch auf. Zeige mir, was ich tun soll! Führe mich auf sicherem Weg.*
Psalm 27,10-11

Wenn Ihr Partner Sie anschweigt, gibt es immer Gründe für dieses Verhalten. In der Regel gibt es einen aktuellen, einen emotionalen und einen historischen Grund. Der *aktuelle* Grund ist etwas, was gerade erst geschehen ist und was der Ehepartner als unakzeptabel empfindet. Für Mike aus unserem Beispiel von gestern war es Jills Ankündigung über das geplante gemeinsame Wochenende mit ihren Freundinnen.

Der *emotionale* Grund umfasst die tiefer liegenden Gefühle, die durch das aktuelle Geschehen ausgelöst wurden. Mike fühlte sich von Jill nicht wirklich geliebt. Deshalb folgerte er: *Wenn sie mich wirklich liebt, will sie doch mit mir zusammen sein und nicht übers Wochenende wegfahren.*

Der *historische* Grund umfasst häufig Kommunikationsmuster aus der Vergangenheit. Mike hatte das „Anschweigen" in seiner Kindheit gelernt. Seine Eltern ließen es nicht zu, dass er mit ihnen Streitgespräche führte. Deshalb hielt er den Mund, wenn er sich verletzt fühlte oder wütend war. Wenn Sie von Ihren Eltern negative Verhaltensmuster gelernt haben, möchte ich Ihnen Mut machen. Denken Sie daran, dass Sie nicht in diesen Mustern gefangen bleiben müssen. Der Herr kann Ihren Sinn erneuern und Ihnen zeigen, was Sie tun sollen, so wie es im Psalm 27 heißt.

Wenn Ihr Ehepartner Sie „anschweigt", sollten Sie sich die drei folgenden Fragen beantworten, um die drei möglichen Gründe für das Schweigen ansprechen zu können.

1. Was habe ich gerade getan oder nicht getan, worüber sich mein Ehepartner ärgern könnte?
2. Fühlt sich mein Ehepartner von mir wirklich geliebt? Habe ich in letzter Zeit die richtige Liebessprache gesprochen und dabei die Gefühle meines Partners berücksichtigt?
3. Was weiß ich über die Vergangenheit oder Kindheit meines Partners? Kann mir dieses Wissen dabei helfen, sein Schweigen zu verstehen?

Morgen sprechen wir über eine Strategie, mit deren Hilfe Sie das Schweigen Ihres Partners brechen können.

*Himmlischer Vater, du weißt, wie tief manche Kommunikationsmuster in uns verankert sind. Bitte zeige uns den Weg zu neuen, besseren Wegen, miteinander zu reden und mit Problemen umzugehen. Danke, dass du uns auf sicheren Wegen führen willst.*

2. Juni

# Wie wir das Schweigen brechen

*Allerdings musst du in jeder Beziehung ein Vorbild sein: in allem, was du sagst und tust, in der Liebe, im Glauben und in Selbstbeherrschung.*
1. Timotheus 4,12

Wenn Ihr Ehepartner Sie anschweigt, fühlen Sie sich vielleicht hilflos, aber das sind Sie nicht. Sie können dabei helfen, das Schweigen zu brechen. Aber bitte kritisieren Sie Ihren Partner nicht wegen seines Schweigens. Versuchen Sie stattdessen herauszufinden, was in Ihrem Partner vorgeht, und dann sprechen Sie diese Probleme an.

Jetzt kann ich förmlich Ihren Einwand hören: „Ja, aber wie kann ich wissen, was in ihm vorgeht, wenn er nicht reden will?" Die Antwort lautet: Denken Sie nach. Denken Sie über die emotionalen Bedürfnisse Ihres Ehepartners nach. Wenn unsere emotionalen Bedürfnisse nicht erfüllt werden, handeln wir falsch. Schweigen ist eine Form dieses Fehlverhaltens.

Jill sprach das Problem an, als sie zu ihrem Mann sagte: „Mike, ich weiß, dass ich in letzter Zeit nicht deine Liebessprache gesprochen habe. Das tut mir sehr leid. Ich war so beschäftigt mit anderen Dingen, dass ich das Wichtigste vergessen habe, nämlich dass ich dich liebe. Ich glaube, du schweigst mich an, weil du dich von mir vernachlässigt fühlst. Wenn das der Fall ist, können wir dann nicht abmachen, dass du beim nächsten Mal einfach sagst: ‚Mein Liebestank ist leer. Ich muss unbedingt wissen, dass du mich liebst'? Ich verspreche dir, dass ich darauf reagieren werde, weil ich dich wirklich liebe."

Sie haben richtig geraten. Als er diese liebevolle, ehrliche Bitte hörte, brach Mike sein Schweigen. Wie im oben zitierten Vers erwähnt, sollten unsere Worte vorbildlich sein, und unsere Liebe sollte immer zum Ausdruck kommen. Wenn das der Fall ist, haben wir eine positive Wirkung auf andere Menschen.

• • • • • • • • • • • • • • • • • • • • • • •

*Herr Jesus Christus, bitte gib mir die nötige Reife, Selbstbeherrschung und Weisheit, auf das Schweigen meines Partners liebevoll zu reagieren. Zeig mir, wie ich das Kernproblem seiner emotionalen Bedürfnisse ansprechen kann. Bitte schenke uns Heilung für unsere Beziehung.*

# 3. Juni

## Sex bewirkt Zusammenhalt

*Achtet die Ehe, und haltet euch als Ehepartner die Treue.*
Hebräer 13,4

Im ersten Buch Mose heißt es, dass die Ehepartner beim Geschlechtsakt „ein Fleisch" werden (1. Mose 2,24). Anders ausgedrückt bedeutet das: Das Leben der beiden verschmilzt zu einem. Beim Sex wird die Ehe vollzogen. Wir haben eine öffentliche Trauung und einen privaten Vollzug des öffentlich ausgesprochenen Ehegelübdes. Im Geschlechtsakt bekommt die innere Einheit zweier Menschenleben ihren körperlichen Ausdruck.

In der hebräischen Bibel und den Schriften des Neuen Testamentes wird immer davon ausgegangen, dass der Geschlechtsverkehr der Ehe vorbehalten ist. Das soll keine willkürliche Verurteilung von außerehelichem Sex sein, sondern Ausdruck des Bestrebens, dem wahren Wesen des Geschlechtsaktes gerecht zu werden. Eine derart tiefgreifende Verbindung zwischen zwei Menschen ist außerhalb einer liebevollen, lebenslangen Beziehung zwischen Eheleuten schlichtweg unangebracht. Der Verfasser des Hebräerbriefes erwähnt, dass das Ehebett unbefleckt erhalten werden soll und somit der Geschlechtsakt etwas Besonderes ist, das nur zwischen Eheleuten stattfinden sollte.

Sex ist nicht eine bloße Vereinigung zweier Körper, die füreinander geschaffen sind, sondern führt weiter zu einer geistigen, emotionalen, gesellschaftlichen und religiösen Verbindung. Sex war ursprünglich eine Idee Gottes, und die Ehe ist der Rahmen, in der diese Idee ihre wahre Bedeutung findet.

*Himmlischer Vater, danke für das Geschenk, das du uns mit der Sexualität in unserer Ehe gemacht hast. Ich bin dankbar für die körperliche, emotionale und geistliche Verbindung, die aus unserer sexuellen Beziehung heraus entsteht. Bitte hilf uns, dass wir alles tun, um diese Verbindung stark und rein zu erhalten.*

4. Juni

# Den Ehepartner gründlich kennenlernen

*Der Mann soll seine Frau nicht vernachlässigen,*
*und die Frau soll sich ihrem Mann nicht entziehen.*
1. Korinther 7,3

Wir müssen die Unterschiede zwischen Mann und Frau verstehen, wenn wir das göttliche Ideal für sexuelle Nähe entdecken wollen. Der Mann legt häufig den Schwerpunkt auf die körperlichen Aspekte wie das Sehen, die Berührung, das Fühlen. Die Frau dagegen legt mehr Wert auf den emotionalen Aspekt. Wenn sie sich geliebt, umsorgt und von Zärtlichkeit umgeben fühlt, wird für sie der Weg für sexuelle Nähe bereitet.

Die Worte des Apostels Paulus verdeutlichen, dass wir als Ehepaar unsere jeweiligen sexuellen Bedürfnisse erfüllen sollten. Auf dieses Ziel muss man bewusst hinarbeiten. Der Mann muss lernen, sich auf das emotionale Bedürfnis seiner Frau nach Liebe einzustellen. Die Frau muss bei den sexuellen Wünschen ihres Mannes den körperlichen und visuellen Aspekt berücksichtigen. Wie in allen anderen Bereichen der Ehe ist auch hier das Lernen gefragt. Wenn die Eheleute daran arbeiten, das sexuelle Erleben zu einem Akt der Liebe zu machen, bei dem jeder dem anderen Genuss bereiten möchte, werden sie in ihrer sexuellen Nähe Erfüllung finden. Aber wenn sie meinen, alles komme wie von selbst, dann werden sie in ihrem Sexualleben Frustration erleben.

Es sollte klar sein, dass wir sexuelle Nähe nicht trennen können von emotionaler, geistiger, sozialer und geistlicher Vertrautheit. Wir können diese Bereiche zwar voneinander getrennt betrachten, aber im Rahmen zwischenmenschlicher Beziehungen ist ein Schubladendenken fehl am Platz.

Das Empfinden von Nähe, das Gefühl eins zu sein und gemeinsame sexuelle Erfüllung zu erleben, wird dem Ehepaar geschenkt, das daran arbeitet, sich immer besser kennenzulernen. Liebe kann man lernen, und wenn man dazu bereit ist, kann man auch große sexuelle Nähe erfahren.

• • • • • • • • • • • • • • • • • • • • • • • • • • • • • •

*Herr Jesus Christus, es ist leicht, beim Sex nur an sich selbst zu denken. Bitte hilf uns, dass wir uns als Ehepaar aufeinander einstellen, damit unser Wunsch, einander Freude zu bereiten, wächst und unsere Beziehung dadurch gestärkt wird.*

# 5. Juni

## Freude am Unterschied

*Wie glücklich macht mich deine Liebe, mein Mädchen, meine Braut! Ich genieße deine Liebe mehr als den besten Wein. Dein Duft ist bezaubernder als jedes Parfüm. Mein Mädchen ist ein Garten, in dem die schönsten Pflanzen wachsen.*
Hoheslied 4,10.12

Männer und Frauen sind sich zwar ähnlich, aber zugleich auch sehr unterschiedlich. Das war der Plan Gottes in vielen Bereichen, auch im Sexualleben. Männer reagieren stark auf optische Reize. Wenn ein Mann zusieht, wie seine Frau sich im gedämpften Licht des Schlafzimmers auszieht, kann er schon zum Sex bereit sein. (Liebe Ehemänner, es tut mir sehr leid, aber unsere Frauen können zusehen, wie wir uns ausziehen, und dabei an alles Mögliche denken, nur nicht an Sex.)

Frauen reagieren viel stärker auf zärtliche Berührungen, ermutigende Worte und kleine Aufmerksamkeiten. Ich habe schon öfter von Frauen gehört: „Sex beginnt nicht im Schlafzimmer, sondern in der Küche. Er beginnt nicht am Abend, sondern am Morgen." Die Art, wie eine Frau im Laufe des Tages von ihrem Mann behandelt wird, hat eine große Wirkung auf die Stärke ihres sexuellen Verlangens am Abend.

Der oben zitierte Abschnitt aus dem Hohelied zeigt uns auf bildhafte Art, wie viel Freude es machen kann, wenn man nach und nach entdeckt, dass der Ehepartner voller Geheimnisse ist. Unterschiede zwischen Mann und Frau müssen nicht frustrierend, sie können im Gegenteil auch bezaubernd sein. Von einer Sache bin ich fest überzeugt: Wenn Männer der biblischen Aufforderung, sich ihren Frauen gegenüber „einsichtig und verständnisvoll" zu verhalten (vgl. 1. Petrus 3,7), folgen würden, könnten sie entdecken, welche Art von sexueller Nähe Gott für die Ehe gewollt hat.

*Himmlischer Vater, danke für die Unterschiede zwischen meinem Ehepartner und mir. Ich bitte dich, dass du uns die Geduld schenkst, uns gegenseitig richtig kennenzulernen und zu begreifen, wie der andere auch sexuell reagiert. Hilf uns, liebevoll miteinander umzugehen.*

6. Juni

# Den Ehepartner mit den Augen Gottes sehen

*„Lasst euch stattdessen einen neuen Geist und ein verändertes Denken geben. Als neue Menschen, geschaffen nach dem Ebenbild Gottes und zur Gerechtigkeit, Heiligkeit und Wahrheit berufen, sollt ihr auch ein neues Wesen annehmen.“*
Epheser 4,23-24

Meine Gesinnung oder Einstellung hat etwas zu tun mit der Art, wie ich über bestimmte Dinge denken will. Sie resultiert aus dem Schwerpunkt, den ich für mich selbst setze.

Zwei Männer sahen durch das vergitterte Fenster ihrer Gefängniszelle. Der eine sah den Schmutz im Gefängnishof, der andere sah die Sterne am Himmel. Zwei Menschen hatten Eheprobleme. Der eine Ehepartner fluchte, der andere betete. Der Unterschied liegt in der Einstellung.

Negatives Denken erzeugt in der Regel noch mehr negatives Denken. Wenn Sie sich darauf konzentrieren, wie schlimm Ihre Situation ist, erscheint sie Ihnen schnell noch schlimmer. In der düstersten Nacht einer problematischen Ehe gibt es immer ein kleines, flackerndes Licht der Hoffnung. Richten Sie Ihren Blick auf dieses Licht, und es wird schließlich den ganzen Raum erhellen.

Es scheint zwar unmöglich zu sein, sich in einer kriselnden Ehe eine positive Einstellung zu bewahren, aber wir als Christen haben Hilfe von außen. Der oben zitierte Text aus dem Epheserbrief spricht davon, wie wir dem Heiligen Geist erlauben können, unser Denken und unsere Gesinnung zu erneuern. Wenn wir erlöst sind, haben wir ein neues Wesen und sind nicht mehr Sklaven unserer alten Denkweise. Wenn wir den Herrn darum bitten, wird er in uns eine neue Gesinnung entfalten. Überlegen Sie sich, ob auch Sie dieses Gebet sprechen wollen: „Herr, hilf mir, meine Ehe so zu sehen, wie du sie siehst. Hilf mir, meinen Partner mit deinen Augen zu sehen. Hilf mir, so über ihn zu denken, wie du über ihn denkst.“ Wenn Sie in Ihrem Ehepartner eine Person sehen können, die von Gott geliebt wird, einen wertvollen Menschen, für den Jesus Christus gestorben ist, dann kann sich in Ihnen eine positive Einstellung entwickeln.

*Himmlischer Vater, wie oft habe ich mit meiner Gesinnung zu kämpfen. Ich will nicht zum Sklaven negativer Gedanken werden und nur noch das Schlimmste erwarten. Bitte wandle mein Denken um. Zeige mir, wie ich mein Augenmerk auf das Gute richten kann. Gib mir die Weisheit, meinen Ehepartner und meine Ehe mit deinen Augen zu sehen. Bitte schenke mir mehr Liebe und Optimismus, damit meine Ehe besser wird.*

7. Juni

# Der Schlüssel zu einer positiven Einstellung

*Macht euch keine Sorgen! Ihr dürft Gott um alles bitten. Sagt ihm, was euch fehlt, und dankt ihm! Und Gottes Friede, der all unser Verstehen übersteigt, wird eure Herzen und Gedanken im Glauben an Jesus Christus bewahren. Orientiert euch an dem, was wahrhaftig, gut und gerecht, was redlich und liebenswert ist und einen guten Ruf hat.*
Philipper 4,6-8

Der Versuch, sich eine positive Einstellung zu bewahren, ist keine neue Idee. Sie findet sich bereits in den aus dem ersten Jahrhundert nach Christus stammenden Schriften des Apostels Paulus. Er ermunterte die Gemeinde in Philippi, bei Problemen zu beten, anstatt sich über sie Sorgen zu machen. Warum? Weil Sorge zu Angst und negativem Denken führt, Gebet aber zu innerem Frieden und einer positiveren Haltung. Dann offenbart Paulus den Schlüssel zu einer positiven Einstellung: Denken Sie über positive Dinge nach, über etwas Gutes, das „einen guten Ruf hat".

Wir sind verantwortlich für die Art, wie wir denken. Auch in der schlimmsten Ehekrise liegt es an uns, welche Einstellung wir haben. Wenn wir uns eine positive Haltung bewahren wollen, brauchen wir Gebet. Wie der Apostel Paulus schon sagt, können wir Gott unsere Anliegen bringen. Wir können ihm sagen, was wir brauchen, und wir können dankbar sein für das, was er bereits für uns getan hat. Wird Gott immer das tun, worum wir ihn bitten? Nein, aber wenn wir unsere Sorgen in seine Hände legen und unsere Dankbarkeit zum Ausdruck bringen, kommt der Friede Gottes in unser Herz und in unsere Gedanken. Gott schenkt uns innere Ruhe und übernimmt die Führung in unserem Denken.

Wenn wir in unserer Ehe mit bestimmten Sachen zu kämpfen haben, dann sollten wir uns um eine optimistischere Haltung bemühen. Mit einer positiven Einstellung werden wir zu einem Teil der Lösung anstatt zu einem Teil des Problems.

*Himmlischer Vater, danke, dass wir dir im Gebet alles bringen dürfen. Hilf mir, meine Sorgen in deine Hände zu legen, weil ich weiß, dass du alle unsere Wege lenkst. Wenn ich dir danke für das, was du bereits für mich getan hast, denke ich daran, wie du in der Vergangenheit für mich eingetreten bist. Und dann kann ich auch die Zukunft in einem positiveren Licht sehen. Bitte bewirke in mir die richtige Einstellung.*

# 8. Juni

## Die Haltung prägt das Verhalten

*Freut euch zu jeder Zeit! Hört niemals auf zu beten. Danket Gott für alles. Denn das erwartet Gott von euch, weil ihr zu Jesus Christus gehört.*
1. Thessalonicher 5,16-18

Ein Grund, warum meine innere Haltung so wichtig ist, liegt darin, dass meine Einstellung mein Handeln, nämlich mein Verhalten und meine Worte, prägt. Wenn ich eine pessimistische, negative Grundhaltung habe, zeigt sich diese in negativen Worten und negativem Verhalten. Vielleicht bin ich nicht in der Lage, mein Umfeld in den Griff zu bekommen. Vielleicht erlebe ich schwierige Situationen wie Krankheit, einen alkoholkranken Ehepartner, ein drogensüchtiges Kind, eine Mutter, die mich im Stich gelassen, oder einen Vater, der mich misshandelt hat, einen Ehepartner, der nicht bereit ist, Verantwortung zu übernehmen, alte, pflegebedürftige Eltern und so weiter. Jede Situation für sich kann für einen Menschen fast untragbar sein. Aber für mich ist es entscheidend zu erkennen, dass *ich* verantwortlich bin für das, was *ich* innerhalb meines Umfeldes tue. Und meine innere Haltung hat einen großen Einfluss auf mein Verhalten.

Der Text in 1. Thessalonicher 5 vermittelt uns ein paar entscheidende Schritte hin zu einer positiven Einstellung. Diese Schritte sind im Einzelnen: Seid fröhlich, hört nicht auf zu beten, seid dankbar in jeder Situation. Dankbarkeit kann unsere Sichtweise erneuern, wenn wir uns daran erinnern, was Gott bereits für uns getan hat. Dankbarkeit macht uns Mut, dass er uns auch in Zukunft helfen wird.

Wenn Sie erkennen wollen, welche Einstellung Sie haben, dann achten Sie auf Ihre Worte und Ihr Verhalten. Wenn Ihre Worte kritisch und negativ sind, haben Sie eine negative Haltung. Der Apostel Paulus gibt uns in Philipper 2,14 einen deutlichen Rat: „Bei allem, was ihr tut, hütet euch vor Nörgeleien und Zweifel." Wenn Sie diesem Rat folgen und Ihre innere Haltung vor Negativem bewahren, dann hat das eine unmittelbare, kraftvolle Auswirkung auf Ihr Verhalten. Und Ihr Verhalten hat einen prägenden Einfluss auf Ihre Ehe.

• • • • • • • • • • • • • • • • • • • • • • • • •

*Himmlischer Vater, wenn ich eine negative Grundeinstellung habe, zeigt sie sich in der Art, wie ich mit meinem Partner rede. Bitte vergib mir meine harten Worte und mein negatives Denken. Ich möchte mir ein Ziel setzen: Ich will mich nicht mehr beklagen oder herumstreiten. Hilf mir, stattdessen fröhlich zu sein, zu beten und dankbar zu sein. Ich weiß, dass die daraus entstehende positive Einstellung für meinen Ehepartner ein Segen sein und unsere Ehe stärken wird.*

## 9. Juni

# Füreinander und miteinander beten

*... höre ich nicht auf, Gott dafür zu danken und für euch zu beten. Ihn, den Gott unseres Herrn Jesus Christus, den Vater, dem alle Herrlichkeit gehört, bitte ich darum, euch durch seinen Geist Weisheit zu geben, dass ihr ihn immer besser erkennt.*
Epheser 1,16-17

Martin Luther hat einmal gesagt: „Wie es der Beruf von Schneidern ist, Kleider zu machen, und von Schustern, Schuhe zu reparieren, so ist es der Beruf von Christen, zu beten."

Fürbitte ist ein Dienst, für den keine besondere Gabe erforderlich ist. Alle Christen haben das Rüstzeug dafür.

Fürbitte ist nicht nur ein Dienst, sondern auch eine Pflicht. Der Prophet Samuel sagte zu den Israeliten: „Auch ich werde weiterhin für euch beten. Denn wenn ich damit aufhörte, würde ich Schuld auf mich laden" (1. Samuel 12,23). Der Apostel Paulus beginnt viele seiner Briefe mit dem Hinweis, wie oft er für die Leser betet. Gebet ist eines der Mittel, die Gott erwählt hat, um mit uns zusammen seine Ziele zu erreichen. Es ist ein Dienst, den Eheleute gemeinsam übernehmen können. Sie können füreinander beten, aber auch für ihre Kinder, ihre Eltern, ihren Pastor und ihre Gemeinde, für andere christliche Einrichtungen und für die weltweite Verbreitung des Evangeliums.

Wenn Sie noch keine tägliche Gebetsgemeinschaft mit Ihrem Ehepartner haben, sollten Sie heute damit beginnen. Bitten Sie Ihren Partner, zusammen mit Ihnen fünf Minuten im Gebet zu verbringen. Wenn Sie nicht laut beten möchten, sprechen Sie ein stilles Gebet. Machen Sie den ersten Schritt, um die Fürbitte als Dienst zu erlernen.

*Himmlischer Vater, dein Wort verdeutlicht, wie wichtig das Gebet ist. Ich möchte dir meine Familie und andere Menschen regelmäßig im Gebet anbefehlen. Bitte hilf uns als Ehepaar, das Gebet zu einer guten Gewohnheit zu machen. Möge unser gemeinsames Gebet, unser gemeinsames Erleben und unser gemeinsamer Wunsch, dass dein Wille geschehe, zwischen uns zu größerer Nähe führen.*

# Warum sollen wir beten?

*Wenn dieses Volk, das meinen Namen trägt, seine Sünde bereut,*
*von seinen falschen Wegen umkehrt und nach mir fragt,*
*dann will ich ihnen vergeben und ihr Land wieder fruchtbar machen.*
2. Chronik 7,14

Der Autor und Theologieprofessor Harold Lindsell sagte einmal: „Warum sollten wir von Gott erwarten, dass er *ohne* Gebet das tut, was er versprochen hat zu tun, *wenn* wir beten?" Die Bibel enthält viele Aufforderungen zum Gebet, darunter auch die Worte, die Gott zu König Salomo in 2. Chronik 7 gesprochen hat. Wenn die Israeliten ihre Sünde bereuen und beten würden, dann würde Gott ihr Gebet hören, ihnen vergeben und ihr Land wiederherstellen. Gottes Einladung an uns lautet: „Rufe zu mir, dann will ich dir antworten und dir große und geheimnisvolle Dinge zeigen, von denen du nichts weißt!" (Jeremia 33,3). Der Verfasser des Hebräerbriefs fordert uns auf, „mit Zuversicht und ohne Angst" zum Thron Gottes zu kommen, denn er wird uns seine Barmherzigkeit und Gnade schenken (Hebräer 4,16).

Wir kommen zu Gott als unserem Vater, weil wir wissen, dass er seinen Kindern Gutes tun will. Aber wir müssen auch bereit sein, diese guten Dinge zu empfangen. Deshalb sagt Jesus: „Bittet Gott, und er wird euch geben" (Matthäus 7,7). Natürlich erfüllt Gott nicht alle unsere Bitten. Dafür liebt er uns zu sehr, und er ist viel zu weise, um uns alles zu geben, was wir wollen. Wenn unsere Bitte uns nicht zum Guten dient, wird er uns etwas Besseres geben, denn sein Wille ist immer richtig.

Ehepaare, die das gemeinsame Gebet erlernen, reagieren damit auf die Einladung Gottes. Er will an Ihrer Ehe beteiligt sein. Wenn Sie gemeinsam beten, bestätigen Sie, dass Sie seine Gegenwart und Kraft wünschen. Durch das Gebet kann Gott Ihre Einstellung und Ihr Verhalten ändern. Denken Sie daran: Gott ist Liebe, und er kann Ihnen beibringen, wie Sie einander lieben können. Deshalb lautet seine Aufforderung an Sie: „Bittet Gott!"

*Herr Jesus Christus, ich bin erstaunt, dass du uns so oft zum Gebet einlädst, zum Gespräch mit dir, dem König des Universums! Ich bin dankbar für die Liebe und Führung, die du uns anbietest. Bitte hilf meinem Partner und mir, dass wir uns Zeit nehmen für das gemeinsame Gebet. Mögen wir „voller Zuversicht und ohne Angst" zu dir kommen und durch unsere Gebete eine größere Nähe zueinander und zu dir erfahren.*

11. Juni

# Scheidung – der letzte Ausweg?

*Darum nehmt euch in Acht und haltet euch an den Treueid, den ihr einst euren Frauen geschworen habt.*
Maleachi 2,15

Im Laufe der Jahre habe ich genug Geschiedene beratend begleitet, um eines zu wissen: Obwohl eine Ehescheidung ein paar Lasten wegräumt, bringt sie eine Menge andere Belastungen mit sich. Wenn Sie an Scheidung denken, sollten Sie die folgenden Fakten berücksichtigen: Nur ein kleiner Prozentsatz von Geschiedenen kann für sich behaupten, in einer zweiten oder dritten Ehe glücklicher geworden zu sein. Während bei ersten Ehen die Scheidungsrate bei 40 Prozent liegt, beträgt sie bei zweiten Ehen 60 und bei dritten Ehen sogar 75 Prozent. Die Hoffnung, dass die Kirschen in Nachbars Garten immer süßer schmecken, erweist sich in den meisten Fällen als Mythos.

Ich bin nicht so naiv zu behaupten, dass man die Ehescheidung aus dem Szenario der zwischenmenschlichen Beziehungen ganz verschwinden lassen kann. Aber meiner Meinung nach ziehen viel zu viele Ehepaare viel zu früh eine Scheidung in Erwägung und zahlen dafür einen viel zu hohen Preis. Eine Scheidung sollte die letztmögliche Alternative sein. Diesem Schritt sollten ernsthafte Bemühungen vorangehen, Differenzen auszuräumen, offene Fragen zu beantworten und Probleme zu lösen. Ich glaube, dass viele geschiedene Ehepaare zu einer Versöhnung gefunden hätten, wenn sie professionelle Hilfe gesucht und in Anspruch genommen hätten.

Glauben Sie nicht an den Mythos, es gebe für Ihre Ehe keine Hoffnung mehr. Mit den richtigen Informationen und effektiver Unterstützung können Sie in Ihrer Beziehung positive Veränderungen herbeiführen. Folgen Sie dem Rat, den Gott uns in Maleachi 2 gibt und nehmen Sie sich in Acht. Bleiben Sie Ihrem Partner treu und nehmen Sie professionelle Hilfe in Anspruch.

• • • • • • • • • • • • • • • • • • • • • • • • •

*Himmlischer Vater, es gibt immer wieder Momente, in denen der Gedanke an eine Scheidung verlockend erscheint. Aber ich weiß, dass Scheidung niemals eine einfache Lösung ist, sondern ein Weg voller Schmerz und Schwierigkeiten. Bitte gib mir die Kraft, meinem Partner unter allen Umständen treu zu bleiben. Zeige mir, wie ich ihm gegenüber meine Liebe zum Ausdruck bringen und in unserer Beziehung Veränderungen bewirken kann.*

12. Juni

# Eine Entscheidung für die Liebe

*Heute gebe ich euch ein neues Gebot: Liebt einander! So wie ich euch geliebt habe, so sollt ihr euch auch untereinander lieben.*
Johannes 13,34

Das von mir vor einigen Jahren verfasste Buch *Die fünf Sprachen der Liebe* hat vielen Hunderttausend Ehepaaren geholfen, ihre zärtliche Liebe füreinander neu zu entdecken. Das ist jedoch nicht geschehen, weil jemand den Entschluss gefasst hat: „Ich werde für meinen Partner wieder zärtliche Gefühle empfinden." Vielmehr hat es begonnen, sobald ein Ehemann oder eine Ehefrau die folgende Entscheidung getroffen hat: „Ich werde meinem Ehepartner meine Liebe zeigen, *obwohl* ich im Moment nichts für ihn oder sie empfinde." Dieser Ehemann oder diese Ehefrau lernte die Muttersprache der Liebe, die seinen Partner am tiefsten berührte, und dann sprach er diese Sprache regelmäßig.

Und was geschah dann? Derjenige oder diejenige, der sich auf der Empfängerseite dieser Liebe befand, begann, zärtliche Gefühle für den Partner zu empfinden, der seine Liebe zum Ausdruck brachte. Im Laufe der Zeit erwiderte der Empfänger diese Liebe und erlernte die Liebessprache des Ehepartners. Jetzt empfinden beide füreinander wieder ganz neu eine zärtliche Liebe.

Es ist möglich, die emotionale Liebe wieder zu entdecken. Der Schlüssel zu dieser Entdeckung liegt darin, die Liebessprache Ihres Partners zu erlernen und den Entschluss zu fassen, diese Sprache regelmäßig zu sprechen. Zärtliche Gefühle entstehen aus liebevollen Handlungen. Jesus hat seinen Jüngern – und im weitesten Sinne allen Christen – geboten, einander zu lieben, wie er sie geliebt hat. Seine Liebe erschöpft sich nicht in zärtlichen Gefühlen, obwohl ich nicht bezweifle, dass diese auch vorhanden sind. Wir wissen jedoch, dass Jesus uns liebt, weil er sein Leben für uns hingegeben hat. Liebe ist eine bewusste Entscheidung, und wenn wir diese Entscheidung treffen, dann folgen wir damit dem Beispiel unseres Erlösers.

• • • • • • • • • • • • • • • • • • • • • • • •

*Herr Jesus Christus, du hast mich so sehr geliebt, dass du am Kreuz für mich gestorben bist. Ich danke dir dafür. Du bist das absolute Vorbild und der letztgültige Maßstab für die Liebe. Bitte hilf mir bei der Entscheidung, meinen Partner zu lieben. Und wenn ich meine Liebe durch konkretes Handeln zum Ausdruck bringe, weiß ich, dass sich die liebevollen Gefühle bei meinem Partner wie von selbst einstellen werden.*

13. Juni

# Die Liebe, eine starke Waffe

*Es heißt bei euch: „Liebt eure Freunde und hasst eure Feinde!“ Ich sage aber: Liebt eure Feinde und betet für alle, die euch verfolgen! So erweist ihr euch als Kinder eures Vaters im Himmel. Denn er lässt seine Sonne für Böse wie für Gute scheinen, und er lässt es regnen für Fromme und Gottlose.*
Matthäus 5,43-45

Wie können wir unseren Ehepartnern unsere Liebe zeigen, wenn wir belastet sind mit verletzten Gefühlen, mit Wut und Verbitterung über Fehler, die in der Vergangenheit begangen wurden? Die Antwort auf diese Frage liegt im Wesen unseres Menschseins begründet. Wir haben von Gott die Fähigkeit bekommen, Entscheidungen zu treffen. Sie und Ihr Ehepartner haben in der Vergangenheit sicherlich ein paar Fehlentscheidungen getroffen. Jetzt kann ich förmlich hören, wie Sie erwidern: „Das stimmt, aber mein Partner hat noch viel schlechtere Entscheidungen getroffen als ich.“

Vielleicht haben Sie recht, aber denken Sie an die Worte Jesu: „Liebt eure Feinde und betet für alle, die euch verfolgen!“ (Matthäus 5,44). Warum hat Jesus so etwas gesagt? Weil Liebe die stärkste Waffe ist, wenn es darum geht, das Herz eines anderen Menschen zu verändern. Die Bibel sagt: „Wir lieben, weil Gott uns zuerst geliebt hat.“(1. Johannes 4,19) Einer von beiden muss sich für die Liebe entscheiden, trotz der Fehler, die in der Vergangenheit gemacht wurden. Wenn wir das tun, handeln wir so, wie Gott handelt, oder, wie Jesus es ausdrückt, wir handeln wie „wahre Kinder unseres Vaters im Himmel“. Was für ein wunderbarer Gedanke! Wenn wir unsere Liebe zum Ausdruck bringen, indem wir die wichtigste Liebessprache eines anderen Menschen sprechen, wird unser Gegenüber im Innersten berührt. Diese emotionale Berührung macht es einem Ehepartner leichter, in der Vergangenheit begangene Fehler zuzugeben und das eigene Verhalten zu ändern. Liebe macht die Vergangenheit zwar nicht ungeschehen, aber sie kann die Zukunft neu gestalten.

*Himmlischer Vater, du liebst uns, auch wenn wir deine Liebe nicht erwidern. Bitte hilf mir, diese Liebe zu meinem Lebensmodell zu machen. Gib mir den Mut, meinen Ehepartner zuerst zu lieben, trotz der Fehler, die wir in der Vergangenheit gemacht haben. Bitte verändere unsere Beziehung und unsere Zukunft.*

14. Juni

# Den „Liebestank" auffüllen

*Darum sollen auch die Männer ihre Frauen lieben wie ihren eigenen Körper. Wer nun seine Frau liebt, der liebt sich selbst.*
Epheser 5,28

Es ist eine Entscheidung, die ich jeden Tag aufs Neue treffe: die Entscheidung, das emotionale Bedürfnis meiner Frau nach Liebe zu erfüllen. Wenn ich ihre Muttersprache der Liebe kenne und mich entschließe, diese Sprache zu sprechen, wird ihr Grundbedürfnis erfüllt. Sie wird sich in meiner Liebe sicher und geborgen fühlen. Wenn sie für mich das Gleiche tut, werden auch meine emotionalen Bedürfnisse erfüllt. Dann leben wir beide mit einem gut gefüllten „Liebestank".

In diesem Zustand der ausgeglichenen Gefühle können wir beide unsere kreative Energie in sinnvolle Projekte außerhalb unserer Ehe einbringen, während wir unsere Beziehung weiter vertiefen und spannend gestalten.

Wie erreichen Sie dieses Ziel für Ihre eigene Ehe? Am Anfang steht die Entscheidung für die Liebe. Als Ehemann erkenne ich, dass Gott mir die Verantwortung gegeben hat, das Bedürfnis meiner Frau nach Liebe zu erfüllen. Die Worte des Apostels Paulus in Epheser 5 sprechen eine deutliche Sprache. Ich soll meine Frau nicht nur lieben, sondern ich soll sie lieben wie meinen eigenen Körper. Das ist ziemlich viel verlangt, aber mit der Hilfe Gottes entschließe ich mich, diese Verantwortung zu übernehmen. Ich lerne die „Muttersprache der Liebe" meiner Frau und entschließe mich, diese Sprache regelmäßig zu sprechen. Was passiert dann? Die Einstellung und die Gefühle meiner Frau mir gegenüber werden positiver. Sie erwidert meine Gefühle, und so wird auch mein Bedürfnis nach Liebe erfüllt. Liebe ist eine Entscheidung.

*Himmlischer Vater, du stellst hohe Anforderungen an unsere Liebe füreinander. Wir brauchen deine Hilfe, um auch in dieser Hinsicht die richtigen Entscheidungen zu treffen. Deshalb bitten wir dich: Erfrische uns durch deinen Geist und erneuere unsere Beziehung.*

# Muttersprache oder Fremdsprache?

*Die Liebe soll euer höchstes Ziel sein.*
1. Korinther 14,1

Was ist, wenn die Liebessprache Ihres Ehepartners für Sie so schwer zu erlernen ist wie eine Fremdsprache? Die Antwort auf diese Frage ist einfach: Dann lernen Sie diese „Fremdsprache"!

Die Liebessprache meiner Frau lautet: „Hilfsbereitschaft". Aus Liebe zu ihr mache ich die verschiedensten Sachen. Eine davon ist regelmäßiges Staubsaugen im ganzen Haus. Glauben Sie etwa, dass mir das leichtfällt? Als ich noch ein Kind war, zwang mich meine Mutter zum Staubsaugen. An Samstagen durfte ich erst dann raus zum Spielen, wenn ich im ganzen Haus Staub gesaugt hatte. Damals sagte ich mir: Wenn ich mal von hier wegziehe, werde ich nie mehr Staub saugen!

Für kein Geld der Welt würde ich freiwillig Staub saugen. Es gibt nur einen Grund, warum ich es tue: die Liebe. Es ist ein größerer Ausdruck Ihrer Liebe, wenn Sie etwas tun, was Ihnen nicht so leichtfällt. Jedes Mal, wenn ich im ganzen Haus Staub sauge, weiß meine Frau, dass ich ihr damit meine hundertprozentige, unverfälschte Liebe zeige, und sie weiß das sehr zu schätzen. Die Bibel erinnert uns daran, dass die Liebe unser höchstes Ziel sein soll. Wir können diesem Ziel näher kommen, wenn wir die Liebessprache unseres Ehepartners sprechen, auch wenn diese Sprache für uns eine „Fremdsprache" ist. Und wie profitiere ich davon? Ich genieße das Leben an der Seite einer Frau, deren „Liebestank" gefüllt ist. Das Leben kann so schön sein.

*Himmlischer Vater, du weißt, dass die Liebessprache meines Partners für mich manchmal eine „Fremdsprache" ist. Bitte hilf mir, sie zu lernen und zu sprechen – aus Liebe zu meinem Ehepartner.*

# 16. Juni

## Aus Kindern werden Leute

*Der Vater eines zuverlässigen Sohnes hat allen Grund zur Freude.*
*Wie glücklich macht doch ein vernünftiger Sohn!*
Sprüche 23,24

Schwiegermutter-Witze sind weit verbreitet, aber wenn Sie Kinder haben und lange genug leben, ist die Wahrscheinlichkeit hoch, dass Sie eines Tages selbst zur Schwiegermutter oder zum Schwiegervater werden. Ich habe diesen Lebensabschnitt bereits erreicht, und eins können Sie mir glauben: So schlimm ist es gar nicht.

Wie werden wir eigentlich zu guten Schwiegereltern? Es ist hilfreich, wenn wir uns bewusst machen, welches Ziel wir mit der Erziehung unserer Kinder verfolgen. Von ihrer Geburt bis zu ihrer Hochzeit haben wir unsere Kinder auf ein eigenständiges Leben vorbereitet. Wir wünschen uns, dass sie auf eigenen Füßen stehen und auch als Christen eine gewisse Reife erreichen. Wenn wir unsere Arbeit als Eltern gut gemacht haben, haben wir ihnen beigebracht, wie man Mahlzeiten zubereitet, Geschirr spült, Betten macht, den Rasen mäht, Kleidungsstücke kauft, Geld spart und verantwortungsvolle Entscheidungen trifft. Wir haben ihnen beigebracht, Respekt vor Autoritäten zu haben und jeden Menschen als wertvoll zu betrachten. Wenn wir das alles in einem Satz zusammenfassen, dann haben wir als Ehepartner versucht, unsere Kinder zu reifen Menschen zu erziehen. Wir hoffen, dass wir ihnen geholfen haben, sich vom Zustand der vollständigen Abhängigkeit eines Kleinkindes zu der vollständigen Unabhängigkeit eines Erwachsenen hin zu entwickeln. Sobald sie das Erwachsenenalter erreicht haben, und besonders dann, wenn sie verheiratet sind, muss sich die Beziehung zu unseren Kindern verändern.

Es ist eine Freude, unsere Kinder als reife, gottgemäß lebende Erwachsene zu erleben. Diese Freude muss auch König Salomo empfunden haben. So lesen wir es in dem oben zitierten Vers. Wir beten für unsere Kinder, damit sie zu diesem Punkt kommen, aber wenn es soweit ist, brauchen wir eine gewisse Flexibilität und die Bereitschaft zum Loslassen. In den nächsten Tagen werden wir herausfinden, wie wir diesen Übergang schaffen.

*Himmlischer Vater, hab Dank für meine Kinder. Ich weiß, dass du sie mir gegeben hast, damit ich sie früher oder später in die Unabhängigkeit entlasse. Wenn dieser Zeitpunkt kommt, mach mich bereit, sie loszulassen und meine Kinder wie Erwachsene zu behandeln – mit dem nötigen Respekt.*

# 17. Juni

## Aus Eltern werden Schwiegereltern

*Für mich gibt es keine größere Freude, als zu hören, dass alle, die durch mich Christen geworden sind, ihren Glauben aufrichtig leben.*
3. Johannes 4

Wenn Ihr Sohn oder Ihre Tochter heiratet, werden Sie förmlich über Nacht zur Schwiegermutter oder zum Schwiegervater. Und was tun Sie jetzt? Beginnen wir bei den Grundlagen. Nicht erst wenn unsere Kinder verheiratet sind, aber besonders dann müssen wir sie als Erwachsene wahrnehmen. Wir dürfen ihnen nicht mehr unseren Willen aufzwingen, sondern sie als gleichberechtigte Partner respektieren. Oh ja, das fällt manchen von uns schwer. Wir haben so lange die Elternrolle gespielt, und wir meinen zu wissen, was für unsere Kinder am besten ist. Wir wollen ihnen noch immer sagen, was sie zu tun oder zu lassen haben. Bitte widerstehen Sie dieser Verlockung. Wenn Sie das Eltern-Kind-Schema aufrechterhalten, werden Sie für Ihre Kinder zum „Stachel im Fleisch“. Es kann passieren, dass sich Ihr Sohn oder Ihre Tochter von Ihnen distanziert oder sich Ihr Schwiegersohn bzw. Ihre Schwiegertochter Ihnen gegenüber feindselig verhält.

Die Regel Nummer eins für Schwiegereltern lautet: Behandeln Sie das junge Ehepaar mit Respekt. Sie haben Ihre Kinder so erzogen, dass sie unabhängig sein können. Geben Sie ihnen die Möglichkeit, ihre Unabhängigkeit auch zu erleben. Werden Ihre Kinder Fehler machen? Wahrscheinlich, aber aus Fehlern lernen sie und werden zu reiferen Menschen. Dieses Ziel der Reife ist viel wichtiger als Ihr Wunsch, Ihre Kinder vor Fehlern zu bewahren. Freuen Sie sich lieber an ihrer Unabhängigkeit.

*Himmlischer Vater, meine Kinder werden älter. Bitt hilf mir, ihnen den Respekt entgegenzubringen, den sie verdienen. Zeig mir, wann und wie ich meine Kinder loslassen kann. Hilf uns als Ehepaar, ihnen Liebe und Respekt zu schenken.*

# Ein paar Grundregeln für Schwiegereltern

*Mit Bitterkeit, Jähzorn und Wut sollt ihr nichts mehr zu tun haben. Schreit einander nicht an, redet nicht schlecht über andere, und vermeidet jede Feindseligkeit. Seid vielmehr freundlich und barmherzig, und vergebt einander, so wie Gott euch durch Jesus Christus vergeben hat.*
Epheser 4,31-32

Ein frisch verheiratetes Paar braucht die emotionale Wärme, die aus einer gesunden Beziehung zu den jeweiligen Schwiegereltern entspringt. Die Eltern brauchen umgekehrt die Herzlichkeit, die von dem jungen Ehepaar ausgeht. Schließlich haben wir als Eltern eine Menge in unsere Kinder investiert. Aber wir sind nicht vollkommen. Manchmal sagen wir verletzende Dinge. Vielleicht haben wir es nicht so gemeint, wie unsere Kinder es aufgefasst haben, aber es ist zum Bruch in der Beziehung gekommen.

Das Leben ist zu kurz, um es mit zerbrochenen Beziehungen zu trüben. Begangenes Unrecht bekennen und um Vergebung bitten – das sind grundlegende biblische Prinzipien, die für die Beziehung zu den Schwiegereltern genauso gelten wie für die Ehe. Wir brauchen uns nicht immer einig zu sein, um eine gesunde Beziehung zueinander zu haben, aber Bitterkeit und Groll sind immer fehl am Platze. Das machen uns die oben zitierten Verse aus Epheser 4 deutlich. Als Christen sollten wir den richtigen Weg gehen, wenn es um die Beziehung zu unseren erwachsenen Kindern geht. Unsere Ideale sollten Freundlichkeit, Barmherzigkeit und Vergebung sein.

Freiheit und Respekt auf beiden Seiten sollten sowohl für Eltern als auch ihre Kinder die Leitlinien ihres Verhaltens sein.

*Himmlischer Vater, viele Dinge können unsere Beziehung zu unseren Eltern oder unseren Kindern bedrohen. Bitte hilf uns, uns nicht zu schnell angegriffen zu fühlen. Wenn ein Unrecht geschieht, dann erinnere uns daran, freundlich und versöhnlich zu sein und nicht bitter und wütend. Ich weiß, dass die Beziehungen in unserer Familie besser werden, wenn wir uns daran halten.*

# Fehlgeleiteter Zorn ist fehl am Platz

*Da wurde Naaman zornig, kehrte wieder um und schimpfte: „Ich hatte erwartet, der Prophet würde zu mir herauskommen, sich vor mich hinstellen und zum Herrn, seinem Gott, beten. Ich hatte mir vorgestellt, wie er seine Hand über meine kranken Stellen hält und mich von meinem Aussatz befreit."*
2. Könige 5,11

Unser Zorn richtet sich oft auf die falschen Dinge. Ein gutes Beispiel dafür ist dieser biblische Bericht: Naaman, ein Heerführer aus dem Land Aram, litt an Aussatz. Nachdem er nach Israel gereist war, um Elisa um Heilung zu bitten, wurde er wütend, als der Prophet Gottes nicht herauskam, um ihn zu sehen und direkt mit ihm zu sprechen. Stattdessen ließ Elisa ihm ausrichten, dass Naaman zum Jordan gehen und sieben Mal im Wasser untertauchen sollte. Naaman fühlte sich geringschätzig behandelt, weil Elisa wohl nicht bewusst war, was für ein bedeutender Mann der Feldherr war. Er war so wütend, dass er nach Hause zurückkehren wollte, bis ein einfacher Diener ihn auf seinen fehlgeleiteten Zorn aufmerksam machte. Naaman bereute seine Wut, tat, was der Prophet ihm empfohlen hatte, und wurde gesund.

Naaman reagierte so, weil sein Stolz verletzt war und wir sind ihm darin gar nicht so unähnlich. Wie oft werden wir wütend, weil unser Ehepartner uns mit Worten oder Taten in Verlegenheit bringt, oder aber wir reagieren gereizt, weil unser Partner etwas nicht tut, was wir von ihm oder ihr erwarten. Ein Mann, dessen Frau nicht zur vereinbarten Uhrzeit nach Hause kommt, könnte sich denken: *Ich kann mich nicht auf sie verlassen. Sie liebt mich nicht. Wenn sie mich lieben würde, würde sie so etwas nicht tun. Sie denkt nur an sich.* Er ist gedanklich vielleicht schon auf dem Weg zum Scheidungsanwalt, und plötzlich bekommt er die Nachricht, dass seine Frau im Krankenhaus liegt. Sein Zorn ist fehlgeleitet.

Wenn Sie wütend sind, denken Sie nach, bevor Sie handeln. Versichern Sie sich, dass Sie alle Gegebenheiten kennen. Bitten Sie Gott um Weisheit. Dann erkennen Sie vielleicht, dass Ihr Zorn fehl am Platz ist.

*Herr Jesus Christus, bitte vergib mir, wenn ich vor Wut voreilig reagiere. Bewahre mich vor fehlgeleitetem Zorn. Hilf mir abzuwarten, bis ich die ganze Wahrheit kenne.*

## 20. Juni

# *Information ist besser als Kritik*

*So wird also jeder für sich selbst vor Gott Rechenschaft ablegen müssen. Deshalb wollen wir uns nicht länger gegenseitig verurteilen. Keiner soll durch sein Verhalten den anderen in Gewissensnot bringen oder in seinem Glauben verunsichern.*
Römer 14,12-13

Sie sind zu Unrecht wütend, wenn Ihr Ehepartner Ihren Erwartungen nicht gerecht wird. Die Art, wie Sie mit dieser fehlgeleiteten Wut umgehen, kann Ihrer Beziehung zum Segen oder zum Fluch gereichen. Wir wollen das an einem Beispiel veranschaulichen.

Als Beth und Patrick die Arbeiten im Haushalt aufteilten, einigten sie sich, dass Beth für die Wäsche zuständig sein sollte. Patrick wird wütend, als Beth einmal vergisst, seine Hemden in die Reinigung zu bringen. Wie wird er sich jetzt verhalten?

Er könnte seine Frau scharf kritisieren, zum Beispiel so: „Auf dich ist doch nie Verlass! Ich kenne niemanden, der so wenig Verantwortungsgefühl hat wie du." Wenn er diesen Weg wählt, macht er alles nur noch schlimmer. Was geschieht aber, wenn er sich für eine andere Variante entscheidet? „Schatz, ich bin total frustriert. Meine schmutzigen Hemden liegen immer noch auf dem Sessel. Jetzt habe ich für morgen kein einziges sauberes Hemd mehr." Vielleicht wird seine Frau erwidern: „Ach, das tut mir ja so leid. Ich musste mich beeilen, und in der Hektik habe ich deine Hemden ganz vergessen. Aber mach dir keine Gedanken. Ich sorge dafür, dass du morgen ein sauberes Hemd hast."

Wo liegt der Unterschied zwischen den beiden Varianten? Mit seiner ersten Äußerung brachte Patrick seine Geringschätzung zum Ausdruck, mit der zweiten jedoch vermittelte er seiner Frau eine Information, nämlich: „Ich bin frustriert, und ich habe für morgen kein sauberes Hemd." Information ist immer besser als harte Kritik, weil wir mit ersterer eine bessere Reaktion auslösen. Aber das ist nicht der einzige Grund. Wenn wir den anderen nicht vorschnell verurteilen, folgen wir dem Rat der Bibel. In Römer 14 erfahren wir, dass Christen sich nicht gegenseitig verurteilen sollen, weil sie damit ihr Gegenüber im Glauben verunsichern könnten. Mit harten Worten lösen Sie bei Ihrem Partner eventuell Wut aus, oder Sie machen ihn mutlos. Wenn Sie aber Informationen weitergeben, hat das nur selten negative Folgen. Versuchen Sie es beim nächsten Mal, wenn Sie meinen, dass Ihr Ehepartner Sie im Stich gelassen hat.

*Himmlischer Vater, es fällt mir leicht, meinen Partner vorschnell zu verurteilen, aber ich habe miterlebt, wie schlimm das sein kann. Bitte hilf mir, Information statt Kritik weiterzugeben und zeig uns andere Wege im Umgang miteinander.*

21. Juni

# Hilfreiche Worte tun gut

*Wer Gott gehorcht, dessen Worte sind wohltuend und hilfreich.*
Sprüche 10,32

Sie empfinden übergroße Wut, wenn Sie von einem Menschen, den Sie lieben, enttäuscht werden. Eine Möglichkeit, mit diesem Gefühl umzugehen, bezeichne ich als „Verständnis aushandeln". Wenn Sie wütend sind oder sich verletzt fühlen, müssen Sie diese Gefühle gemeinsam mit Ihrem Ehepartner auf eine konstruktive Art verarbeiten.

Nehmen wir ein Beispiel zur Veranschaulichung. Sie sagen zu Ihrer Frau: „Ich möchte dir etwas sagen, aber das soll bei dir nicht als Kritik ankommen. Ich liebe dich, und ich will, dass unsere Beziehung offen und ehrlich ist. Deshalb will ich dir sagen, was mir Probleme bereitet. In den letzten Monaten war ich manchmal enttäuscht und verletzt, weil ich meine, dass du mich vernachlässigst. Das hat vor allem damit zu tun, dass du an drei Abenden in der Woche ins Fitness-Studio gehst. Bitte verstehe mich richtig. Ich habe nichts dagegen, dass du fit bleiben willst, und ich verlange von dir auch nicht, dass du das änderst. Du sollst bloß wissen, was ich dabei empfinde. Ich hoffe, dass wir dieses Problem gemeinsam lösen können."

Diese Worte sind hilfreich, weil Sie Ihrer Frau zeigen, dass es Ihnen vor allem darum geht, eine Lösung zu finden, und nicht darum, unbedingt recht zu haben. Nach dem oben zitierten Text aus dem Buch der Sprüche wählt ein Mensch, der Gott gehorcht, wohltuende und hilfreiche Worte. Wenn Sie diesen Weg wählen, handeln Sie so, wie es Gott gefällt. Diese offene, positive Vorgehensweise schafft für Sie beide einen Rahmen, in dem Sie gegenseitiges Verständnis aushandeln und dafür sorgen können, dass Ihre Beziehung weiterwächst.

*Unser himmlischer Vater, ich will, dass meine Worte hilfreich und nicht verletzend sind. Schenke uns den Wunsch nach einer gemeinsamen Lösung, wenn wir als Ehepaar über Probleme sprechen. Bitte befreie mich von dem Bedürfnis, immer recht haben zu wollen.*

# 22. Juni

## Echte Reue ist glaubwürdig

*Ich bekenne dir meine Schuld, denn meine Sünde macht mir schwer zu schaffen.*
Psalm 38,19

Es gibt viele Sprachen der Entschuldigung, und eine von ihnen ist die *Reue.* Eine Entschuldigung wird aus Reue geboren. Wir bereuen den Schmerz, den wir einem anderen Menschen zugefügt haben, die Enttäuschung, die entstandenen Unannehmlichkeiten, den Vertrauensverlust. Der Betroffene wünscht sich einen Beweis, dass uns bewusst ist, wie tief wir ihn verletzt haben. Für manche Menschen wird eine Entschuldigung erst durch ein Zeichen echter Reue glaubwürdig.

Die einfachen Worte „es tut mir leid" können ausreichen, um das Wohlwollen des Betroffenen wiederherzustellen, aber diese Art der Entschuldigung hat eine umfassendere Wirkung, wenn sie konkret formuliert wird. Was genau tut Ihnen denn leid? „Es tut mir leid, dass ich zu spät gekommen bin. Du hast dich so sehr beeilt, damit du pünktlich hier sein kannst, und dann bin ich nicht da gewesen. Ich weiß, wie frustrierend so was sein kann. Deshalb tut es mir ja so leid. Ich bin einfach nicht rechtzeitig losgefahren. Bitte vergib mir. Ich hoffe, dass wir trotzdem einen schönen Abend haben können."

Sobald Sie Einzelheiten erwähnen, zeigen Sie Ihrem Partner, wie gut Sie ihn und die missliche Lage verstehen, in die Sie ihn gebracht haben. Wenn wir wie in dem oben zitierten Psalmvers Gott unsere Sünden bekennen, erwähnen wir schließlich auch konkret, welches Unrecht wir begangen haben, und wir bringen auch unsere Betroffenheit zum Ausdruck. Ebenso sollten wir uns unserem Ehepartner gegenüber verhalten.

• • • • • • • • • • • • • • • • • • • • • • • • • •

*Himmlischer Vater, ich weiß, dass es viel bewirkt, wenn mein Partner echte Reue zeigt, weil ich seine Entschuldigung dann in einem ganz anderen Licht sehe. Bitte hilf mir, mich bei ihm auf die gleiche Weise zu entschuldigen, damit wir mit dem Unrecht, das wir begehen, konstruktiv umgehen können.*

# Schuld ist immer der andere

*„Wer hat dir gesagt, dass du nackt bist?“, fragte Gott. „Hast du etwa von den verbotenen Früchten gegessen?“ „Ja“, gestand Adam, „aber die Frau, die du mir gegeben hast, reichte mir eine Frucht – deswegen habe ich davon gegessen!“ „Warum hast du das getan?“, wandte der Herr sich an die Frau. „Die Schlange hat mich dazu verführt!“, verteidigte sie sich.*
1. Mose 3,11-13

Die Reue sagt: „Es tut mir leid. Ich fühle mich schrecklich, weil ich dich verletzt habe.“ Bei echter Reue sollte darauf kein weiterer Satz mit einem großen „Aber“ folgen.

Ein Ehemann sagte mir einmal: „Meine Frau entschuldigt sich, aber dann rechtfertigt sie sofort ihr Handeln mit einem Fehler, den ich gemacht habe. Wenn sie die Schuld auf mich schiebt, klingt ihre Entschuldigung in meinen Ohren unehrlich.“ Eine Ehefrau erzählte mir: „Er hat sich bei mir entschuldigt, aber dann hat er gleich hinzugefügt, dass ich mich wie ein Baby verhalten hätte und er deshalb im Recht gewesen sei. Was ist das denn für eine Entschuldigung?“ Meiner Meinung nach ist das keine Entschuldigung; hier versucht jemand, die Schuld auf andere zu schieben.

Diese leicht durchzuführende Taktik geht zurück auf Adam und Eva, die ersten Menschen. In dem oben angegebenen Text aus 1. Mose 3 erkennen wir deutlich, wie die beiden versuchen, sich von ihrer Schuld freizusprechen. Diese Reaktion entspricht weder einem reifen noch einem gottgemäß lebenden Menschen. Im Fall von Adam und Eva durchschaute Gott ihr Verhalten sofort und machte sie beide auf ihre eigene Verantwortung für ihr Handeln aufmerksam.

Wenn wir jemand anderem die Schuld zuschieben, gehen wir von einer Entschuldigung zum Angriff über. Schuldzuweisung und Angriff führen jedoch niemals zu Vergebung und Versöhnung. Wenn Sie sich entschuldigen, sollten Sie es bei einem einfachen „Es tut mir leid“ belassen. Erweitern Sie Ihre Entschuldigung nicht mit Erklärungen wie: „*Aber* wenn du mich nicht angeschrien hättest, hätte ich das nicht gemacht.“ Lassen Sie das *Aber* weg und übernehmen Sie die Verantwortung für Ihr Handeln.

*Himmlischer Vater, viel zu oft versuche ich, mein Verhalten zu beschönigen, indem ich meinem Ehepartner die Schuld in die Schuhe schiebe. Bitte vergib mir. Ich weiß, dass ein solches Verhalten von Unreife zeugt. Ich muss für mein Verhalten selbst die Verantwortung übernehmen. Bitte hilf mir, das zu tun, wenn ich mich bei meinem Ehepartner entschuldige.*

24. Juni

# Die Liebe neu entdecken

*Liebe ist geduldig und freundlich. Sie ist nicht verbissen, sie prahlt nicht und schaut nicht auf andere herab. Liebe verletzt nicht den Anstand und sucht nicht den eigenen Vorteil, sie lässt sich nicht reizen und ist nicht nachtragend. Sie freut sich nicht am Unrecht, sondern freut sich, wenn die Wahrheit siegt. Liebe ist immer bereit zu verzeihen, stets vertraut sie, sie verliert nie die Hoffnung und hält durch bis zum Ende.*
1. Korinther 13,4-7

Oft kommen Ehepaare in meine Praxis, wenn sie mitten in einer Ehekrise stecken oder sogar kurz vor der Trennung stehen. Wenn ich sie frage, warum sie einen solchen Schritt in Erwägung ziehen, zählen sie ihre Streitpunkte auf, und dann enden sie meistens mit den Worten: „Wir lieben uns nicht mehr." Damit ist für sie die Sache beendet. Sie behaupten, sie hätten einfach ihre Liebe zueinander „verloren", und jetzt sei es zu spät, weil sie die Sache nicht mehr im Griff hätten. Ich bin da anderer Meinung. Natürlich stimme ich ihnen zu, dass sie möglicherweise ihre warmen, romantischen Gefühle füreinander verloren haben, aber wahre Liebe ist eine ganz andere Sache.

Die Bibel macht deutliche Aussagen über Liebe in der Ehe. In Epheser 5,25 wird den Männern *geboten*, ihre Frauen zu lieben. In Titus 2,4 wird den Frauen gesagt, sie sollten *lernen*, ihre Männer zu lieben. Alles, was einem Menschen geboten wird, und alles, was gelehrt und gelernt werden kann, können wir durchaus im Griff haben.

In 1. Korinther 13 wird die Liebe als geduldig, freundlich und nicht nachtragend bezeichnet. Liebe ist nicht arrogant oder unverschämt. Diese Worte beschreiben kein Gefühl, sondern die Art, wie wir denken und handeln. Wir können einander lieben, ohne die berühmten „Schmetterlinge im Bauch". Es ist sogar umgekehrt: Der schnellste Weg zu einer Rückkehr unserer Gefühle ist die praktizierte Liebe, wie sie in dem oben zitierten Abschnitt aus 1. Korinther 13 geschildert wird.

• • • • • • • • • • • • • • • • • • • • • • • • • •

*Unser Vater im Himmel, danke für die wunderbare Definition der Liebe, die du uns durch den Apostel Paulus übermittelt hast. Diese Worte sind eine echte Herausforderung für uns, und manchmal frage ich mich, ob ich diesem Maßstab überhaupt entsprechen kann. Bitte hilf mir dabei. Ich will so handeln, wie es in diesen Worten steht. Deshalb zeig mir, wie ich meinen Partner in deinem Sinne lieben kann.*

25. Juni

# Liebe mit Worten ausdrücken

*Du musst mit den Folgen deiner Worte leben – seien sie nun gut oder böse.*
*Worte haben Macht: sie können über Leben und Tod entscheiden.*
*Darum ist jeder für die Folgen seiner Worte verantwortlich.*
Sprüche 18,20-21

In einer Ehe gibt es zwei Möglichkeiten, Liebe auszudrücken, nämlich mit Worten und mit Taten. Heute befassen wir uns mit den Worten. In 1. Korinther 8,1 heißt es: „Liebe baut auf." Wenn ich meinem Partner zeigen will, dass ich ihn liebe, verwende ich aufbauende Worte. „Du siehst gut aus in diesem Anzug." „Danke, dass du den Müll rausbringst." „Das Essen war köstlich. Danke, dass du dir mit dem Kochen immer so viel Mühe gibst." „Ich bin froh, dass du am Dienstagabend mit dem Hund draußen warst. Das war eine echte Entlastung für mich." Solche und ähnliche Worte sind Ausdrucksformen von Liebe.

In Sprüche 18,21 lesen wir: „Worte können über Leben und Tod entscheiden." Worte haben Macht. Sie können mit negativen, geringschätzigen, respektlosen oder beschämenden Worten Ihrem Ehepartner den Lebensmut rauben. Sie können aber auch Leben spenden mit positiven, aufmunternden, bestätigenden oder stärkenden Worten. Vor einiger Zeit begegnete ich einer Frau, die sich beklagte, dass ihr über ihren Mann nichts Gutes einfallen würde. Ich fragte sie: „Duscht er denn gelegentlich?" „Ja", antwortete sie. „Dann haben Sie schon einen Ausgangspunkt", erwiderte ich. „Es gibt nämlich Männer, die nie duschen."

Ich habe noch keinen Menschen kennengelernt, über den es nicht etwas Gutes zu sagen gibt. Und wenn Sie es aussprechen, dann will dieser Mensch tief in seinem Inneren noch besser werden. Sagen Sie heute etwas Gutes und Lebenspendendes zu Ihrem Ehepartner. Dann warten Sie ab, was geschieht.

*Herr Jesus Christus, bitte erinnere mich daran, dass Worte viel Macht haben. Ich möchte mit Worten aufbauen und Leben spenden, nicht niederreißen und zerstören. Bitte hilf mir heute, meinem Ehepartner mit Worten meine Liebe zu zeigen.*

# 26. Juni

## *Liebe mit Taten ausdrücken*

*Deshalb, meine Kinder, lasst uns einander lieben: nicht mit leeren Worten, sondern mit tatkräftiger Liebe und in aller Aufrichtigkeit.*
1. Johannes 3,18

Gestern habe ich erwähnt, dass es zwei Möglichkeiten gibt, Ihrem Ehepartner Ihre Liebe zu zeigen, nämlich mit Worten oder Taten. Heute befassen wir uns mit der zweiten Möglichkeit. Im oben zitierten Vers schreibt der Apostel Johannes, dass wir unsere Liebe zueinander durch Taten, nicht bloß durch Worte, beweisen sollten. Schöne Worte kommen uns leicht über die Lippen, aber unsere Ehrlichkeit zeigt sich in dem, was wir tun. Deshalb sollten Sie etwas *tun*, wenn Sie Ihrem Ehepartner Ihre Liebe zeigen wollen.

Die Bibel sagt uns, dass die Liebe freundlich ist (1. Korinther 13,4). Wenn Sie Ihre Liebe ausdrücken wollen, überlegen Sie sich eine freundliche Geste und setzen Sie diese in die Tat um. Das kann ein überraschendes Geschenk für Ihren Mann sein oder der Entschluss, sein Auto in die Waschanlage zu fahren. Das kann das Angebot sein, zu Hause bei den Kindern zu bleiben, während Ihre Frau einen Einkaufsbummel oder eine Wanderung macht. Oder Sie nehmen auf dem Heimweg eine fertige Mahlzeit mit, wenn Sie wissen, dass Ihre Frau einen hektischen Tag hinter sich hat. Wie lange ist es eigentlich her, seit Sie Ihrem Ehepartner den letzten Liebesbrief geschrieben haben?

Die Liebe ist geduldig (1. Korinther 13,4). Also laufen Sie nicht ungeduldig auf und ab, während Ihr Partner sich umzieht, um mit Ihnen auszugehen. Setzen Sie sich lieber hin, entspannen Sie sich, lesen Sie in der Bibel und beten Sie. Die Liebe ist auch höflich. Das Wort kommt von „hofgemäß", und es steckt auch die Bedeutung von „den Hof machen" darin. Also tun Sie etwas, was Sie getan haben, als Sie sich gegenseitig „den Hof gemacht" haben. Berühren Sie Ihren Mann zärtlich am Knie oder nehmen Sie die Hand Ihrer Frau. Halten Sie ihr die Tür auf. Sagen Sie „Bitte" und „Danke". Seien Sie höflich zueinander. Drücken Sie Ihre Liebe mit Taten aus.

*Herr Jesus Christus, mir ist bewusst, dass Worte und Taten viel bedeuten. Bitte hilf mir, meine Liebe mit meinen Worten und Handlungen auszudrücken. Ich möchte meinem Partner so gerne zeigen, wie aufrichtig meine Liebe zu ihm ist.*

## 27. Juni

# Unterschiede akzeptieren

*Der Körper des Menschen ist einer und besteht doch aus vielen Teilen.*
*Aber all die vielen Teile gehören zusammen und bilden einen unteilbaren Organismus.*
*So ist es auch mit Christus.*
1. Korinther 12,12

Worin bestehen die Unterschiede zwischen Ihnen und Ihrem Ehepartner? Wenn Sie eher optimistisch veranlagt sind, ist Ihr Ehepartner vielleicht ein Pessimist. Es kommt häufig vor, dass bei einem Ehepaar der eine Teil gesprächig und der andere schweigsam ist. Der eine hat einen großen Ordnungssinn und alles gut organisiert, während der andere das halbe Leben mit der Suche nach den Autoschlüsseln zubringt.

Nach jahrelangem Streit über solche und ähnliche Unterschiede kommen viele Ehepaare häufig zu der Schlussfolgerung, dass sie einfach nicht zusammenpassen. Oft werden diese „unüberbrückbaren Gegensätze" als Scheidungsgrund angegeben. Nach drei Jahrzehnten Praxis in der Eheberatung bin ich jedoch fest davon überzeugt, dass es keine unüberbrückbaren Gegensätze gibt, sondern bloß Menschen, die nicht bereit sind, Brücken der Versöhnung zu bauen.

Aus der Sicht Gottes dienen Unterschiede dazu, dass Menschen sich gegenseitig ergänzen und sich nicht bekämpfen. Dieses Prinzip wird in der Gemeinde Jesu verkörpert, so wie der Apostel Paulus es in 1. Korinther 12 schildert. Jeder Einzelne spielt eine andere Rolle, und doch ist jeder für sich genommen ein wichtiger Bestandteil des Gesamten. Wir als Christen können viel mehr erreichen, wenn wir als Team zusammenarbeiten. Warum können wir dieses Prinzip nicht auch in unseren Ehen umsetzen? Am Beginn steht die Erkenntnis, dass Gegensätze ein Gewinn und kein Verlust sind. Warum machen Sie nicht den Anfang und danken Gott für die Unterschiede zwischen Ihnen?

*Herr Jesus Christus, danke für die Erkenntnis, dass deine Gemeinde stärker ist, weil sie aus vielen Menschen mit unterschiedlichen Gaben und Fähigkeiten besteht. Wenn ich frustriert bin, weil mein Partner so ganz anders ist als ich, mach mir bewusst, dass diese Gegensätze für uns als Team ein Gewinn sind. Bitte zeig uns, wie wir uns daran freuen können, dass du jeden von uns als einzigartige Persönlichkeit geschaffen hast.*

28. Juni

# Aus Unterschieden lernen

*Deshalb hat Gott jedem einzelnen Glied des Körpers seine besondere Aufgabe gegeben, so wie er es wollte. Was für ein sonderbarer Leib wäre das, der nur einen Körperteil hätte! Aber so ist es ja auch nicht, sondern viele einzelne Glieder bilden gemeinsam den einen Leib. Darum kann das Auge nicht zur Hand sagen: „Ich brauche dich nicht!" Und der Kopf kann nicht zu den Füßen sagen: „Ihr seid überflüssig!"*

1. Korinther 12,18-21

Haben Sie Gott schon einmal dafür gedankt, dass Sie und Ihr Partner so gegensätzlich sind? Meistens sind diese Gegensätze für uns ein Grund zum Ärgern.

Ein Beispiel: Nathan ist von Natur aus ein Stubenhocker. Seine Frau Ashley ist dagegen ständig in Bewegung. Früher hielt Ashley ihren Mann für einen Faulpelz, und er meinte, seine Frau sei so nervös, dass sie sich nicht entspannen könne. Häufig gab es heftige Wortwechsel wegen dieser Gegensätze, aber die meiste Zeit hegten sie einen unterschwelligen Groll gegeneinander.

Als ihnen jedoch bewusst wurde, dass Gegensätze ein Segen sein sollen und kein Fluch, dankten sie Gott dafür. Der nächste Schritt war die Frage: „Was können wir voneinander lernen?" Ashley lernte zu entspannen und sich in aller Ruhe eine Fernsehsendung anzusehen, ohne immer wieder aufzuspringen und nebenbei etwas anderes zu machen. Nathan dagegen lernte, seiner Frau im Haushalt zu helfen, damit Ashley Zeit für Entspannung ohne schlechtes Gewissen haben konnte. Auf diese Art wurde jeder von ihnen für den anderen zu einer Bereicherung.

Genau darum geht es in der Ehe. Wir versuchen zu lernen, wie wir aus unseren Unterschieden das Beste machen können. Wieder lautet die klare Botschaft der Bibel, dass die Gemeinde Jesu von der Zusammenarbeit vieler unterschiedlicher Menschen profitiert. In der Gemeinde und auch in der Ehe brauchen wir einander. Wir können ohne Verschiedenheit nicht richtig „funktionieren", und diese Erkenntnis sollte uns dazu bringen, Gott für Unterschiede zu danken. Wenn Sie das getan haben, bitten Sie ihn, Ihnen und Ihrem Ehepartner zu zeigen, was der eine vom anderen lernen kann. Vielleicht werden Sie überrascht sein, wie Gott dieses Gebet erhört.

*Himmlischer Vater, bitte schenke mir die Demut zu erkennen, dass ich von meinem Ehepartner lernen kann. Hilf mir, unsere Unterschiede als Gelegenheiten für das Wachstum unserer Ehe zu sehen, nicht als Auslöser von Frustrationen. Danke, dass du uns so unterschiedlich geschaffen hast und uns gerade wegen dieser Unterschiede zu einem perfekt eingespielten Team machen willst.*

# Guter Rat ist Gold wert

*Sein Schwiegervater entgegnete: „So wie du es machst, ist es nicht gut! Die Aufgabe ist für dich allein viel zu groß. Du reibst dich nur auf, und auch die Leute sind überfordert. Sieh dich aber zugleich in deinem Volk nach zuverlässigen Männern um. Sie müssen Ehrfurcht vor Gott haben, die Wahrheit lieben und unbestechlich sein. Übertrag ihnen die Verantwortung für jeweils tausend, hundert, fünfzig oder zehn Personen." Mose nahm den Rat seines Schwiegervaters an und setzte ihn in die Tat um.*

2. Mose 18,17-18. 21.24

Wenn wir heiraten, verlassen wir unsere Eltern und werden eins mit unserem Ehepartner. Aber das bedeutet nicht, dass wir die Vorschläge unserer Eltern gering schätzen. Schließlich haben unsere Eltern uns viele Lebensjahre und vielleicht auch Lebenserfahrung voraus. Ihre Eltern oder Schwiegereltern können Ihnen deshalb so manchen guten Rat geben.

Im zweiten Buch Mose wird uns berichtet, dass Mose mit Verwaltungsaufgaben überlastet war, bis er den Rat seines Schwiegervaters Jethro annahm. Der ältere Mann beobachtete, wie Mose viele Stunden damit verbrachte, alle Schwierigkeiten der Israeliten zu schlichten. Er stellte fest, dass sein Schwiegersohn auf dem besten Weg zu totaler Erschöpfung war. Als er deshalb das Prinzip der Aufgabenverteilung vorschlug, sagte sich Mose: *Warum habe ich nicht selbst daran gedacht?* An jenem Abend sprach er mit seiner Frau über diese Idee, und am nächsten Morgen stellte er vor seinem Büro ein Schild auf mit der Aufschrift: *Mitarbeiter gesucht.* Na ja, ganz so war es nicht. Aber Mose ernannte mehrere Führungskräfte, denen er viele seiner bisherigen Aufgaben übertrug. Das war eine der besten Entscheidungen, die Mose jemals getroffen hatte, und die Idee dazu stammte von seinem Schwiegervater.

Als er Jethros Rat befolgte, stellte Mose seine eigene Reife unter Beweis. Er fühlte sich nicht genötigt, gegen eine gute Idee zu rebellieren, bloß weil sie von seinem Schwiegervater kam. Er hatte auch nicht das Bedürfnis, seine eigene Intelligenz unter Beweis zu stellen. Vielmehr war er sich seines eigenen Wertes so sicher, dass er eine gute Idee aufgreifen konnte, ohne danach zu fragen, woher sie kam. Ich hoffe, dass Sie die gleiche Weisheit an den Tag legen wie Mose.

*Herr Jesus Christus, ich danke dir für die Weisheit, die du meinen Eltern und Schwiegereltern geschenkt hast. Du weißt, wie leicht es mir fällt, ihre Vorschläge zu missachten. Wenn sie mir gute Ratschläge geben, schenke mir die Weisheit, diesen Rat höflich anzunehmen.*

30. Juni

# Der richtige Umgang mit Ehekonflikten

*Wenn dein Bruder Schuld auf sich geladen hat,*
*dann geh zu ihm und sag ihm,*
*was er falsch gemacht hat.*
Matthäus 18,15

Bei Konflikten in einer Ehe bekommt das Prinzip, „die Eltern verlassen", eine besondere Bedeutung. Eine junge Frau, die eine enge Beziehung zu ihrer Mutter hat, neigt dazu, „zu Mama" zu laufen, sobald es in ihrer Ehe zu Problemen kommt. Bei jedem neuen Konflikt vertraut sie sich ihrer Mutter an. Wenn sich dieses Verhalten wiederholt, empfindet die Mutter gegenüber ihrem Schwiegersohn womöglich eine gewisse Bitterkeit, die der Beziehung des jungen Paares einen immensen Schaden zufügen kann.

Im Extremfall legt die Mutter der Tochter vielleicht sogar nahe, sich von ihrem Mann zu trennen. Sie sollten jedoch eines bedenken. Das „Verlassen" der Eltern und das „Einssein" mit Ihrem Ehepartner gilt in Konfliktsituationen genauso wie in Zeiten des ehelichen Friedens. Wenn in Ihrer Ehe Konflikte auftreten – und das ist bei den meisten von uns der Fall – suchen Sie die direkte Konfrontation mit Ihrem Ehepartner. Jesus hat seinen Jüngern diese Anweisung gegeben: wenn ein anderer aus dem Kreis seiner Jünger sie verletzt, sollten sie direkt auf diese Person zugehen. Dieses Prinzip gilt auch für die Ehe. Zuallererst sollten Sie Konflikte mit Ihrem Partner besprechen, und zwar nur mit ihm. Ein Konflikt sollte ein Schritt zum Wachstum in einer Ehe sein. Wenn Sie meinen, dass Sie Hilfe von Außenstehenden brauchen, wenden Sie sich am besten an Ihren Pastor oder eine christliche Eheberatung. Diese Leute sind aufgrund ihrer Ausbildung von Gott befähigt, Ihnen praktische Hilfe anzubieten. Sie können Ihre Situation objektiv beurteilen und Ihnen helfen, kluge Entscheidungen zu treffen. Im Gegensatz dazu ergreifen Eltern meistens Partei für ihre Kinder und können deshalb nur selten objektiv sein.

*Himmlischer Vater, bei Konflikten mit meinem Ehepartner will ich oft meine Seite jemandem schildern, der mich richtig versteht. Bitte mache mir bewusst, dass wir Konflikte in unserer Ehe besser miteinander ausfechten. Schenke du uns die nötige Weisheit, mit solchen Situationen richtig umzugehen.*

# 1. Juli

## Einssein will gepflegt sein

*Gott möge euch Mut und Kraft geben und euch in der Liebe Christi zusammenhalten.*
Kolosser 2,2

Die Bibel weist an mehreren Stellen darauf hin, dass Männer und Frauen als Eheleute „eins" werden sollen (vgl. 1. Mose 2,24). Sie sollen in ihrem Zusammenleben ein Gefühl der engen Zusammengehörigkeit entwickeln. In dem oben zitierten Vers erklärt der Apostel Paulus seine Vision für Menschen, die an Jesus Christus glauben. Sie sollen „in Liebe zusammenhalten". Diese Vision ist von entscheidender Bedeutung für alle Christen und erst recht für christliche Ehepaare. Treffen die folgenden Sätze auch auf Ihr Eheleben zu?

- „Wir sind ein Team."
- „Wir kennen uns gut."
- „Wir verstehen uns."
- „Wir nehmen auf den anderen Rücksicht."
- „Wir sind untrennbar miteinander verbunden."
- „Wir sind eine Einheit."

Solche Aussagen stammen von glücklich verheirateten Paaren. Diese enge Verbindung, dieses Gefühl der Zusammengehörigkeit kommt jedoch nur durch eine rege Kommunikation zustande. Kommunikation ist keine Einbahnstraße, sondern ein Austausch. Ich rede, und Sie hören zu. Dann reden Sie, und ich höre zu. Bei diesem einfachen Prozess entstehen Verständnis füreinander und Gemeinsamkeit.

Wie viel Zeit verbringen Sie täglich im Gespräch mit Ihrem Partner? Haben Sie jeden Tag einen festen Termin für den gemeinsamen Austausch? Wie konsequent halten Sie diese Verabredung ein? In den nächsten Andachten werden wir Wege zu einer intensiven Kommunikation und einem engeren Zusammenhalt entdecken.

*Herr Jesus Christus, du willst, dass wir als Ehepaar eins sind. Deshalb bitte ich dich um Wachstum in unserer Gemeinsamkeit, in der Teamarbeit, im gegenseitigen Verständnis und im Einswerden. Zeig uns, wie wir dieses Ziel erreichen können.*

# Wie wir eins werden

*Wie ein Hirsch nach frischem Wasser lechzt, so sehne ich mich nach dir, o Gott!*
Psalm 42,2

Nachdem Gott Adam und Eva geschaffen hatte, sagte er, dass die beiden eins werden sollten. „Eins" zu werden bedeutet nicht, unsere eigene Identität zu verlieren. Wir behalten unsere Persönlichkeit, und wir haben noch immer persönliche Ziele und auch unsere eigene Freizeitgestaltung. Das typische Ehepaar verbringt pro Tag viele Stunden räumlich voneinander getrennt. Einheit in der Ehe ist keine Gleichheit, sondern dieses innere Zusammengehörigkeitsgefühl, das wir auch empfinden, wenn wir voneinander getrennt sind.

Dieses „Einswerden" kommt nicht automatisch zustande, sondern ist das Ergebnis von vielen gemeinsamen Gedanken, Gefühlen, Aktivitäten, Träumen, Frustrationen, von geteilter Freude und geteiltem Leid. Oder in aller Kürze: Einswerden ist das Ergebnis eines gemeinsam gelebten Lebens.

Viele Ehepaare haben festgestellt, dass das Geheimnis beim Wachstum in der Einheit in einer täglichen Zeit der Zweisamkeit liegt. Viele Christen verbringen eine tägliche „stille Zeit" mit Gott, um ihm näherzukommen. Der Verfasser von Psalm 42 drückt es so wunderbar aus: Wenn unsere Beziehung zu Gott stark ist, sehnen wir uns nach ihm und wollen ihm nah sein. Es ist wie ein Kreislauf. Wenn wir Gott kennen, wollen wir Zeit mit ihm verbringen. Wenn wir Zeit mit ihm verbringen, sehnen wir uns noch mehr nach ihm. Das Gleiche kann auch auf unseren Ehepartner zutreffen. Je mehr Zeit wir uns füreinander nehmen, desto wichtiger wird uns diese Zeit der Zweisamkeit.

Deshalb möchte ich Ihnen Mut machen, mit Ihrem Ehepartner eine tägliche Zeit der Zweisamkeit zu vereinbaren, damit Sie einander nah bleiben. Nehmen Sie sich jeden Tag ein wenig Zeit, um Ihre Gedanken, Gefühle und Sorgen auszutauschen. Das Gespräch zu zweit führt zu gegenseitigem Verständnis und zum Einssein.

*Himmlischer Vater, ich möchte mich nach dir sehnen wie ein Hirsch nach frischem Wasser. Genauso sehne ich mich nach einer tieferen Verbindung zu meinem Ehepartner. Bitte mache mir bewusst, dass eine solche Verbindung und Einheit eine große Investition von Zeit und Mühe erfordert. Deshalb segne unser Bemühen, uns Zeit füreinander zu nehmen.*

# 3. Juli

# *Ich will dich kennenlernen*

*Herr, du durchschaust mich, du kennst mich durch und durch.*
*Ob ich sitze oder stehe – du weißt es, aus der Ferne erkennst du, was ich denke.*
Psalm 139,1-2

Diese Verse aus Psalm 139 verdeutlichen, dass Gott unsere Gedanken und sogar unsere Worte kennt, bevor wir sie aussprechen. Der Herr kennt uns besser, als wir uns selbst kennen, und das ohne jede Anstrengung. Für einen Mann und eine Frau bedeutet es jedoch viel Arbeit, wenn sie sich gut kennenlernen wollen. Ist Ihnen klar, warum Kommunikation eine absolute Notwendigkeit ist, wenn wir unseren Ehepartner wirklich verstehen wollen?

Wir können die Gedanken, Gefühle oder Sehnsüchte unseres Ehepartners nicht kennen, es sei denn, er oder sie entschließt sich, sie uns mitzuteilen, und wir entschließen uns, zuzuhören. Deshalb ist eine tägliche Zeit für Zweisamkeit so wichtig für eine Ehe. Wir können kein Gefühl von Zusammengehörigkeit entwickeln, wenn wir nicht regelmäßig miteinander sprechen.

Eine tägliche Zeit für Zweisamkeit ist ein bestimmter Zeitraum, den man sich jeden Tag zum Reden und Zuhören reserviert. Wenn Sie sich nicht sicher sind, worüber Sie reden sollen, versuchen Sie es doch einmal damit: „Berichte mir von drei Dingen, die dir heute passiert sind, und erzähl mir, wie du dich dabei gefühlt hast." Diese Zeit für Zweisamkeit kann bei zehn Minuten beginnen und sich über dreißig Minuten oder mehr erstrecken. Der Schlüssel ist nicht die Länge der Zeit, die man im Gespräch verbringt, sondern die Regelmäßigkeit. In einer wirklich guten Ehe *nehmen* sich beide Partner Zeit für die Kommunikation.

*Himmlischer Vater, ich bin dankbar, dass du uns durch und durch kennst. Bitte hilf uns, füreinander offen zu werden, damit wir zu einer Einheit zusammenwachsen.*

# 4. Juli

## Zu zweit geht alles besser

*Zwei haben es besser als einer allein, denn zusammen können sie mehr erreichen. Stürzt einer von ihnen, dann hilft der andere ihm wieder auf die Beine. Doch wie schlecht steht es um den, der alleine ist, wenn er hinfällt!*

Prediger 4,9-10

Gott hat die Ehe geschaffen, um das Bedürfnis des Menschen nach Gemeinschaft zu erfüllen. Deshalb sagte Gott über Adam: „Es ist nicht gut, dass der Mensch allein lebt. Er soll eine Gefährtin bekommen, die zu ihm passt!" (1. Mose 2,18). Manche Ehepaare haben in ihrer Ehe diese Gemeinschaft jedoch nicht gefunden. Sie sind noch immer allein, wie abgeschnitten von der Welt und isoliert. Eine solche Einsamkeit kann schmerzlich sein, aber sie muss nicht unendlich lange andauern. Wir können sie überwinden, indem wir positive Schritte gehen. Ich schlage Ihnen vor, mit „Baby-Schritten" zu beginnen. Sehen Sie nicht auf das Gesamtbild und grübeln Sie nicht darüber nach, wie schlecht Ihre Ehe ist, sondern konzentrieren Sie sich auf einen einzigen Schritt, den Sie machen können, damit Ihre Ehe besser wird.

Brechen Sie das Schweigen mit einer einzigen freundlichen Geste. Schenken Sie Ihrer Partnerin eine Blume und sagen Sie: „Ich hab heute an dich gedacht." Überlegen Sie sich, was Ihr Mann besonders gut kann, und dann sagen Sie ihm, wie sehr sie diese Fähigkeit an ihm schätzen. Geben Sie ihm einen leidenschaftlichen Kuss und sagen Sie: „Ich will dich nur daran erinnern, wie es war, als wir jung verheiratet waren. Ich bin bereit für einen Neubeginn, wenn du es auch bist." Machen Sie sich bewusst, dass die Bibel positive Aussagen über Gemeinschaft macht. Die Verse aus dem Buch Prediger sind nur ein Beispiel dafür. Wir sind füreinander geschaffen, und es gibt so viele Möglichkeiten, uns gegenseitig zu unterstützen. Machen Sie immer wieder kleine Schritte aufeinander zu, und plötzlich ist die Einsamkeit verschwunden.

*Himmlischer Vater, du weißt, wie einsam ich mich manchmal fühle. Danke, dass du mir meinen Partner geschenkt hast, und danke, dass du uns zu Gefährten gemacht hast, die einander helfen und auch gemeinsam gegen die Einsamkeit ankämpfen können. Bitte gib uns Mut, damit wir die ersten Schritte zu einer engeren Gemeinschaft machen können.*

# Einsamkeit trotz Zweisamkeit

*Wenn zwei in der Kälte zusammenliegen, wärmt einer den anderen, doch wie soll einer allein warm werden? Einer kann leicht überwältigt werden, doch zwei sind dem Angriff gewachsen.*
Prediger 4,11-12

Es gibt zwei Arten von Einsamkeit, nämlich die emotionale und die soziale Einsamkeit. Wir können beides sogar in der Ehe erleben.

*Emotionale Einsamkeit* empfinden Sie, wenn Sie sich Ihrem Ehepartner nicht nahe fühlen. Sie haben das Gefühl, dass Sie und Ihr Partner sich nicht wirklich kennen. *Soziale Einsamkeit* dagegen ist das Gefühl von Isolation, das sich einstellt, wenn Sie und Ihr Ehepartner keine gemeinsamen Interessen haben, wenn Sie nichts zusammen unternehmen.

Das Heilmittel bei emotionaler Einsamkeit besteht nicht darin, die Dunkelheit zu verfluchen, sondern miteinander ins Gespräch zu kommen. Beginnen Sie mit einfachen Fragen wie: „Hast du heute etwas Besonderes gegessen?" „Was war für dich der schönste Moment des Tages?" Dann gehen Sie über zu wichtigeren Fragen wie: „Wenn du an unsere gemeinsame Zukunft denkst, was fällt dir da ein? Was kann ich tun, um dein Leben angenehmer zu machen?"

Das Heilmittel bei sozialer Einsamkeit heißt: Beginnen Sie mit gemeinsamen Aktivitäten. Anstatt sich zu beklagen, dass Sie nie etwas zusammen unternehmen, planen Sie etwas, das auch Ihrem Partner Freude machen könnte. Dann laden Sie ihn dazu ein. Positives Handeln ist immer besser als negatives Jammern. Eine Reise von tausend Meilen beginnt mit einem Schritt, und die Reise lohnt sich. Auch der Vers im Buch Prediger erinnert uns daran, dass es viele Gründe gibt, warum zwei besser sind als einer. Nehmen Sie diesen Gedanken voller Freude an und arbeiten Sie an einer engeren Gemeinschaft mit Ihrem Ehepartner.

*Unser großer Gott, diese Heilmittel gegen die Einsamkeit machen mir Mut. Bitte hilf mir, den Anstoß zu geben zu Gesprächen und Aktivitäten, die meinen Ehepartner und mich enger zusammenführen. Ich möchte den ersten Schritt machen. Danke, dass du uns füreinander geschaffen hast.*

6. Juli

# Arbeiten Sie zu viel?

*Denn was gewinnt ein Mensch, wenn ihm die ganze Welt zufällt, er selbst aber dabei Schaden nimmt? Er kann sein Leben ja nicht wieder zurückkaufen!*
Matthäus 16,26

Arbeit ist ein edles Unterfangen. Die Bibel sagt es sogar noch deutlicher: „Wer nicht arbeiten will, der soll auch nicht essen" (vgl. 2. Thessalonicher 3,10).

Aber können wir auch zu viel des Guten tun? Hat Gott nicht an jedem siebten Tag einen Ruhetag eingerichtet? Die Zehn Gebote schreiben uns vor, dass der siebte Tag der Woche sich von den regulären Arbeitstagen unterscheiden und dem Herrn gewidmet sein soll. Warum? Damit folgen wir dem Beispiel Gottes, der nach der Schöpfung des Universums am siebten Tag ruhte. Jesus hat seine Jünger in dem oben zitierten Abschnitt ebenfalls aufgefordert, weltlichen Erfolg gegen geistlichen Gewinn abzuwägen. „Was gewinnt ein Mensch, wenn ihm die ganze Welt zufällt, er selbst aber Schaden nimmt?"

Ist es der berufliche Erfolg wert, eine Ehe aufs Spiel zu setzen? Die Bibel verdeutlicht, dass der Sinn des Lebens nicht in Dingen, sondern in Beziehungen zu finden ist – zuerst in der Beziehung zu Gott und zweitens in der Beziehung zur Familie und anderen Menschen. Das Leben bekommt seinen wahren Sinn erst dann, wenn wir Gott kennen und unsere Familie lieben.

Ist es möglich, dass Sie Ihren Lebensstil Ihrer Situation anpassen müssen? Leben Sie und Ihr Ehepartner sich auseinander? Könnten Sie mit weniger Geld auskommen und dabei glücklicher sein, wenn Sie mehr Zeit füreinander hätten? Werden Ihre Kinder Sie in Erinnerung behalten als den Elternteil, der nur gearbeitet, oder als den Elternteil, der sie geliebt hat?

*Unser großer Gott, bitte hilf mir, das Gleichgewicht in meinem Leben ehrlich einzuschätzen. Arbeite ich so hart für meinen finanziellen und beruflichen Erfolg, dass ich meine Beziehung zu dir und meiner Familie außer Acht lasse? Hilf mir, die richtigen Prioritäten zu setzen, und gib mir den Mut, auch danach zu handeln.*

7. Juli

# Beruf und Familie im Gleichgewicht

*Genieße das Leben mit der Frau, die du liebst, alle Tage deines flüchtigen Lebens, die er dir unter der Sonne geschenkt hat. Das ist dein Lohn für die Mühsal und Arbeit unter der Sonne.*
Prediger 9,9 (NeÜ)

Wenn wir über Beruf und Familie sprechen und darüber, wie man beides unter einen Hut bringt, bedeutet das nicht immer weniger Arbeit. Manchmal kann man die Familie auch in die berufliche Arbeit integrieren. Ist es Ihnen möglich, ab und zu ein gemeinsames Mittagessen mit Ihrem Ehepartner einzuplanen? Solche Mittagspausen können wie eine Oase in der Wüste des Berufsalltags sein.

Wenn Sie beruflich viel unterwegs sind, könnten Sie vielleicht Ihren Ehepartner oder eines Ihrer Kinder auf Ihre Geschäftsreisen mitnehmen. Dann hätten Sie einen gemeinsamen Kurzurlaub, den Sie sich sonst vielleicht nicht leisten könnten. Solche Reisen geben Ihrer Familie auch Einblicke in Ihre berufliche Arbeit und eine größere Wertschätzung für das, was Sie tun.

Weniger Arbeit und mehr Zeit zu Hause verbringen – das ist nicht unbedingt die Antwort auf Ihr Problem. Wenn Sie die Zeit zu Hause jedoch sinnvoller nutzen, gibt das der Sache gleich ein ganz anderes Gesicht. Unternehmen Sie heute Abend mit einem Familienmitglied mal etwas ganz anderes. Machen Sie etwas, was außerhalb der Routine liegt. Ergreifen Sie die Initiative. Damit bringen Sie zum Ausdruck: „Mir ist unsere Beziehung wichtig. Ich will sie am Leben erhalten. Ich bin gerne mit dir zusammen. Lass uns etwas machen, was dir Spaß macht.“ Verbringen Sie weniger Zeit vor dem Fernseher und mehr Zeit mit gemeinsamen Unternehmungen und Gesprächen. Der Text in Sprüche 19,14 sagt uns, dass unser Partner ein Geschenk ist. Harte Arbeit ist ein notwendiger Bestandteil des Lebens, aber ein Ehepartner ist eine Belohnung und ein Segen. Wenn Sie daran denken und Ihre Prioritäten danach ausrichten, werden Sie Ihre Ehe am Leben erhalten und erleben, wie sie weiter wächst.

*Herr Jesus Christus, ich bin dankbar für das Geschenk, das du mir mit meinem Partner gemacht hast. Bitte hilf mir, ihn zu einer wichtigen Priorität in meinem Leben zu machen. Zeig mir, wie ich auf kreative Art mehr Zeit gewinnen kann, um mit ihm zusammen zu sein. Schenke mir auch die nötige Weisheit, diese gemeinsame Zeit sinnvoll zu gestalten.*

8. Juli

# Der richtige Umgang mit einem dominanten Ehepartner

*Achtet alle Menschen, und liebt eure Brüder und Schwestern!*
1. Petrus 2,17

Ein dominanter Ehepartner verursacht häufig große Probleme in einer Ehe. Das Zusammenleben mit einem solchen Partner kann einem Menschen den Lebensmut rauben. Wenn ein Ehepartner den anderen wie ein Kind behandelt, verstößt der dominante Partner gegen die Grundidee der Ehe. Die Ehe ist eine auf gegenseitigem Respekt aufgebaute Partnerschaft. Dieser gegenseitige Respekt ist ein wichtiger Baustein für jede Art von Beziehung. Zwei sind besser als einer, sagt die Bibel. Aber wenn einer alle Entscheidungen alleine trifft, ist das eine Verschwendung von zwei Talenten.

Es gibt zwei typische Reaktionen auf einen dominanten Ehepartner. Man kann streiten oder nachgeben. Weder das eine noch das andere führt zu echter Einheit. Mit einem dominanten Partner zu streiten ist zwecklos, weil Sie bei einem Streit immer den Kürzeren ziehen werden. Sie können zwei Stunden lang Ihre Argumente vorbringen, aber das wird Ihnen nichts nützen, weil ein dominanter Mensch nicht bereit ist, nachzugeben. Als Alternative zum Streit haben sich manche für den Weg des Nachgebens entschieden, weil sie sich denken: *Um des lieben Friedens willen stimme ich ihm lieber zu.* Aber damit macht man sich zum Sklaven des dominanten Partners, und irgendwann kommt es dann zur Rebellion. Äußerer Friede gepaart mit innerem Aufruhr entspricht jedoch nicht dem biblischen Konzept von der Ehe.

Das biblische Ideal geht von zwei Menschen aus, die bereit sind, auf die Bedürfnisse des jeweils anderen einzugehen. Gegenseitige Liebe, Respekt und Rücksicht sind die Markenzeichen einer christlichen Ehe. Morgen beschäftigen wir uns damit, wie Sie erfolgreich mit einem dominanten Ehepartner umgehen können.

• • • • • • • • • • • • • • • • • • • • • • • • •

*Himmlischer Vater, ich möchte, dass wir in unserer Beziehung dir die Ehre geben. Bitte zeig mir den besten Weg, wie ich auf meinen Partner reagieren kann, wenn er zu dominant ist. Bewahre mich davor, meinen Ehepartner unterbuttern zu wollen. Bitte hilf uns, miteinander immer respektvoll und rücksichtsvoll umzugehen.*

9. Juli

# Einem dominanten Partner auf Augenhöhe begegnen

*Wer andere ermutigen kann, der nutze diese Gabe. Eure Liebe soll aufrichtig sein. Und wie ihr das Böse hassen müsst, sollt ihr das Gute lieben. Seid in herzlicher Liebe miteinander verbunden, gegenseitige Achtung soll euer Zusammenleben bestimmen.*
Römer 12,8-10

Kann man einen dominanten Ehepartner dazu bewegen, sich zu ändern? Die Antwort auf diese Frage lautet: Ja! Aber der einzuschlagende Weg zu dieser Veränderung wird Sie vielleicht überraschen. Sie beeinflussen einen dominanten Partner nicht durch Streit und auch nicht durch schweigendes Nachgeben. Sie üben jedoch Einfluss aus, indem Sie den guten Absichten dieser Person Anerkennung zollen, sich aber weigern, sich den Entscheidungen des dominanten Partners zu beugen.

Sagen wir, Ihr Mann hat einen neuen Kühlschrank gekauft, ohne Sie nach Ihrer Meinung zu fragen. Sie haben den Eindruck, dass Ihre Ideen und Vorstellungen für ihn nicht zählen und dass er Sie wie ein Kind behandelt. Was sollen Sie tun? Ich schlage Ihnen vor, dass Sie zu Ihrem Mann sagen:

„Ich bin dir wirklich dankbar für deine Bereitschaft, mir zu helfen, und ich bin mir sicher, dass du dir den neuen Kühlschrank genau angesehen und auch einen guten Preis ausgehandelt hast. Aber es wäre besser gewesen, wenn du mich gefragt hättest, was ich dazu meine, weil ich den Kühlschrank ja öfter benutze als du. Ich würde gerne mit dir gemeinsam ein neues Gerät aussuchen. Wie ist es? Willst du die Firma anrufen und die Lieferung des von dir gekauften Kühlschranks stornieren? Oder soll ich das machen?" Wenn Ihr Mann auf diese Frage wutschnaubend reagiert und sagt, dass er auf keinen Fall anrufen wird, streiten Sie nicht mit ihm. Am nächsten Tag rufen Sie selbst in der Firma an und suchen sich ein anderes Gerät aus.

Wird Ihr Mann sein dominantes Verhalten sofort ändern? Wahrscheinlich nicht, aber schließlich werden Freundlichkeit und Bestimmtheit zu einer Veränderung führen. Folgen Sie dem Rat des Apostels Paulus und bemühen Sie sich um Freundlichkeit, aufrichtige Liebe und gegenseitige Achtung. Konzentrieren Sie sich auf das Gute. Diese Art des Umgangs mit Ihrem Partner kann eine Veränderung bewirken.

*Herr Jesus Christus, du weißt, dass dominantes Verhalten in unserer Beziehung manchmal zu Problemen führt. Bitte hilf mir, meinen Partner loszulassen und ihn nicht beherrschen zu wollen. Und wenn ich unter diesem Verhalten leide, dann zeig mir, wie ich freundlich und bestimmt sein kann, damit unsere Beziehung von gegenseitigem Respekt geprägt wird.*

10. Juli

# Die Liebessprachen von Kindern

*Überhebt euch nicht über andere, seid freundlich und geduldig! Geht in Liebe aufeinander ein!*
Epheser 4,2

Fühlen sich Ihre Kinder von Ihnen geliebt? Ich habe Sie nicht gefragt, ob Sie Ihre Kinder lieben, weil ich die Antwort auf diese Frage bereits kenne. Aber wenn Sie sich sicher sein wollen, dass sich Ihre Kinder von Ihnen geliebt fühlen, genügt es nicht, zu ihnen aufrichtig zu sein. Sie sollten auch die Liebessprache Ihres Kindes sprechen.

Für manche Kinder ist „Zeit miteinander verbringen" die Muttersprache der Liebe. Wenn Sie ihnen nicht diese Zeit schenken, fühlen sie sich nicht von Ihnen geliebt, selbst wenn Sie aufmunternde Worte zu ihnen sprechen, zärtlich zu ihnen sind, ihnen Geschenke mitbringen oder ihnen Ihre Hilfe anbieten. Betteln Ihre Kinder förmlich um gemeinsame Unternehmungen, dann lautet ihre Muttersprache der Liebe höchstwahrscheinlich „Zeit miteinander verbringen". Man ist schnell frustriert von diesen endlosen Bitten, aber wir sollten freundlich und geduldig darauf reagieren, denn so lautet die Anweisung in Epheser 4. Haben Sie Nachsicht mit Ihren Kindern, seien Sie rücksichtsvoll, wenn sie Fehler machen und sehen Sie auf die innere Not, die hinter ihrem Verhalten steckt. Schenken Sie ihnen Ihre volle Aufmerksamkeit. Dann werden Sie erleben, wie sich das Verhalten Ihrer Kinder ändert.

*Herr Jesus Christus, du weißt, wie sehr ich meine Kinder liebe. Ich möchte, dass sie diese Liebe auch spüren. Bitte schenke mir die nötige Weisheit, damit ich ihnen diese Liebe auch ehrlich mitteilen kann. Schenke mir Geduld, wenn sie mich um etwas bitten. Hilf mir, ihren Bitten zu entnehmen, was sie wirklich brauchen.*

## 11. Juli

# Gefühle als Gaben Gottes

*Verfehlungen — wer erkennt sie? Sprich mich los von denen, die verborgen sind!*
*Auch vor mutwilligen bewahre deinen Knecht, damit sie nicht über mich herrschen;*
*dann werde ich unsträflich sein und frei bleiben von großer Übertretung!*
*Lass die Worte meines Mundes und das Sinnen meines Herzens wohlgefällig sein vor dir,*
*Herr, mein Fels und mein Erlöser!*
Psalm 19,13-15

Welche Wirkung haben Gefühle auf eine Ehe? Gefühle sind Gaben Gottes, die unser Leben bereichern sollen. Sowohl positive als auch negative Gefühle sollen uns zu Gott hinführen. Manche Christen haben ein gewisses Misstrauen Gefühlen gegenüber, weil sie miterlebt haben, wie andere Leute sich nur von ihren Gefühlen leiten ließen und dabei ihren Mitmenschen geschadet haben. Aber es besteht ein gewaltiger Unterschied zwischen einem Gefühl und der Entscheidung, ein Unrecht zu begehen. Gefühle an sich sind nicht sündhaft, sondern die Handlungen, die häufig auf Gefühle folgen. In Psalm 19 richtet König David seine Bitte an Gott, er möge ihn vor mutwilligen Verfehlungen bewahren, damit er von Schuld frei bleiben kann.

Gefühle kann man nicht bewusst steuern; sie stellen sich von selbst ein. Falsch oder richtig ist nur, was wir mit diesen Gefühlen tun. Betrachten wir zur Veranschaulichung ein Beispiel: Auch wenn Sie glücklich verheiratet sind, empfinden Sie vielleicht ein aufregendes „Kribbeln" gegenüber einem Angehörigen des anderen Geschlechts, obwohl diese Person nicht Ihr Ehepartner ist. Es ist keine Sünde, sich zu jemandem hingezogen zu fühlen, aber die Taten, die auf dieses Gefühl folgen, könnten sündhaft sein. Gehen Sie mit diesem Gefühl des „Kribbelns" zu Gott. Danken Sie ihm, dass er Ihnen die Fähigkeit geschenkt hat, so etwas zu empfinden. Dann bitten Sie ihn um Weisheit, einen Weg zu finden, diese Art von „Kribbeln" erneut in Ihrer Ehe zu erleben, damit Sie diese Gefühle wieder am richtigen Ort empfinden können. Wenn Sie sich zu jemandem hingezogen fühlen, ist das ein Signal, dass Ihre Ehe verstärkte Aufmerksamkeit braucht.

Lassen Sie sich von Ihren Gefühlen zu Gott hinführen. Bitten Sie ihn, Sie auf Ihrem Weg zu leiten. Wenn Sie den Weisungen Gottes folgen, hat das Gefühl seinen Zweck erfüllt, denn Emotionen sollen uns Gott näherbringen.

*Himmlischer Vater, danke, dass du uns Gefühle geschenkt hast. Hilf mir, wegen meiner Gefühle keine Angst oder Scham zu empfinden. Zeig mir stattdessen, wie ich sie nutzen kann, um dir und auch meinem Ehepartner näherzukommen.*

# 12. Juli

## Zu negativen Gefühlen stehen

*Hinter schallendem Gelächter verbirgt sich oft großer Kummer.
Wenn die Freude verrauscht ist, bleibt die Trauer zurück.*
Sprüche 14,13

Manchen Christen fällt es schwer sich einzugestehen, dass sie negative Gefühle haben. Wut, Angst, Enttäuschung, Einsamkeit, Frustration, Depression und Leid passen nicht ins Klischee eines erfolgreichen christlichen Lebensstils. Häufig versuchen wir, negative Gefühle unter den Teppich zu kehren und zu ignorieren. Wie schon König Salomo feststellte, funktioniert das jedoch nicht sehr gut. Wir können unsere negativen Emotionen zwar ignorieren, aber dadurch gehen sie nicht weg, sondern sie können sogar noch intensiver werden.

Meiner Meinung nach ist es viel produktiver, wenn wir unsere Gefühle identifizieren, akzeptieren und dann Gott bitten, uns zu zeigen, wie wir damit umgehen sollen. Gefühle gleichen oft einem Thermometer. Sie zeigen uns an, ob uns heiß oder kalt ist, ob alles gut oder weniger gut ist. Wenn alles gut ist, können wir uns freuen und Gott loben (dafür gibt es viele biblische Beispiele, u. a. Psalm 103). Wenn uns unsere Gefühle sagen, dass nicht alles so ist, wie es sein sollte, dann können wir uns an Gott wenden und ihn um Hilfe bitten (auch hier enthalten die Psalmen anschauliche Beispiele, wie König David und andere sich mit starken Emotionen an Gott wenden, z. B. Psalm 13). Gott wird uns Weisheit schenken, wenn wir handeln müssen. Er kann uns trösten, wenn unsere Situation nicht zu ändern ist. Deshalb sollten wir immer mit Gott über unsere Gefühle sprechen und ihn bitten, uns die nächsten Schritte zu zeigen. „Herr, du weißt, wie ich mich fühle. Was soll ich jetzt tun?" Dieser Weg führt zu größerer Einsicht über Sie selbst, zu größerem Mitgefühl für Ihren Ehepartner und zu mehr Weisheit bei Ihren Entscheidungen. Das alles trägt zum Wachstum einer Ehe bei.

*Herr Jesus Christus, ich bin dankbar für die Psalmen, die uns so deutlich zeigen, dass du uns einlädst, dir unsere positiven oder negativen Gefühle mitzuteilen. Bitte hilf mir, das in aller Freiheit zu tun, anstatt meine Traurigkeit oder meine Wut zu verdrängen. Du tröstest und leitest mich, und deshalb werde ich auch klüger in meinem Handeln. Ich weiß, dass das auch positive Auswirkungen auf die Beziehung zu meinem Ehepartner hat.*

# Zeit für Streit

*Lieber in Ruhe und Frieden ein trockenes Stück Brot essen*
*als ein Festmahl mit Zank und Streit!*
Sprüche 17,1

Denken Sie manchmal auch, dass Sie mit einer vollkommen fremden Person verheiratet sind? Zu Beginn Ihrer Beziehung meinten Sie noch, Sie würden wunderbar zusammenpassen. Sie waren sich in allem einig. Jetzt fragen Sie sich vielleicht, warum Sie überhaupt zusammenleben, weil Sie beide so verschieden sind. Willkommen in der Wirklichkeit! Sie sind nämlich mit einem Menschen verheiratet. Menschen denken und handeln nicht auf die gleiche Art. Und Konflikte und Auseinandersetzungen gehören zu allen zwischenmenschlichen Beziehungen. Entscheidend ist jedoch, dass wir lernen, unsere Konflikte auf konstruktive Art zu lösen.

Wollen Sie Ihre Konflikte lösen? Dann greifen Sie diese Idee auf: Besprechen Sie Meinungsverschiedenheiten niemals zwischen Tür und Angel. Nehmen Sie sich Zeit, um Ihre Konflikte zu lösen. Ich schlage Ihnen vor, einmal pro Woche ein „Treffen zur Konfliktlösung" durchzuführen. An den anderen Wochentagen konzentrieren Sie sich auf die Dinge, die Sie an Ihrem Ehepartner mögen. Machen Sie positive Bemerkungen. Damit schaffen Sie ein gesundes Klima für das Gespräch über Ihre Konflikte.

Wenn Sie sich Zeit zum Lösen von Konflikten nehmen, verhindern Sie, dass bei Ihnen zu Hause ständig wuterfüllte Worte fallen oder Sie beide frustriert sind. Eine solche Situation fand König Salomo wohl unerträglich, wenn wir den oben zitierten Vers zugrunde legen. Wenn Sie dem Frieden Raum geben, lösen Sie einen Konflikt nach dem anderen, ohne Ihre Beziehung zu zerstören. Jeder gelöste Konflikt lässt Sie und Ihren Ehepartner noch enger zusammenwachsen.

*Himmlischer Vater, ich weiß, dass Konflikte zwischen Menschen unvermeidlich sind. Bitte hilf uns, bei unseren Differenzen so miteinander umzugehen, dass wir einander helfen, uns mit Respekt begegnen und zielbewusst vorgehen. Unser Zuhause soll doch ein Ort des Friedens und nicht des ständigen Streites sein.*

# 14. Juli

## Zuhören macht weise

*Wer auf hilfreiche Ermahnung hört, den kann man klug nennen!*
Sprüche 15,31

Seit dreißig Jahren bin ich in der Eheberatung tätig, und ich leite auch Eheseminare. Ich bin in diesen drei Jahrzehnten noch nie einem Ehepaar begegnet, das keine Konflikte hat. Manche dieser Paare wissen, wie sie Konflikte lösen können, aber ich habe auch viele kennengelernt, deren Ehen durch Konflikte zerstört wurden. In der gestrigen Andacht habe ich Ihnen vorgeschlagen, jede Woche ein „Treffen zur Konfliktlösung" durchzuführen. Wenn Sie sich zusammensetzen, um über Konflikte zu sprechen, sollte jeder von Ihnen die Gelegenheit zum Reden haben. Beginnen Sie mit einer Redezeit von jeweils fünf Minuten. Sie können sich so oft abwechseln, wie Sie wollen, aber Sie sollten Ihren Ehepartner ausreden lassen und warten, bis Sie dran sind. Nach den Worten von König Salomo macht uns das Zuhören weise, vor allem dann, wenn uns jemand konstruktive Kritik mitteilt.

Wenn wir unserem Ehepartner zuhören, während wir einen Konflikt miteinander austragen, gewinnen wir mehr Verständnis über uns selbst und über den Partner.

Sie können auch Fragen stellen, um die Argumente Ihres Ehepartners besser zu verstehen. Ein Beispiel: „Willst du damit sagen, dass du enttäuscht bist, wenn ich samstags Golf spiele, anstatt mit dir und den Kindern zusammen zu sein? Meinst du, ich soll überhaupt nicht mehr zum Golfplatz gehen?"

Nachdem Sie zugehört haben, sind Sie an der Reihe. In unserem Beispiel erklären Sie, wie wichtig das Golfspielen für Sie als Ausgleich zu Ihrem anstrengenden Beruf ist. Dann können Sie gemeinsam nach einer Lösung suchen, die für Sie beide praktikabel ist. Zuhören, um einander zu verstehen, ist von entscheidender Bedeutung, wenn Sie Konflikte lösen wollen.

*Himmlischer Vater, bitte hilf mir, richtig zu reagieren, wenn mein Ehepartner mir etwas erzählt, was ich nicht unbedingt hören will. Hilf mir, das Beste für unsere Beziehung zu wollen und nicht nur an meine eigenen Bedürfnisse zu denken.*

15. Juli

# Der Weg zu einer Lösung

*Herr, ich danke dir dafür, dass du mich so wunderbar und einzigartig gemacht hast! Großartig ist alles, was du geschaffen hast – das erkenne ich!*
Psalm 139,14

Alle Ehepaare haben Konflikte, weil wir alle Menschen sind und kein Mensch dem anderen gleicht. Jeder von uns sieht die Welt mit anderen Augen. Der Versuch, meinem Ehepartner meine eigene Sicht der Dinge aufzuzwingen, ist ein weit verbreiteter Fehler. „Wenn sie nur ein bisschen nachdenken würde, würde sie mir zustimmen. Ich weiß, dass ich die Sache richtig beurteile." Aber genau hier liegt das Problem. Das, was der eine für richtig hält, muss für den anderen noch lange nicht richtig sein. Präzision ist in der Mathematik und den anderen Naturwissenschaften zwar angebracht, aber nicht in zwischenmenschlichen Beziehungen. Die Worte in Psalm 139 verdeutlichen, dass Gott jeden von uns als einzigartiges Wesen geschaffen hat. Er hat uns schon vor unserer Geburt ganz individuell gebildet und gekannt. Deshalb sind die Unterschiede zwischen Menschen ein Grund zum Feiern und nicht zur Frustration. Wir sollten auch die Unterschiede bei der menschlichen Wahrnehmung und unseren Wünschen oder Sehnsüchten berücksichtigen.

Beim Lösen von Konflikten ist es erforderlich, dass wir die Gedanken und Gefühle unseres Ehepartners mit Respekt und nicht mit Verachtung behandeln. Unser Ziel soll nicht sein, unseren Ehepartner zu widerlegen, sondern zu einem Punkt zu gelangen, an dem wir beide als Team zusammenarbeiten können. Wir brauchen nicht einer Meinung zu sein, um einen Konflikt zu lösen. Wir müssen nur eine praktikable Lösung für unsere Meinungsverschiedenheiten finden.

„Welche Lösung wäre für dich denkbar?" Diese Frage ist ein guter Ausgangspunkt. Jetzt konzentrieren wir uns auf Lösungen und nicht mehr auf Unterschiede. Wenn zwei Erwachsene auf der Suche nach einer Lösung sind, ist die Wahrscheinlichkeit groß, dass sie auch eine Lösung finden.

*Himmlischer Vater, die Frage, welche Lösung praktikabel ist, kann mir die Augen öffnen. Wie oft verschwende ich Zeit, wenn ich versuche, meinen Partner davon zu überzeugen, dass ich recht habe. Bitte hilf mir, stattdessen gemeinsam mit ihm nach einer Lösung zu suchen, die für uns beide denkbar ist. Danke, dass du jeden von uns als einzigartiges Wesen geschaffen hast.*

# Vertrautheit im Glauben

*Jeder soll dem anderen helfen, seine Last zu tragen.*
*Auf diese Weise erfüllt ihr das Gesetz, das Christus uns gegeben hat.*
Galater 6,2

Die meisten Ehepaare, denen ich begegne, hegen den Wunsch nach einem freieren Austausch über ihren persönlichen Glaubensweg. Wir reden oft über Vertrautheit bei Gefühlen oder beim Sex, aber nur selten sprechen wir über Vertrautheit im Glauben, obwohl gerade der Glaube Auswirkungen auf alle anderen Bereiche unserer Beziehung hat.

So, wie die emotionale Vertrautheit entsteht, wenn wir über unsere Gefühle reden, entspringt die Vertrautheit im Glauben aus unserem Austausch über unseren Weg mit Gott. Wir müssen keine Glaubenshelden sein, um als Ehepaar diese Vertrautheit im Glauben zu erleben, aber wir müssen bereit sein, miteinander über unsere persönliche Beziehung zu Gott zu sprechen.

Der Ehemann, der sagt: „Heute fühle ich mich Gott nicht sehr nahe", bereitet seiner Frau mit diesen Worten vielleicht keine große Freude, aber er gibt ihr die Möglichkeit, an seiner eigenen Erfahrung teilzuhaben. Wenn sie erwidert: „Sag mir doch, was dich bedrückt", ebnet sie den Weg zur Vertrautheit im Glauben. Wenn sie jedoch sagt: „Also, wenn du dich Gott nicht nahe fühlst, kann ich das überhaupt nicht nachvollziehen", hat sie den Gesprächsfaden abgeschnitten, und ihr Mann fühlt sich durch ihre Geringschätzung verletzt. Der Apostel Paulus fordert uns auf, einander zu helfen, unsere Lasten zu tragen. Dazu gehören häufig auch Probleme, die wir in unserer Beziehung zu Gott haben. Wenn ein Ehepaar Vertrautheit im Glauben erleben will, erfordert das auch die Bereitschaft, dem Ehepartner zuzuhören, ohne ihn oder sie anpredigen zu wollen.

*Himmlischer Vater, ich möchte mit meinem Partner über meinen Weg mit dir sprechen, und ich möchte auch von seinen Erfahrungen hören. Hilf uns, einander zu verstehen, wenn einer dem anderen zuhört und wenn wir uns erzählen, was uns belastet. Bitte schenke uns Vertrautheit im Glauben.*

17. Juli

# Den Hunger nach Gott wecken

*Aber auch ihr würdet mir neuen Mut geben; so würden wir uns alle in unserem gemeinsamen Glauben gegenseitig ermuntern.*
Römer 1,12

Wie können Sie in Ihrer Ehe die Vertrautheit im Glauben fördern? Eine Frau sagte zu mir: „Ich wünschte, mein Mann und ich könnten uns mehr über Glaubensthemen unterhalten. Er scheint über alles andere reden zu wollen, aber wenn ich die Gemeinde, Gott oder die Bibel erwähne, sagt er kein Wort mehr und geht einfach weg. Ich weiß nicht, was ich noch machen soll, aber das ist sehr frustrierend."

Welchen Rat würden Sie dieser Frau geben?

Ich verrate Ihnen, was ich ihr gesagt habe: „Hören Sie nicht auf, über Glaubensthemen zu reden. Ihre Beziehung zu Gott ist schließlich das Wichtigste in Ihrem Leben. Wenn Sie diesen Teil Ihres Lebens verschweigen, wird Ihr Mann niemals wissen, wer Sie wirklich sind. Erwarten Sie von ihm jedoch nicht, dass er auf Ihre Äußerungen reagiert, und halten Sie ihm keine Predigt, es sei denn, er bittet Sie darum. Erzählen Sie ihm einfach, was Gott in Ihrem Leben tut. Erwähnen Sie einen Bibeltext, der Ihnen bei einer Entscheidung geholfen oder Ihnen Mut gemacht hat, als Sie niedergeschlagen waren. Wenn Sie Ihrem Mann etwas von Ihrem Glaubensleben erzählen, wecken Sie bei ihm einen Hunger nach Gott. Und wenn Ihr Mann diesen Hunger verspürt, will er vielleicht mit Ihnen über Gott reden. An diesem Punkt beginnt die Vertrautheit im Glauben."

Es ist ein erstrebenswertes Ziel, wenn wir uns gegenseitig im Glauben Mut machen. Sogar der Apostel Paulus wollte durch den Glauben der Christen in Rom ermutigt werden. Wenn wir den Punkt erreichen, dass wir uns von unseren Siegen und Niederlagen im Glauben erzählen können, wird das für unsere Ehe zum Segen werden.

*Himmlischer Vater, bitte schenke mir Geduld mit meinem Partner, wenn er mit mir nicht über den Glauben reden will. Ich bitte dich, dass du in unseren Herzen wirkst, damit wir uns auch im Glauben näherkommen. Schenke uns Wachstum in unserer Beziehung zu dir und eine immer stärkere Vertrautheit im Umgang mit unserem gemeinsamen Glauben.*

18. Juli

# Aktives Zuhören will gelernt sein

*Hört jetzt genau zu, wenn ich meinen Fall klarstelle! Achtet auf jedes Wort!*
Hiob 13,17

Haben Sie von Ihrem Ehepartner schon einmal diese Worte gehört? „Ich habe den Eindruck, dass du mir gar nicht zuhörst, wenn ich etwas sage.“ Ein wirklich gutes Gespräch erfordert aktives Zuhören. Wenn wir uns das Buch Hiob durchlesen, stellen wir fest, dass die Reden seiner vermeintlichen Freunde den leidenden Hiob immer stärker frustrierten. Jedes Mal, wenn sie ihm etwas erwiderten, wurde ihm eines klar: Sie verstanden nicht wirklich, was er sagen wollte. Schließlich reicht es Hiob, und er platzt heraus: „Hört mir jetzt genau zu!“ Diese Frustration wollen Sie Ihrem Ehepartner bestimmt ersparen.

Deshalb möchte ich Ihnen ein paar Tipps geben, wie Sie aktives Zuhören üben können.

- Halten Sie Augenkontakt, wenn Ihr Ehepartner spricht. Dadurch vermeiden Sie, dass Ihre Gedanken abschweifen, und Sie geben Ihrem Partner das Gefühl, dass er Ihre volle Aufmerksamkeit genießt.
- Lassen Sie alles liegen und stehen, wenn Ihr Ehepartner mit Ihnen redet. Vielleicht sind Sie durchaus in der Lage dazu, gleichzeitig eine Fernsehsendung zu sehen und mit Ihrem Partner zu sprechen, aber Sie vermitteln ihm damit die Botschaft, dass das, was er sagt, nicht wirklich wichtig ist.
- Versuchen Sie, Gefühle herauszuhören und das Gehörte wiederzugeben. „Das klingt so, als ob du enttäuscht bist, weil ich heute früh vergessen habe, den Müll rauszubringen.“ Jetzt weiß Ihr Partner, dass Sie wirklich zuhören. Er kann jetzt seine Gefühle und Sehnsüchte klarer formulieren.
- Beobachten Sie die Körpersprache Ihres Gegenübers. Geballte Fäuste, zitternde Hände und Tränen sind Hinweise darauf, wie stark Ihr Partner das empfindet, was er Ihnen mitteilen möchte. Je stärker Ihr Ehepartner emotional bewegt erscheint, umso wichtiger ist es, ihm Ihre ungeteilte Aufmerksamkeit zu schenken.

*Herr Jesus Christus, ich weiß, dass ich meinem Partner genauer zuhören muss. Ich möchte ihn doch wissen lassen, wie sehr ich ihn verstehe und wie wichtig mir das ist, was er mir zu sagen hat. Bitte hilf mir heute, meinem Ehepartner liebevoll und sorgfältig zuzuhören.*

19. Juli

# Zuhören schafft Vertrautheit

*Wenn ihr mich sucht, werdet ihr mich finden.*
*Ja, wenn ihr mich von ganzem Herzen sucht, will ich mich von euch finden lassen.*
Jeremia 29,13-14

Was bringt es Ihnen, wenn Sie Ihrem Ehepartner gut zuhören? Zuhören ist der Weg zum Herzen und zu den Gedanken Ihres Ehepartners. Gott sagte zum Volk Israel: „Denn ich allein weiß, was ich mit euch vorhabe: Ich, der Herr, werde euch Frieden schenken und euch aus dem Leid befreien. Ich gebe euch wieder Zukunft und Hoffnung" (Jeremia 29,11). Aber woher sollte Israel denn wissen, was Gott vorhatte? In den Versen 13 und 14 erfahren wir, dass die Israeliten den Herrn finden sollten, wenn sie ihn von ganzem Herzen suchen würden. Gott wollte Israel seine Gedanken mitteilen, aber Israel musste ihm zuhören.

Was tun Sie, wenn Sie die Gedanken und Gefühle Ihres Ehepartners kennenlernen wollen? Zuhören ist der Schlüssel zu einer gelungenen Kommunikation. Verurteilen Sie Ihren Partner nicht, weil er nicht sehr gesprächig ist. Stellen Sie lieber Fragen und hören Sie genau auf die Antworten. Vielleicht sind sie zunächst einsilbig, vor allem dann, wenn Ihr Ehepartner eher zu den schweigsamen Menschen gehört. Aber sobald Ihr Partner erkennt, dass Sie wirklich interessiert sind an dem, was er sagt, wird er oder sie Ihnen auch seine Gedanken mitteilen. Lassen Sie Ihren Ehepartner wissen, dass diese Gedanken interessant, herausfordernd oder faszinierend sind. Dann wird Ihr Partner allmählich gesprächiger.

Wenn wir Gott zuhören, kommen wir ihm näher. Wenn wir unserem Ehepartner zuhören, erleben wir die gleiche Art von Nähe.

*Himmlischer Vater, du hast uns versprochen, dass wir dich finden, wenn wir dich von ganzem Herzen suchen. Bitte hilf mir, meinen Ehepartner mit der gleichen Intensität zu „suchen" und kennenlernen zu wollen. Hilf mir auch, seinen Gedanken genau zuzuhören und sie entsprechend zu würdigen. Bitte stärke unsere Beziehung durch gutes Zuhören.*

# 20. Juli

## Die Kunst des Zuhörens

*Wer sich meinen Lehren öffnet, wird noch mehr begreifen,*
*und er wird eine Fülle von Wissen haben.*
Matthäus 13,12

Die Bedeutung des Zuhörens können Sie nicht hoch genug einschätzen, vor allem, wenn es um Ihren Ehepartner geht. Wenn Sie zuhören, sagen Sie Ihrem Partner: „Unsere Beziehung ist mir wertvoll. Ich möchte dich besser kennenlernen." Sie können niemals Vertrautheit in Ihrer Ehe erreichen, wenn Sie Ihren Ehepartner nicht kennen.

Respekt vor den Gedanken Ihres Gegenübers, selbst wenn sie sich von Ihren eigenen unterscheiden, ist für die Kommunikation von entscheidender Bedeutung. Nur wenige Menschen teilen sich weiter mit, wenn ihre Gedanken ständig gering geachtet werden. Auch eine zu rasche Reaktion kann wirkungsvolles Zuhören hindern. Hören Sie doppelt so lange zu, wie Sie selbst reden, und dann werden Sie Ihren Ehepartner viel besser kennenlernen. Jesus sagte seinen Jüngern in Matthäus 13,12, dass Wissen durch Zuhören entsteht. Je mehr und je besser wir zuhören, desto mehr werden wir verstehen. Das trifft natürlich besonders auf die Lehren Jesu zu, aber auch auf die Gespräche mit unserem Ehepartner.

Wenn Ihr Ehepartner anfängt zu sprechen, sollte Ihnen dieser Moment „heilig" sein, denn der Mensch, den Sie lieben, will Ihnen etwas mitteilen. Offenbart Ihnen Ihr Partner sein Innerstes, dürfen Sie nichts tun, was ihn oder sie am Weitersprechen hindert. Lassen Sie alles andere liegen und stehen und konzentrieren Sie sich auf das Zuhören. Zeigen Sie Ihr Verständnis durch ein Kopfnicken. Lächeln Sie, wenn Ihr Ehepartner etwas Lustiges sagt. Wenn Ihr Partner seinen Schmerz zum Ausdruck bringt, geben Sie ihm durch einen besorgten Blick Ihr Mitgefühl zu erkennen. Stellen Sie Fragen, um sicherzugehen, dass Sie die Botschaft Ihres Gegenübers auch verstehen. Gutes, aktives Zuhören kurbelt die Kommunikation an.

*Herr Jesus Christus, ich möchte meinem Partner gut zuhören und den Menschen, den ich liebe, immer besser verstehen. Das beginnt damit, dass ich erkenne, wie wertvoll diese gemeinsamen Zeiten des Gesprächs sind, wenn er mir seine Gedanken und Gefühle mitteilt. Bitte schenke mir Selbstdisziplin und mach mich zu einem aktiven, wachen Zuhörer, damit unsere Kommunikation immer besser wird.*

# Lebensweisheiten für Ehefrauen

*Eine tüchtige Frau – wer findet sie schon? Sie ist wertvoller als viele Juwelen!*
*Ihr Mann kann sich auf sie verlassen, sie bewahrt und vergrößert seinen Besitz.*
*Ihr Leben lang tut sie ihm Gutes, niemals fügt sie ihm Leid zu.*
*Sie redet nicht gedankenlos, und ihre Anweisungen gibt sie freundlich.*
Sprüche 31,10-12.26

Was soll eine Frau tun, wenn ihr Mann sich weigert, in seiner Beziehung zu ihr zu wachsen? Sie haben ihn wieder und wieder gebeten, dass er sich ändern soll. Sie haben ihm genau gesagt, was Sie von ihm möchten, aber er bewegt sich keinen Millimeter. Was tun?

Ich möchte Ihnen einen völlig anderen Weg vorschlagen, um dieses Problem zu lösen. Weil er nicht bereit ist, sich zu ändern, fangen Sie bei sich selbst an. Analysieren Sie Ihr eigenes Verhalten und fragen Sie sich: *Habe ich etwas getan, was ich nicht hätte tun sollen? Habe ich etwas gesagt, das ich nicht hätte sagen sollen?* Ihre Antworten könnten lauten: Sie haben vielleicht versucht, Ihren Mann zum Pantoffelhelden zu machen. Vielleicht haben Sie ihm auch unfreundliche Worte an den Kopf geworfen, oder aber Sie waren nachtragend. Sobald Sie herausgefunden haben, wo Sie selbst Fehler gemacht haben, bringen Sie diese zu Gott, und dann gehen Sie zu Ihrem Mann und bekennen Sie Ihre Fehler. Auch wenn der Anteil Ihres Mannes an Ihren Problemen 95 Prozent beträgt, beginnen Sie bei Ihren fünf Prozent. Schließlich haben Sie es in der Hand, diese fünf Prozent zu ändern. Wenn Sie das tun, wird Ihre Ehe um fünf Prozent besser.

Stellen Sie sich jetzt eine Frau vor, die dazu neigt, ihren Mann wie einen Dienstboten zu behandeln. Diese Frau sagt zu ihm: „Es war unfair von mir, dich zu bitten, noch diesen Baumstumpf zu entfernen, nachdem du schon den Rasen gemäht hattest. Ich bürde dir oft viel zu viel Arbeit auf, und ich bitte dich dafür um Entschuldigung. Für die Arbeit, die du mir heute Morgen schon abgenommen hast, bin ich dir sehr dankbar." Seine erste Reaktion mag vielleicht nicht so sein wie erhofft, aber die Frau hat mit diesen Worten das Klima in ihrer Ehe verbessert.

*Himmlischer Vater, bitte vergib mir, wenn ich in meiner Ehe Unrecht getan habe. Manchmal frustriert mich mein Mann mit seinem Verhalten, aber dann vergesse ich, dass auch ich an den Problemen in unserer Beziehung beteiligt bin. Bitte hilf mir, meinen Anteil an diesen Problemen einzugestehen und mit der Veränderung bei mir anzufangen. Schenke mir die Fähigkeit, meinem Mann Gutes zu tun.*

## 22. Juli

# Lebensweisheiten für Ehemänner

*Darum sollen auch die Männer ihre Frauen lieben wie ihren eigenen Körper. Wer nun seine Frau liebt, der liebt sich selbst.*
Epheser 5,28

Wünschen Sie sich eine liebevollere Ehefrau? Bevor Sie Ihrer Frau alle ihre Fehler vorwerfen, denken Sie daran, dass Kritik nur selten eine positive Veränderung bewirkt. Aber hier kommen ein paar hilfreiche Tipps, wie Sie es trotzdem schaffen.

Erstens: Suchen Sie nach etwas, was Ihnen an Ihrer Frau gefällt. Zeigen Sie ihr Ihre Wertschätzung. Zwei Tage später tun Sie das Gleiche, und dann wieder. Wenn Sie sich daran gewöhnen, Ihrer Frau Komplimente zu machen, könnten Sie angenehm überrascht werden.

Zweitens: Bleiben Sie freundlich. Lassen Sie Ihren Emotionen nicht freien Lauf. Wenn Sie etwas zu sagen haben und auch negative Gefühle darin vorkommen, sagen Sie es so freundlich wie möglich. Denken Sie an diese Worte aus der Bibel: „Eine freundliche Antwort vertreibt den Zorn, aber ein kränkendes Wort lässt ihn aufflammen" (Sprüche 15,1). Lassen Sie den Zorn nicht unnötigerweise aufflammen.

Drittens: Lassen Sie den Befehlston bleiben. Forderungen bewirken Verstimmung. Sagen Sie nicht: „Ich will, dass das heute fertig ist", sondern „Meinst du, du kannst das heute fertig machen? Ich wäre dir sehr dankbar, wenn es klappen würde." Die Art, wie Sie mit Ihrer Frau sprechen, kann sehr viel bewirken.

Vor allem denken Sie an eins: Es ist Ihre Pflicht, Ihre Frau zu lieben wie Ihren eigenen Körper. Das bedeutet, dass Sie für sie sorgen und sie respektvoll behandeln sollten. Dabei spielt es keine Rolle, wie sie sich Ihnen gegenüber verhält. Ihr Ziel soll die Liebe sein, und dann ergibt sich alles andere wie von selbst.

*Himmlischer Vater, meine Frau zu lieben wie meinen eigenen Körper – das ist eine gewaltige Herausforderung, die kaum zu bewältigen ist. Ich möchte lernen, wie ich es trotzdem schaffen kann. Bitte hilf mir und zeig mir, wie ich mit meiner Frau umgehen soll, damit unsere Ehe belastbarer und harmonischer wird.*

23. Juli

# Geben statt nehmen

*Seid in herzlicher Liebe miteinander verbunden,*
*gegenseitige Achtung soll euer Zusammenleben bestimmen.*
Römer 12,10

Die Sehnsucht nach Romantik in der Liebe ist tief in unserer Seele verwurzelt. Fast jede auflagenstarke Zeitschrift druckt mindestens einen Artikel mit Tipps, wie man die Liebe am Leben erhalten kann. Aber warum scheinen nur so wenige Ehepaare das Geheimnis einer dauerhaften Liebe *nach* der Hochzeit für sich entdeckt zu haben? Meiner Meinung nach liegt es daran, dass wir uns zu stark darauf konzentrieren, Liebe zu „bekommen" anstatt Liebe zu „geben".

Solange Sie nur darauf abzielen, was Ihr Partner für Sie tun sollte, wirken Sie auf ihn fordernd und überkritisch. Wie wäre es mit einer anderen Vorgehensweise? Wie wäre es, wenn Sie zum Beispiel sagen würden: „Wie kann ich *dir* helfen? Wie kann ich *dir* das Leben erleichtern? Wie kann ich *für dich* ein besserer Ehepartner sein?" In Römer 12 schreibt der Apostel Paulus, dass „gegenseitige Achtung" unser Zusammenleben bestimmen soll, wenn wir uns lieben. Dem Menschen, den wir lieben, Liebe zu geben, muss keine lästige Pflicht sein. Wenn unsere Zuneigung echt ist, kann es Freude machen, dem anderen Liebe zu geben und zu dienen. Unsere Beziehung wird am Leben erhalten, wenn wir einander Liebe *geben.*

*Himmlischer Vater, bitte hilf mir, mich heute darauf zu konzentrieren, Liebe zu geben. Ich möchte mich nicht mehr darauf konzentrieren, was mein Ehepartner mir geben sollte, sondern mehr darauf, was ich meinem Partner geben kann. Danke, dass du für uns das größte Vorbild für selbstlose Liebe bist.*

# Versöhnung ist unser Ziel

*Sucht den Herrn, solange er sich finden lässt! Betet zu ihm, solange er euch nahe ist! Hast du dich gegen Gott aufgelehnt? Bist du eigene Wege gegangen und eigenen Plänen gefolgt? Dann hör auf damit! Kehr deinem alten Leben den Rücken, und komm zum Herrn! Er wird sich über dich erbarmen. Unser Gott vergibt uns, was auch immer wir getan haben.*

Jesaja 55,6-7

Ist die Ehe zu Ende, wenn Ihr Partner Sie verlässt? Die Antwort ist ein klares und deutliches *Nein*. Wenn Ehepaare sich trennen, bedeutet das, dass eine Ehe Hilfe braucht. Das biblische Ideal lautet Versöhnung. Vielleicht wollen Sie sich nicht mit Ihrem Ehepartner versöhnen, und vielleicht gibt es für Sie keine Hoffnung mehr, Ihre Ehe zu retten. Vielleicht klingt es für Sie erschreckend. Aber darf ich Sie auffordern, dem Beispiel zu folgen, das Gott selbst uns gegeben hat?

Die Bibel zeichnet ein durchgängiges Bild von Gott, wie er ein Liebesverhältnis zu seinen Kindern hat, zu Israel im Alten und zur Gemeinde Jesu im Neuen Testament. Häufig war Gott von seinen Kindern getrennt wegen ihrer Sünden und ihres Eigensinns. In gewisser Weise ist die gesamte Bibel ein Bericht über die Versuche Gottes, sich mit seinen Kindern zu versöhnen. Beachten Sie, dass einer Versöhnung immer die Umkehr von sündhaftem Verhalten vorangehen musste. Gott stimmte nie einer Versöhnung zu, wenn Israel sich weiter gegen ihn auflehnte. Der oben zitierte Text enthält einen leidenschaftlichen Aufruf des Propheten Jesaja an sein Volk, sich von seinen Sünden abzuwenden und zum Herrn zu kommen. Gott war den Menschen nahe, und er bot ihnen Vergebung an.

Es gibt keine Versöhnung ohne eine Umkehr. In einer Ehe bedeutet das eine gemeinsame Umkehr, weil beide Partner am Scheitern ihrer Beziehung beteiligt sind. Deshalb ist es der erste Schritt zur Versöhnung, wenn Sie sich von Ihren eigenen Fehlern abwenden und zu Gott umkehren.

*Himmlischer Vater, ich bin dir dankbar, dass du uns selbst ein Beispiel gegeben hast, wie Versöhnung aussehen soll. Ich bringe dir die Sünden, die ich in meiner Ehe begangen habe. Hilf mir, zuerst meine eigenen Fehler in Ordnung zu bringen, bevor ich mich mit meinem Ehepartner versöhne.*

25. Juli

# Gott tut mehr, als wir denken

*Gott aber kann viel mehr tun, als wir jemals von ihm erbitten oder uns auch nur vorstellen können. So groß ist seine Kraft, die in uns wirkt.*
Epheser 3,20

Eine Trennung ist ein Signal für große Schwierigkeiten in der Ehe. Ihre Träume vom gemeinsamen Glück haben sich in Nichts aufgelöst. Die innere Leere, die Sie vor der Trennung empfunden haben, hat möglicherweise eine von drei Ursachen: 1) Es fehlt Ihnen eine enge, vertraute Beziehung zu Gott. 2) Es fehlt Ihnen eine enge, vertraute Beziehung zu Ihrem Ehepartner. 3) Es fehlt Ihnen ein tief gehendes Verständnis über Sie selbst und die Fähigkeit, sich so anzunehmen, wie Sie sind. Die Probleme Nummer eins und drei können ohne die Hilfe Ihres Ehepartners korrigiert werden. Das zweite erfordert natürlich die Zusammenarbeit beider Eheleute.

Eine radikale Umwandlung in allen drei Bereichen ist durchaus möglich. Wenn Sie beginnen, an Ihrer Beziehung zu Gott zu arbeiten und an einem besseren Selbstverständnis, wirken Sie bereits auf eine Versöhnung in Ihrer Ehe hin, auch wenn Ihr Ehepartner zu diesem Zeitpunkt noch nicht aktiv daran beteiligt ist.

Lassen Sie sich von einem Pastor, einem Eheberater oder einem Christen aus Ihrem Freundes- und Bekanntenkreis helfen, eine neue Sicht über Gott und über Sie selbst zu entwickeln. Suchen Sie die Nähe zu Gott und bitten Sie ihn um Hilfe, damit Sie Ihre Rolle bei der Wiederherstellung Ihrer Ehe besser verstehen können. Wenn die Veränderung bei Ihnen beginnt, öffnen Sie die Tür zur Versöhnung mit Ihrem Ehepartner. Der Apostel Paulus sagt uns in Epheser 3, dass Gott mehr tun kann, als wir von ihm erbitten oder uns vorstellen können. Er kann auch Ihre Ehe wieder herstellen.

• • • • • • • • • • • • • • • • • • • • • • • • •

*Himmlischer Vater, danke, dass du mich an die Schritte erinnerst, die ich zu einer Versöhnung hin unternehmen kann, selbst wenn sich mein Ehepartner momentan in eine entgegengesetzte Richtung bewegt. Ich möchte dich besser kennenlernen, und ich möchte auch mich besser kennen. Bitte hilf mir dabei.*

(Wenn Sie nicht von Ihrem Ehepartner getrennt leben, beten Sie für einen Bekannten, der gerade eine Trennung durchmacht.)

26. JULI

# Taten sprechen lauter als Worte

*Solange uns noch Zeit bleibt, wollen wir allen Menschen Gutes tun; vor allem aber denen, die mit uns an Jesus Christus glauben.*
Galater 6,10

Für manche Menschen sprechen Taten lauter als Worte. Deshalb ist „Hilfsbereitschaft" wohl ihre Muttersprache der Liebe. Sie fühlen sich geliebt, wenn sie Taten sehen. Die Worte „ich liebe dich" klingen für diese Leute hohl, wenn sie nicht von Taten begleitet werden.

Wenn Sie den Rasen mähen, eine Mahlzeit zubereiten, in der Wohnung Staub saugen, das Bad blitzblank putzen, die Windschutzscheibe Ihres Autos abwaschen, den Müll rausbringen, dem Baby die Windeln wechseln, das Schlafzimmer renovieren, das Bücherregal abstauben, das Auto in die Waschanlage fahren, im Garten die Büsche schneiden, die Blätter zusammenrechen, die Rollläden sauber machen, mit dem Hund spazieren gehen – das sind die besten Liebesbeweise für einen Menschen, dessen Muttersprache der Liebe „Hilfsbereitschaft" lautet. Der Apostel Paulus ermutigt uns im Galaterbrief, die Gelegenheit wahrzunehmen, Gutes zu tun, vor allem jenen Menschen, die auch an Jesus glauben. Gilt das nicht noch mehr für den Menschen, den wir am meisten lieben?

Ihr Ehepartner fühlt sich geliebt, wenn Sie Ihre Hilfsbereitschaft durch Taten zeigen. Wenn Sie das nicht tun, können Sie den ganzen Tag lang „ich liebe dich" sagen, ohne dass sich Ihr Partner von Ihnen geliebt fühlt. Wenn Sie Ihrem Partner Ihre Liebe zeigen wollen, müssen Sie seine oder Ihre Muttersprache der Liebe entdecken und dann auch sprechen.

*Himmlischer Vater, es gibt so viele Möglichkeiten, meine Liebe durch Taten zu zeigen. Bitte hilf mir heute, diese Gelegenheiten zu erkennen und zu nutzen.*

# Jesus, das große Vorbild

*„Wer groß sein will, der soll den anderen dienen, und wer der Erste sein will, der soll sich allen unterordnen. Auch der Menschensohn ist nicht gekommen, um sich bedienen zu lassen. Er kam, um zu dienen und sein Leben hinzugeben, damit viele Menschen aus der Gewalt des Bösen befreit werden."*
Matthäus 20,26-28

Jesus veranschaulichte uns die Liebessprache der Hilfsbereitschaft, als er seinen Jüngern die Füße wusch. Diese Arbeit wurde in der Regel von einem Dienstboten verrichtet. Deshalb war es schockierend, als ein angesehener Lehrer diesen Dienst übernahm, so schockierend, dass Petrus diesen Dienst von seinem Herrn zunächst nicht annehmen wollte. Aber für Jesus war das nicht nur eine zufällige Handlung, sondern eine Lebensweise. Deshalb ist die beste Beschreibung seines Lebens in diesem Satz zusammengefasst: „Er hat überall Gutes getan" (Apostelgeschichte 10,38). Von sich selbst sagte er, dass er nicht gekommen sei, um sich bedienen zu lassen, sondern anderen zu dienen. Das Dienen war das Leitmotiv seines Lebens, und es fand seinen Höhepunkt darin, als er sein Leben für uns hingegeben hat, damit wir von Gott Vergebung empfangen können.

Wenn „Hilfsbereitschaft" die Liebessprache Ihres Ehepartners ist, nehmen Sie sich Jesus zum Vorbild. Lesen Sie wieder einmal die Evangelien und erleben Sie mit, wie Jesus anderen Menschen gedient hat. Bitten Sie Gott, dass er Ihnen die Gesinnung Jesu schenkt, damit Sie Ihrem Ehepartner in Liebe dienen können.

*Herr Jesus Christus, deine Haltung des Dienens ist für mich das größte Vorbild. Hilf mir, wenn ich versuche, deinem Beispiel zu folgen und anderen Menschen auf die gleiche Art meine Liebe zu zeigen, wie du es getan hast. Bitte zeig mir, wie ich mit meiner Liebe freigiebig sein kann.*

## 28. Juli

# Wir müssen reden – auch über Sex

*Redet nicht schlecht voneinander. Was ihr sagt, soll für jeden gut und hilfreich sein, eine Wohltat für alle.*
*Epheser 4,29*

Wenn es eine Fähigkeit gibt, die die sexuelle Vertrautheit und Einheit mehr fordert als alle anderen, dann ist es die *Kommunikation*. Warum sind wir bereit, über alles andere zu reden, aber so zurückhaltend, wenn es um diesen Bereich der Ehe geht? Bei Gesprächen über die Sexualität sollten wir dem Rat des Apostels Paulus folgen und hilfreiche, wohltuende Worte verwenden. Die Art, wie Sie miteinander kommunizieren, kann dramatische Auswirkungen auf Ihre gemeinsame sexuelle Erfüllung haben.

Ihre Frau weiß nichts über Ihre Gefühle, Bedürfnisse und Wünsche, wenn Sie nicht darüber sprechen. Ihr Mann weiß nicht, was Ihnen Lust bereitet, wenn Sie es ihm nicht sagen. Ich kenne kein Ehepaar, das ohne den offenen Austausch über sexuelle Themen eine gemeinsame sexuelle Erfüllung erlebt hat. Sie können nicht an einem Problem arbeiten, wenn Sie von dem Problem nichts wissen.

Als Starthilfe möchte ich Ihnen einen praktischen Tipp geben. Nehmen Sie ein Blatt Papier zur Hand und schreiben Sie ganz oben diese Worte auf: „Diese Dinge sollte mein Ehepartner tun oder nicht tun, um den sexuellen Teil unserer Ehe für mich besser zu gestalten." Schreiben Sie die Punkte auf, die Ihnen einfallen, und dann tauschen Sie Ihre Listen aus. Information öffnet den Weg zum Wachstum. Denken Sie daran: Ihr Ziel ist es, dass Sie beide Freude beim Sex erleben.

*Himmlischer Vater, du weißt, dass es mir manchmal schwerfällt, über Sex zu reden. Aber du willst, dass die Beziehung zu meinem Ehepartner auf allen Gebieten stark ist, und dazu gehört auch unser Sexualleben. Bitte schenke uns Weisheit, auf wohltuende Art miteinander zu sprechen, was uns beim Sex gefällt und was nicht.*

## 29. Juli

# Sex ist wichtig

*Versteck dich nicht wie eine Taube im Felsspalt! Zeig mir dein schönes Gesicht, und lass mich deine wunderbare Stimme hören!*
Hohelied 2,14

Warum spielt Sex in der Ehe eine so wichtige Rolle? Weil Gott uns als sexuelle Wesen geschaffen hat. Die Fortpflanzung ist zwar der offensichtlichste Sinn und Zweck der Sexualität, aber nicht der einzige.

Ein zweiter Sinn und Zweck der Sexualität ist die Gemeinschaft. Gott sagte über Adam: „Es ist nicht gut, dass der Mensch allein lebt" (1. Mose 2,18). Die Antwort Gottes war die Erschaffung von Eva und die Schaffung der Ehe, von der die Bibel sagt: „Darum verlässt ein Mann seine Eltern und verbindet sich so eng mit seiner Frau, dass die beiden eins sind mit Leib und Seele" (1. Mose 2,24). Diese Worte treffen im buchstäblichen und im übertragenen Sinn zu. Beim Geschlechtsverkehr werden wir eins. Wir sind nicht mehr allein, sondern erfahren eine tiefe Vertrautheit und eine enge Gemeinschaft.

Ein dritter Sinn und Zweck der Sexualität ist der gemeinsam erlebte Genuss. Das Hohelied Salomos ist ein wahrer Fundus an anschaulichen Schilderungen, wie man einander in der Ehe sexuellen Genuss verschaffen kann. Die Ausdrucksweise mag für die Ohren von Menschen aus unserem Kulturkreis ein wenig fremd klingen (ein amerikanischer oder europäischer Ehemann zum Beispiel vergleicht wohl kaum die Zähne seiner Frau mit Schafen), aber die dahinter liegende Absicht ist klar: Männlichkeit und Weiblichkeit sollen von Ehepartnern genossen werden.

Das Sexualleben soll auch nicht nach den ersten Ehejahren auf Eis gelegt werden. Es ist der Wunsch Gottes, dass wir in unserem gesamten Eheleben gemeinsame sexuelle Erfüllung finden und genießen.

*Himmlischer Vater, hab Dank, dass du die Sexualität für die Fortpflanzung, die Gemeinschaft und den Genuss geschaffen hast. Hilf uns, dass wir in unserer Ehe alle diese Dinge verwirklichen können.*

# Fünf wichtige Wahrheiten

*Warum nur bin ich so traurig? Warum ist mein Herz so schwer?*
*Auf Gott will ich hoffen, denn ich weiß: ich werde ihm wieder danken.*
*Er ist mein Gott, er wird mir beistehen!*
Psalm 42,6

In den nächsten Tagen möchte ich Ihnen fünf Wahrheiten vorstellen, die Ihre Ehe verändern können. Die erste Wahrheit lautet: Ich bin selbst verantwortlich für meine innere Einstellung. Schwierigkeiten lassen sich nicht vermeiden, aber ich kann mich entscheiden, ob ich Trübsal blasen will oder nicht. Meine innere Einstellung hat etwas zu tun mit der Art, wie ich über die Dinge denken will.

Zwei Frauen haben Ehemänner, die ihre Arbeitsstellen verloren haben. Wendy sagt: „Mein Mann hat schon seit drei Jahren keinen Ganztagsjob mehr. Das hat aber auch sein Gutes, denn wir können uns kein Kabelfernsehen mehr leisten. An Montagabenden reden wir sehr viel miteinander. Wir haben eine Menge gelernt. Unsere Philosophie lautet: ‚Wir brauchen nicht die Dinge, die jeder andere unbedingt haben muss.' Es ist erstaunlich, aber man kann auf vieles verzichten." Leslie dagegen sagt: „Mein Mann ist seit zehn Monaten arbeitslos. Wir haben nur noch ein Auto, kein Telefon, und unsere Lebensmittel holen wir bei der Lebensmittelhilfe. Unser Leben ist einfach nur erbärmlich."

Der Unterschied zwischen diesen beiden Ehefrauen – und der Atmosphäre bei ihnen zu Hause – ist hauptsächlich bei ihrer inneren Einstellung zu finden. Wir können uns entscheiden, negativ zu denken und über unsere düstere Lage zu fluchen, oder aber wir können Ausschau halten nach dem Silberstreifen am Horizont.

Der Autor von Psalm 42 kannte die Macht, die hinter einer guten Entscheidung liegt. In einer traurigen Situation entschied er sich, seinen Blick auf die Hoffnung zu richten, die von Gott kommt. Wenn wir uns an das Gute in unserem Leben erinnern – und dazu gehört auch das Geschenk der Erlösung und die Liebe, die Gott uns gibt – dann entscheiden wir uns, unsere Einstellung zu ändern.

*Herr Jesus Christus, ich weiß, dass ich dazu neige, den Umständen die Schuld an meiner Frustration zu geben. Aber in Wirklichkeit bin ich selbst verantwortlich für meine innere Einstellung. Hilf mir, mich für Hoffnung und Optimismus zu entscheiden, und hilf mir, dass diese Entscheidung auch meine Einstellung über unsere Ehe durchdringt und verwandelt.*

31. Juli

# Verhalten hat mit innerer Haltung zu tun

*Allein wanderte er (Elia) einen Tag lang weiter bis tief in die Wüste hinein. Zuletzt ließ er sich unter einen Ginsterstrauch fallen und wünschte, tot zu sein. „Herr, ich kann nicht mehr!", stöhnte er. „Lass mich sterben! Irgendwann wird es mich sowieso treffen, wie meine Vorfahren. Warum nicht jetzt?"*

1. Könige 19,4

Gestern haben wir die erste Wahrheit betrachtet, die Ihre Ehe verändern kann. Sie lautet: Ich bin selbst verantwortlich für meine innere Einstellung. Heute befassen wir uns mit Wahrheit Nummer zwei: *Unser Verhalten hat viel mit unserer inneren Haltung zu tun*. Die Art, wie ich denke, beeinflusst mein Verhalten und meine Worte. Meine Umgebung oder die Probleme, denen ich mich stellen muss, kann ich vielleicht nicht ändern, Probleme wie Krankheit, einen alkoholkranken Ehepartner, einen drogenabhängigen Teenager in der Familie, Arbeitslosigkeit, alte, pflegebedürftige Eltern und so weiter. Aber ich bin verantwortlich für das, was ich innerhalb meiner Umgebung *tue*. Deshalb hat meine innere Einstellung einen großen Einfluss auf mein Verhalten.

Der Prophet Elia veranschaulicht das auf eine ziemlich drastische Art. Gerade erst hatte er die falschen Propheten Baals in einer entscheidenden Machtprobe am Berg Karmel besiegt und bewiesen, dass der Gott Israels der alleinige Gott ist. Aber dann fiel er in tiefe Verzweiflung, als Königin Isebel ihm nach dem Leben trachtete. Er war so niedergeschlagen, dass er sich in der Einsamkeit versteckte und Gott darum bat, ihm das Leben zu nehmen. Gott machte Elia jedoch neuen Mut, und so kehrte er in seinen Dienst als Prophet zurück. Aber an jenem Punkt in seinem Leben hatte seine innere Einstellung große Auswirkungen auf sein Verhalten.

Bei uns ist es genauso. Wenn ich meine Gedanken nur auf das Negative richte, ist die Wahrscheinlichkeit höher, dass ich meinen Ehepartner mit kritischen, verächtlichen Worten kränke. Dann werde ich unweigerlich meinen Ehepartner verletzen, oder aber ich ziehe mich zurück und ziehe eine Trennung von meinem Partner in Erwägung. Wenn ich dagegen nach dem Positiven in meiner Ehe Ausschau halte, dann bin ich eher bereit, etwas Nettes zu sagen oder meinen Ehepartner aufzumuntern, also etwas zu tun, was uns beiden das Leben leichter macht.

*Himmlischer Vater, manchmal neige ich dazu, in meiner Verzweiflung und Enttäuschung zu schwelgen, so ähnlich wie Elia damals. Diese negative Haltung dringt tief in mein Herz ein und beeinflusst auch mein Verhalten. Hilf mir, meine innere Haltung zu überprüfen und zu ändern, bevor sie eine negative Wirkung auf mein Verhalten und meinen Ehepartner hat.*

# 1. August

## Guter Einfluss bewirkt viel

*Ihr seid Gottes geliebte Kinder, daher sollt ihr in allem seinem Vorbild folgen. Geht liebevoll miteinander um, so wie auch Christus euch seine Liebe erwiesen hat.*
Epheser 5,1-2

Haben Sie diesen Satz schon einmal gehört? „Man kann einen Menschen nicht ändern." Sie können den Menschen, den Sie lieben, zwar nicht ändern, aber Sie haben auf ihn oder sie jeden Tag aufs Neue einen gewissen Einfluss. Das ist die dritte Wahrheit für Ihre Ehe. Wenn Sie immer noch versuchen, Ihren Ehepartner zu verändern, sind Sie eventuell ein Manipulator. Sie argumentieren dann wahrscheinlich so: *Wenn ich dieses oder jenes mache, dann macht mein Partner dieses oder jenes: Wenn ich ihn unglücklich oder glücklich genug mache, dann bekomme ich das, was ich will.*

Ich möchte Sie nur ungern entmutigen, aber mit dieser Methode landen Sie in einer Sackgasse. Selbst wenn Sie Ihren Partner dazu bringen, sich zu ändern, verärgern Sie ihn mit Ihrer Manipulation.

Einen besseren Weg gehen Sie, wenn Sie einen positiven Einfluss auf Ihren Ehepartner ausüben, und zwar durch Ihre Worte und Taten. Suchen Sie nach etwas, was Ihnen an Ihrem Ehepartner gefällt und machen Sie ihm Komplimente. Auf diese Weise üben Sie einen positiven Einfluss aus. Wenn Sie etwas tun, worüber sich Ihr Ehepartner freut, hat Ihr Verhalten eine wohltuende Wirkung. Wenn Sie Ihrem Ehepartner mit Respekt und Freundlichkeit begegnen, wird Ihr Beispiel auf ihn oder sie abfärben.

In Epheser 5 gibt uns der Apostel Paulus die Anweisung, dem Beispiel Jesu zu folgen und ein von Liebe erfülltes Leben zu führen. Wie ein kleiner Junge seinen Vater imitiert, so sollten wir unseren himmlischen Vater nachahmen. Wenn wir diesem vollkommenen Vorbild folgen, können wir gar nicht anders, als die Menschen, die wir lieben, positiv zu beeinflussen. Die Wahrheit von der Macht des positiven Einflusses bietet auch ein gewaltiges Potenzial für Problem-Ehen.

*Herr Jesus Christus, ich weiß, dass du das vollkommene Vorbild der Liebe bist, und ich möchte deinem Beispiel folgen. Ich bitte dich, dass ich auf meinen Ehepartner einen positiven Einfluss ausüben kann.*

2. August

# Gefühle sind schlechte Ratgeber

*Wer sich nicht beherrschen kann, ist so schutzlos wie eine Stadt ohne Mauer.*
Sprüche 25,28

In den letzten Tagen haben wir uns mit Wahrheiten befasst, die Ihre Beziehung verändern können. Heute kommen wir zu Wahrheit Nummer vier: Meine Gefühle sollten nicht mein Verhalten beherrschen.

In den letzten dreißig Jahren oder sogar noch länger haben wir in unserem Kulturkreis den Gefühlen zu hohe Bedeutung beigemessen. Wenn man diese Philosophie auf eine Problem-Ehe anwendet, bedeutet das: „Wenn ihr nichts mehr füreinander empfindet, solltet ihr das offen zugeben und die Beziehung beenden", oder sogar: „Wenn Sie sich verletzt fühlen oder Wut empfinden, würden Sie Ihrem Partner mit freundlichen Worten oder Taten bloß etwas vormachen." Diese Philosophie mag ja ganz gut klingen, aber sie lässt eines außer Acht: Menschen bestehen aus mehr als nur aus Emotionen. Natürlich haben wir Gefühle, aber wir haben auch eine Einstellung, Wertvorstellungen und ein Verhalten. Wenn wir im Gefühlsüberschwang handeln und dabei Einstellungen und Wertvorstellungen ignorieren, zerstören wir unsere Ehen. Taten, die von Wertvorstellungen und einer positiven Haltung geprägt sind, führen eher zu produktiven Ergebnissen.

Der oben zitierte Vers aus dem Buch der Sprüche vergleicht einen Menschen ohne Selbstbeherrschung mit einer Stadt, deren Mauern zerfallen sind. Im Altertum bildeten die Mauern einer Stadt die erste und wichtigste Verteidigungslinie gegen Feinde. Ohne eine starke Mauer war eine Stadt dem feindlichen Heer schutzlos preisgegeben. Uns geht es ähnlich, wenn wir uns von unseren Gefühlen beherrschen lassen. Dann verlieren wir eine klare Sicht der Dinge und sind allen Arten von Versuchung und verletzendem Verhalten ausgesetzt. Lassen Sie sich nicht von Ihren Gefühlen beherrschen. Halten Sie lieber erst einmal inne, richten Sie Ihre Gedanken auf das Positive, nehmen Sie es für sich in Anspruch, und dann tun Sie etwas, was positives Potenzial hat.

*Himmlischer Vater, ich möchte wie eine gut geschützte Stadt sein und nicht wie eine Stadt mit zerfallenen Mauern. Aber ich habe ein Problem mit der Selbstbeherrschung. Nur zu oft lasse ich mich im Verhalten meinem Ehepartner gegenüber von meinen Emotionen treiben. Bitte hilf mir, das zu ändern.*

# 3. August

## Die Kunst, Fehler einzugestehen

*Wenn wir behaupten, sündlos zu sein, betrügen wir uns selbst.
Dann ist kein Fünkchen Wahrheit in uns. Wenn wir aber unsere Sünden bekennen, dann erfüllt Gott seine Zusage treu und gerecht: Er wird unsere Sünden vergeben und uns von allem Bösen reinigen.*
1. Johannes 1,8-9

Eine fünfte Wahrheit, die Ihre Ehe verändern kann, lautet: *Wenn ich meine eigenen Fehler zugebe, bedeutet das nicht, dass ich ein Versager bin.*

In den meisten Problem-Ehen gibt es eine steinerne Mauer zwischen den Eheleuten. Diese Mauer ist im Laufe der Jahre gebaut worden. Jeder Stein steht für ein Geschehen in der Vergangenheit, für Momente, in denen ein Partner den anderen im Stich gelassen hat. Über solche Erinnerungen sprechen die Leute, wenn sie einen Eheberater aufsuchen. Der Ehemann beklagt sich: „Sie kritisiert alles, was ich tue. Nie kann ich ihr etwas recht machen." Die Ehefrau klagt: „Er ist mit seinem Beruf verheiratet. Nie hat er Zeit für mich oder die Kinder. Ich fühle mich wie eine Witwe." Diese Mauer aus verletzten Gefühlen und Enttäuschungen trennt die Eheleute voneinander.

Diese emotionale Mauer abzubauen ist entscheidend, wenn eine Problem-Ehe wiederhergestellt werden soll. Wenn Sie zugeben, dass Sie Ihren Teil zum Bau dieser Mauer beigetragen haben, sind Sie kein Versager. Ihr Eingeständnis zeigt vielmehr Ihre menschliche Schwäche und Ihre Bereitschaft, dazu zu stehen. Der Apostel Johannes erwähnt sogar, dass Leute, die behaupten, niemals Fehler gemacht zu haben, sich selbst betrügen. Das Bekennen unserer Sünden ist der erste Schritt zur Versöhnung mit Gott. Das Eingeständnis Ihrem Ehepartner gegenüber, in der Vergangenheit Fehler gemacht zu haben, ist der erste Schritt zum Wachstum einer Ehe.

*Himmlischer Vater, ich leugne so oft, dass ich Fehler gemacht habe, weil ich mich nicht wie ein Versager fühlen will. Aber ich weiß, dass das Problem dadurch nicht gelöst wird. Bitte hilf mir, meinem Ehepartner gegenüber meine Fehler zuzugeben, damit wir die Mauer der verletzten Gefühle zwischen uns einreißen können.*

# 4. August

## Verletzte Gefühle – ein Schlüssel zu den Liebessprachen

*Durchforsche mich, o Gott, und sieh mir ins Herz, prüfe meine Gedanken und Gefühle! Sieh, ob ich in Gefahr bin, dir untreu zu werden, dann hol mich zurück auf den Weg, der zum ewigen Leben führt!*
Psalm 139,23-24

Durch welche Taten oder Worte Ihres Ehepartners fühlen Sie sich am stärksten verletzt? Dieses Gefühl ist vielleicht ein Schlüssel zu Ihrer Muttersprache der Liebe. Sie fühlen sich nicht so sehr verletzt durch das, was Ihr Partner sagt oder tut, sondern eher durch das, was er *nicht* sagt oder tut. Eine Frau sagte zu mir: „Nie bewegt er auch nur den kleinen Finger, um mir im Haushalt zu helfen. Er sitzt vor dem Fernseher, während ich die ganze Arbeit mache. So was würde er doch nicht machen, wenn er mich wirklich lieben würde." Die Liebessprache dieser Frau ist *Hilfsbereitschaft*. Für sie gilt, dass man einem Menschen hilft, wenn man ihn liebt. Taten sprechen für sie lauter als Worte.

Für andere kann es genau umgekehrt sein. Ein Mann erzählte mir Folgendes: „Meine Frau ist ständig am Meckern. Ich weiß nicht, warum sie mich überhaupt geheiratet hat. Es ist doch klar, dass sie mich nicht liebt." Für diesen Mann war es normal, zu einem geliebten Menschen freundliche Worte zu sprechen. Seine Liebessprache ist *Lob und Anerkennung*. Deshalb fühlte er sich durch die ständige Kritik seiner Frau so sehr verletzt. Wenn Sie die Liebessprache Ihres Ehepartners entdecken wollen, sollten Sie ihn oder sie fragen: „Was von dem, was ich sage oder nicht sage, tue oder nicht tue, verletzt dich am meisten?" Diese Frage erfordert Mut, aber die Wahrscheinlichkeit ist hoch, dass die Antwort Ihnen die Liebessprache Ihres Ehepartners offenbart. Die Worte in Psalm 139 verdeutlichen uns auch, dass Gott in unserem Leben Dinge aufdecken kann, die für andere verletzend sind. Bitten Sie ihn um Einsicht, wenn Sie dieses Thema ansprechen.

*Himmlischer Vater, du weißt alles über mich, auch die Dinge, mit denen ich meinen Ehepartner verletze. Bitte zeig sie mir. Schenke mir im Gespräch mit meinem Ehepartner die Bereitschaft zuzuhören, zu lernen und mich zu bessern, damit ich meinem Partner meine Liebe noch deutlicher zeigen kann.*

5. August

# Zusammenleben in einer Atmosphäre des Respekts

*Ihr Männer müsst euch entsprechend verhalten. Seid rücksichtsvoll zu euren Frauen! Achtet und ehrt sie; denn sie haben mit euch am ewigen Leben teil, das Gott schenkt.*
1. Petrus 3,7

Beim Wort *Intimität* oder Nähe denken viele Ehemänner sofort an Sex. Aber Sex kann nicht getrennt werden von intellektueller und emotionaler Nähe. Das fehlende Bewusstsein für diese Tatsache führt zu Frustration in der Ehe. Wenn eine Frau sich nicht frei fühlt, ihre Gedanken mitzuteilen, oder wenn sie merkt, dass ihr Mann ihre Ideen nicht respektiert und ihr sagt, sie rede dummes Zeug, dann hat sie eventuell nur wenig Interesse an sexueller Nähe zu ihm. Die Verachtung und Ablehnung, die ihr Mann ihr entgegenbringt, machen es ihr schwer, auf seine sexuellen Annäherungen positiv zu reagieren.

Wenn eine Frau sich von ihrem Mann nicht geliebt fühlt, bildet die emotionale Distanz eine Barriere gegen die sexuelle Intimität zwischen den beiden. Ein Ehemann, der diese Tatsachen ignoriert, ist natürlich frustriert, wenn seine Frau nur ein geringes Interesse am Sex hat. Das Problem ist jedoch nicht ihr mangelndes Interesse, sondern die emotionale Barriere, die zwischen den beiden besteht.

Der Apostel Petrus fordert die Männer auf, ihre Frauen zu ehren und verständnis- und rücksichtsvoll mit ihnen umzugehen. Vor allem sollten die Männer sich so verhalten, weil es Gebot Gottes ist, aber darüber hinaus bringt es ihnen selbst Gewinn. Der kluge Ehemann strebt in der Ehe ein Klima an, in dem sich seine Frau als Person angenommen und geliebt fühlt. Wenn er das tut, öffnet er die Tür zu größerer sexueller Nähe.

*Herr, du willst, dass wir einander ehren, respektieren und lieben sollen. Wenn wir das tun, verläuft unsere Beziehung harmonischer und inniger, und wir geben dir dadurch die Ehre. Bitte schenke mir Wachstum auf diesem Gebiet.*

# 6. August

## *Erst hören, dann reden!*

*Ach, hätte ich doch einen, der auf mich hört! / Hier ist meine Unterschrift!*
Hiob 31,35

Die meisten von uns sind viel zu mitteilsam. Wir reden, bevor wir richtig zugehört haben. In unserem Forschungsprojekt haben wir herausgefunden, dass ein Durchschnittsmensch nur siebzehn Sekunden lang zuhört, bevor er sein Gegenüber unterbricht. Das Buch Hiob enthält viele anschauliche Beispiele für schlechtes Zuhören. Als Hiob an einer körperlichen Krankheit, an Trauer und dem Verlust materieller Güter litt, beharrte er auf seiner guten Beziehung zu Gott. Aber seine „Freunde" zeigten ihm die kalte Schulter und behaupteten steif und fest, dass er eine große Sünde begangen haben müsste, weil Gott ihn so sehr leiden lasse. Schließlich, nachdem sie ihn lange angepredigt hatten, sagt Hiob frustriert: „Ach, hätte ich doch einen, der auf mich hört!"

Ein guter Zuhörer behält seine Gedanken für sich, bis er versteht, was sein Gegenüber ihm sagen will. In einer Ehe ist diese Fähigkeit von größter Bedeutung. Stellen Sie Fragen, wiederholen Sie die Gedanken Ihres Ehepartners und fragen Sie: „Verstehe ich dich richtig?" Wenn Ihr Ehepartner antwortet: „Ja, ich glaube, dass du verstehst, was ich sage und empfinde", dann und nur dann sind Sie bereit für den nächsten Schritt. Sie könnten zum Beispiel erwidern: „Ich bin dir dankbar, dass du so offen bist. Jetzt verstehe ich, was du mir sagen willst. Darf ich dir erzählen, was ich mir dabei gedacht habe? Ich weiß jetzt, dass meine Worte dir wehgetan haben. Aber ich wollte dich gar nicht verletzen. Ich möchte, dass du das verstehst." An diesem Punkt ist Ihr Partner bereit, sich Ihre Sicht der Dinge anzuhören, weil Sie sich zuerst die Zeit genommen haben, wirklich zu hören, was er oder sie Ihnen sagen wollte.

*Herr Jesus Christus, ich möchte lernen, wie man gut und rücksichtsvoll zuhört. Hilf mir, dass ich meinen Ehepartner nicht frustriere, wenn ich meine Meinung vorschnell und rücksichtslos vertrete. Bitte öffne meine Ohren, damit ich ein guter Zuhörer werde.*

## 7. August

# Zur Besinnung kommen

*Mach uns bewusst, wie kurz unser Leben ist, damit wir endlich zur Besinnung kommen!*
Psalm 90,12

Als Christen wissen wir, dass der eigentliche Sinn des Lebens in Beziehungen zu finden ist, zuerst in der Beziehung zu Gott und dann in zwischenmenschlichen Beziehungen. Auf der menschlichen Ebene hat Gott die Ehe als engste Verbindung zwischen zwei Menschen geschaffen, dicht gefolgt von der Beziehung zwischen Eltern und Kindern. Trotzdem verfolgen viele von uns Ziele, die nur wenig mit der Gestaltung von Beziehungen zu tun haben. Wie können wir dieses Karussell der Nebensächlichkeiten anhalten und aussteigen?

Häufig hört man diesen Satz: „Ich weiß, dass ich das tun sollte, aber ich habe einfach keine Zeit." Haben wir wirklich keine Zeit für das, was wir tun sollten? Das Wort *sollte* beinhaltet auch eine gewisse moralische Verpflichtung. Wenn wir nicht in der Lage sind, das zu tun, was wir tun *sollten*, müssen wir zur Besinnung kommen und den Umgang mit der uns zur Verfügung stehenden Zeit überdenken. Zeit ist eine Gabe Gottes, und wie bei allem anderen, was Gott uns zur Verfügung stellt, sollten wir verantwortungsvoll damit umgehen. Wie viele andere Worte in der Bibel unterstreicht der oben angegebene Vers den wahren Grund für den verantwortungsvollen Umgang mit unserer Zeit: Unser Leben hier auf Erden ist nur von begrenzter Dauer. Deshalb ist Zeit ein wertvolles Gut, das wir nicht vergeuden sollten.

Letzten Endes haben wir es selbst in der Hand, wie wir unsere Zeit nutzen. Wir können unsere Ziele für unsere engsten Beziehungen erreichen. Wenn wir uns Zeit nehmen wollen für das, was wirklich wichtig ist, müssen wir Nein sagen zu nebensächlichen Dingen. Wollen Sie innehalten, um Ihren Umgang mit der Zeit aus einem neuen Blickwinkel zu sehen? Dann tun Sie das gleich heute!

*Herr Jesus Christus, du weißt am besten, wie schnell unsere Zeit hier auf Erden zu Ende ist. Deshalb will ich meine Zeit so gut wie möglich nutzen. Wenn ich dieses Ziel erreichen will, muss ich etwas investieren, in meine Beziehung zu dir und meine Beziehung zu meinem Ehepartner. Bitte hilf mir, kluge Entscheidungen zu treffen, während ich meine Prioritäten überdenke.*

# 8. August

## Zeit haben für das, was wirklich zählt

*Achtet also genau darauf, wie ihr lebt: nicht wie unwissende, sondern wie weise Menschen.*
Epheser 5,15

Ist Ihnen die Beziehung zu Ihrem Ehepartner wichtig? Wenn ja, was würden Sie tun, um diese Beziehung zu verbessern? Wäre eine tägliche Zeit für den gemeinsamen Austausch hilfreich für Sie? Oder wäre es gut, wenn Sie an einem Abend in der Woche zusammen ausgehen würden? Wie wäre es mit einer Teilnahme an einem Eheseminar? Entscheiden Sie sich für die beste Variante, und dann nehmen Sie sich Zeit für das, was Ihnen wichtig ist.

Ich sage ganz bewusst: „Nehmen Sie sich Zeit", denn wenn Sie diese Termine nicht fest einplanen, werden Sie nicht daran denken. „Ja" sagen zum Wichtigen kann auch bedeuten, dass Sie „Nein" zu unwichtigeren Dingen sagen müssen. Wenn Sie zum Beispiel täglich einen Zeitraum einplanen, in dem Sie und Ihr Ehepartner ungestört miteinander reden können, müssen Sie vielleicht darauf verzichten, jeden Abend eine halbstündige Fernsehsendung zu sehen. Planen Sie, einmal in der Woche zusammen mit Ihrem Ehepartner auszugehen, müssen Sie vielleicht einen anderen Posten aus Ihrem Haushaltsbudget kürzen, um einen Babysitter bezahlen zu können. Wenn Ihnen etwas wichtig ist, gibt es immer Mittel und Wege.

Der Text aus Epheser 5 fordert uns auf, im Umgang mit unserer begrenzten Zeit weise zu sein und das Beste daraus zu machen. Zeit und Geld sind Ihre Aktivposten. Sie müssen klug mit diesen Gütern umgehen, damit Sie das erreichen, was wirklich zählt. Das kann niemand anderer für Sie tun. Nur Sie können Ihr Leben in den Griff bekommen und darauf achten, dass Sie tatsächlich das tun, was Sie tun sollten.

*Großer Gott, es fällt mir so leicht, in meinem normalen Alltagstrott zu bleiben und die Dinge zu vergessen, die wirklich zählen. Bitte hilf mir, die Prioritäten richtig zu setzen und Zeit mit meinem Partner zu verbringen. Hilf uns, diese gemeinsamen Zeiten fest einzuplanen, damit wir unseren Plan auch in die Tat umsetzen können.*

9. August

# Die Rückkehr der Gefühle

*Deshalb, meine Kinder, lasst uns einander lieben: nicht mit leeren Worten, sondern mit tatkräftiger Liebe und in aller Aufrichtigkeit.*
1. Johannes 3,18

Verliebtheit ist eine zeitlich begrenzte Erfahrung. Sie tritt einfach unvorhergesehen im alltäglichen Rahmen der Beziehungen zwischen Mann und Frau auf. Viele Menschen wissen jedoch nicht, dass Verliebtheit immer kurzlebig ist. Die durchschnittliche Lebensdauer dieses Zustands beträgt zwei Jahre.

Die Erfahrung der Verliebtheit erfüllt für eine gewisse Zeit unser emotionales Bedürfnis nach Liebe. Wir haben das Gefühl, dass wir jemand anderem wichtig sind, dass dieser Jemand uns bewundert und schätzt. Unsere Gefühle erleben einen Höhenflug, weil wir für diese andere Person die Nummer eins sind. Für kurze Zeit fühlen wir uns geliebt. Wenn wir jedoch von unserem emotionalen Höhenflug herunterkommen, spüren wir vielleicht eine innere Leere in uns. Manchmal wird dieses Empfinden begleitet von verletzten Gefühlen, Enttäuschung oder Wut.

Wenn die Gefühle in Ihre Beziehung zurückkehren sollen, ist es erforderlich, dass Sie beide die Muttersprache der Liebe Ihres Partners entdecken und sprechen. Wir haben bereits erwähnt, dass es nur fünf Sprachen der Liebe gibt: Lob und Anerkennung, Hilfsbereitschaft, Geschenke, Zweisamkeit und Zärtlichkeit.

Der Apostel Johannes drückt in seinem ersten Brief eine wichtige Wahrheit aus. Liebe kann in Worte gefasst werden, aber glaubwürdig wird sie erst durch Taten. Lernen Sie die Liebessprache Ihres Ehepartners, sprechen Sie diese Sprache regelmäßig, und dann werden die Gefühle in Ihre Ehe zurückkehren.

• • • • • • • • • • • • • • • • • • • • • • • • •

*Großer Gott, ich wünsche mir für meinen Partner und mich, dass wir unsere Liebe wieder so stark spüren wie am Anfang unserer Beziehung. Bitte hilf uns, einander nicht nur durch Worte, sondern durch Taten zu lieben. Hilf uns, die Liebessprache des anderen zu lernen und sie gut zu sprechen.*

# 10. August

## Gottes Liebe ist unser Maßstab

*Der Herr aber helfe euch, euer Denken und Wollen ganz an Gottes Liebe auszurichten, und mache euch standhaft, wie er selbst, Christus, standhaft war.*
2. Thessalonicher 3,5

Ein Mann sagte zu seiner Frau: „Du weißt doch, dass ich dich liebe. Warum muss ich es dir immer wieder sagen?" Ein anderer Mann meinte: „Ich hab dir doch zum Geburtstag etwas geschenkt. Das war erst vor zwei Monaten. Warum behauptest du dann, dass ich dir nie ein Geschenk mache?"

Diese beiden Ehemänner haben eines nicht erkannt: Ausdrucksformen der Liebe sind keine gelegentlichen, an Anlässe gebundene Handlungen, sondern sie müssen für uns zu einer Lebensweise werden.

Emotionale Liebe muss gepflegt werden. Wenn Sie die Liebessprache Ihres Ehepartners sprechen, ist das die beste Art, die Liebe am Leben zu erhalten. Ist *Hilfsbereitschaft* die Muttersprache der Liebe, die Ihr Partner beherrscht, dann bereiten Sie eine Mahlzeit zu, putzen Sie das Haus oder die Wohnung, mähen Sie den Rasen und beobachten Sie, wie sich sein Liebestank auffüllt. Braucht Ihr Partner *Lob und Anerkennung*, machen Sie ihm ein Kompliment, und er fühlt sich von Ihnen geliebt. Wenn *Zweisamkeit* die Liebessprache Ihres Partners ist, setzen Sie sich zu ihm auf die Couch und schenken Sie ihm Ihre volle Aufmerksamkeit. Ist *Zärtlichkeit* die wichtigste Liebessprache, die Ihr Partner versteht, legen Sie ihm sanft die Hand auf die Schulter. Wenn Geschenke für Ihren Partner wichtig sind, schenken Sie ihm ein Buch, eine schöne Karte oder Pralinen, die er besonders gern mag.

Liebe ist eine Entscheidung, die Sie täglich neu treffen. Der oben zitierte Bibelvers verdeutlicht, dass der Herr Ihnen hilft, Ihr Denken und Wollen ganz an seiner Liebe auszurichten, wenn Sie sich bewusst dafür entscheiden. Dann zeigt er Ihnen, wie Sie seine Liebe in Ihrem Leben verwirklichen können.

*Himmlischer Vater, ich will so lieben, wie du uns liebst. Bitte zeig mir, wie ich das tun kann. Hilf mir, die Liebe zwischen mir und meinem Partner zu pflegen und sie durch seine Liebessprache zum Ausdruck zu bringen.*

# 11. August

## Veränderung beginnt bei mir

*Passt euch nicht dieser Welt an, sondern ändert euch, indem ihr euch von Gott völlig neu ausrichten lasst. Nur dann könnt ihr beurteilen, was Gottes Wille ist, was gut und vollkommen ist und was ihm gefällt.*
Römer 12,2

Leider befinden sich viele Leute in einem Zustand der Verzweiflung, wenn es um ihre Ehe geht. Vor Kurzem sagte mir ein Ehemann: „Ich weiß nicht mehr ein noch aus. Ich empfinde für meine Frau keine Liebe mehr, sondern nur noch Mitleid und Wut. Ich will ihr ja Respekt entgegenbringen. Ich will sie lieben, und ich will ihr helfen, aber ich weiß nicht, wie ich es anstellen soll." Tausende können sich identifizieren mit der ständigen Frustration des Zusammenlebens mit einem schwierigen oder verantwortungslosen Ehepartner.

Gibt es für solche Ehen Hoffnung auf Veränderung? Ja, und zwar beginnt die Veränderung bei Ihnen. Zuallererst müssen Sie sich eine positive Einstellung aneignen. Der Ehemann aus unserem Beispiel verhält sich so, wie es die meisten Menschen von Natur aus tun würden. Er konzentriert sich auf das Problem und nicht auf die Lösung. Dabei kann er eine Menge Schritte unternehmen, aber diese erfordern eine positive Einstellung.

Zunächst einmal muss er Ja dazu sagen, dass Gott noch immer verändernd in ein Menschenleben eingreifen kann. Die Worte in Römer 12,2 machen uns das bewusst. Gott kann uns von innen heraus umwandeln. Wenn wir uns Gott zuwenden, kann er unser Denken verändern, und dadurch ändert sich auch unser Verhaltensmuster. Es gibt Hoffnung für hoffnungslose Fälle. Der Ehemann aus unserem Beispiel sollte beten: „Himmlischer Vater, ich weiß, dass es eine Antwort auf unsere Probleme gibt. Bitte zeige mir den nächsten Schritt." Dieser Wunsch nach einer Lösung führt den verzweifelten Ehemann zu den richtigen Antworten.

*Herr Jesus Christus, ich glaube, dass du Menschenleben umwandeln kannst. Du willst auch die Beziehung zu meinem Ehepartner wiederherstellen. Bitte zeig mir, was ich als Nächstes tun soll.*

## 12. August

# Alles dient zum Guten

*Das eine aber wissen wir: Wer Gott liebt, dem dient alles, was geschieht, zum Guten. Dies gilt für alle, die Gott nach seinem Plan und Willen zum neuen Leben erwählt hat.*
Römer 8,28

Der 12. August ist unser Hochzeitstag. Wenn ich die Jahre unserer Ehe Revue passieren lasse, muss ich zugeben, dass nicht alle davon glücklich waren. Schon bald nach der Hochzeit hatten wir mit großen Problemen zu kämpfen. Ich kenne den Schmerz, den man empfindet, wenn man sich zurückgewiesen fühlt. Häufig plagte mich der Gedanke: Ich habe die falsche Frau geheiratet. In jenen schweren Zeiten empfahl uns niemand ein Buch über die Ehe oder den Besuch bei einem Eheberater.

Wir hatten zu kämpfen, aber Gott war uns gnädig, und so fanden wir schließlich die Antworten auf unsere Probleme. Gott zeigte uns, wie wir einander vergeben und uns erneut lieben konnten. Jetzt genießen wir seit vielen Jahren die Früchte der bedingungslosen Liebe. Ich möchte jene schmerzvollen Jahre nicht noch einmal durchleben, aber ich weiß, dass Gott diese Zeit genutzt hat, damit wir anderen Ehepaaren helfen können.

Denken Sie über die Schwierigkeiten in Ihrer eigenen Beziehung nach, ob sie nun in der Vergangenheit oder in der Gegenwart liegen. Wie kann Gott diese Probleme nutzen, um Ihnen oder anderen Menschen zu helfen? Der Vers in Römer 8 verdeutlicht, dass Gott uns auch in der schwierigsten Lage alles zum Guten dienen lassen kann und seine Ziele mit uns erreicht. Der bedeutendste Konflikt kann sich Jahre später im Rückblick als ein Wendepunkt in Ihrer Ehe herausstellen, denn der Herr kann jeden Umstand zu seiner Ehre in etwas Gutes verwandeln. Das ist an diesem Hochzeitstag für mich ein besonderer Grund zur Freude.

*Unser großer Gott, danke für dieses Wort der Hoffnung. Auch wenn wir in unserer Beziehung vor scheinbar unüberwindlichen Problemen stehen, dürfen wir wissen, dass du größer bist als unsere Probleme. Du kannst aus ihnen Gutes entstehen lassen. Deshalb bitten wir dich: Benutze unsere Schwierigkeiten, um deine Ziele mit uns und unserer Ehe zu erfüllen.*

# 13. August

## Eine dritte Möglichkeit

*Denn das Gebet eines Menschen, der nach Gottes Willen lebt, hat große Kraft.*
Jakobus 5,16

Ist die folgende Einstellung richtig oder falsch? „Wenn Sie in einer schlechten Ehe leben, gibt es nur zwei Möglichkeiten: Entweder Sie finden sich mit einem jämmerlichen Leben ab oder Sie steigen aus."

Viele Ehepaare leben mit einem tiefen Schmerz. Ihre Versuche, die Situation zu ändern, sind gescheitert. Deshalb befinden sie sich in einem Zwiespalt, der sich auf diesen allgemeinen Nenner bringen lässt: Entweder ich beende meine Ehe und wage einen Neubeginn, oder aber ich muss mich damit abfinden, dass ich mich bis zum Ende meines Lebens in diesem jämmerlichen Zustand befinde.

Ich möchte Ihnen jedoch eine dritte Möglichkeit vorschlagen: Lassen Sie sich von Gott als Werkzeug benutzen, um in Ihrer Ehe eine positive Veränderung herbeizuführen. Natürlich können Sie Ihren Ehepartner nicht zwingen, sich zu ändern. Aber Sie können Ihren Partner positiv beeinflussen und so eine Veränderung möglich machen. Die meisten von uns unterschätzen die Macht des Einflusses, den wir auf andere Menschen haben.

Wir unterschätzen aber auch die Macht des Gebets. Die Bibel enthält viele Beispiele, wie Menschen sich im Gebet an Gott gewandt haben – und er hat ihnen geantwortet. Die Worte in Jakobus 5,16 verdeutlichen, dass unser ernsthaftes Gebet große Wirkung hat. Auch der Apostel Paulus erinnerte die Gläubigen daran, sich nicht vom Gebet abbringen zu lassen (vgl. Kolosser 4,2) und es im Gegenteil ständig zu praktizieren (vgl. 1. Thessalonicher 5,17). Deshalb sollten Sie auch für Ihre Beziehung beten. Bitten Sie Gott um Klarheit über die Ursachen Ihrer jetzigen Probleme. Was muss sich bei Ihnen ändern, damit Ihre Beziehung wieder besser wird? Bitten Sie Gott, Ihnen zu zeigen, wie Sie zu einem Werkzeug in seiner Hand werden können, um Ihren Ehepartner positiv zu beeinflussen. Ein solches Gebet wird Gott erhören, und er wird Ihnen auch die Kraft geben, entsprechend zu handeln.

*Himmlischer Vater, ich komme zu dir, weil ich deine Hilfe brauche. Bitte zeig mir, wie wir als Ehepaar an diesen schwierigen Punkt gekommen sind und was sich bei uns ändern muss. Ich möchte dein Werkzeug sein, um Veränderungen herbeizuführen. Bitte hilf mir, dass ich auf meinen Partner einen positiven Einfluss ausüben kann.*

# 14. August

## Bekennen und vergeben

*Gegen dich habe ich gesündigt – gegen dich allein! Was du als böse ansiehst, das habe ich getan. Darum bist du im Recht, wenn du mich verurteilst, dein Urteil wird sich als wahr erweisen. Reinige mich von meiner Schuld, dann bin ich wirklich rein; wasche meine Sünde ab, und mein Gewissen ist wieder weiß wie Schnee!*
Psalm 51,6.9

Ich wünschte, ich wäre ein perfekter Ehemann – immer freundlich, aufmerksam, verständnisvoll, rücksichtsvoll und liebevoll. Leider bin ich nicht perfekt, aber das ist niemand von uns. Ich bin manchmal egoistisch, unaufmerksam und kaltherzig. Oder anders ausgedrückt: Ich entspreche nicht dem biblischen Ideal eines christlichen Ehemanns. Heißt das, dass meine Ehe damit zum Scheitern verurteilt ist? Das ist sie nicht, wenn ich bereit bin, meine Fehler zuzugeben, und meine Frau bereit ist, mir zu vergeben.

Vergebung bedeutet nicht, die Fehler des anderen einfach zu übersehen oder zu ignorieren. Vielmehr sollten wir uns die Art, wie Gott uns vergibt, zum Vorbild nehmen. Gott vergibt uns, weil Jesus Christus für uns am Kreuz gestorben ist. Er ignoriert die Sünde nicht, und er schenkt seine Vergebung auch nicht wahllos jedem Menschen. Gott vergibt uns, wenn wir unsere Sünde bekennen und unseren Wunsch nach Vergebung zum Ausdruck bringen. Psalm 51, von David nach seinem Ehebruch mit Bathseba verfasst, ist ein hilfreiches Modell für aufrichtige Reue. David gab seine Schuld zu, erkannte die Gerechtigkeit Gottes an und bat Gott um Vergebung und Reinigung. Gott erhörte dieses Gebet.

Ein aufrichtiges Bekenntnis kommt immer vor echter Vergebung. Wenn ich in meiner Ehe ein authentisches Wachstum erleben möchte, muss ich meiner Frau gegenüber meine Fehler zugeben, und sie muss mir vergeben.

*Himmlischer Vater, es fällt mir oft schwer, meinem Ehepartner meine Sünden zu bekennen. Und es fällt mir genauso schwer, meinem Partner zu vergeben, wenn er mir Unrecht getan hat. Bitte mach unsere verhärteten Herzen wieder weich und hilf uns, einander so zu vergeben, wie du uns vergibst.*

## 15. August

# Das Modell Gottes

*Gib uns auch heute wieder, was wir zum Leben brauchen. Vergib uns unsere Schuld, wie wir denen vergeben, die uns Unrecht getan haben. Lass uns nicht in Versuchung geraten, dir untreu zu werden, und befreie uns vom Bösen.*
Matthäus 6,11-13

Es besteht ein Unterschied zwischen Akzeptanz und Vergebung. Vielleicht akzeptieren Sie bei Ihrem Ehepartner viele Dinge, die Sie nicht besonders mögen, wie zum Beispiel eine irritierende Gewohnheit. Eine solche Haltung der Akzeptanz ist in gesunden Ehen sogar nötig. Aber eine schlechte, unfaire oder ungerechte Behandlung, Dinge, die die Bibel als Sünde bezeichnet, können nicht einfach hingenommen, sondern müssen vergeben werden.

Wenn ein Ehepartner jedoch hartnäckig weitersündigt, leidet die Beziehung darunter. Idealerweise gibt der- oder diejenige, der ein Unrecht begangen hat, seine Fehler zu und bittet den anderen um Vergebung. Das ist das biblische Modell. Wenn wir uns entscheiden, jemandem zu vergeben, ist das so, als würden wir sagen: „Ich werde dir diese Sünde nicht mehr vorhalten, sondern mich so verhalten, als sei sie nicht geschehen. Ich werde mit dir gemeinsam weiter an unserer Beziehung arbeiten. Ich liebe dich."

Aber was sollen wir tun, wenn unser Ehepartner das begangene Unrecht nicht zugibt und sogar weiter auf seinem sündhaften Verhalten beharrt? In diesem Fall sollen wir den anderen in die Hände Gottes legen, zusammen mit unserer ohnmächtigen Wut. Dann haben wir die Freiheit, Böses mit Gutem zu vergelten und auf diese Weise einen positiven Einfluss auf unseren Ehepartner auszuüben.

Die Bibel fordert uns auf, einander so zu vergeben, wie Gott uns vergibt. Jesus sagte das klipp und klar, als er seine Jünger das heute unter dem Namen „Vaterunser" bekannte Gebet lehrte. Dieses Modell der Vergebung findet sich auch an anderer Stelle in der Bibel, wie zum Beispiel in Epheser 4. Dort sagt Paulus seinen Zuhörern: „Seid vielmehr freundlich und barmherzig, und vergebt einander, so wie Gott euch durch Jesus Christus vergeben hat" (Epheser 4,32). Unser Ziel ist uns klar vorgegeben, aber wir müssen eventuell erst einmal lernen, wie wir es erreichen können.

*Himmlischer Vater, ich kann dir gar nicht genug danken, dass du uns um deines Sohnes willen vergibst. Das ist ein erstaunliches Geschenk. Weil du so etwas Wunderbares für mich getan hast, will ich ebenfalls den Menschen vergeben, die mir Unrecht getan haben. Bitte hilf mir, dieses Ziel auch bei meinem Ehepartner zu erreichen. Ich danke dir, dass du das tun wirst.*

# 16. August

## Gott vergibt ein für alle Mal

*Glücklich sind alle, denen Gott ihre Sünden vergeben und ihre Schuld zugedeckt hat!*
Psalm 32,1

In einer gesunden Ehe ist es erforderlich, dass wir begangenes Unrecht bekennen und Vergebung empfangen von demjenigen, dem wir Unrecht getan haben. Das Wort *bekennen* bedeutet auch „bekannt machen" oder einen begangenen Fehler anerkennen. Wenn wir unsere Sünden bekennen, vergibt uns Gott. Die Bibel beschreibt, wie gründlich Gott dabei vorgeht. In dem Vers aus Psalm 32 wird erwähnt, dass Gott unsere Schuld „zudeckt", während in Psalm 103 ein schönes Bild der räumlichen Distanz verwendet wird. „So fern, wie der Osten vom Westen liegt, so weit wirft Gott unsere Schuld von uns fort!" (Psalm 103,12). Im Hebräerbrief verspricht uns Gott, dass er unsere Sünden vergessen wird: „Ich vergebe ihnen ihre Schuld und denke nicht mehr an ihre Sünden" (Hebräer 10,17).

Wenn Ihr Ehepartner Ihnen ein Unrecht antut, kann das verletzte Gefühle und vielleicht auch Wut auslösen. Vielleicht möchten Sie Gleiches mit Gleichem vergelten, aber der biblische Weg ist liebevolle Konfrontation. Wenn Ihr Partner das begangene Unrecht zugibt, sollten Sie ihm genauso liebevoll vergeben. Vielleicht fragen Sie jetzt: „Aber wie kann ich ihm vergeben, wenn er mich so sehr verletzt hat?" Aber denken Sie daran: Vergebung ist kein Gefühl, sondern ein Versprechen, das Urteil über das begangene Unrecht aufzuheben. „Ich bin zutiefst verletzt und wütend, aber ich will dir vergeben." Das ist eine realistische Botschaft. Sie sind ehrlich, wenn es um Ihre Gefühle geht, aber Sie entscheiden sich, Ihrem Ehepartner zu vergeben und dem Menschen, den Sie lieben, das begangene Unrecht nicht mehr vorzuhalten.

*Himmlischer Vater, ich bin immer wieder erstaunt, dass du mir meine Sünden ein für alle Mal vergibst. Ich danke dir dafür. Bitte schenke mir die nötige Demut und Barmherzigkeit, meinem Ehepartner so zu vergeben, wie du mir vergibst.*

# Ist Vergeben auch Vergessen?

*Ladet alle eure Sorgen bei Gott ab, denn er sorgt für euch.*
1. Petrus 5,7

Es besteht ein Unterschied zwischen Vergeben und Vergessen. Eine Ehefrau sagte: „Ich habe ihm vergeben, aber die negativen Gefühle kommen immer wieder hoch, wenn ich daran denke, was er getan hat." Vergebung löscht unsere Erinnerungen nicht aus. Unsere Gehirne speichern alle Erlebnisse, gute und schlechte. Die Erinnerung kann das Erlebnis und die damit verbundenen Gefühle zurückbringen. Dabei dürfen Sie eines nicht vergessen: Vergebung ist kein Gefühl, sondern ein Versprechen, dem anderen seine Sünde nicht mehr vorzuwerfen.

Was tun wir jedoch, wenn mit der Erinnerung auch der Schmerz zurückkommt? Wir bringen beides zu Gott und sagen: „Himmlischer Vater, du weißt, woran ich mich gerade erinnere, und du kennst den Schmerz, den ich dabei empfinde, aber ich danke dir, dass alles vergeben ist. Bitte hilf mir, heute meinem Ehepartner meine Liebe zu zeigen." Wir lassen unser Verhalten nicht von unserer Erinnerung beherrschen. Im Laufe der Zeit wird der Schmerz nachlassen, wenn wir als Ehepaar gemeinsam für neue, positive Erinnerungen sorgen. Lassen Sie sich von Ihren Erinnerungen nicht plagen. Der oben zitierte Vers aus dem ersten Petrusbrief ermutigt uns dazu, bei Gott alle unsere Sorgen abzuladen. Er sorgt für uns, und er hilft uns zu vergeben.

*Herr Jesus Christus, ich weiß, dass du uns aufforderst, anderen zu vergeben, wenn sie ihr Unrecht bereuen und um Vergebung bitten. Ich habe keine Wahl, und ich will deinen Willen tun, aber manchmal stehen mir meine Gefühle im Weg. Bitte hilf mir, richtig mit diesen Gefühlen umzugehen. Danke, dass du mir helfen willst, meinem Ehepartner zu vergeben.*

# Aufgestaute Wut

*Hinter schallendem Gelächter verbirgt sich oft großer Kummer.*
*Wenn die Freude verrauscht ist, bleibt die Trauer zurück.*
*Sprüche 14,13*

Wenn in Ihrer Ehe offenbar das Feuer der Begeisterung erloschen ist, Ihre Lebensfreude nachlässt oder Sie ständig gereizt sind und häufig Ihren Ehepartner oder Ihre Kinder ungeduldig anfahren, dann leiden Sie möglicherweise unter aufgestauter Wut.

Wenn wir bei Kleinigkeiten überreagieren, ist das ein sicheres Zeichen, dass wir Wut in uns aufgestaut haben. Aufgestaute Wut kann schließlich zu gewaltigen Explosionen führen. Dann fragen sich die Zeugen eines solchen Schauspiels: *Was ist denn mit ihm los?* Derartige Explosionen scheinen nämlich gar nicht zu dem Betreffenden zu passen. Aber Außenstehende haben auch nicht beobachtet, wie sich die Wut in dieser Person aufgebaut hat, vielleicht sogar über viele Jahre.

Wenn wir unsere Wut in uns speichern, anstatt sie loszuwerden, steigt der innere Druck an. In Sprüche 14,13 macht König Salomo die kluge Beobachtung, dass unterschwellige Gefühle nicht einfach so verschwinden. Deshalb sagt die Bibel: „Legt euren Zorn ab, bevor die Sonne untergeht" (Epheser 4,26). Werden Sie Ihre Wut schnell wieder los! Wenn Sie das nicht tun, kann aus Ihnen ein chronisch wütender Mensch werden, der jederzeit explodieren könnte. So etwas ist jedoch niemals gut für Ihre Ehe.

*Himmlischer Vater, bitte vergib mir, dass ich Dinge so lange in mir aufstaue. Ich will meinen Ehepartner nicht mit unangebrachten, explosiven Wutanfällen verletzen. Bitte hilf mir, mit meinen starken Emotionen konstruktiv umzugehen, sobald sie sich einstellen.*

# 19. August

## Vergangene Schuld muss ans Licht

*Die Narren nehmen ihre Schuld nicht ernst und spotten darüber, die Gottesfürchtigen aber gestehen sie ein und suchen Versöhnung.*
Sprüche 14,9 (Neues Leben. Die Bibel)

Lange aufgestaute Wut kann für Ihre Beziehung schädlich sein. Warum? Weil die Wut, die im Inneren sitzt, irgendwann nach außen drängt. Sie können diese Gefühle nicht für immer in sich behalten. Vielleicht haben Sie schon gemerkt, dass Sie sich wie ein Dampfdrucktopf fühlen und in regelmäßigen Abständen Dampf ablassen müssen. Mit Ihren Wutausbrüchen verletzen Sie Ihren Partner, und vielleicht zahlt er es Ihnen mit gleicher Münze heim. Das Ergebnis ist noch mehr Zorn und Wut. Möchten Sie diese aufgestauten Gefühle endlich loswerden und ein friedliches Leben führen?

Bitten Sie Gott, Ihnen alle Verletzungen, die Sie in der Vergangenheit erlitten haben, in Erinnerung zu rufen und Ihnen auch bewusst zu machen, wer Sie verletzt hat. Ich mache Ihnen einen Vorschlag: Schreiben Sie alles auf, was Ihnen in den Sinn kommt. Dann legen Sie diese Liste Gott vor und fragen ihn: „Habe ich diesen Menschen auch ein Unrecht zugefügt? Ich weiß, dass sie mich verletzt haben, aber bin ich vielleicht unfreundlich zu ihnen gewesen?“ Wenn die Antwort auf die Frage „Ja“ lautet, bitten Sie Gott um den Mut, diese Menschen um Vergebung zu bitten. Wie es in dem oben angegebenen Vers aus dem Buch der Sprüche heißt, geben weise und gottgemäß lebende Menschen ihre Fehler zu, weil sie richtig handeln wollen und weil das der Weg zur Versöhnung ist. Ihre Bitte um Entschuldigung kann bei dem anderen eine Bitte um Vergebung auslösen. Wenn Sie beide bereit sind, dem anderen zu vergeben, wird Ihre Wut verschwinden.

Sollte diese Art von Versöhnung zwischen Ihnen und Ihrem Ehepartner stattfinden, wird Ihre Beziehung davon profitieren.

*Himmlischer Vater, es ist zu einfach, wenn ich mich auf das Unrecht konzentriere, das andere mir angetan haben. Deshalb hilf mir, mir ehrlich einzugestehen, wo ich andere Menschen verletzt habe. Schenke mir die nötige Charakterstärke, um meine Fehler zuzugeben, damit echte Versöhnung stattfinden kann.*

# 20. August

## Liebe ist der Grundstein

*Das haben wir erkannt, und wir vertrauen fest auf Gottes Liebe. Gott ist Liebe, und wer in dieser Liebe bleibt, der bleibt in Gott und Gott in ihm.*
1. Johannes 4,16

Ich glaube fest daran, dass nicht das Geld, sondern die Liebe die Welt regiert. Warum behaupte ich so etwas? Weil Gott die Liebe ist. Seine Liebe zu uns gibt dem Leben erst einen Sinn. Die Worte in 1. Johannes 4 machen uns eines deutlich: Wenn wir erkennen, wie sehr Gott uns liebt, setzen wir auch unser Vertrauen auf diese Liebe. Sogar die Menschen, die nicht an Gott glauben, sind Empfänger seiner Liebe. Er schenkt ihnen das Leben und gibt ihnen die Möglichkeit, auf seine Liebe zu reagieren. Er will ihre Sünden vergeben und ihr Leben bereichern. Seine Pläne für die Menschen sind gut.

Was hat das alles mit der Ehe zu tun? Gott hat die Ehe gestiftet, weil er uns liebt. Seine Absicht ist es nicht, uns das Leben schwer zu machen, denn er hat uns füreinander geschaffen. Mann und Frau sollen sich in der Ehe gegenseitig unterstützen und als Team zusammenarbeiten, um Gottes Absichten für ihr Leben zu erkennen und zu erfüllen. Das ist eine wunderbare Sache, wenn es funktioniert.

Was ist der Schlüssel zu einer solchen Ehe? Die Antwort auf diese Frage ist ein Wort, und zwar *Liebe*. Es handelt sich dabei um die Entscheidung, füreinander da zu sein, genauso wie Gott für uns da ist. Es ist die Entscheidung, zuzulassen, dass Gott seiner Liebe durch uns Ausdruck verleiht. Dafür sind keine überschwänglichen Gefühle erforderlich, sondern bloß Offenheit für Gott und füreinander.

*Himmlischer Vater, danke für deine erstaunliche Liebe zu uns. Wenn wir dich kennen, kennen wir auch die wahre Bedeutung der Liebe, denn du bist die Liebe. Ich möchte diese Liebe auch meinem Ehepartner schenken. Deshalb bitte ich dich: Verwandle mich und zeig mir, wie ich meinen Mann oder meine Frau so lieben kann, wie du uns liebst.*

# 21. August

## Keine Angst!

*In der Liebe gibt es keine Furcht, denn Gottes vollkommene Liebe vertreibt jede Angst.*
1. Johannes 4,18

Liebe ist nicht nur ein emotionales Bedürfnis, das wir haben, sondern sie ist auch gekoppelt mit allen anderen Bedürfnissen. So haben wir z. B. das Bedürfnis nach Sicherheit, nach einem gesunden Selbstwertgefühl und nach einem Leben, das eine gewisse Bedeutung hat. Wenn zwei Menschen sich entschließen, einander zu lieben, erfüllen sie gleichzeitig auch diese Bedürfnisse. Wenn ich zum Beispiel weiß, dass meine Frau mich liebt, fühle ich mich in ihrer Gegenwart sicher.

Der Apostel Johannes, der auch bekannt ist als „der Jünger, den Jesus lieb hatte", schreibt in seinen Briefen an die Gläubigen sehr häufig über die Liebe. So schreibt er auch: „Gottes vollkommene Liebe vertreibt jede Angst" (1. Johannes 4,18). In unserer Beziehung zu Gott bedeutet das, dass wir keine Angst vor Verurteilung mehr zu haben brauchen, weil wir wissen, dass der Herr uns liebt und uns erlöst hat. Ausgehend von dieser Basis können wir jeder Herausforderung begegnen. Echte Liebe in einer zwischenmenschlichen Beziehung hat zum Teil die gleiche Wirkung. Warum sollte ich Angst haben, wenn ich geliebt werde?

Wenn ich mich von meiner Frau geliebt fühle, dann fühle ich mich auch gut in Bezug auf meine eigene Person. Denn wenn sie mich liebt, muss ich ja liebenswert sein. Letzten Endes gibt mir die Erkenntnis, dass Gott mich liebt, meinen eigentlichen Wert als Mensch. Aber auch meine Frau ist in gewisser Weise eine Übermittlerin der göttlichen Liebe.

Wenn mein Ehepartner mich liebt, bekommt mein Leben auch eine Bedeutung. Wir wollen schließlich, dass unser Leben etwas zählt, und wir wollen in dieser Welt auch etwas bewirken. Wenn wir unserem Ehepartner Liebe schenken und von ihm Liebe empfangen, dann bewirken wir tatsächlich etwas, denn wir bereichern das Leben unseres Ehepartners. Das ist der Auftrag, den Gott uns gegeben hat. Er will, dass wir in der Welt seiner Liebe einen Ausdruck geben. Und warum sollten wir damit nicht zu Hause anfangen?

*Himmlischer Vater, ich möchte in dieser Welt etwas bewirken, und ich weiß, dass ich damit zu Hause anfangen kann, indem ich meinen Partner liebe. Mach meine Liebe so stark und echt, dass sie seine Sicht über das Leben verändert. Lass mich immer wieder erkennen, dass ich wertvoll bin, weil du mich liebst.*

# 22. August

## Ansporn zum Guten

*Lasst uns aufeinander achten! Wir wollen uns zu gegenseitiger Liebe ermutigen und einander anspornen, Gutes zu tun.*
Hebräer 10,24

In der Ehe haben beide Partner die Gelegenheit, einander zu helfen. Sie nehmen sich gegenseitig zwar an, so wie sie sind, aber sie können einander auch Mut machen, nicht bei den erreichten Zielen stehen zu bleiben. Gott hat für jedes Menschenleben bestimmte Pläne. Ehepartner können sich gegenseitig anspornen, diese Pläne zu erfüllen, und das geschieht häufig, indem sie ihre Liebe zum Ausdruck bringen.

Nicht jeder Mensch kennt seinen eigentlichen Wert. Manche Leute kommen aus Familien, in denen sie ständig negative Botschaften gehört haben, wie zum Beispiel: *Du bist nicht klug genug. Du hast überhaupt kein Talent, noch nicht einmal für Sport. Aus dir wird nie etwas.* Diese Botschaften entsprechen nicht der Wahrheit, aber wenn Sie nichts anderes zu hören bekommen, glauben Sie schließlich daran.

Wenn Sie dagegen die Liebessprache Ihres Partners erlernen und regelmäßig sprechen, füllen Sie seinen Liebestank auf und wirken auch auf sein Selbstverständnis ein. *Wenn er mich liebt,* denkt sich Ihr Ehepartner dann, *muss ich ja etwas wert sein.* Indem Sie Ihrem Ehepartner dabei helfen, sich geliebt zu fühlen, werden Sie zu einem Werkzeug Gottes. Das ist von großer Bedeutung, wenn es darum geht, Ihren Partner anzuspornen, damit er die Ziele erreicht, die Gott mit uns hat. Der Verfasser des Hebräerbriefs schreibt, dass wir als Christen überlegen sollten, wie wir einander zu größerer Liebe und zum Guten anspornen können. Diese Aufforderung gilt umso mehr in einer Ehe.

Schließlich soll uns die Ehe auch dabei helfen, mehr für Gott zu tun, denn in seinem Reich gilt das Prinzip: Zwei sind besser als einer.

*Himmlischer Vater, wir danken dir, dass du für unser Leben bestimmte Pläne hast. In deinen Augen sind wir wertvoll, und mit deiner Hilfe können wir in dieser Welt etwas bewirken. Bitte hilf uns, uns auch in unserer Beziehung zu dir gegenseitig zu unterstützen.*

# Der Streit ums liebe Geld

*So wie unser Leib aus vielen Gliedern besteht und diese Glieder einen Leib bilden, so besteht auch die Gemeinde Christi aus vielen Gliedern und ist doch ein einziger Leib.*
1. Korinther 12,12

Ertappen Sie sich öfter dabei, wie Sie und Ihr Ehepartner sich über das Thema „Geld" streiten? Eine landesweite Umfrage in den USA hat ergeben, dass 64 Prozent der Ehepaare wegen finanzieller Dinge Streit bekommen. „Wo ist denn das ganze Geld geblieben?" „Hast du etwas gekauft, ohne es mir zu sagen?" „Sag bloß, du hast schon wieder vergessen, diese Kreditkartenzahlung einzutragen." Kommt Ihnen das bekannt vor? Wie finden wir in einer Ehe zur Harmonie in finanziellen Angelegenheiten?

Der erste Schritt besteht darin, die Ursachen unseres Verhaltens herauszufinden. Warum vergisst jemand, eine Kartenzahlung zu notieren? Geschieht es in der Absicht, den Ehepartner zu frustrieren? Oder will man die Kosten eines Einkaufs verschleiern? Die Wahrscheinlichkeit ist groß, dass es sich um ein Persönlichkeitsproblem handelt. Eine Person, die vergisst, Kartenzahlungen zu notieren, verbringt möglicherweise Stunden mit der Suche nach den Autoschlüsseln. Bei der Verteilung der Gene für Organisationstalent ist dieser Mensch wohl leer ausgegangen, und deshalb sind solche Dinge nicht wichtig für ihn oder sie. Doch es gibt eine Lösung für dieses Problem: Sorgen Sie dafür, dass der Ehepartner mit mehr Organisationstalent auch die Kartenzahlungen überwacht. Wenn Sie diese Person sind, hören Sie auf zu streiten und übernehmen Sie diese Aufgabe.

In 1. Korinther 12 wird uns verdeutlicht, dass Gott uns alle mit unterschiedlichen Begabungen geschaffen hat. Ehemänner und Ehefrauen haben in der Regel verschiedene Stärken. Ihr Ehepartner wird Ihre Schwächen in anderen Bereichen wieder ausgleichen, wenn Sie als Team zusammenarbeiten. Und darum geht es doch vor allem in einer Ehe – um Teamarbeit.

*Himmlischer Vater, du erinnerst uns daran, dass es für manche Probleme einfache Lösungen gibt, und dafür danken wir dir. Manchmal streiten wir ständig über dieselbe Sache, obwohl es viel einfacher wäre, die Aufgaben anders zu verteilen. Der- oder diejenige, der auf einem bestimmten Gebiet mehr Talent hat, sollte dafür verantwortlich sein. Bitte zeig uns den besten Weg, wie wir unsere Meinungsverschiedenheiten wegen des Geldes lösen können.*

## 24. August

# Harmonie in Geldangelegenheiten

*Denkt nicht an euren eigenen Vorteil, sondern habt das Wohl der anderen im Auge.*
Philipper 2,4

Wie erreichen wir in der Ehe den Zustand der Harmonie, wenn es um Geldangelegenheiten geht? Es gibt keinen schnellen Weg zur Einigkeit auf diesem Gebiet, aber jedes Ehepaar kann und muss eine Möglichkeit finden, dieses Ziel zu erreichen. Dieser Prozess erfordert die Bereitschaft zum Reden, Zuhören, Verstehen und zur Suche nach einem neuen Weg – nicht nach *meinem* oder *deinem*, sondern nach *unserem* Weg. Dabei müssen wir versuchen, die Gründe hinter den Gefühlen und Gedanken unseres Ehepartners zu verstehen.

Sagen wir, eine Ehefrau möchte auf einem Sparkonto fünftausend Dollar anlegen. Warum ist ihr das so wichtig? Vielleicht fühlt sie sich sicher, wenn sie das Geld auf diese Weise anlegt. Weil der Betrag jederzeit verfügbar ist, weiß sie, dass ihre Kinder im Notfall nicht hungern müssen.

Jetzt stellen Sie sich vor, der Ehemann dieser Frau ist ein Investor, der sein Geld für sich arbeiten lassen möchte. Für ihn ist es eine Verschwendung, sobald man mehr als einhundert Dollar auf einem Sparkonto stehen lässt. Vielleicht meint er, er sei kein guter Verwalter, wenn er auf diesem Gebiet keine klugen Entscheidungen trifft. Das ist eine durchaus vernünftige Sichtweise.

Bis dieses Ehepaar die Gefühle und Gedanken des jeweils anderen versteht, wird es Streit um die richtige Form der Geldanlage geben. Aber sobald der Mann einsieht, warum seine Frau sich mit nur einhundert Dollar auf dem Sparkonto unsicher fühlt, kann er aufhören zu streiten und ihrem Bedürfnis nach Sicherheit entgegenkommen.

Und wie sieht die Lösung aus? Der Ehemann kann für seine eigenen Kapitalanlagen jeden Betrag verwenden, der die fünftausend Dollar übersteigt. Jetzt ist der Streit beigelegt, und beide sind zufrieden. Wenn man lernt, als Team zusammenzuarbeiten, und dabei die Bedürfnisse und Interessen anderer berücksichtigt, wozu Paulus uns in Philipper 2 auffordert, befindet man sich auf dem Weg zur Harmonie in Geldangelegenheiten.

*Himmlischer Vater, bitte hilf mir, meinen Ehepartner besser zu verstehen, wenn wir Entscheidungen in finanziellen Fragen treffen müssen. Zeig mir das Bedürfnis hinter der geäußerten Bitte. Erinnere mich daran, die Interessen meines Ehepartners und nicht nur meine eigenen Wünsche im Auge zu haben. Schenke mir Selbstlosigkeit, damit ich meinem Ehepartner entgegenkommen kann.*

# 25. August

## Störungen beseitigen

*Liebe, die offen zurechtweist, ist besser als Liebe, die sich ängstlich zurückhält.
Ein Freund meint es gut, selbst wenn er dich verletzt;
ein Feind aber schmeichelt dir mit übertrieben vielen Küssen.*
Sprüche 27,5-6

Wenn Sie wie die meisten anderen Ehepaare sind, werden Sie in Ihrer Beziehung einen Punkt erreichen, an dem Sie nicht mehr über Ihre Gefühle sprechen und nicht mehr versuchen, Meinungsverschiedenheiten zu bereinigen. Sie werden sich stattdessen fragen: *Was soll der ganze Aufwand?* Bitte machen Sie nicht diesen Fehler! Sobald die Kommunikation zwischen Ihnen und Ihrem Ehepartner gestört ist, kann es schwierig werden, diese Störung rückgängig zu machen.

Es wird Sie eine Menge Geduld und Beharrlichkeit kosten, den Gesprächsfaden mit Ihrem Ehepartner weiterlaufen zu lassen. Manchmal fühlen Sie sich vielleicht, als ob Sie mit dem Kopf gegen eine Wand rennen. In diesem Fall nehmen Sie eine Kopfschmerztablette und machen Sie weiter. Am Ende wird sich Ihre Mühe auszahlen. Gehen Sie nie davon aus, dass Schweigen oder Gleichgültigkeit einem Konflikt vorzuziehen ist. Das ist nämlich nicht der Fall. Wie uns die oben zitierten Verse aus dem Buch der Sprüche verdeutlichen, ist der offene Umgang miteinander immer besser, als Gefühle unter den Teppich zu kehren. Ehrliche Reaktionen werden zwar mitunter schmerzhaft sein, aber sie können in einer Beziehung Heilung und echte Kommunikation bewirken. Es gibt Grund zur Hoffnung, solange Sie und Ihr Ehepartner miteinander reden, einander zuhören und aktiv an der Lösung Ihrer Differenzen arbeiten. Wenn Sie aufhören, miteinander zu reden, stirbt die Hoffnung. Deshalb geben Sie Ihrer Beziehung oberste Priorität. Tun Sie das nicht, vergiften Sie die Atmosphäre der Vertrautheit. Durch Reden und Zuhören lernen wir, als Team zusammenzuarbeiten, und darum geht es in einer sich positiv entwickelnden Ehe.

*Himmlischer Vater, du erinnerst uns daran, dass wir Konflikten nicht aus dem Weg gehen sollten. Bitte mach mir immer wieder eines bewusst: Kommunikation ist immer die damit verbundene Mühe wert, auch wenn das frustrierend sein kann. Hilf mir, den steinigen, aber direkten Weg durch einen Konflikt hindurch zu wählen, nicht den bequemeren, aber letzten Endes gefährlichen Umweg um den Konflikt herum.*

# 26. August

## Kindern Liebe schenken

*Auch Kinder sind ein Geschenk des Herrn;*
*wer sie bekommt, wird damit reich belohnt.*
Psalm 127,3

Liebe Ehemänner, wenn Sie Ihre Frau glücklich machen wollen, sage ich Ihnen jetzt, wie Sie das anstellen. Wenn Sie Kinder haben, schenken Sie ihnen Ihre Liebe. Das bedeutet auch, dass Sie mit Ihren Kindern reden. „Wie war heute dein Schultag?", ist schon ein ganz guter Einstieg für ein Gespräch. Aber bleiben Sie nicht bei der Aufzählung von Ereignissen stehen. Stellen Sie Fragen, die weitere Informationen an die Oberfläche bringen. Ein Beispiel: „Wie hast du denn den Kunstunterricht gefunden?" Die Antwort Ihres Kindes kann eine Menge über dessen Gedanken und Gefühle offenbaren.

Kindern fällt das Reden am leichtesten, wenn Sie offene Fragen stellen. Probieren Sie es mit: „Was hat dir im Zoo am besten gefallen?" Das klingt besser als: „Hat es dir im Zoo gut gefallen?" Die zweite Frage kann mit Ja oder Nein beantwortet werden, und so erfahren Sie nur wenig über das, was Ihr Kind denkt. Nachdem Sie ein paar offene Fragen gestellt haben, könnten Sie Ihrem Kind von Ihren Erinnerungen an den letzten Besuch im Zoo erzählen.

Bei einem ungezwungenen Gespräch stellt ein Kind Fragen und bekommt Antworten. Das Zwiegespräch gehört zu den wichtigsten Werkzeugen einer erfolgreichen Kindererziehung. Wenn Ihre Frau beobachtet, wie Sie mit Ihrem Kind reden und auch zuhören, wird Sie mehr Respekt vor Ihnen haben. Das Wissen, dass Ihnen Ihre Kinder wichtig sind und Sie sich deshalb Zeit für Gespräche mit ihnen nehmen, wird Ihre Frau beflügeln. Schließlich macht uns die Bibel eines klar: Kinder sind ein Segen und ein Geschenk des Herrn. Sorgen Sie dafür, dass Sie Ihre Kinder auch dementsprechend behandeln.

• • • • • • • • • • • • • • • • • • • • • • • • • • • • • • • •

*Großer Gott, danke, dass du unser liebevoller himmlischer Vater bist. Du bist immer bereit, uns zuzuhören. Bitte hilf mir, meinen Kindern die gleiche Liebe entgegenzubringen. Stärke die Beziehung zu meinem Ehepartner, während wir die Kinder, die du uns geschenkt hast, auf liebevolle Art großziehen.*

# 27. August

## Einblicke in Unsichtbares

*Überhebt euch nicht über andere, seid freundlich und geduldig!*
*Geht in Liebe aufeinander ein!*
Epheser 4,2

Das, was Sie sehen, entspricht nicht immer der Wirklichkeit, weil das Leben viel komplexer ist. Menschliches Verhalten wird fast immer bestimmt von unsichtbaren Bedürfnissen, die uns zum Handeln antreiben. Das bedeutet, dass Sie zwar sehen, wie ich mich verhalte, aber meine dahinter liegenden Motive nicht erkennen können. Vielleicht bin ich mir sogar selbst nicht bewusst, welche Motive mein Handeln bestimmen. Wir alle werden von diesen starken inneren Kräften angetrieben. Wenn wir einander verstehen wollen, dürfen wir nicht an der Oberfläche bleiben, sondern müssen tiefer gehen.

Was sind diese inneren Bedürfnisse, die unser Verhalten so stark beeinflussen? Sie gehören in zwei Kategorien, und zwar in den körperlichen und emotionalen Bereich. Körperliche Bedürfnisse sind leicht zu verstehen. Es handelt sich zum Beispiel um Durst, Hunger oder das Bedürfnis nach Schlaf. Ein beträchtlicher Teil unseres Verhaltens wird von solchen körperlichen Bedürfnissen bestimmt.

Emotionale Bedürfnisse sind viel schwerer zu identifizieren, aber sie sind genauso stark. So prägt das Bedürfnis nach Liebe und Wertschätzung einen ansehnlichen Teil unseres Verhaltens. Wenn jemand mir ermutigende Worte sagt, wenn ich merke, dass dieser Person wirklich etwas an mir liegt, dann bin ich motiviert, mit einem solchen Menschen Zeit zu verbringen. Deshalb ist es so wichtig für das Wachstum in Ihrer Ehe, dass Sie lernen, das Bedürfnis Ihres Ehepartners nach Liebe zu erfüllen.

Wenn Sie die Handlungsweise Ihres Ehepartners nicht verstehen, reagieren Sie mit Geduld und Demut, so wie es uns der Apostel Paulus in Epheser 4 empfiehlt. Nehmen Sie sich eine Minute Zeit und überlegen Sie, welche Bedürfnisse sich hinter dem Verhalten Ihres Ehepartners verbergen könnten. Dadurch gewinnen Sie eine neue Einsicht über das, was geschieht und wie Sie darauf reagieren können.

*Himmlischer Vater, du kennst die Tiefen des menschlichen Herzens. Nur du verstehst alle Motive, die hinter unserem Verhalten liegen. Ich bitte dich um Weisheit und Einsicht, wenn es um die Handlungsweise meines Ehepartners geht. Bitte hilf mir, geduldig und aufmerksam zu reagieren und darüber nachzudenken, welche Bedürfnisse sich hinter dem verbergen, was ich sehe.*

# 28. August

## Verborgene Motive

*Gott, der Herr, gab dem Menschen den Verstand,*
*damit er seine innersten Gedanken und Gefühle überprüfen kann.*
Sprüche 20,27

Beim Versuch, das „unbekannte" Ich zu verstehen, erkennen wir, dass unser Verhalten von emotionalen und geistlichen Bedürfnissen geprägt wird. Wenn Sie die Motive hinter dem Verhalten Ihres Ehepartners verstehen, kann Ihnen dieses Verständnis dabei helfen, ihm oder ihr auf positivere Art zu begegnen. Die folgenden Fragen sollen Ihnen dabei eine kleine Hilfe sein.

- Welche Motive prägen das Verhalten meines Partners? Welche Bedürfnisse versucht er bewusst oder unbewusst zu erfüllen?
- Welche Motive prägen mein eigenes Verhalten? Welche Bedürfnisse versuche ich zu erfüllen?

Menschliches Verhalten ist kein Geheimnis, aber es erfordert ein gründliches Nachforschen. Wir müssen einen Blick hinter das oberflächlich Erkennbare werfen und die Motive für ein bestimmtes Verhalten erkennen. Wenn ich verstehe, dass mein Ehepartner Mitglied in einem Jagdverein werden will, weil er sein Bedürfnis nach Zugehörigkeit erfüllen möchte, kann ich ihn darin bestärken, auch wenn es mir lieber wäre, wenn er sich ehrenamtlich engagieren würde.

Der Einblick in die Motive unseres Handelns zeigt uns auch, wie wir einander helfen können. Nur Gott kennt unsere innersten Gedanken und alles, was unser Verhalten antreibt, wie es der Vers aus dem Buch der Sprüche verdeutlicht. Gott kann uns auch leiten, damit wir die Handlungsweise unseres Ehepartners verstehen. Wenn wir nicht versuchen, die Motive des anderen zu ergründen, kann es passieren, dass wir uns gegenseitig verurteilen und die Vertrautheit in der Ehe zerstören. Das Verständnis für die Motive des Ehepartners dagegen macht uns zu Gefährten anstatt zu Konkurrenten.

*Großer Gott, ich bitte dich um einen Einblick in die Handlungsweise meines Ehepartners, ein Verständnis, das nur du mir schenken kannst. Unsere Beziehung soll stärker werden durch diese Erkenntnis über seine Bedürfnisse. Zeig mir, wie ich diese Bedürfnisse erfüllen kann, wenn ich verletzt oder verunsichert bin.*

## 29. August

# *Raus aus der Defensive!*

*Prägt es euch ein: Ihr sollt nicht schon vorher darüber nachgrübeln, wie ihr euch vor Gericht verteidigen könnt.*
Lukas 21,14

Eine defensive Reaktion stoppt den Fluss der Kommunikation in einer Ehe. Stellen Sie sich vor, Ihre Frau sagt zu Ihnen: „Es wird höchste Zeit, dass du den Müll rausbringst, sonst erledigen die Fliegen das für dich." Diese bissige Bemerkung nehmen Sie ihr übel, und deshalb weichen Sie Ihrer Frau aus. Im Laufe des Abends reagieren Sie nur noch mit einem unwilligen Brummen, wenn sie etwas sagt. Spricht sie trotzdem weiter, stehen Sie auf und verlassen das Zimmer. Oder vielleicht zahlen Sie es ihr mit gleicher Münze heim, damit auch sie sich ärgern muss.

Was läuft hier ab? Die Worte Ihrer Frau haben Sie in Ihrem Selbstwertgefühl getroffen. Vielleicht war ihre Botschaft der ähnlich, die Sie immer von Ihrer Mutter zu hören bekamen: „Auf dich ist einfach kein Verlass." Niemand möchte als verantwortungsloser Mensch dastehen. Als Ihre Frau eine ähnliche Andeutung gemacht hat, gingen Sie in die Defensive und zum Gegenangriff über. Aber denken Sie daran: Ihre Frau ist nicht Ihr Feind, sondern die Botschaft, die sie Ihnen vermittelt hat.

Jesus sagte zu seinen Jüngern, dass sie viele Hindernisse zu überwinden hätten, darunter auch falsche Anklagen. Sie müssten Verfolgung erleiden, sollten sich aber keine Sorgen darüber machen, wie sie sich verteidigen sollten. Warum? Erstens, weil die Anklagen keine Gültigkeit haben würden und zweitens weil der Heilige Geist ihnen die richtigen Worte schenken würde. Natürlich werden wir in der beschriebenen Situation nicht wegen unseres Glaubens verfolgt, aber wir können Gott dennoch vertrauen, dass er uns hilft, auf Angriffe richtig zu reagieren.

Wenn Sie in die Defensive gehen, heißt das, dass Ihr Selbstwertgefühl angegriffen wird. Konzentrieren Sie sich auf den wahren Feind, denn so können Sie Ihre negativen Gefühle in positive Handlungen umwandeln.

*Großer Gott, bitte hilf mir, die Botschaft objektiv zu betrachten, bevor ich in die Defensive gehe. Stimmt die Botschaft, dann mach mich bereit, Schritte zu einer positiven Veränderung zu unternehmen. Wenn die Botschaft falsch ist, hilf mir, nicht wütend zu werden. Ich möchte dir stattdessen vertrauen, dass du mir die richtigen Worte schenken wirst. Ich danke dir, Herr.*

30. August

# Wo sind Ihre wunden Punkte?

*Ihr seid von Gott auserwählt und seine geliebten Kinder, die zu ihm gehören. Darum sollt ihr euch untereinander auch herzlich lieben mit Barmherzigkeit, Güte, Bescheidenheit, Nachsicht und Geduld. Ertragt einander, und seid bereit, einander zu vergeben, selbst wenn ihr glaubt, im Recht zu sein. Denn auch Christus hat euch vergeben.*
Kolosser 3,12-13

Eine ständige Verteidigungshaltung bringt die Kommunikation in einer Ehe zum Erliegen. Wir können über uns selbst und unseren Ehepartner eine Menge lernen, wenn wir die Momente analysieren, in denen wir in die Defensive gehen. Wir alle haben unsere wunden Punkte. Wenn unser Ehepartner etwas sagt oder tut, was diese wunden Punkte berührt, gehen wir in die Defensive. Das ist eine typische Reaktion, weil wir uns in unserem Selbstwertgefühl bedroht fühlen. Anfangs wissen wir vielleicht gar nicht, wo unsere wunden Punkte liegen. Aber wenn wir uns die Zeit nehmen, jeden Vorfall zu analysieren, können wir sie ausfindig machen.

Vielleicht explodieren Sie, wenn Ihr Ehepartner Ihren Fahrstil kritisiert. Oder Sie bekommen einen Wutanfall, wenn Ihr Partner eine Bemerkung über Ihr Aussehen macht. Ignorieren Sie solche Ausbrüche nicht, sondern atmen Sie tief durch und beruhigen Sie sich erst einmal. Ein paar Tage später sollten Sie sich fragen: Warum bin ich eigentlich in die Defensive gegangen? Sie werden feststellen, dass Ihre Reaktion fast immer etwas mit Ihrer Kindheit und Ihrem Selbstwertgefühl zu tun hat. Machen Sie die Ursache ausfindig, und dann reden Sie mit Ihrem Ehepartner darüber.

Ein liebevoller Partner wird diese wunden Punkte nicht für sich ausnutzen. Der Apostel Paulus schreibt im Kolosserbrief, dass wir miteinander freundlich und mitfühlend umgehen und die Schwächen der anderen ertragen sollen. Das bedeutet auch, niemals Ihr Wissen über die Schwachpunkte Ihres Ehepartners zu missbrauchen und ihm damit das Leben schwer zu machen. Stattdessen können Sie gemeinsam nach Wegen suchen, wie Sie in Zukunft mit diesen wunden Punkten umgehen. Wie kann Ihr Ehepartner mit Ihnen kommunizieren, ohne dass Sie sich in Ihrem Selbstwertgefühl angegriffen fühlen? Ein sensibler Umgang miteinander bereitet den Weg zum Wachstum in einer Ehe.

*Herr Jesus Christus, danke, dass du meinem Ehepartner und mir hilfst, uns selbst und einander immer besser zu verstehen. Bitte gib uns die nötige Weisheit, unser Wissen über den anderen in Freundlichkeit und Demut zu verwenden. Schenke uns Kreativität auf der Suche nach neuen Wegen, wenn wir über unsere wunden Punkte sprechen.*

31. August

# Wahrer Erfolg

*Glücklich ist, wer nicht lebt wie Menschen, die von Gott nichts wissen wollen. Glücklich ist, wer Freude hat am Gesetz des Herrn und darüber nachdenkt – Tag und Nacht. Er ist wie ein Baum, der nah am Wasser steht, der Frucht trägt jedes Jahr und dessen Blätter nie verwelken. Was er sich vornimmt, das gelingt.*
Psalm 1,1-3

Was ist Erfolg? Fragen Sie ein Dutzend Leute, und Sie bekommen ein Dutzend verschiedene Antworten. Einer meiner Freunde hat einmal gesagt: „Erfolg bedeutet, das Beste aus sich zu machen, mit den Möglichkeiten, die man hat." Mir gefällt diese Definition. Jeder Mensch hat das Potenzial, in der Welt etwas Positives zu bewirken. In Psalm 1 wird ein erfolgreicher Mensch mit einem Baum verglichen, der stabil ist und tiefe Wurzeln hat, der gesund ist und viel Frucht trägt. Wenn wir in Gott tief verwurzelt sind, kann er uns zu seinen Werkzeugen machen, und dann können wir in dieser Welt viel bewirken. Es kommt einzig und allein darauf an, was wir aus unserem Potenzial machen. Erfolg lässt sich nicht an unserem materiellen Besitz oder an unserer gesellschaftlichen bzw. beruflichen Position messen. Eine gute berufliche oder gesellschaftliche Position und materieller Besitz lassen sich nutzen, um anderen zu helfen, aber sie können auch vergeudet oder missbraucht werden. Wirklich erfolgreich sind diejenigen, die anderen zum Erfolg verhelfen. Das gilt auch für die Ehe. Eine erfolgreiche Ehefrau investiert ihre Zeit und Energie, um ihrem Mann zu helfen, damit er sein Potenzial für Gott und für seinen positiven Einfluss in der Welt ausschöpfen kann. Ein erfolgreicher Ehemann tut das Gleiche für seine Frau. Wenn Sie Ihrem Ehepartner zum Erfolg verhelfen, leben Sie mit jemandem zusammen, der auf der Gewinnerseite ist, der in seinem Leben Erfüllung und ein Ziel gefunden hat. Das ist doch gar nicht so schlecht.

*Himmlischer Vater, ich möchte tief in dir verwurzelt sein und einen positiven Einfluss auf die Menschen in meiner Umgebung ausüben. Diesen Wunsch habe ich auch für meinen Ehepartner. Bitte zeig mir, wie ich meinem Partner helfen kann, das Beste aus seinen Fähigkeiten zu machen.*

# 1. September

# Der richtige Umgang mit Eltern und Schwiegereltern

*Ehre deinen Vater und deine Mutter, dann wirst du lange in dem Land leben, das ich, der Herr, dein Gott, dir gebe.*
2. Mose 20,12

Neulich sagte eine Frau zu mir: „Als wir frisch verheiratet waren, hat meine Schwiegermutter mich wirklich zur Weißglut gereizt. Ich habe mich bei meinem Mann darüber beklagt, aber er hat für mich Partei ergriffen, und das rechne ich ihm hoch an. Als meine Schwiegermutter älter wurde, dachte ich darüber nach, was es bedeutet, die Eltern und Schwiegereltern zu ‚ehren'. Das ist ein Gebot. Wir haben keine andere Wahl, als es zu befolgen. Deshalb ehre ich meine Schwiegermutter, selbst wenn sie mich auch heute noch manchmal so richtig ärgert." Diese Frau hat recht. Unsere Eltern zu ehren ist ein Gebot Gottes. Der oben zitierte Vers stammt sogar direkt aus den Zehn Geboten. Aber es fällt uns nicht immer leicht, dieses Gebot zu befolgen.

In guten wie in schlechten Zeiten gehören unsere Eltern und Schwiegereltern zu unserem Leben. Aber wie sollen wir als jung Verheiratete oder als „altes Ehepaar" die Beziehung zu diesen Menschen gestalten? Eins steht fest: Wir brauchen sie oder anders ausgedrückt: wir brauchen die Zuwendung und Lebensweisheit von Eltern und Schwiegereltern. Aber wir brauchen uns nicht von ihnen herumkommandieren zu lassen. Gegenseitige Freiheit und gegenseitiger Respekt sollten das Verhalten von Eltern und ihren verheirateten Kindern bestimmen.

Welche Richtlinien gibt uns die Bibel für die Beziehung zu unseren Schwiegereltern? Hier müssen zwei Prinzipien im Gleichgewicht bleiben, und zwar das Verlassen und das Ehren der Eltern. In den nächsten Tagen werden wir uns weiter mit diesen Themen befassen.

*Himmlischer Vater, mach mir bewusst, dass meine Eltern und Schwiegereltern Geschenke von dir sind und dass sie ihre Weisheit und Lebenserfahrung mit einbringen können. Bitte zeig mir die richtige Art des Umgangs mit ihnen. Danke, dass du unser wahrer, vollkommener Vater bist.*

## 2. September

# Eigene Entscheidungen treffen

*Jesus antwortete: „Lest ihr denn die Heilige Schrift nicht?*
*Da heißt es doch, dass Gott am Anfang Mann und Frau schuf und sagte:*
*‚Ein Mann verlässt seine Eltern und verbindet sich so eng mit seiner Frau,*
*dass die beiden eins sind mit Leib und Seele.'*
*Sie sind also eins und nicht länger zwei voneinander getrennte Menschen.*
*Was nun Gott zusammengefügt hat, soll der Mensch nicht scheiden."*
Matthäus 19,4-6

In 1. Mose 2 lesen wir, dass ein Mann seine Eltern verlässt und sich mit seiner Frau verbindet. Jesus zitierte diese Worte und erklärte sie, als er die Fragen der Pharisäer über Heirat und Scheidung beantwortete, wie es uns in Matthäus 19 berichtet wird. Bei einer Ehe verändert sich unsere Treuepflicht. Vor der Hochzeit sind wir zuallererst unseren Eltern verpflichtet, aber danach nimmt unser Ehepartner den ersten Platz ein. Wir müssen die sprichwörtliche „Nabelschnur" zu unseren Eltern durchtrennen. Wenn ein Interessenkonflikt zwischen der Frau eines Mannes und seiner Mutter entsteht, muss der Mann seiner Frau zur Seite stehen. Ohne diese Loslösung von den Eltern wird ein Ehepaar in der Ehe nicht sein volles Potenzial erreichen können.

Das „Verlassen der Eltern" ist besonders wichtig, wenn Entscheidungen getroffen werden müssen. Bei einer wichtigen Entscheidung haben Ihre Eltern oder Schwiegereltern bestimmt gute Anregungen parat. Jeder Vorschlag sollte ernst genommen werden, aber am Ende müssen Sie und Ihr Partner Ihre eigenen Entscheidungen treffen. Es kommt ein Zeitpunkt, an dem man seinen Eltern sagen muss: „Ich habe euch sehr lieb, und ich schätze eure Vorschläge, aber in diesem Fall haben wir uns entschieden, es anders zu machen. Ich hoffe, ihr versteht das, denn ich möchte, dass wir uns weiter so gut verstehen wie in all den Jahren davor." Freundliches, aber entschiedenes Auftreten ist hier der Schlüssel zum Erfolg.

*Himmlischer Vater, bitte vergib mir, wenn ich meine Prioritäten nicht richtig gesetzt habe und meinen Eltern gegenüber loyaler war als meinem Ehepartner gegenüber. Mach mir bewusst, dass wir als Ehepaar eine Einheit bilden und dass dies dein Plan für unsere Ehe ist.*

## 3. September

# Die Eltern ehren

*Höre auf deinen Vater – er hat dich gezeugt!*
*Und verachte deine Mutter nicht,*
*wenn sie alt geworden ist!*
Sprüche 23,22

Wie ehren Sie nach der Hochzeit Ihre Eltern, ohne sich von ihnen vereinnahmen zu lassen? Der Herr hat sein Gebot, die Eltern zu ehren, nie außer Kraft gesetzt (vgl. 2. Mose 20,12). Deshalb gilt es, solange sie leben. Manchen Leuten fällt es leicht, dieses Gebot zu befolgen, weil ihre Eltern im wahrsten Sinne des Wortes „ehrenwert" sind und nicht versuchen, ihr Leben zu bestimmen. Anderen dagegen fällt es schwer, die Eltern zu ehren.

Eine Ehefrau sagte zu mir: „Wie kann ich meine Mutter ehren? Sie hat ihr eigenes Leben verpfuscht und will jetzt mir und meiner Familie das Leben schwer machen." Das Wort *ehren* bedeutet, jemandem „Respekt erweisen". Manchmal können wir den Lebensstil unserer Eltern oder Schwiegereltern nicht respektieren, aber wir müssen dennoch Respekt vor ihrer Position haben. Gott hat in seiner Weisheit beschlossen, dass sie uns das Leben geschenkt haben. Dafür respektieren wir unsere Eltern, und deshalb gehen wir freundlich mit ihnen um. Wir tun alles, um ihnen zu helfen, aber wir lassen nicht zu, dass sie unser Leben mit Einschüchterung oder Gewissensdruck beherrschen. Der oben zitierte Vers aus dem Buch der Sprüche empfiehlt zwei weitere Anwendungen des Gebots, die Eltern zu ehren. Erstens sollen wir ihnen zuhören und zweitens für sie sorgen und sie nicht verachten, wenn sie alt sind. Diese beiden Punkte gehören auch zu den Grundregeln des Respekts.

Wenn Sie Ihre Eltern ehren, bedeutet das nicht, dass Sie alles tun müssen, was Ihre Eltern von Ihnen verlangen, sondern es bedeutet, das zu tun, was am besten für Sie ist.

*Himmlischer Vater, bitte hilf mir, meine Eltern auf angemessene Art zu ehren. Leite mich, wenn ich versuche, sie so zu behandeln, wie du es von mir willst, nämlich mit Liebe, Freundlichkeit und Respekt. Ich weiß, dass dieser Weg auch meiner Ehe gut bekommen wird.*

# 4. September

## Die Kunst der selbstlosen Kommunikation

*Ein Dummkopf bemüht sich erst gar nicht, etwas zu begreifen.*
*Er will nur jedem zeigen, wie klug er ist.*
Sprüche 18,2

Einfühlsame Zuhörer beginnen jedes Gespräch mit dieser Einstellung: *Ich will wissen, was im Herzen und in den Gedanken meines Partners vor sich geht.* Die meisten Menschen sehen das anders. Der Psychologe Paul Tournier hat es auf den Punkt gebracht, als er sagte: „Jeder will im Gespräch vor allem seine eigenen Gedanken darlegen. Äußerst selten zeigt sich im Gedankenaustausch ein echtes Interesse, das Gegenüber zu verstehen."*

Von Natur aus sind wir alle Egozentriker. Unbewusst denken wir: *Die Welt dreht sich um mich. Die Art, wie ich denke und fühle, ist am allerwichtigsten.*

Doch wir machen einen Riesenschritt hin zur Reife, wenn wir uns Einfühlungsvermögen aneignen und wirklich verstehen wollen, was ein Mensch, den wir lieben, denkt und fühlt. Der Vers aus dem Buch der Sprüche sagt es klar und deutlich, dass diejenigen, denen es bloß um ihre eigene Meinung geht, dumm sind. Warum? Weil sie niemals dazulernen – weder über das jeweilige Gesprächsthema noch über die Menschen, die darüber sprechen.

Die Anweisung des Apostels Petrus an Ehemänner lautet: „Ihr Männer, nehmt Rücksicht auf eure Frauen, achtet und ehrt sie" (1. Petrus 3,7). Diese Aufforderung gilt auch für Ehefrauen. Wenn wir die Gedanken und Gefühle unserer Ehepartner respektieren, sind wir auch bereit, ihnen einfühlsam zuzuhören.

• • • • • • • • • • • • • • • • • • • • • • • • •

*Herr Jesus Christus, unsere Kommunikation mit unserem Ehepartner ist oft durchdrungen von Selbstsucht. Bitte gib mir die nötige Selbstbeherrschung und Weisheit, die Gedanken meines Partners zu respektieren und bereit zu sein, ihn oder sie zu verstehen, wenn wir miteinander sprechen.*

* Paul Tournier, To Understand Each Other, Atlanta, 1967, S. 4

# 5. September

## Erst hören, dann reden

*Wer antwortet, bevor er überhaupt zugehört hat,*
*zeigt seine Dummheit und macht sich lächerlich.*
Sprüche 18,13

Wenn ich meiner Frau bloß zuhöre, „um sie zur Vernunft zu bringen“, werde ich sie nie richtig verstehen, und die meisten unserer Gespräche werden im Streit enden. Diese Neigung, ein Urteil über den anderen zu fällen, sabotiert die Gespräche von vielen Tausend Ehepaaren. Stellen wir uns vor, eine Frau sagt zu ihrem Mann: „Ich glaube, ich muss aufhören zu arbeiten.“ Daraufhin erwidert er: „Das kannst du nicht. Ohne dein Gehalt kommen wir nicht über die Runden. Und denk dran: Du hast unbedingt das tolle Haus haben wollen, und jetzt haben wir die hohe Hypothek am Hals.“ Dieses Ehepaar befindet sich entweder auf dem besten Weg zu einem hitzigen Wortgefecht, oder aber beide Partner ziehen sich in ihr Schneckenhaus zurück, leiden schweigend vor sich hin und schieben sich gegenseitig die Schuld zu.

Wieder einmal sagt König Salomo unverblümt, was er von denjenigen hält, die sofort Antworten parat haben, ohne alle Fakten zu kennen. Ein solches Verhalten nennt er dumm und lächerlich, weil es nicht nur Streit provoziert, sondern auch den Austausch von Informationen stoppt und damit den Erwerb von weiterer Weisheit unmöglich macht.

Wie anders wäre die Atmosphäre zwischen den Ehepartnern, wenn der Mann sich mit seinem Urteil zunächst zurückhalten und stattdessen zu seiner Frau sagen würde: „Das klingt ganz so, als hättest du im Büro einen harten Tag gehabt, Liebling. Möchtest du darüber reden?“ Damit gibt er sich selbst die Möglichkeit, seine Frau zu verstehen. Wenn sie sich ernst genommen und verstanden fühlt, können beide zusammen zu einer klugen Entscheidung über ihre berufliche Situation finden. Zuerst hinhören, sich mit seinem Urteil zurückhalten, alle Fakten sammeln – das ist der richtige Weg, um miteinander im Gespräch zu bleiben.

*Himmlischer Vater, hilf mir, in solchen und ähnlichen Situationen zunächst den Mund zu halten und nicht sofort das zu sagen, was mir gerade in den Sinn kommt. Ich will meinen Partner nicht mit meinen Worten überfahren. Bitte gib mir die nötige Weisheit, um die richtigen Fragen zu stellen, damit wir im Gespräch bleiben.*

## 6. September

# Dem Beispiel Jesu folgen

*Nachdem Jesus ihnen die Füße gewaschen hatte, zog er sein Obergewand wieder an, kehrte zu seinem Platz am Tisch zurück und fragte seine Jünger: „Versteht ihr, was ich eben getan habe? Wie ich, euer Meister und Herr, euch jetzt die Füße gewaschen habe, so sollt auch ihr euch gegenseitig die Füße waschen. Ich habe euch damit ein Beispiel gegeben, dem ihr folgen sollt. Handelt ebenso!"*

Johannes 13,12.14-15

Der vielleicht bedeutendste Akt des Dienens – sein Opfertod ist hier natürlich ausgenommen – bestand darin, dass Jesus eine Schüssel mit Wasser nahm und seinen Jüngern die Füße wusch. Das ist eine einfache und doch so bedeutungsvolle Handlung. Weil er eine Aufgabe übernahm, die zwar notwendig war, die aber niemand sonst erledigen wollte, bewies Jesus Demut, Liebe und echtes Führungsverhalten.

Lieber Ehemann, sind Sie bereit, sich selbst zu erniedrigen und Ihrer Frau zu dienen? Liebe Ehefrau, sind Sie bereit, sich selbst zu erniedrigen und Ihrem Mann zu dienen? Ich möchte keine frommen Reden schwingen, sondern mir geht es darum, dem Beispiel Jesu zu folgen. Johannes 13 berichtet, wie Jesus seine Jünger ermahnt, seinem Beispiel zu folgen, und das gilt genauso für uns. In Markus 10,45 gebraucht Jesus ähnliche Worte: „Auch der Menschensohn ist nicht gekommen, um sich bedienen zu lassen. Er kam, um zu dienen …" Hier haben wir einen scheinbaren Widerspruch: Der Weg nach oben führt nach unten. Wahre Größe findet ihren Ausdruck im Dienen. Warum fangen wir damit nicht zu Hause an?

Ich brauchte ein paar Jahre, bis ich entdeckte, dass es mir Freude macht, meiner Frau zu dienen. Aber als das geschah, machte unsere Ehe in nur wenigen Wochen den Sprung vom Winter zum Frühling. Eine gute Frage für den ersten Schritt könnte lauten: „Wie kann ich dir helfen?"

*Herr Jesus Christus, danke für das Beispiel, das du uns gegeben hast. Wenn du dich selbst erniedrigt hast, um deinen Jüngern zu dienen, kann ich mich nicht beklagen, weil ich anderen dienen soll. Bitte wirke an meinem Herzen, damit ich meinem Partner voller Freude dienen kann.*

# 7. September

## Der erste Schritt zum Dienen

*Schon damals, als wir noch hilflos der Sünde ausgeliefert waren, ist Christus zur rechten Zeit für uns gottlose Menschen gestorben. Kaum jemand von uns würde für einen anderen Menschen sterben, selbst wenn er schuldlos wäre. Es mag ja vorkommen, dass einer sein Leben für einen ganz besonders gütigen Menschen opfert. Gott aber hat uns seine große Liebe gerade dadurch bewiesen, dass Christus für uns starb, als wir noch Sünder waren.*

Römer 5,6-8

Herrschen in Ihrer Beziehung Kälte und Härte? Haben Sie die Hoffnung aufgegeben? Wenn Sie Ihrer Ehe neues Leben einhauchen wollen, sollten Sie bei sich selbst anfangen und Ihre Einstellung ändern. Denn wenn Sie über Ihre Beziehung und Ihren Ehepartner negativ denken, wird Ihre Ehe wohl in der Starre des Winters verharren, in einem kalten Klima der Gleichgültigkeit.

Ich brauchte lange, bis ich herausfand, dass sich der Sinn des Lebens im Geben und nicht im Nehmen ausdrückt. Noch immer erinnere ich mich an den Tag, als ich ein einfaches Gebet sprach: „Herr, schenke mir dieselbe Einstellung, wie sie Jesus Christus hat. Ich möchte meiner Frau genauso dienen, wie Jesus es bei seinen Jüngern tat.“ Wenn ich auf die Jahre seit unserer Hochzeit zurückblicke, dann bin ich davon überzeugt, dass dies das wichtigste Gebet war, das ich im Hinblick auf unsere Ehe gesprochen habe. Als ich nach Möglichkeiten Ausschau hielt, wie ich meiner Frau dienen könnte, begann sich auch ihre Einstellung mir gegenüber zu ändern. Es ist zunächst nur natürlich, wenn Sie Ihren Partner so behandeln, wie er Sie behandelt. Aber denken Sie daran: Gott hat uns geliebt, als wir noch Sünder waren. Er wartete nicht darauf, bis wir endlich so weit waren, sondern er machte in seiner unendlichen Liebe und Barmherzigkeit den ersten Schritt auf uns zu. Mit seiner Hilfe können auch wir andere Menschen lieben und ihnen dienen, selbst wenn wir die Hoffnung schon aufgegeben haben. Nichts hat mehr Macht als bedingungslose Liebe.

*Himmlischer Vater, ich bin dir so dankbar, dass du mich bereits geliebt hast, bevor ich mich dir zugewandt habe. Bitte hilf uns, diesem Beispiel auch in unserer Ehe zu folgen. Ich möchte meinem Partner dienen, egal, wie er sich mir gegenüber verhält. Aber dafür brauche ich deine Hilfe.*

# 8. September

## Schritte zur Versöhnung

*Wenn du eine Opfergabe zum Altar bringst und dir fällt plötzlich ein,*
*dass dein Bruder dir etwas vorzuwerfen hat, dann lass dein Opfer am Altar zurück,*
*geh zu deinem Bruder und versöhne dich mit ihm.*
*Erst danach bring Gott dein Opfer dar.*
Matthäus 5,23-24

In einer vollkommenen Welt gäbe es keine Notwendigkeit, sich zu entschuldigen. Aber in unserer unvollkommenen Welt können wir nicht überleben, ohne uns zu entschuldigen. Wir sind Geschöpfe mit moralischen Werten, und wir haben einen ausgeprägten Sinn für Recht und Unrecht. Wenn uns Unrecht getan wird, fühlen wir uns verletzt und sind zornig. Das Unrecht wird zu einer Barriere zwischen den beiden Betroffenen. In der Ehe führt das zu Spannungen, und unsere Einheit wird bedroht. Die Beziehung ist nicht mehr dieselbe, bis die eine Seite sich entschuldigt und die andere Seite vergibt.

Wenn eine Beziehung durch begangenes Unrecht zu zerbrechen droht, wird in uns der Ruf nach Versöhnung laut. Dieser Wunsch ist oft stärker als das Verlangen nach Gerechtigkeit. Je enger eine Beziehung ist, desto größer ist die Sehnsucht nach Versöhnung. Für Gott ist Versöhnung so wichtig, dass Jesus seinen Zuhörern die Anweisung gab, jedes Unrecht zu bereinigen, bevor man dem Herrn ein Opfer darbringt. Bevor wir in Demut vor Gott treten können, müssen wir in Demut zu denjenigen gehen, denen wir Unrecht getan haben.

Wenn ein Mann seine Frau unfair behandelt, reagiert sie häufig auf zweierlei Weise. Einerseits möchte sie, dass er für sein Fehlverhalten büßen soll, aber andererseits wünscht sie sich Versöhnung. Eine ehrlich gemeinte Entschuldigung des Mannes ermöglicht wahre Versöhnung. Wenn jedoch dieser Schritt fehlt, wird die Frau aufgrund ihres Rechtsempfindens Gerechtigkeit fordern. Deshalb ist es für eine gute Beziehung erforderlich, dass wir uns bei unserem Gegenüber für begangenes Unrecht entschuldigen.

*Himmlischer Vater, mir wird bewusst, wie wichtig dir echte Versöhnung ist. Du erinnerst mich daran, dass eine ehrliche Entschuldigung und Vergebung wesentliche Bestandteile einer Ehe sind, und ich danke dir dafür. Mach mich bereit, mich mit meinem Partner zu versöhnen, damit unsere Beziehung stabil bleibt.*

# 9. September

## Erst bekennen, dann vergeben

*Wenn dann mein Volk, über dem mein Name ausgerufen ist, sich demütigt und zu mir betet, wenn es meine Gegenwart sucht und von seinen bösen Wegen umkehrt, dann werde ich es vom Himmel her hören, ihre Sünden vergeben und ihr Land heilen.*
2. Chronik 7,14

Können Sie jemandem vergeben, ohne dass sich Ihr Gegenüber bei Ihnen entschuldigt? Wenn Sie Vergebung so verstehen, dass Sie die betreffende Person, Ihre verletzten Gefühle und Ihren Zorn an Gott abgeben, dann können Sie dem anderen auch vergeben, ohne dass er sich bei Ihnen entschuldigt. Aber wenn Vergebung für Sie mit Versöhnung verknüpft ist, dann ist eine Entschuldigung ein notwendiger Bestandteil dieses Prozesses. Christen kennen die Anweisung, anderen genauso zu vergeben, wie Gott uns vergibt.

Wie vergibt Gott uns? Die Bibel sagt, dass Gott uns vergibt, wenn wir unsere Sünden bekennen (vgl. 1. Johannes 1,9). In 2. Chronik 7 spricht der Herr zu König Salomo und teilt ihm mit, dass er dem Volk vergeben wird, wenn es in Demut zu ihm betet und zu ihm umkehrt. In der Bibel finden wir keinen Hinweis darauf, dass Gott Menschen vergibt, wenn sie nicht ihre Sünden bekennen und zu ihm umkehren.

Häufig verlangen wir von unserem Ehepartner, einfach zu vergessen, was geschehen ist. Wir wollen nicht mehr darüber reden, und wir wollen uns auch nicht entschuldigen, sondern wir wollen die Dinge unter den Teppich kehren. Aber begangenes Unrecht verschwindet nicht einfach so. Gott hat für die Vergebung unter Menschen ein bestimmtes Muster vorgesehen. Nach diesem Muster ist es erforderlich, dass wir uns für begangenes Unrecht entschuldigen. Wenn wir das tun, übernehmen wir die Verantwortung für unser Verhalten und bringen unser Bedauern zum Ausdruck. Wir erkennen an, dass wir mit dem, was wir unserem Ehepartner angetan haben, eine Barriere zwischen uns errichtet haben, und wir wollen diese Barriere beseitigen. Wenn wir uns entschuldigen, schaffen wir die Voraussetzung für Vergebung.

*Himmlischer Vater, du versprichst uns, dass du denjenigen vergibst, die dir ihre Sünden bekennen und sich von ihnen abwenden. Bitte mach mich bereit, auch meinem Partner gegenüber mein Fehlverhalten zu bekennen, damit er mir von ganzem Herzen vergeben kann. Viel zu oft versuche ich, begangenes Unrecht unter den Teppich zu kehren, aber ich weiß, dass das nicht der Weg zu einer besseren Beziehung ist. Wirke an mir und verändere mich, mein Herr.*

# 10. September

## Sexualität als Geschenk Gottes

*Komm und küss mich, küss mich immer wieder!*
*Ich genieße deine Liebe mehr als den besten Wein.*
Hohelied 1,2

Viele Christen sind mit der Vorstellung aufgewachsen, dass Sex sündhaft und widergöttlich ist und gute Christen nicht über dieses Thema sprechen. Nichts ist weiter von der Wahrheit entfernt! Sex ist keine Erfindung von Leuten wie Oswalt Kolle, sondern Gott hat die Sexualität erfunden. Ich möchte Sie daran erinnern, was Gott am Ende der Schöpfung tat, nachdem er uns als Mann und Frau geschaffen hatte. „Dann betrachtete Gott alles, was er geschaffen hatte, und es war sehr gut!“ (1. Mose 1,31).

Wie die meisten seiner Geschöpfe hat Gott auch uns Menschen als sexuelle Wesen geschaffen. Aber Sinn und Zweck der menschlichen Sexualität gehen weit über das Ziel der Fortpflanzung hinaus. Die Bibel weist mit ihren Aussagen darauf hin, dass Mann und Frau beim Geschlechtsakt „ein Fleisch“ werden. Bei diesem Akt werden wir unlösbar miteinander verbunden. Hier geht es nicht bloß um das Verschmelzen von zwei Körpern, sondern es geschieht etwas auf der Gefühlsebene, der Ebene des Glaubens, auf geistiger und sozialer Ebene. Der ganze Mensch wird in dieses Geschehen mit einbezogen. Das ist die Art, wie Gott uns miteinander vereint – in einer tief gehenden, lebenslangen, innigen Beziehung.

Wenn wir uns bewusst machen, welches Geschenk uns Gott mit der Sexualität gemacht hat, schätzen wir auch die Richtlinien, die er uns dafür gegeben hat. Innerhalb der Ehe soll Sex eine enge, genussvolle Bindung zwischen beiden Partnern herstellen.

*Herr Jesus Christus, danke für die Sexualität als Geschenk und für die besondere Rolle, die sie in einer Ehe spielen kann. Bitte vergib mir, dass ich mich manchmal schäme, darüber zu reden oder sogar denke, Sex sei etwas Schlechtes. Hilf meinem Partner und mir, uns an unserer sexuellen Beziehung zu freuen, weil sie ein Geschenk von dir ist und uns als Ehepaar noch enger zusammenschweißen soll.*

# 11. September

## Die sexuellen Bedürfnisse des Partners erfüllen

*Der Mann soll seine Frau nicht vernachlässigen, und die Frau soll sich ihrem Mann nicht entziehen, denn weder die Frau noch der Mann dürfen eigenmächtig über ihren Körper verfügen; sie gehören einander. Keiner soll sich dem Ehepartner verweigern.*
1. Korinther 7,3-5

Haben Sie Freude daran, die sexuellen Bedürfnisse Ihres Ehepartners zu erfüllen? In 1. Korinther 7 werden Ehemänner und Ehefrauen dazu aufgefordert, einander nicht zu vernachlässigen. „Keiner soll sich dem Ehepartner verweigern", sagt uns die Bibel. Unser Körper soll für unseren Ehepartner ein Geschenk sein, und umgekehrt ebenfalls. So hat Gott es für uns geplant.

Warum ist es für uns oft problematisch, aneinander Freude zu haben? Vielleicht haben wir vergessen, was der wichtigste Bestandteil der Liebe ist. Liebe bedeutet, auf die Interessen des anderen zu achten. Hier stellt sich die Frage: Wie kann ich meinem Partner auch auf sexuellem Gebiet Freude bereiten? Liebe setzt nicht ihren eigenen Willen durch. Liebe ist nicht aggressiv oder reizbar, sondern Liebe will zuerst dem Gegenüber Freude bereiten.

Es ist traurig, dass „sich lieben" häufig nichts anderes mehr bedeutet als „miteinander schlafen". Sex ohne eine echte Liebesbeziehung ist tatsächlich nur ein flüchtiges, leeres Vergnügen. Gott hat jedoch einen anderen Plan. Sex soll ein Ausdruck unserer tiefen Liebe und der lebenslangen Bindung aneinander sein. Wenn das nicht der Fall ist, leben wir an Gottes gutem Plan mit uns vorbei.

*Herr, es ist wahr, dass Selbstsucht in unserem Sexualleben zu Problemen führen kann. Wenn ich nur an mich und mein eigenes Vergnügen denke, wird Sex zu einer bloßen körperlichen Übung. Doch du willst etwas anderes. Bitte leite mich, damit ich zuallererst an meinen Partner denke. Erneuere unsere Liebe und hilf uns, diese Liebe auch durch die Sexualität auszudrücken.*

12. September

# Zeit für Zweisamkeit

*Gott! Du bist mein Gott! Ich sehne mich nach dir, dich brauche ich!*
*Wie eine dürre Steppe nach Regen lechzt, so dürste ich, o Gott, nach dir.*
Psalm 63,2

Wie viel Zeit verbringen Sie täglich mit Ihrem Ehepartner? Die Wahrscheinlichkeit ist hoch, dass Sie häufiger voneinander getrennt als zusammen sind, wenn Sie die Zeiten des Schlafs nicht mitrechnen. Das ist jedoch eine ganz normale Sache. Einer von Ihnen oder Sie beide sind eventuell berufstätig, und in der Regel sind Ihre Arbeitsplätze an unterschiedlichen Orten.

Aber wenn Sie dann zusammen sind, wie viel Zeit verbringen Sie tatsächlich im Gespräch? Eine Stunde pro Tag? Wohl eher nicht. Die meisten Ehepaare reden täglich weniger als dreißig Minuten lang miteinander. Beim Großteil dieser Gespräche geht es um organisatorische Fragen, wie zum Beispiel: „Um wie viel Uhr soll ich unseren Jüngsten denn vom Fußballtraining abholen?" Aber wann drehen sich die Gespräche um Sie und Ihren Ehepartner, um Ihre Probleme, Sehnsüchte, Frustrationen und Freuden?

Warum machen Sie nicht den Anfang mit fünfzehn Minuten pro Tag? Nennen Sie diese Termine *Zeit zu zweit*, *Zeit zum Reden* oder *Zeit des Gedankenaustauschs*. Der Name, den Sie dieser Verabredung geben, ist eher zweitrangig. Wichtig ist jedoch, dass Sie beide sich jeden Tag bewusst Zeit zum Reden und Zuhören nehmen. Dabei tauschen Sie nicht nur Informationen aus, sondern Sie bringen zum Ausdruck, wie wichtig Ihnen der Ehepartner ist.

Als gläubige Menschen machen wir die Zeit, die wir mit Gott verbringen, zu unserer Priorität, aber nicht die Zeit mit unserem Ehepartner. Als König David den Psalm 63 verfasste, schilderte er auf anschauliche Art, wie sehr er sich danach sehnte, Zeit im Zwiegespräch mit Gott zu verbringen. Er verglich diese Begegnung mit einem erfrischenden Regen, der auf eine dürre Steppe fällt. Die Begegnung mit Gott schenkt uns neue Frische im Glauben, während die Zeit zu zweit mit unserem Ehepartner uns auf der Gefühls- und Beziehungsebene erfrischt. Wenn wir Zeit miteinander verbringen, senden wir eine starke, emotionale Botschaft aus, die lautet: „Du bist mir wichtig. Ich bin gern mit dir zusammen. Deshalb machen wir das morgen wieder."

*Himmlischer Vater, du weißt, wie sehr ich dich brauche, und wie sehr ich meinen Partner brauche. Unsere Zeit zu zweit erfrischt mich, schweißt uns enger zusammen und zeigt uns, wie wichtig wir füreinander sind. Bitte hilf uns, dass wir diese Zeit zu einer Priorität in unserer Ehe machen.*

## 13. September

# Zeit zu zweit, ein Ausdruck der Liebe

*Seid in herzlicher Liebe miteinander verbunden,*
*gegenseitige Achtung soll euer Zusammenleben bestimmen.*
Römer 12,10

Zweisamkeit gehört zu den fünf grundlegenden Sprachen der Liebe. Bei manchen Menschen ist es die Muttersprache der Liebe, und sie fühlen sich durch nichts anderes so richtig geliebt. Was ist eigentlich Zeit für Zweisamkeit? In dieser Zeit schenken Sie Ihrem Ehepartner Ihre volle Aufmerksamkeit. Sie befinden sich nicht nur im selben Raum, sondern Sie haben Blickkontakt, sind einfühlsam, während Sie reden und zuhören oder gemeinsam etwas unternehmen. Es ist nicht so wichtig, *was* Sie zusammen tun, denn der Schwerpunkt liegt auf dem Zusammensein, nicht auf der Aktivität.

Wann haben Sie das letzte Mal zusammen einen Kurzurlaub geplant? Wenn Ihnen das schon zu viel ist, sollten Sie mit einem gemeinsamen Abend außer Haus beginnen. Oder wie wäre es, wenn Sie es sich zwanzig Minuten lang auf dem Sofa bequem machen und miteinander reden würden? Am besten fragen Sie Ihren Partner einmal, was er am liebsten mit Ihnen zusammen unternehmen würde.

Wenn Zweisamkeit für Ihren Ehepartner die Muttersprache der Liebe ist und Sie selbst diese Sprache nicht sprechen, haben Sie bestimmt schon Klagen gehört, wie zum Beispiel: „Wir haben gar keine Zeit mehr füreinander. Früher sind wir immer spazieren gegangen, aber das machen wir schon seit zwei Jahren nicht mehr." Manchmal hören Sie vielleicht sogar einen Satz wie: „Ich glaube, du liebst mich nicht mehr." Warum gleich in die Defensive gehen, wenn Ihr Ehepartner sich beklagt? Warum machen Sie sich das Problem nicht bewusst und reagieren positiv? Denken Sie daran: Die Bibel fordert uns auf, einander aufrichtig zu lieben und den anderen zu achten. Deshalb sagen Sie stattdessen zu Ihrem Partner: „Schatz, du hast ja recht. Warum machen wir nicht heute Abend einen Spaziergang?"

*Himmlischer Vater, bitte hilf mir, die Liebessprache meines Partners zu erkennen. Zeig mir, wie ich ihm gegenüber meine Liebe zum Ausdruck bringen kann. Hilf mir, die Zeit der Zweisamkeit für uns beide zu einer Priorität zu machen.*

# 14. September

## Das leere Nest

*Genieße das Leben mit der Frau, die du liebst, solange du dein vergängliches Leben führst, das Gott dir auf dieser Welt gegeben hat.*
Prediger 9,9

Ehepaare im mittleren Alter stellen mir häufig die Frage: „Die Kinder sind aus dem Haus. Und was jetzt?" Wie gestalten wir unsere Beziehung, wenn die Kinder das Elternhaus verlassen? In der Übergangszeit bis hin zum „leeren Nest" wird deutlich, was Ihnen in den letzten zwanzig Jahren besonders wichtig war. Wenn Ihre Aufmerksamkeit einzig und allein Ihren Kindern gegolten hat, müssen Sie in Ihrer Ehe eventuell wieder bei null anfangen. Wenn Sie sich in der Zeit, als Sie Ihre Kinder großgezogen haben, jedoch auch aufeinander konzentriert haben, können Sie in den nächsten Jahren Ihrer Ehe zu neuen Höhen der gegenseitigen Zufriedenheit gelangen. Im Buch Prediger fordert König Salomo Ehepaare auf, in allen Lebensphasen das Zusammenleben zu genießen. Die Ehe ist ein Geschenk, und zwar in den ersten Jahren, bevor die Kinder kommen, in den oft hektischen Jahren der Kindererziehung, und auch in den Jahren, wenn die Kinder das Haus verlassen. Gerade diese Zeit kann für eine Ehe einen neuen Anfang bedeuten und verheißungsvoll sein.

Wie auch immer Ihre Situation aussehen mag, jetzt ist der richtige Zeitpunkt, um in Ihrer Ehe Bilanz zu ziehen und Schritte zu einem weiteren Wachstum hin zu unternehmen. Ich möchte Ihnen vorschlagen, dass Sie sich ein Wochenende Zeit nehmen und ein Eheseminar besuchen, um neue Impulse und Anregungen mitzunehmen. Sie sollten auch gemeinsam ein gutes Buch über die Ehe lesen, und zwar ein Kapitel pro Woche. Sprechen Sie über das Gelesene. Widmen Sie Ihrer Ehe Ihre volle Aufmerksamkeit. Lassen Sie sich nicht treiben, sondern gehen Sie zielbewusst vor.

• • • • • • • • • • • • • • • • • • • • • • • • • • •

*Himmlischer Vater, bitte hilf mir, diese neue Phase unserer Ehe als Abenteuer zu sehen und nicht als Verlust. Zeig uns, wie wir am besten aufeinander eingehen können, und stärke unsere Beziehung in dieser Übergangszeit zum „leeren Nest".*

# Kommunikation mit Gott

*Jesus antwortete: „Dies ist das wichtigste Gebot: ‚Hört, ihr Israeliten! Der Herr ist unser Gott, der Herr allein. Ihn sollt ihr von ganzem Herzen lieben, mit ganzer Hingabe, mit eurem ganzen Verstand und mit all eurer Kraft.' Ebenso wichtig ist das andere Gebot: ‚Liebe deinen Mitmenschen wie dich selbst!' Kein anderes Gebot ist wichtiger als diese beiden."*

Markus 12,29-31

Das Fundament einer jeden Beziehung ist das Gespräch, und zwar der echte Dialog. Ich äußere meine Gedanken, und Sie hören mir zu. Sie äußern Ihre Gedanken, und ich höre Ihnen zu. Das führt dazu, dass wir einander verstehen. Wenn wir dieses Gespräch eine Zeitlang weiterführen, lernen wir uns kennen. Warum also ist Kommunikation nur so schwierig? Warum hört man von 86 Prozent der Paare, die die Scheidung einreichen, diesen Satz: „Das größte Problem war, dass wir nicht mehr miteinander reden konnten."?

Ich möchte jetzt eine Behauptung aufstellen: Lange bevor wir aufhören, miteinander zu reden, hören wir auf, mit Gott zu reden. Wenn ich täglich mit Gott rede, beeinflusst er meine Gedanken und Gefühle meinem Ehepartner gegenüber. Gott hat klar und deutlich gesagt, dass er mich Jesus immer ähnlicher machen will (vgl. Römer 8,29). Wenn ich bei diesem Veränderungsprozess mitarbeite, läuft die Kommunikation mit meiner Frau ziemlich reibungslos. Bleibe ich mit Gott nicht im Gespräch, dann verschlechtert sich auch meine Einstellung meiner Frau gegenüber.

Ich finde, es ist kein Zufall, dass Jesus in Markus 12 die wichtigsten Gebote erwähnt, und zwar erstens, Gott von ganzem Herzen zu lieben, und zweitens, unsere Mitmenschen wie uns selbst zu lieben. Wenn wir Gott lieben und uns im Einklang mit seinem Willen befinden, stellt sich die Liebe zu unseren Mitmenschen von selbst ein.

Ich bin davon überzeugt, dass viele Kommunikationsprobleme in der Ehe verschwinden würden, wenn wir mehr Zeit damit verbrächten, mit Gott zu reden und ihm zuzuhören.

*Himmlischer Vater, bitte erinnere mich daran, dass es das Beste ist, was ich für meine Beziehung zu dir und meine Ehe tun kann, wenn ich Zeit mit dir verbringe. Gestalte mich um und mach mich deinem Sohn Jesus Christus immer ähnlicher, während ich dein Wort lese, bete und dir zuhöre. Ich weiß, dass sich das auch auf die Art auswirkt, wie ich meinen Ehepartner behandle.*

# Das Beste für uns

*Unsere leiblichen Väter haben uns eine bestimmte Zeit nach bestem Wissen und Gewissen erzogen. Gott aber weiß wirklich, was zu unserem Besten dient. Denn wir sind seine Kinder und sollen ganz zu ihm gehören.*
Hebräer 12,10

„Ich habe das getan, weil ich sie liebe." Mit dem Wort *Liebe* erklären wir oft, warum wir uns so und nicht anders verhalten. Die Worte unseres Vaters oder unserer Mutter sind uns vielleicht noch in Erinnerung, als sie zu uns sagten: „Ich erziehe dich, weil ich dich lieb habe." Der oben zitierte Vers aus dem Hebräerbrief macht uns deutlich, dass Gott an seinen Kindern genauso handelt. Sein höchstes Ziel mit uns besteht darin, uns in sein Bild umzuwandeln. Deshalb soll uns sein erzieherisches Handeln formen und prägen, damit wir dieses Ziel erreichen. Aber in einer Ehe gibt es kein Elternteil, sondern bloß zwei Partner. Wir sollen uns nicht gegenseitig erziehen, sondern uns lieben! Unser Ziel ist es, dass unser Ehepartner das ihm von Gott gegebene Potenzial voll ausschöpfen kann.

Hier stellt sich jedoch die Frage: Wie können wir wissen, dass wir aus Liebe handeln? Liebe will das Beste für den anderen, aber manchmal ist das für den Betroffenen schwer zu verstehen. Zum Beispiel bemüht sich die Frau eines Alkoholikers nach dem letzten Absturz ihres Mannes, alles wieder in den Griff zu bekommen. Sie nennt ein solches Verhalten Liebe, aber ein Psychologe würde es als Co-Abhängigkeit bezeichnen. Hat diese Frau ihrem Mann mit ihrem Verhalten wirklich geholfen? Vielleicht kurzfristig, aber langfristig hilft es ihm nicht, wenn sie seine Sucht weiter unterstützt.

Wir müssen lernen, auf wirksame Weise zu lieben, indem wir das tun, was dem Wohl unseres Ehepartners dient, und zwar im Hinblick auf seine Gefühle, seinen Glauben und sein körperliches Wohlbefinden. Manchmal bedeutet das auch, dass unsere Liebe mit konsequentem Verhalten gepaart sein muss. Wenn Sie sich gerade in einer solchen Situation befinden, bitten Sie Gott um Weisheit, damit Sie die richtigen Entscheidungen treffen können, um Ihrem Partner die Art von Liebe schenken zu können, die er gerade braucht.

*Himmlischer Vater, manchmal fällt es mir schwer zu erkennen, wie ich mit meinem Ehepartner liebevoll umgehen kann. Bitte hilf mir, das Ziel im Auge zu behalten, nämlich das Beste für meinen Partner zu wollen – im Hinblick auf seine Gefühle, seinen Glauben und seine körperliche Gesundheit. Danke, dass dein höchstes Ziel für uns darin besteht, uns dir ähnlicher zu machen.*

# 17. September

# Der Umgang mit einem problematischen Ehepartner

*Liebe ist immer bereit zu verzeihen, stets vertraut sie,*
*sie verliert nie die Hoffnung und hält durch bis zum Ende.*
1. Korinther 13,7

Eine Frau kam zu mir in die Eheberatung und berichtete mir Folgendes: „Mein Mann hat in den letzten sechs Jahren vier Mal die Arbeitsstelle gewechselt, weil ihm immer wieder gekündigt wurde. Er ist offenbar nicht bereit, sich eine sichere berufliche Existenz aufzubauen oder ein regelmäßiges Einkommen nach Hause zu bringen. Ich habe mir gedacht: Wenn er schon arbeitslos ist, kann er sich wenigstens ein paar Reparaturarbeiten im Haus vornehmen. Aber nein – er hat keine Zeit für so etwas, weil er unbedingt im Internet surfen oder mit seinen Freunden Baseball spielen muss. Wir wollen irgendwann mal Kinder haben, aber manchmal habe ich den Eindruck, dass ich bereits mit einem großen Kind zusammenlebe."

Welchen Rat würden Sie dieser Frau geben? „Trennen Sie sich doch von diesem Faulpelz." Aber dieser Rat berücksichtigt nicht die Lehre des Apostels Paulus im ersten Korintherbrief. Die Liebe gibt niemals auf, und sie verliert nie die Hoffnung. Bei Gott ist nichts unmöglich! Vor diesem biblischen Hintergrund habe ich der Frau einen zweifachen Rat gegeben: Zuerst zeigen Sie Ihrem Mann Liebe auf sanfte Art, und als Nächstes zeigen Sie ihm Liebe gepaart mit Grenzen und konsequentem Verhalten.

Von Natur aus neigen wir dazu, sofort Härte zu zeigen und dem anderen ein Ultimatum zu stellen. Aber wenn Sie einen neuen Weg einschlagen wollen, dann beginnen Sie immer mit der sanften Liebe. Ich schlage Ihnen vor, drei Monate lang mindestens einmal in der Woche die Liebessprache Ihres Ehepartners zu sprechen. Bemühen Sie sich darum, Ihrem Partner auf der Gefühlsebene zu begegnen. Wenn sich in dem vorgeschlagenen Zeitraum bei Ihrem Ehepartner nichts verändert, zeigen Sie Liebe gepaart mit konsequentem Verhalten und setzen ihm Grenzen. In dieser Phase wird Ihrem Partner die sanfte Liebe fehlen. Er wird merken, dass ihm etwas Wertvolles verloren geht. Ob sanft oder mit Härte gepaart, Liebe ist immer der beste Weg.

*Himmlischer Vater, die Ehe kann zu einer Belastung werden, wenn ein Ehepartner keine Verantwortung übernehmen will. Bitte erinnere mich immer wieder daran, dass bei dir nichts unmöglich ist. Zeig mir, wie ich meinem Ehepartner gegenüber meine Liebe zum Ausdruck bringen kann. Und wenn die sanfte Liebe keine Wirkung zeigt, gib mir die nötige Weisheit, Liebe mit Härte zu verbinden, damit ich für meinen Ehepartner und unsere Beziehung das Beste tue. Nur du hast die Weisheit, die ich brauche, Herr.*

## 18. September

# Wenn Worte zu Waffen werden

*Du prüfst mich, aber du findest nichts,*
*nicht einmal zu bösen Worten habe ich mich hinreißen lassen!*
Psalm 17,3

Sind Sie mit einem Partner verheiratet, der dazu neigt, Sie mit Worten zu verletzen? Ein Mann sagte einmal zu mir: „Meine Frau hat mich als ‚armseligen Abklatsch von Ehemann' bezeichnet und gemeint, sie wäre besser dran, wenn sie mich nicht geheiratet hätte – und das alles, weil ich vergessen habe, die Mülltonne rechtzeitig rauszubringen, bevor die Müllabfuhr gekommen ist. So geht das schon, seit wir verheiratet sind. Ich weiß nicht mehr, was ich noch machen soll."

Zunächst einmal sollten Sie die Ursachen eines solchen Verhaltens zu verstehen versuchen. Die meisten Menschen, die andere mit Worten verletzen, haben so gut wie kein Selbstwertgefühl. In der Regel sind sie selbst mit Worten verletzt worden. Wenn Sie Ihrem Partner helfen wollen, müssen Sie seine innere Not und sein Bedürfnis nach Anerkennung bestätigen, aber sein *Verhalten* zurückweisen. Sie sollten verletzende Worte niemals als etwas Normales hinnehmen, aber Sie sollten sich auch nicht auf die gleiche Art zur Wehr setzen. Sorgen Sie stattdessen dafür, dass Sie mit *Ihren* Worten immer Gott die Ehre geben. Machen Sie es wie der Psalmist und lassen Sie sich nicht zu bösen Worten hinreißen. Am besten reagieren Sie so: „Ich weiß, dass du sehr frustriert sein musst, wenn du so etwas zu mir sagst. Ich möchte dir helfen, aber ich fühle mich durch deine Worte verletzt. Vielleicht können wir darüber reden, sobald wir beide uns beruhigt haben."

Auch wenn Sie Ihrem Partner zugestehen, dass sein Bedürfnis nach einem guten Selbstwertgefühl, nach Liebe und Akzeptanz gesund ist, sollten Sie ehrlich bleiben und Ihre eigenen verletzten Gefühle nicht unter den Teppich kehren. Suchen Sie nach einer Lösung und streben Sie keinen Sieg an.

• • • • • • • • • • • • • • • • • • • • • • • • •

*Himmlischer Vater, du weißt, dass wir alle die Fähigkeit haben, uns schreckliche Dinge an den Kopf zu werfen. Bitte vergib mir, wenn ich das getan habe. Zeig mir, wie ich reagieren soll, wenn mein Partner mich mit Worten verletzt. Hilf mir, dass ich mich nicht zu bösen Worten hinreißen lasse.*

# 19. September

## Intimität in der Bibel

*Sie pflückte eine Frucht, biss hinein und reichte sie ihrem Mann, und auch er aß davon. Plötzlich gingen beiden die Augen auf, und ihnen wurde bewusst, dass sie nackt waren. Hastig flochten sie Feigenblätter zusammen und machten sich einen Lendenschurz.*
1. Mose 3,6-7

Wie sieht das biblische Bild von Intimität in der Ehe aus? Einen Hinweis finden wir in 1. Mose 2,25: „Der Mann und die Frau waren nackt, sie schämten sich aber nicht." Hier haben wir ein anschauliches Bild der engen Beziehung zwischen Eheleuten. Wir sehen zwei eigenständige Personen mit gleichem Wert, vollkommen transparent und ohne Angst, sich dem anderen zu erkennen zu geben. Diese Offenheit und gegenseitige Akzeptanz, dieses Vertrauen und diese Freude aneinander meinen wir, wenn wir den Begriff *Intimität* verwenden.

Aber dieses Idyll existierte, bevor die Sünde auf der Bildfläche erschien. Es ist interessant: Nachdem Adam und Eva die verbotene Frucht gegessen hatten, empfanden sie Scham wegen ihrer Nacktheit, und deshalb bedeckten sie sich. Anders ausgedrückt war Kleidung eine Folge der Sünde. Etwas Trennendes stand plötzlich zwischen Adam und Eva. Sie waren nicht mehr offen füreinander und nicht mehr bereit, sich zu erkennen zu geben. Jetzt stellte sich die Intimität nicht mehr von selbst ein, sondern musste hart erarbeitet werden.

Das Gleiche trifft auch auf uns zu. Weil wir gefallene Geschöpfe sind, haben wir manchmal Angst, uns zu erkennen zu geben. Warum? Weil sich mit der Intimität auch Verurteilung und Ablehnung einstellen können. Um diese Angst zu überwinden, müssen wir zu unserem Ehepartner eine Vertrauensbeziehung aufbauen.

*Großer Gott, unsere Probleme mit dem intimen, vertrauten Umgang miteinander haben ihren Ursprung bei Adam und Eva, bei der ersten Sünde. Ich bekenne dir, dass ich Angst habe, mich einem anderen Menschen, ja sogar meinem Ehepartner gegenüber zu erkennen zu geben. Bitte hilf uns, dass wir als Ehepaar diese Ängste überwinden und wirklich eins werden können.*

# 20. September

## Die Trennung überwinden

*Da fragte Petrus: „Herr, wie oft muss ich meinem Bruder vergeben, wenn er mir Unrecht tut? Ist siebenmal denn nicht genug?" „Nein", antwortete Jesus. „Nicht nur siebenmal, sondern siebzig mal siebenmal."*
Matthäus 18,21-22

Gibt es in unserer modernen Erfahrungswelt etwas, das der Freude und Begeisterung entspricht, die Adam und Eva vor dem Sündenfall empfunden haben? Ich glaube, dass es diese Erfahrung gibt, und zwar bezeichnen wir sie im Allgemeinen als „sich verlieben". Dieses emotionale Erlebnis ist so voller Spontaneität wie jener Moment, als Adam seine Gefährtin Eva zum ersten Mal sah. Das Verlieben hat die gleichen Elemente wie diese erste Begegnung, und zwar:

- das Gefühl des Erstaunens
- das Gefühl, dass wir zusammengehören und füreinander bestimmt sind
- die tiefe Sehnsucht nach einem Gleichklang mit unserem Gegenüber
- der Eindruck, dass Gott unsere Begegnung arrangiert hat
- die Bereitschaft, offen zu sein, unsere tiefsten Geheimnisse miteinander zu teilen
- die Bereitschaft zur totalen Hingabe.

Was geschieht nach der Hochzeit mit all diesen Gefühlen? Das Gleiche, was mit Adam und Eva passiert ist. Wir sündigen, und die Sünde trennt uns voneinander. Gegenseitiges Misstrauen schleicht sich ein, und schließlich gehen wir auf Distanz, um uns selbst zu schützen. Wie kommen wir aus dieser verfahrenen Situation wieder heraus? Wir müssen unsere Sünde bekennen, bereuen und einander vergeben.

Bekennen bedeutet: Ich gebe zu, dass das, was ich getan oder gesagt habe, falsch war. Bereuen bedeutet: Ich bin bereit, mich von dieser Sünde abzuwenden und eine neue Richtung einzuschlagen. Und Vergeben bedeutet: Ich bin bereit, das Bekenntnis und die Umkehr des anderen anzunehmen und ihn wieder in mein Leben zu lassen.

Jesus sagte zu Petrus, dass wir bereit sein müssen, einem Menschen, der aufrichtig bereut, immer und immer wieder zu vergeben, weil das auch der Weg ist, den Gott mit uns geht. Das ist nicht immer leicht, aber Sie können echte Hingabe in Ihrer Ehe erleben, wenn Sie bereit sind, an sich zu arbeiten.

*Himmlischer Vater, ich danke dir, dass du uns immer wieder vergibst, auch wenn wir mehrmals den gleichen Fehler machen. Bitte schenke mir diese Einstellung auch meinem Ehepartner gegenüber. Ich bitte dich darum, dass wir in unserer Ehe immer größere Vertrautheit erleben können und lernen, unsere Sünden zu bekennen, zu bereuen und einander zu vergeben.*

# 21. September

## Ein großes Vorbild

*Es gibt keine größere Freude für mich, als zu hören, dass meine Kinder der Wahrheit gemäß leben.*
3. Johannes 4

Für ein christliches Ehepaar ist es die größte Freude, wenn unsere Kinder im Glauben denselben Weg gehen wie wir. Dieses Gefühl findet sich auch im letzten Brief des Apostels Johannes. Er betrachtete die Christen als seine „Kinder“, weil er für sie eine Vaterfigur gewesen ist, als sie im Glauben wuchsen. Die Tatsache, dass sie treu ihren Weg gingen, machte ihm große Freude. Umgekehrt bereitet es uns großen Kummer, wenn unsere Kinder sich von Gott abwenden.

Den größten Einfluss auf die religiöse Entwicklung unserer Kinder haben wir in den ersten achtzehn Jahren ihres Lebens. Kinder hören auf das, was wir sagen, und sie sehen ganz genau, was wir tun. Je mehr wir das ausleben, was wir predigen, desto mehr Respekt haben unsere Kinder vor unserem Glauben. Je größer der Abstand zwischen unserem Reden und unserem Leben ist, desto geringer ist die Wahrscheinlichkeit, dass unsere Kinder unserem Beispiel folgen werden.

Wie ist es jedoch, wenn unsere Kinder bereits erwachsen sind und wir ihnen nicht unseren Glauben vorgelebt haben, als sie noch kleiner waren? Es ist nie zu spät, zu bekennen: „Ich weiß, dass mein Leben nicht zu meinem Glauben gepasst hat, als du noch bei uns zu Hause warst. Am liebsten würde ich die Uhr zurückdrehen und noch einmal von vorne anfangen. Natürlich ist das unmöglich, aber du sollst wissen, wie leid es mir tut, dass ich kein gutes Vorbild für dich war.“ Diese Worte, gepaart mit einem veränderten Leben, öffnen die Tür zu weiterem Einfluss auf Ihr erwachsenes Kind. Niemand von uns ist vollkommen. Aber wenn wir die Fehler, die wir in der Vergangenheit gemacht haben, in Ordnung bringen, ist das der erste Schritt zu einer Erneuerung in unseren zwischenmenschlichen Beziehungen.

*Himmlischer Vater, du weißt, wie sehr ich mich danach sehne, dass meine Kinder den Weg mit dir gehen. Ich bitte dich um Vergebung, wenn ich für sie nicht immer ein gutes Vorbild gewesen bin. Bitte hilf meinem Ehepartner und mir, offen und ehrlich zu unseren Fehlern zu stehen. Hilf auch, dass diese Fehler für unsere Kinder nicht zu Hindernissen auf ihrem Glaubensweg werden.*

## 22. September

# Fürbitte für Ihren Ehepartner

*Seitdem haben wir nicht aufgehört, für euch zu beten und Gott darum zu bitten, dass ihr seinen Willen erkennt und sein Geist euch mit Weisheit und Einsicht erfüllt.*
Kolosser 1,9

Die Fürbitte für Ihren Ehepartner ist vielleicht der bedeutendste Dienst für Gott, den Sie leisten können. Was könnte noch wichtiger sein als das Gebet? Die Bibel zeigt uns durch Worte und Beispiele, dass Gebet eine große Macht hat. In Jakobus 5,16 lesen wir: „Denn das Gebet eines Menschen, der nach Gottes Willen lebt, hat große Kraft." Denken Sie nur an all die erstaunlichen Beispiele in der Bibel. Abraham hat Gott inständig gebeten, Sodom zu verschonen. Mose trat vor Gott für Israel ein, nachdem das Volk das goldene Kalb angefertigt hatte. Daniel fastete und betete. Dann bekannte er voller Demut seine eigenen Sünden und die Sünden Israels. Paulus betete, dass die Christen in Kolossä mit der Einsicht in den Willen Gottes erfüllt werden sollten. Nachdem Petrus seinen Herrn verleugnet hatte, betete Jesus für den Glauben seines Jüngers.

Wie beten Sie für Ihren Ehepartner? Vielleicht können Sie den Text in Kolosser 1,9-14 als Starthilfe verwenden. Wenn Sie für Ihren Partner beten und dabei dem Gebet des Apostels Paulus für die Christen in Kolossä folgen, nämlich dass ihr Glaube gestärkt wird und Gott sie mit Durchhaltevermögen und Geduld ausstattet, erweisen Sie Ihrem Ehepartner einen großen Dienst. Vielleicht merken Sie auch, wie sich Ihre Haltung gegenüber Ihrem Partner zum Positiven verändert.

Fürbitte ist ein Dienst für den Menschen, den Sie im Gebet Gott anbefehlen. Durch das Gebet kommt Gottes Willen auf Erden zur Durchführung. So wie Gott uns die Erlaubnis zum Predigen und Lehren gibt, erlaubt er uns auch zu beten. Auf diese Weise macht er uns zu Mitwirkenden in seinem Reich. Beten Sie heute für Ihren Ehepartner und beobachten Sie, welche Auswirkungen dieses Gebet auf Ihre Ehe hat.

*Großer Gott, danke für das Vorrecht, dass wir dir unsere Anliegen bringen können. Danke auch, dass Paulus uns mit seinem Gebet gezeigt hat, dass Beten weit über die alltäglichen Details unseres Lebens hinausgeht und die Dinge berücksichtigt, die wirklich zählen – so wie die Beziehung meines Ehepartners zu dir. Hilf mir, beharrlich zu sein, wenn ich für meinen Ehepartner bete.*

# 23. September

## Das gemeinsame Gebet

*„Denn wo zwei oder drei in meinem Namen zusammenkommen, bin ich in ihrer Mitte."*
Matthäus 18,20

Vielen Ehepaaren fällt es schwer, miteinander zu beten. Warum? Ein Grund für dieses Problem könnte sein, dass sie sich nicht mit Liebe und Respekt begegnen und dieses Verhalten eine Barriere zwischen ihnen bildet. Die Lösung heißt Bekennen und Bereuen. In 1. Johannes 1,9 lesen wir: „Wenn wir aber unsere Sünden bekennen, dann erfüllt Gott seine Zusage treu und gerecht: Er wird unsere Sünden vergeben und uns von allem Bösen reinigen." Es ist eine Sünde, wenn Sie Ihren Partner nicht lieben, und es ist auch eine Sünde, wenn Sie ihm oder ihr nicht mit Freundlichkeit und Respekt begegnen. Eine solche Sünde muss bekannt und vergeben werden. Erst dann sind Sie bereit zum gemeinsamen Gebet.

Ein zweiter Grund, warum Ehepaare nicht miteinander beten können, ist vielleicht darin begründet, dass einer oder beide von ihnen das gemeinsame Gebet nie gelernt haben. Für viele Leute ist Gebet eine Privatsache. Obwohl Sie natürlich im stillen Kämmerlein *für* Ihren Ehepartner beten können, sollten Sie auch gemeinsam *mit* Ihrem Ehepartner beten. Schließlich sagte Jesus seinen Jüngern, dass er mitten unter ihnen sein würde, auch wenn nur zwei oder drei von ihnen zusammenkommen. Das ist eine gewaltige Aussage, und es ist eine großartige Bestätigung für das gemeinsame Gebet von Ehepaaren.

Ein leichter Einstieg ist ein stilles Gebet, ungefähr so: Sie halten sich an den Händen, schließen die Augen und dann beten Sie in Gedanken. Wenn Sie mit Ihrem stillen Gebet fertig sind, sagen Sie „Amen", und dann warten Sie, bis Ihr Ehepartner ebenfalls „Amen" sagt. Ein stilles Gebet, während Sie sich an den Händen halten, ist eine Möglichkeit, gemeinsam zu beten. Sie werden merken, dass diese Art des Gebets Ihrer Ehe guttun wird.

*Himmlischer Vater, danke für dein Versprechen, dass du da sein willst, wenn wir gemeinsam beten. Manchmal fällt uns das schwer, aber bitte hilf uns, am gemeinsamen Gebet festzuhalten. Ich weiß, wie wichtig es für unseren Glauben und auch für unsere Beziehung ist.*

# 24. September

## Im Gespräch mit Gott

*Lasst euch durch nichts vom Gebet abbringen, und vergesst dabei nicht, Gott zu danken.*
Kolosser 4,2

Die Bibel macht es uns klar, dass Gebet wichtig ist. In Kolosser 4 ermutigt der Apostel Paulus die Gemeinde, ausdauernd im Gebet zu sein. In einem anderen Brief fordert er die Gläubigen auf, niemals mit dem Beten aufzuhören (vgl. 1. Thessalonicher 5,17). Wir betrachten das Gebet oft als selbstverständlich, aber es ist in Wirklichkeit eine erstaunliche Sache. Wir können uns mit dem Schöpfer des Universums unterhalten! Warum sollten wir das nicht gemeinsam mit unserem Ehepartner tun, und zwar regelmäßig?

Gestern habe ich erwähnt, wie Sie zusammen mit Ihrem Ehepartner ein stilles Gebet sprechen können. Das ist eine Starthilfe für den Beginn. Heute möchte ich Sie ermutigen, es mit dem *Gebet als Gespräch* zu versuchen. Bei dieser Methode sprechen Sie beide abwechselnd mit Gott. Jeder von Ihnen kann einmal oder mehrmals ein Gebet zum selben Thema sprechen. Dann wechselt einer von Ihnen das Thema, und Sie beten wieder abwechselnd für dieses neue Anliegen. Auf diese Art sprechen Sie mit Gott, als ob Sie sich mit einem Freund unterhalten würden.

Der Mann könnte zum Beispiel beten: „Himmlischer Vater, danke, dass du mich heute nach der Arbeit auf dem Heimweg beschützt hast." Die Frau könnte hinzufügen: „Ja, himmlischer Vater, ich weiß, dass jeden Tag so viele Unfälle passieren, und manchmal ist es für mich selbstverständlich, dass du uns beschützt. Ich möchte dir auch dafür danken, dass du heute unsere Kinder beschützt hast." Der Mann betet: „Ja, danke, und ich möchte dich ganz besonders darum bitten, dass du unsere Kinder vor Menschen beschützt, die sie vom Glauben abbringen wollen." Die Frau betet: „Himmlischer Vater, bitte schenke uns Weisheit, damit wir unseren Kindern beibringen, wie sie dich kennen- und lieben lernen." So oder ähnlich geht das Gespräch mit Gott weiter. Es ist spannend, auf diese Weise zusammen mit Ihrem Ehepartner zu beten. Sie werden dadurch nicht nur unserem himmlischen Vater näherkommen, sondern auch näher zueinander finden, weil Sie hören, welche Sorgen und Nöte Ihr Ehepartner hat, und Ihre Anliegen gemeinsam vor Gott bringen.

*Himmlischer Vater, es ist erstaunlich, dass ich jederzeit mit dir sprechen kann, und dass du mich hörst. Was für ein unglaubliches Geschenk ist das! Bitte hilf uns, dieses Geschenk auch als Ehepaar zu nutzen. Ich weiß, dass das gemeinsame Gebet uns hilft, in unserer Liebe zu dir und zueinander zu wachsen. Schenke uns Mut für den Anfang und Disziplin zum Weitermachen.*

# 25. September

## … aber bitte mit Respekt!

*Achtet alle Menschen, und liebt eure Brüder und Schwestern!*
1. Petrus 2,17

Wenn Sie frisch verheiratet sind, entdecken Sie an Ihrem Partner vielleicht Dinge, von denen Sie nicht so begeistert sind. Er schnarcht wie ein Holzfäller. Sie drückt die Zahnpastatube in der Mitte aus. Für ihn ist der Inbegriff eines romantischen Abends ein Besuch bei Burger King und die Teilnahme an einem Laserspiel. Wenn im Radio aktuelle Lieder gespielt werden, singt sie jedes Mal mit, aber leider völlig falsch. Er macht seine Pediküre vor dem Fernseher und lässt die Überreste auf dem Couchtisch liegen. Sie serviert mindestens zwei Mal in der Woche ein Fertiggericht.

Bei solchen und ähnlichen Ärgernissen sollte man vor allem darauf achten, sie nicht überzubewerten. Machen Sie nicht aus jeder Mücke einen Elefanten. Denken Sie daran, dass es dabei nicht um existentielle Probleme geht. Wenn Sie Lösungen finden können, ist das zwar gut, aber wenn nicht, können Sie mit solchen Dingen leben.

Ich möchte Ihnen jetzt einen Plan vorstellen, wie Sie Ihren Ehepartner um Veränderung bitten können. Erwähnen Sie drei Dinge, die Sie an Ihrem Partner mögen, und dann äußern Sie eine Bitte. Ein Beispiel: „Kannst du bitte die Haare aus dem Waschbecken entfernen, bevor du morgens das Bad verlässt?" Weil dieser Bitte ein Lob vorangegangen ist, ist Ihr Partner eher bereit, sein Verhalten zu ändern.

Bitte beachten Sie die folgende Faustregel: Äußern Sie Bitten um Veränderung nicht häufiger als zweimal im Monat. Vielleicht können Sie sich darauf einigen, dass in dieser Woche Ihr Ehepartner mit einer solchen Bitte dran ist, und in der nächsten Woche dürfen Sie dann einen Wunsch äußern. Entscheidend bei diesen Bitten ist der gegenseitige Respekt. Der Apostel Petrus fordert uns auf, anderen mit Liebe und Respekt zu begegnen, und das trifft natürlich auch auf Ihren Ehepartner zu. Wenn Sie höflich, liebevoll und respektvoll mit Ihrem Partner umgehen, werden Sie erleben, wie Veränderungen stattfinden.

*Himmlischer Vater, ich gehe immer davon aus, dass ich alles richtig mache, und deshalb neige ich dazu, Schwachstellen meines Ehepartners zu hoch zu bewerten. Bitte hilf mir, solche Dinge aus dem richtigen Blickwinkel heraus zu betrachten. Hilf mir, meinem Ehepartner mit Liebe und Respekt zu begegnen, wenn wir diese Kleinigkeiten ansprechen. Mach mich bereit, zuzuhören und mich selbst auch zu ändern.*

# 26. September

## Nach der Hochzeit

*Werdet nicht müde, Gutes zu tun. Es wird eine Zeit kommen, in der ihr eine reiche Ernte einbringt. Gebt nur nicht vorher auf!*
Galater 6,9

Für viele Paare ist die Hochzeit die Ziellinie ihrer Beziehung. Sie arbeiten hart, um dieses Ziel zu erreichen, und danach lehnen sie sich zurück und warten bis zum Happy End, nach dem Motto: „Sie lebten glücklich und zufrieden bis an ihr Lebensende."

Aber so einfach funktioniert eine Ehe nicht. Wenn Abwarten und Nichtstun Ihre Strategie ist, um die Liebe in Ihrer Beziehung am Leben zu erhalten, ist der Ärger vorprogrammiert. Dann geht es Ihnen so ähnlich wie einem Christen, für den die Errettung der letzte Schritt auf seinem Glaubensweg ist. Sobald er diesen Schritt gemacht hat, meint er, er könne sich bis zum Ende seines Lebens treiben lassen. Aber eine solche Sichtweise lässt sich wohl kaum aus der Bibel herleiten. In dem oben angegebenen Vers fordert uns der Apostel Paulus auf, nicht müde zu werden, das zu tun, was gut und richtig ist. Wir müssen an unserer Beziehung zu Gott arbeiten, und das Gleiche gilt auch für unsere Beziehung zu unserem Ehepartner. Denken Sie daran: Die Hochzeit ist der erste Schritt, nicht der letzte. Wenn unsere Ehe auf lange Sicht erfolgreich sein soll, müssen Sie nach der Hochzeit die gleiche Zeit, Kraft und Energie investieren wie in der Zeit, als Sie befreundet oder verlobt waren.

Was haben Sie denn getan, als Sie befreundet oder verlobt waren? Haben Sie sich Geschenke gemacht? Haben Sie sich bei Verabredungen bemüht, pünktlich zu sein? Sind Sie zum Essen in ein schönes Restaurant gegangen? War Ihr Umgangston freundlich? Haben Sie ab und zu die Hand zu einer zärtlichen Berührung ausgestreckt? Haben Sie Ihrer Partnerin die Autotür aufgehalten? Haben Sie ab und zu ihr Auto in die Waschanlage gefahren? Vielleicht ist jetzt der richtige Zeitpunkt, Ihren Partner zu fragen: „Wenn du an die Zeit vor unserer Hochzeit zurückdenkst, was hat dir da am besten gefallen? Es gab da so manches, was ich damals für dich getan habe. Was von diesen Dingen kann ich jetzt für dich tun?" Machen Sie seine Antwort zur Richtschnur für eine erfolgreiche Ehe.

*Herr Jesus Christus, ich weiß, dass ich mich im Glauben nicht treiben lassen darf. Aber allzu oft tue ich das in der Beziehung zu meinem Ehepartner. Ich lasse alles einfach laufen und erwarte, dass unsere Liebe trotzdem am Leben bleibt. Bitte hilf mir, gut mit meinem Ehepartner umzugehen und genügend Energie in unsere Beziehung zu investieren, damit sie weiter wachsen kann.*

## 27. September

# Ein Ansporn zum Guten

*Lasst uns aufeinander achten! Wir wollen uns zu gegenseitiger Liebe ermutigen und einander anspornen, Gutes zu tun.*
Hebräer 10,24

In der Ehe haben wir die einmalige Gelegenheit, uns gegenseitig anzuspornen, wenn wir Gott und unseren Mitmenschen dienen wollen. Weil Jesus Christus unser Herr ist, beziehen wir unsere Zufriedenheit und unser Selbstwertgefühl aus dem Bewusstsein, dass wir in seinem Reich eine Rolle spielen dürfen.

Wenn Ihre Frau bei Gottesdiensten Klavier spielt oder einem Kind aus einer sozial schwachen Familie Nachhilfeunterricht gibt, sollten Sie ihr größter Fan sein. Wenn Ihr Mann einen Bibelkreis leitet oder als ehrenamtlicher Helfer in einer Obdachlosenunterkunft mitarbeitet, sollten Sie nicht mit Lob und Anerkennung sparen. Halten Sie Ausschau nach Möglichkeiten, wie Ihr Partner seine Fähigkeiten einsetzen kann, um Gutes zu tun, und dann machen Sie ihm Mut. Die Bibel fordert uns dazu auf, „einander anzuspornen", unsere Liebe in die Tat umzusetzen und anderen Menschen Gutes zu tun.

Also spornen Sie Ihren Ehepartner an. Dann lehnen Sie sich zurück und warten ab, was Gott tun wird!

*Herr Jesus Christus, danke für die Gaben und Fähigkeiten, die du meinem Ehepartner geschenkt hast. Bitte hilf uns, dass wir einander anspornen, unsere Fähigkeiten zu deiner Ehre einzusetzen. Ich weiß, dass das gut für uns und unsere Ehe ist, aber vor allem dient es dir und deinem Reich.*

# 28. September

## *Liebe nur für Liebenswerte?*

*Und diese Hoffnung geht nicht ins Leere. Denn uns ist der Heilige Geist geschenkt, und durch ihn hat Gott unsere Herzen mit seiner Liebe erfüllt.*
Römer 5,5

Wie können wir einen Ehepartner lieben, der nicht liebenswert ist? In den drei Jahrzehnten meiner Tätigkeit als Eheberater sind mir viele Menschen begegnet, die in äußerst problematischen Ehen leben. Bei Eheproblemen ist Egoismus stets die Wurzel des Übels, und Liebe das Heilmittel. Liebe und Egoismus sind unüberbrückbare Gegensätze. Von Natur aus sind wir alle Egoisten, aber wenn wir zum Glauben an Jesus Christus finden, bringt der Heilige Geist die Liebe Gottes in unsere Herzen, wie es auch der Text in Römer 5 erwähnt. In Galater 5 werden die Charakterzüge aufgeführt, die der Heilige Geist in uns hervorbringt, wenn wir dazu bereit sind. Einer dieser Charakterzüge ist die Liebe. Jetzt können wir zu Werkzeugen Gottes werden, indem wir seine Liebe ausdrücken. Das Beste, was unserem Ehepartner passieren kann, geschieht dann, wenn uns diese göttliche Liebe durchdringt und wir sie weitergeben.

Ich möchte Ihnen jetzt eine „Hausaufgabe" vorstellen, die ich im Laufe der Jahre vielen Menschen gegeben habe. Machen Sie sechs Monate lang das Experiment, Ihrem Ehepartner bedingungslose Liebe zu schenken. Entdecken Sie die Liebessprache Ihres Partners und sprechen Sie diese Sprache ein halbes Jahr lang mindestens einmal pro Woche. Dabei spielt es keine Rolle, wie Ihr Ehepartner darauf reagiert. Ich habe erlebt, wie hartherzige, mürrische, grausame Menschen buchstäblich dahinschmelzen, und zwar lange vor dem Ende der sechs Monate. Wenn Sie zulassen, dass Gott seine Liebe durch Sie hindurch fließen lässt, können Sie zu einem Werkzeug der Heilung werden – für Ihren Ehepartner und für Ihre Ehe.

*Himmlischer Vater, danke, dass du mein Herz mit deiner Liebe erfüllst. Auch wenn ich über meine Ehe frustriert bin, möchte ich meinem Partner in den nächsten sechs Monaten bedingungslose Liebe schenken und seine Liebessprache sprechen. Bitte gib mir die Entschlossenheit, das zu tun. Ich weiß, dass du meine Ehe von Grund auf umwandeln kannst.*

## 29. September

# Entscheidungen im Team

*Ein kluger Mensch möchte sein Wissen vergrößern,*
*darum läuft er mit offenen Augen und Ohren durch die Welt.*
Sprüche 18,15

Wenn das Treffen von Entscheidungen in der Ehe eine Teamleistung ist, und das sollte es sein, wie werden wir uns dann einig? Jeder von uns ist eine Persönlichkeit mit individuellen Gedanken und Gefühlen zu jedem Thema. Diese Gedanken und Gefühle stimmen nicht immer mit denen unseres Ehepartners überein. Wenn wir uns einig sein wollen, müssen wir bereit sein, zuzuhören, zu verstehen und einen Kompromiss zu schließen.

Erstens: *Hören Sie zu*, damit Sie erfahren, was Ihr Ehepartner denkt. In Sprüche 18,15 heißt es, dass ein kluger Mensch sein Wissen vergrößern möchte. Dazu gehört die Bereitschaft zum Zuhören und zur Einsicht. Wenn Sie versuchen, die Welt mit den Augen Ihres Partners zu sehen, können Sie seine Gedanken und Gefühle besser *verstehen*. Ist das der Fall, können Sie *einen Kompromiss schließen*. Das Wort Kompromiss ist nicht unbedingt ein negativer Begriff. Es ist eine Übereinkunft, die durch gegenseitige Zugeständnisse erreicht wird. Jeder von uns legt seine eigene Sichtweise dar, und dann suchen wir nach Punkten, in denen wir uns einig sein können. Dabei muss jede Seite bereit sein, etwas zu geben und sich zu verändern.

Die Triebkraft jeder gemeinsamen Entscheidung ist die Liebe. Uns sollte wichtig sein, was für unser Gegenüber von Vorteil ist. Die Liebe sagt: „Ich möchte für dich das Beste. Deshalb bin ich bereit, meine Pläne zu ändern, damit deine Bedürfnisse erfüllt werden.“ In Kolosser 1,8 schreibt der Apostel Paulus von der Liebe, die der Heilige Geist in uns wecken kann. Ohne diesen Geist der Liebe ist keine echte Einigung möglich.

*Herr Jesus Christus, du weißt, dass es meinem Ehepartner und mir manchmal schwer fällt, Entscheidungen zu treffen. Bitte erinnere mich daran, dass es nicht darum geht, wer gewinnt oder seinen Willen durchsetzt, sondern darum, eine Entscheidung zu treffen, die für uns beide durchführbar ist. Mach mich bereit, unserer Ehe zuliebe zuzuhören, zu verstehen und Kompromisse zu schließen.*

30. September

# Wege zum Kompromiss

*Wer Gutes sagt und tut, dem wird es gut ergehen. Denn der Mensch bekommt, was er verdient. Ein Dummkopf weiß immer alles besser, ein Kluger nimmt auch Ratschläge an.*
Sprüche 12,14-15

Bei Entscheidungen sind sich Ehepartner häufig uneinig. Wenn wir nicht lernen, wie wir zusammenkommen können, verbringen wir vielleicht unser ganzes Leben im Streit. In der gestrigen Andacht habe ich erwähnt, dass es erforderlich ist, zuzuhören, zu verstehen und einen Kompromiss zu schließen, wenn wir uns einig werden wollen. Mit einem Kompromiss drücken wir unsere Bereitschaft aus, flexibel zu bleiben und uns aufeinander zu zu bewegen. Diese Bereitschaft ist das Gegenteil von Unbeweglichkeit. In Sprüche 12 sagt König Salomo es klar und deutlich: „Ein Dummkopf weiß immer alles besser, ein Kluger nimmt auch Ratschläge an." Wenn wir Respekt vor unserem Ehepartner haben, sollten wir auch seine Sichtweise berücksichtigen. Es ist weder ein Zeichen von Liebe noch von Klugheit, wenn wir auf unserer eigenen Meinung beharren.

Bei Meinungsverschiedenheiten gibt es drei Wege zu einer Lösung. Den einen Weg nenne ich „Ich treffe dich auf deiner Seite". In diesem Fall könnten Sie sagen: „Jetzt weiß ich, wie wichtig das für dich ist. Deshalb bin ich bereit, das zu tun, was du willst." Sie sind bereit, Ihrem Partner zu folgen, weil diese Entscheidung ihm einen Nutzen bringt.

Der zweite Weg heißt „Ich treffe dich in der Mitte". Bei diesem Lösungsansatz könnten Sie sagen: „Ich bin bereit, von meinem Standpunkt abzurücken, wenn du auch dazu bereit bist. Dann treffen wir uns in der Mitte." Ein Beispiel: „Ich fahre mit dir am Freitagabend zu deiner Mutter, wenn wir am Samstagmorgen rechtzeitig zum Pokalspiel zurück sind."

Den dritten Lösungsweg nenne ich „Wir treffen uns später". In diesem Fall könnte ein Ehepaar sagen: „So kommen wir nicht weiter. Warum lassen wir nicht unsere verschiedenen Meinungen erst einmal stehen und sprechen nächste Woche noch einmal über das Thema?" In der Zwischenzeit rufen Sie einen Waffenstillstand aus und gehen freundlich miteinander um.

*Himmlischer Vater, danke für die verschiedenen Wege zu einem Kompromiss. Bitte mache mich bereit, nicht immer meinen eigenen Willen durchsetzen zu wollen. Du weißt, dass ich meinen Partner liebe und seine Gedanken respektieren will. Deshalb möchte ich auf liebevolle Art Kompromisse schließen, wenn wir Entscheidungen zu treffen haben.*

# 1. Oktober

## Bitte vergib mir!

*Wenn wir behaupten, sündlos zu sein, betrügen wir uns selbst.*
*Dann ist kein Fünkchen Wahrheit in uns. Wenn wir aber unsere Sünden bekennen,*
*dann erfüllt Gott seine Zusage treu und gerecht: Er wird unsere Sünden vergeben*
*und uns von allem Bösen reinigen.*
1. Johannes 1,8-9

Warum fällt es manchen Menschen so schwer zu sagen: „Kannst du mir vergeben?" Oft steckt dahinter die Angst, sein Schicksal anderen überlassen zu müssen. Wenn wir andere um Vergebung bitten, bedeutet das, dass wir die Zukunft unserer Beziehung in deren Hände legen. Oder aber wir haben Angst vor Ablehnung. Wenn wir jemanden um Vergebung bitten, könnte die andere Person auch Nein sagen, und diese Ablehnung kann extrem verletzend sein. Eine weitere, entscheidende Barriere ist die Angst vor dem Versagen. Wenn wir begangenes Unrecht zugeben, könnte das bedeuten, dass wir als Versager dastehen.

Verstehen wir jedoch die Bibel richtig, können wir uns von diesen Ängsten frei machen. In Römer 3,23 heißt es: „Alle sind Sünder und haben nichts aufzuweisen, was Gott gefallen könnte." Die oben zitierten Verse aus dem ersten Johannesbrief sagen uns klar und deutlich, dass wir uns selbst betrügen, wenn wir behaupten, dass wir nie einen Fehler machen. Aber der nächste Vers enthält eine wunderbare Zusage. Wenn wir Gott unsere Sünden bekennen, dann vergibt er uns und reinigt uns von allem Bösen. Mit dem Eingeständnis unserer Fehler geben wir zu, dass wir schwache Menschen sind. In unserer Beziehung zu Gott und auch in unseren engsten zwischenmenschlichen Beziehungen ist die Bitte um Vergebung der erste Schritt zur Heilung.

*Herr Jesus Christus, warum fällt es mir so schwer, zuzugeben, wenn ich jemandem ein Unrecht angetan habe? Danke für deine Zusage, dass du mir vergibst, wenn ich dir meine Sünde bekenne. Mach mich bereit, auch meinen Partner um Vergebung zu bitten, damit die Verletzungen, die ich ihm zugefügt habe, heilen können.*

# 2. Oktober

## Bitten, nicht fordern

*Aus diesem Grund möchte ich dich jetzt um etwas bitten, was ich als Apostel Jesu Christi auch mit gutem Recht von dir verlangen könnte. Doch um der Liebe willen möchte ich dir nichts befehlen, sondern dich schlicht und einfach bitten als ein alter Mann, den man ins Gefängnis geworfen hat, weil er die rettende Botschaft von Jesus Christus verkündet.*
Philemon 8-9

Es ist immer richtig, wenn wir um Vergebung bitten, aber es ist niemals richtig, Vergebung einzufordern. Wenn ein Ehemann sagt: „Ich hab dir doch gesagt, es tut mir leid. Was soll ich denn sonst noch sagen?", fordert er Vergebung ein. Er wird sie bestimmt nicht bekommen, weil niemand von uns besonders gut auf Forderungen reagiert.

Als der Apostel Paulus an einen Mitchristen namens Philemon schrieb und ihn um einen Gefallen bat, hätte er diese Bitte auch als Forderung formulieren können. Schließlich war Paulus ein Apostel, und offenbar hatte er einen prägenden Einfluss auf den Glauben von Philemon. Darüber hinaus war das Anliegen des Apostels Paulus auch aus moralischer Sicht berechtigt. Dennoch formulierte Paulus dieses Anliegen als Bitte. Damit gab er Philemon die Gelegenheit, darüber nachzudenken und selbst zu entscheiden, ob er dem Apostel den Gefallen tun wollte oder nicht. Eine solche Vorgehensweise ist in vielen Fällen klug, vor allem dann, wenn wir andere um Vergebung bitten.

Vergebung ist die Entscheidung, eine Barriere wegzuräumen und sich erneut auf sein Gegenüber einzulassen. Es besteht immer das Risiko, dass der oder die andere uns wieder verletzen könnte. Manche Menschen sind so oft verletzt worden, dass sie anderen nur widerwillig vergeben. Aber ohne Vergebung kann eine Beziehung nicht weiter wachsen. Wenn Ihre Ehe in eine Sackgasse geraten ist, sollten Sie sich unbedingt bei Ihrem Partner entschuldigen und ihn um Vergebung bitten. Dann sollten Sie ihm Zeit geben, seine verletzten Gefühle zu verarbeiten, bevor er auf Ihre Bitte reagiert. In der Zwischenzeit sollten Sie für Ihren Partner beten und ihn weiter lieben.

*Himmlischer Vater, bitte hilf mir, dass ich meine Anliegen als Bitten formuliere. Wenn ich meinem Partner ein Unrecht antue, schenke mir die Bereitschaft, meine Schuld zuzugeben und um Vergebung zu bitten. Dann gib mir Geduld, damit mein Partner sich Zeit nehmen kann, bis er bereit ist, mir zu vergeben. Danke, dass du mir meine Schuld immer vergibst.*

## 3. Oktober

# Zu viel Wut ist unangebracht

*Aber der Herr erwiderte: „Ist es recht von dir, so wütend zu sein?“*
Jona 4,4

Häufig ist unsere Wut überzogen, weil sie ein Ausfluss unseres Egoismus oder unserer Herrschsucht ist. Manchmal ist aber auch bloß Schlafmangel die Ursache. Es ist immer hilfreich, sich auf Fakten zu berufen. Nehmen wir an, Ihr Partner hat Ihnen versprochen, um 18.00 Uhr zu Hause zu sein, aber er taucht erst um 18.30 Uhr auf. Ist das eine Sünde? Bevor Sie ein Urteil fällen, sollten Sie ein paar Fragen stellen. Wenn er mutwillig zu spät gekommen ist, ganz nach dem Motto: *Klar habe ich es versprochen, aber was soll's*, dann hat er sich schuldig gemacht, und Ihre Wut ist verständlich. Aber wenn er das Büro rechtzeitig verlassen hat, um pünktlich zu Hause zu sein, dann aber in einen Stau geraten ist, hat er kein Unrecht begangen, und Ihre Wut ist unangebracht.

Ein biblisches Beispiel einer solchen unangebrachten Wut finden wir im Bericht über den Propheten Jona. Vielleicht erinnern Sie sich hauptsächlich an seine Erlebnisse im Bauch des Fisches. Aber danach verkündete er der Stadt Ninive die Botschaft vom drohenden Gericht. Die Einwohner bereuten ihre Sünden, und Gott erbarmte sich über die Stadt. Jona war darüber wütend. Warum? Weil er den Zorn Gottes prophezeit hatte, und dann erfüllte sich diese Prophezeiung nicht. Der Prophet war der Meinung, dass er vor den Leuten sein Gesicht verloren hatte! Jonas Wut war eng verknüpft mit seinem Stolz, und sie war natürlich nicht berechtigt. Gott selbst stellte ihm die rhetorische Frage: „Ist es recht von dir, so wütend zu sein?“

In unserem vorherigen Beispiel brennen Sie vielleicht darauf, Ihrem Partner gehörig die Meinung zu sagen, sobald er zur Tür hereinkommt. Wenn Sie jedoch erfahren, dass der Stau die Ursache für seine Verspätung war, müssen Sie Ihre Wut loslassen. Versuchen Sie es mal mit diesem Gebet: „Himmlischer Vater, du weißt, dass ich wütend bin. Hilf mir, meine Wut nicht an meinem Partner auszulassen. Ich gebe jetzt meine Wut an dich ab und bitte dich, mich mit deiner Liebe zu erfüllen.“ Ihre Wut wird sich legen, und jetzt können Sie gemeinsam mit Ihrem Ehepartner den Abend genießen.

*Herr Jesus Christus, oft muss ich innehalten und überlegen, ob meine Wut angebracht ist oder nicht. Bitte zeig mir, ob ich wütend bin, weil ich in meinem Stolz verletzt bin, obwohl mein Ehepartner in Wirklichkeit gar kein Unrecht begangen hat, oder weil ich unrealistische Erwartungen habe. Hilf mir, meine Wut an dich abzugeben.*

# 4. Oktober

## Der Umgang mit übertriebener Wut

*Eine freundliche Antwort vertreibt den Zorn,*
*aber ein kränkendes Wort lässt ihn aufflammen.*
Sprüche 15,1

Übertriebene Wut kann Ihre Ehe zerstören. Sie spüren diese Wut, wenn Sie Ihren Willen nicht durchsetzen können. Manchmal wird dieses Gefühl auch als „egoistische Wut" bezeichnet, weil seine Ursache in Ihnen selbst und nicht in äußeren Umständen liegt. Sie reagieren mit berechtigtem Zorn, wenn Ihr Ehepartner Ihnen ein Unrecht antut, aber übertriebene Wut kann durch fast alles ausgelöst werden. Vielleicht sitzt Ihr Partner vor dem Fernseher, anstatt Ihnen in der Küche zu helfen, oder Ihr Ehepartner hat vergessen, nach Feierabend auf dem Heimweg die Milch mitzubringen.

Die Art, wie Sie mit übertriebener Wut umgehen, kann Ihre Ehe aufbauen oder ruinieren. Wenn Sie mit kritischen Worten zurückschlagen oder sich schmollend zurückziehen, können Sie Ihre Ehe zerstören. Schließlich heißt es auch in Sprüche 15,1: „Ein kränkendes Wort lässt den Zorn aufflammen." Die übertriebene Wut des einen kann die Wut des anderen aufflammen lassen, und die Wirkung ist verheerend. Ein Gespräch über Ihre Gefühle, ohne dabei Ihren Ehepartner zu verurteilen, kann jedoch zu gegenseitigem Verständnis führen. Über Gefühle muss man reden, aber die Ehepartner sollten sich dabei nicht gegenseitig verurteilen, weil der eine vergesslich und die andere vielleicht gedankenlos ist.

Versuchen Sie es doch einmal so: „Ich möchte mit dir darüber reden, ohne dich zu verurteilen. Ich möchte nur, dass du mich besser verstehst." Das sind die Worte eines klugen Ehepartners. Diese Art der gegenseitigen Offenheit befreit von unangebrachter Wut und führt zu weiterem Wachstum in der Ehe.

*Himmlischer Vater, bitte vergib mir, wenn ich mich von meiner Wut überrollen lasse. Zeig mir, wie ich über meine Gefühle reden kann, ohne den geliebten Menschen zu verurteilen oder zu beschimpfen. Bitte schenke uns diese Offenheit in unserer Beziehung.*

# 5. Oktober

## Den Zorn loslassen

*Versündigt euch nicht, wenn ihr zornig werdet! Die Sonne darf über eurem Zorn nicht untergehen! Gebt dem Teufel keinen Raum in euch!*
Epheser 4,26-27

Das passiert uns allen. Eine Bemerkung oder Handlung unseres Ehepartners treibt uns zur Weißglut. Ihre Frau hat den Hund ohne Leine laufen lassen, und jetzt ruft Ihr Nachbar an und beklagt sich deswegen. Ihr Mann hat seine Socken auf dem Boden liegen lassen, anstatt sie in den Wäschekorb zu werfen. Solche Kleinigkeiten reizen uns zu übertriebener Wut.

Wie gehen wir mit unseren Gefühlen um? Erstens: Wir geben sie zu. „Ich bin wütend." Zweitens: Wir lassen nicht zu, dass die Wut uns beherrscht. „Ich gehe mal kurz vor die Tür." Drittens: Wir stellen uns ein paar Schlüsselfragen. *Hat mein Partner das absichtlich gemacht? Will er mich bewusst verletzen? Oder ist es bloß eine menschliche Schwäche? Habe ich früher ähnliche Dinge gemacht? Ist es so wichtig, dass ich mit meinem Partner darüber reden muss, oder soll ich meine Wut einfach loslassen?*

Entweder Sie lassen Ihre Wut los oder Sie sprechen mit Ihrem Ehepartner darüber. Speichern Sie Ihre Wut nicht in Ihrem Inneren. Die Bibel fordert uns auf, unseren Zorn vor Sonnenuntergang loszuwerden. Wenn wir an unserer Wut festhalten, wird sie uns schließlich beherrschen und dann geben wir dem Teufel Raum in uns, wie der Apostel Paulus schreibt. Anders ausgedrückt neigen wir dazu, weiter zu sündigen, wenn wir an unserer Wut festhalten. Dann gerät unsere Wut außer Kontrolle, und schon ist in einer Ehe der Weg bereitet für hässliche Reaktionen und Gegenreaktionen. Deshalb sollten wir den Zorn wie einen vorübergehenden Besucher behandeln, ihn aber niemals bei uns wohnen lassen.

*Himmlischer Vater, du weißt, dass ich manchmal Groll gegen meinen Ehepartner hege. Bitte hilf mir, den Zorn loszulassen! Erinnere mich daran, innezuhalten, herauszufinden, warum ich so wütend bin, und dann zu entscheiden, ob ich mit meinem Partner darüber reden oder die Wut loslassen will. Schenke mir Weisheit, Herr, damit ich mich nicht von meiner Wut beherrschen lasse.*

# 6. Oktober

## Es lebe der Unterschied!

*Angenommen, der ganze Körper bestünde nur aus Augen, wie könnten wir dann hören? Oder der ganze Leib bestünde nur aus Ohren, wie könnten wir dann riechen? Deshalb hat Gott jedem einzelnen Glied des Körpers seine besondere Aufgabe gegeben, so wie er es wollte.*
1. Korinther 12,17-18

Unterschiede können etwas Wunderbares sein. Ein geflügeltes Wort lautet: „Manche Menschen lesen Geschichtsbücher, andere machen Geschichte." In der Regel sind zwei unterschiedliche Typen von Menschen miteinander verheiratet. Jetzt frage ich Sie: Hat Gott das nicht so geplant?

Mit unseren Unterschieden sollen wir uns gegenseitig ergänzen. Wie tragisch wäre es, wenn Ihr Ehepartner genauso wäre wie Sie! Gott führt jedoch oft unterschiedliche Persönlichkeiten zusammen: einen offensiven Menschen mit einer passiveren Persönlichkeit, einen Ordnungsfanatiker mit einem Chaoten, ein Organisationstalent mit einem spontanen Menschen. Warum tut er das? Weil wir einander brauchen. Es ist traurig, wenn wir es zulassen, dass unsere Unterschiede uns entzweien. Warum tun wir das? Weil wir egoistisch sind. Wir denken: *Das Leben dreht sich nur um mich. So, wie ich es mache, ist es am besten. Sei doch wie ich, dann sind wir beide glücklich!*

Aber wollen wir das wirklich? Ich glaube nicht. In 1. Korinther 12 vergleicht der Apostel Paulus die Gemeinde Jesu mit einem Körper. Ein Körper hat viele Teile, und jeder Teil wird gebraucht. Paulus führt diesen Vergleich so weit, dass er fast absurd klingt. Er fordert seine Leser auf, sich vorzustellen, wie der Körper funktionieren soll, wenn er nur aus einem großen Ohr bestünde. So etwas geht nicht, denn dann wären wir äußerst begrenzt in unseren Funktionen.

Das gleiche Prinzip gilt für die Ehe. Wir sind unterschiedlich, und wir brauchen einander. Ein offensiver, abenteuerlustiger Ehepartner bringt mich dazu, Dinge zu probieren, die ich von mir aus nie tun würde. Meine Passivität und Zurückhaltung hingegen hält meinen Ehepartner davon ab, übermäßig hohe Risiken einzugehen. Die Bibel hat recht: Zwei sind besser als einer.

• • • • • • • • • • • • • • • • • • • • • • • • •

*Himmlischer Vater, hab Dank für die Unterschiede zwischen mir und meinem Ehepartner. Bitte zeig mir, wie ich auf positive Art damit umgehen kann. Hilf uns, dass wir als Team zusammenarbeiten.*

# 7. Oktober

## Die Macht der bestätigenden Worte

*Sorgen drücken einen Menschen nieder – aber freundliche Worte richten ihn wieder auf.*
Sprüche 12,25

Viele Ehepaare haben nie gelernt, die gewaltige Macht von Lob und Anerkennung für sich zu nutzen. Komplimente oder aufmunternde Worte sind starke Ausdrucksformen der Liebe. König Salomo, der Verfasser der althebräischen „Weisheitsliteratur" in der Bibel, hat mehrere Sprüche über die Kraft der Worte niedergeschrieben. Der oben zitierte Text unterstreicht die große Bedeutung von freundlichen Worten, aber Sprüche 18,21 klingt sogar noch drastischer: „Worte haben Macht: sie können über Leben und Tod entscheiden." Bissige, kritische Bemerkungen können einen Menschen entmutigen, ja sogar mundtot machen, aber aufmunternde Worte bringen Erneuerung und Hoffnung.

Lesen Sie die folgenden Aussagen und fragen Sie sich: *Habe ich innerhalb der letzten Woche etwas Ähnliches zu meinem Ehepartner gesagt?*

- „Du siehst richtig elegant aus in diesem Anzug."
- „Dieses Kleid steht dir einfach super!"
- „Diese Kartoffeln sind ganz lecker. Du kochst so gut wie ein Sternekoch."
- „Danke, dass du für heute Abend den Babysitter organisiert hast. So etwas ist für mich nicht selbstverständlich."
- „Vielen Dank, dass du das Geschirr abspülst."
- „Ich bin richtig stolz auf dich, dass dein Vorgesetzter dich so gut beurteilt hat. Du leistest viel, und das sollte auch anerkannt werden."

Möchten Sie, dass Ihre Ehe besser wird? Dann sagen Sie heute etwas Positives zu Ihrem Ehepartner.

*Herr Jesus Christus, warum fällt es mir viel leichter, andere zu kritisieren, als etwas Positives zu sagen? Bitte hilf mir, dass ich die guten Eigenschaften meines Ehepartners bemerke und auch darüber spreche. Ich möchte, dass meine Worte Leben spenden und nicht entmutigend sind. Bitte ändere meine alten Verhaltensmuster.*

# 8. Oktober

## Ermutigende Worte bringen Veränderung

*Ermahnt und ermutigt einander immer wieder, solange jenes „Heute" gilt und Gott zu euch redet. Nur so seid ihr sicher, dass ihr euch nicht vor ihm verschließt und die Sünde euch nicht betrügen kann.*
Hebräer 3,13

Wie wäre das Leben, wenn Ihr Ehepartner jeden Tag ein paar aufmunternde Worte zu Ihnen sagen würde? „Wie der Himmel auf Erden", sagte ein Ehemann. Eine Frau erwiderte: „Dann würde ich meinen, mein Mann ist betrunken." Wie tragisch, dass wir so selten bestätigende Worte oder Lob und Anerkennung aussprechen! Wir lassen uns von verletzten Gefühlen, Enttäuschungen und Wut davon abhalten, einander positive Worte zu sagen. Vielleicht sind wir aber auch in einem bestimmten Denk- und Verhaltensmuster stecken geblieben und sparen deshalb nicht mit negativen Bemerkungen. Die Folgen sind zunehmende Distanz und Unzufriedenheit.

Wir alle sehnen uns nach ermutigenden Worten, aber besonders stark ausgeprägt ist dieses Verlangen bei denjenigen, deren Muttersprache der Liebe „Lob und Anerkennung" lautet. Wir wünschen uns Wertschätzung für unser Bemühen, und wir möchten, dass unser Ehepartner auch unsere guten Seiten sieht. Wenn uns jemand Mut macht, wollen wir besser werden. Wenn wir aber ignoriert oder verurteilt werden, reagieren wir mit Mutlosigkeit und ziehen uns in unser Schneckenhaus zurück. Oder aber wir werden wütend und feindselig. Positive Worte können das emotionale Klima in einer Ehe verbessern. Deshalb müssen wir an unserem Ehepartner etwas Gutes finden und ihn darin bestärken.

Der Apostel Paulus fordert seine Leser auf: „Macht also einander Mut und baut euch gegenseitig auf" (1. Thessalonicher 5,11). Der Verfasser des Hebräerbriefs empfiehlt, dass Christen einander täglich Mut machen sollen, als Schutzmaßnahme gegen Verhärtung und Sünde. Positive, aufbauende Worte sind wie Medizin in einer „kranken" Beziehung. Heilung ist möglich, und sie beginnt oft mit aufmunternden Worten.

• • • • • • • • • • • • • • • • • • • • • •

*Himmlischer Vater, ich möchte nicht, dass sich mein Partner wegen meiner negativen Haltung verhärtet. Bitte hilf mir, ihm mit liebevollen, aufmunternden Worten Mut zu machen. Ich sehe an meinem Partner so viele gute Seiten, und das muss ich ihm auch sagen. Danke, dass du mir auch Mut machst – mit den vielen liebevollen Worten, die ich in der Bibel lese.*

# 9. Oktober

## Mut machen zum Erfolg

*Unserer Schwester Phöbe, die im Dienst der Gemeinde von Kenchreä steht, dürft ihr vertrauen. Nehmt sie freundlich auf, wie es für Christen selbstverständlich ist. Ihr tut es ja für den Herrn. Steht ihr bei, wo immer sie eure Hilfe braucht. Sie selbst hat auch vielen geholfen, die in Not waren, nicht zuletzt mir.*
Römer 16,1-2

Ermutigende Worte bestimmen oft über Erfolg und Misserfolg. Stellen Sie sich vor, Ihr Partner äußert den Wunsch nach einer Gewichtsreduzierung. Die Art, wie Sie darauf reagieren, kann entweder ermutigend oder entmutigend sein. Wenn Sie sagen: „Also, ich hoffe, du probierst nicht eines dieser teuren Programme aus oder meldest dich in einem dieser kostspieligen Fitness-Studios an. So etwas können wir uns nicht leisten", dann verliert Ihr Partner gleich den Mut. Aber bedenken Sie einmal folgende Antwort: „Also, eins weiß ich: Wenn du dich entschließt, abzunehmen, dann wird es dir auch gelingen, weil du genug Disziplin hast, das auch durchzuziehen. Das ist eine der Eigenschaften, die ich an dir bewundere." Toll! Sie haben Ihrem Partner Mut gemacht, und er wird seinen Plan sofort in die Tat umsetzen.

Im letzten Kapitel des Römerbriefs formuliert der Apostel Paulus ganz persönliche Grüße. Viele von ihnen enthalten aufmunternde Worte. In den oben angegebenen Versen erwähnt Paulus eine Frau namens Phöbe, die er als „vertrauenswürdig" und „hilfsbereit" bezeichnet. Im weiteren Verlauf des Kapitels erwähnt er die Namen weiterer Christen und den Beitrag, den sie zu seiner Arbeit geleistet haben. Stellen Sie sich vor, im Brief des Apostels Paulus würde ein Lob über Sie stehen! Die Details, die er erwähnt, verstärken die anspornende Wirkung seiner ermutigenden Worte.

Wenn Sie die Gelegenheit haben, auf eine Äußerung Ihres Ehepartners zu reagieren, denken Sie nach, bevor Sie sprechen. Fragen Sie sich: *Womit kann ich meinen Partner in seinem Wunsch bestärken, seine Ziele zu erreichen?* Die meisten von uns sind hoch motiviert, wenn sie aufmunternde Worte hören.

*Herr Jesus Christus, bitte hilf mir, dass ich zuerst nachdenke, bevor ich auf Äußerungen meines Ehepartners reagiere. Zeig mir, wie ich ihm am besten Mut machen kann. Ich möchte den Zielen meines Partners nicht im Weg stehen, sondern ihn darin bestärken, denn ich weiß, dass das gut für unsere Beziehung ist.*

# Und wenn mein Partner untreu wird?

*Die Hilflosen bestürmen dich mit ihren Bitten.*
*Du, Herr, erhörst sie und schenkst ihnen neuen Mut.*
Psalm 10,17

Was tun Sie, wenn Sie entdecken, dass Ihr Ehepartner Ihnen untreu geworden ist? Sie fühlen sich verletzt, und Sie sind wütend. In dieser Situation sind das gesunde Reaktionen. Sie zeigen damit Ihre menschliche Verletzlichkeit, aber auch, dass Ihnen Ihre Ehe nicht gleichgültig ist. Diese Reaktionen lassen auch erkennen, dass Sie Ihren eigenen Wert kennen und das erlittene Unrecht spüren. Sie sind auch ein Beweis für Ihr gesundes Empfinden von Recht und Unrecht. Solche Gefühle sind der Situation angemessen, aber sie müssen auf positive Art verarbeitet werden.

Wenn Sie weinen müssen, dann ist das eine gesunde Reaktion auf verletzte Gefühle und Wut. Unser Körper kann solche Seelenqualen nicht allzu lange durchhalten. Deshalb sollten Weinkrämpfe immer auch abgelöst werden von Zeiten, in denen Sie sich beruhigen. Wenn Sie Ihre verletzten Gefühle Ihrem Ehepartner gegenüber zum Ausdruck bringen, ist das ebenfalls eine gesunde Art, Ihre Wut zu verarbeiten. Ich empfehle Ihnen jedoch, Ihre Äußerungen mit dem Wort „ich" zu beginnen, nicht mit „du". Zum Beispiel: „Ich fühle mich verraten … Ich fühle mich verletzt … Ich fühle mich ausgenutzt … Ich habe den Eindruck, dass du mich nicht liebst … Ich habe das Gefühl, dass ich dich nie wieder berühren kann." Mit diesen Äußerungen zeigen Sie Ihrem Ehepartner, was Sie denken und fühlen. Und zur Gesundung gehört es auch, dass Ihr Ehepartner hört und versteht, wie tief Sie sich verletzt fühlen.

Denken Sie aber auch daran, dass Sie alle Ihre Gefühle vor Gott bringen können. Er liebt Sie rückhaltlos, und er weint mit Ihnen. In Psalm 10 lesen wir, dass er Ihr Flehen hört. „Er schenkt denen Heilung, die ein gebrochenes Herz haben, und verbindet ihre schmerzenden Wunden" (Psalm 147,3). Lassen Sie sich in Ihrer Not von Gott trösten.

*Himmlischer Vater, nichts wäre für mich schmerzlicher als die Erkenntnis, dass mein Ehepartner mir untreu ist. Ich bitte dich, dass weder mein Ehepartner noch ich diese Art von Verletzung erfahren müssen. Aber wenn es doch der Fall sein sollte, bitte ich dich: Nimm uns an der Hand und führe uns durch diese Krise. Ich danke dir für deine zärtliche Liebe und dein Mitleid für alle, die deine Hilfe brauchen.*

# 11. Oktober

## Vergebung bei Ehebruch

*Du großer, barmherziger Gott, sei mir gnädig, hab Erbarmen mit mir! Lösche meine Vergehen aus! Erschaffe in mir ein reines Herz, o Gott; erneuere mich und gib mir Beständigkeit!*
Psalm 51,3.12

Gibt es ein gemeinsames Leben nach einem Seitensprung? Kann die Ehe Heilung erfahren? Ja, wenn es echte Buße und echte Vergebung gibt. Buße heißt „umkehren". In diesem Fall bedeutet es, dass die außereheliche Beziehung beendet werden muss. Wenn Sie den Seitensprung begangen haben, dann sagen Sie der in die Affäre verwickelten Person, dass Sie Schuld auf sich geladen haben, dass Sie Gott um Vergebung bitten und dass Sie an einer Wiederherstellung Ihrer Ehe arbeiten wollen. Bitten Sie die andere Person ebenfalls um Vergebung, weil Sie wussten, dass Sie ein Unrecht begangen und ihn oder sie an Ihrer Sünde beteiligt haben. Dann beenden Sie die außereheliche Beziehung. In den meisten Fällen ist es erforderlich, jeden Kontakt zu dem anderen abzubrechen.

Jetzt sind Sie bereit, Ihren Ehepartner um Vergebung zu bitten. Sagen Sie Ihrem Partner, dass es Ihr aufrichtiger Wunsch ist, Ihre Ehe zu retten. Erwarten Sie keine spontane Vergebung. Lassen Sie Ihrem Partner Zeit, damit er seine verletzten Gefühle und seine Wut verarbeiten kann. Nehmen Sie sich Zeit zum Nachdenken und für das Gebet. Erklären Sie sich bereit, eine Eheberatung in Anspruch zu nehmen. Erwarten Sie keine sofortige Heilung, sondern lassen Sie sich Zeit zum gemeinsamen Reden, Beten und Lesen. Wenn Sie es ehrlich meinen und Ihr Ehepartner bereit ist, Ihnen zu vergeben, kann Ihre Ehe wieder heilen und wachsen.

In Psalm 51 zeigt sich Davids Reue, nachdem er mit Bathseba Ehebruch begangen und den Mord an ihrem Mann in Auftrag gegeben hat. Nehmen Sie diesen Psalm als Beispiel für eine tief empfundene Reue, und dann setzen Sie das Modell von König David in die Tat um. Versuchen Sie mit Gottes Hilfe, den Schaden, den Sie in Ihrer Ehe angerichtet haben, wiedergutzumachen.

*Himmlischer Vater, danke, dass du sogar eine Sünde wie Ehebruch vergibst. Wenn diese Sünde in unserer Ehe begangen werden sollte, bitte ich dich, dass wir beide richtig damit umgehen. Bei diesem Unrecht, aber auch bei kleineren Sünden, die wir begehen, bitte ich dich um eine ehrliche Umkehr für denjenigen oder diejenige, der diese Sünden begangen hat, und um deine große Gnade, deinen Frieden und deine Vergebungsbereitschaft für denjenigen oder diejenige, die das Unrecht erlitten hat.*

# 12. Oktober

## Vertrauen wieder aufbauen

*Wer aufrichtig lebt, wie es Gott gefällt: Glücklich die Kinder, die er hinterlässt!*
Sprüche 20,7

Wie stellen Sie nach einem Seitensprung das Vertrauen Ihres Ehepartners wieder her? Eine Frau sagte zu mir: „Wissen Sie, ich bin bereit, meinem Mann zu vergeben, aber ich weiß nicht, ob ich ihm jemals wieder vertrauen kann." Sie war ehrlich. Vergebung stellt noch kein Vertrauen her, sondern Vergebung ist der Entschluss, die Strafe aufzuheben, den Sünder freizusprechen und ihn oder sie wieder in Ihr Leben hineinzulassen, aber Vergebung schafft nicht sofort wieder Vertrauen. Wenn Sie einen Seitensprung begangen haben, haben Sie den Bund der ehelichen Treue gebrochen. Sie haben das Vertrauen Ihres Ehepartners zerstört, und jetzt können nur Sie dieses Vertrauen wiederherstellen.

Vertrauen wächst, wenn Sie vertrauenswürdig sind. Deshalb sollten Sie Ihren Ehepartner nicht belügen. Wenn Sie sagen, dass Sie etwas tun wollen, tun Sie es auch. Wenn Sie Ihrem Partner versprechen, jeden Kontakt zu Ihrem ehemaligen Geliebten abzubrechen, dann tun Sie es auch. Schreiben Sie keine E-Mails mehr und rufen Sie auch nicht an. Wenn Sie sagen, dass Sie einen Bekannten besuchen wollen, dann gehen Sie nicht woanders hin. Bitten Sie Ihren Partner, ruhig bei dem Bekannten anzurufen. Jedes Mal, wenn Sie beweisen, dass Sie vertrauenswürdig sind, wächst das Vertrauen Ihres Ehepartners. Aber wenn Sie Ihren Partner weiter hinters Licht führen, wird er Ihnen nie wieder vertrauen.

Bitten Sie Gott, Sie zu einem Menschen zu machen, der aufrichtig lebt, wie es in Sprüche 20,7 erwähnt wird. Leben Sie so, dass Sie über jeden Tadel erhaben sind. Meiden Sie das Böse in jeder Gestalt (vgl. 1. Thessalonicher 5,22). Das ist der kürzeste Weg zum Herzen Ihres Partners und zu seinem Vertrauen.

*Himmlischer Vater, du allein kannst in einer zerbrochenen Beziehung das Vertrauen wiederherstellen. Ich bitte dich um Heilung, Gnade und Wiederherstellung in unserer Ehe, vor allem dann, wenn wir unser gegenseitiges Vertrauen zerstört haben. Mach uns beide bereit, die nötigen Schritte zur Wiederherstellung des Vertrauens zu unternehmen.*

# 13. Oktober

## Kindererziehung – ein Streitpunkt

*Wenn es jemandem von euch an Weisheit fehlt, soll er Gott darum bitten, und Gott wird sie ihm geben. Ihr wisst doch, dass er niemandem seine Unwissenheit vorwirft und dass er jeden reich beschenkt.*
Jakobus 1,5

Eine Streitfrage, die Ehepaare häufig auseinanderbringt, ist die unterschiedliche Auffassung, wie die Kinder erzogen werden sollen. Eine Frau sagte: „Wir hatten keine Probleme in unserer Ehe, bis das Baby kam. Seitdem haben wir nur noch Probleme. Unsere Erziehungsmethoden sind zu unterschiedlich."

Dieses Problem ist sehr weit verbreitet. Die Art, wie Sie damit umgehen, kann Ihre Ehe aufbauen oder ruinieren. Vielleicht werden Sie sich nie in allen Details einig sein, aber Sie müssen einen gemeinsamen Nenner finden.

Lassen Sie mich einen Vorschlag machen: Der Ausgangspunkt für die Lösung dieses Problems ist das Gebet. Bitten Sie Gott, dass er Sie beide in den Grundfragen der Kindererziehung zusammenbringt. Dann bitten Sie Gott um Erkenntnis über die beste Art, Ihr Kind großzuziehen. Gott sind unsere Kinder sehr wichtig, und er kennt sie durch und durch. Wenn Sie ihn deshalb um Weisheit bitten, hilft er Ihnen auch. In Jakobus 1,5 wird uns versichert, dass Gott uns Weisheit schenkt, wenn wir ihn darum bitten. Er will und kann uns leiten, auch in Fragen der Kindererziehung.

Es gibt keine perfekten Eltern, aber es gibt ein paar Fallen, die Sie umgehen können. Ihre Erziehungsmethode wird sich verbessern, wenn Sie diese Fallen der Überbehütung, der zu großen Freizügigkeit oder der übermäßigen Distanz zu Ihren Kindern vermeiden. Denken Sie daran: Ihr höchstes Ziel für Ihre Kinder besteht darin, dass Sie sich Ihrer Liebe sicher sein können, dass sie im Glauben stark und charakterfest sind. Wenn Sie und Ihr Ehepartner miteinander reden und beten, wird Ihnen der Herr helfen, diese Ziele gemeinsam zu erreichen.

• • • • • • • • • • • • • • • • • • • • • • • •

*Himmlischer Vater, Kindererziehung kann manchmal zu einer schweren Aufgabe werden. Danke, dass du uns Weisheit schenkst, wenn wir dich darum bitten. Führe meinen Ehepartner und mich zusammen, wenn wir über Erziehungsmethoden sprechen. Du kennst uns und unsere Kinder durch und durch. Deshalb bitte ich dich: Zeig uns, wie wir unsere Kinder zu Menschen erziehen können, die dich kennen und lieben.*

## 14. Oktober

# Zukunft und Hoffnung

*Denn ich allein weiß, was ich mit euch vorhabe: Ich, der Herr, werde euch Frieden schenken und euch aus dem Leid befreien. Ich gebe euch wieder Zukunft und Hoffnung.*
Jeremia 29,11

Haben Sie für Ihre Ehe schon die Hoffnung aufgegeben? Auch wenn Sie jetzt so empfinden, kann Ihre Zukunft dennoch rosig aussehen. Gott hat Gutes für Sie vor, wie aus dem oben zitierten Vers hervorgeht. Der Herr hat diese Worte dem Propheten Jeremia gegeben, als die Israeliten in Babylon im Exil waren. Sie konnten sich nicht vorstellen, dass ihre damalige Lage noch schlimmer werden könnte. Viele von ihnen waren in ein fremdes Land geschickt worden, in eine Kultur, die den Juden gegenüber feindlich eingestellt war. Und diejenigen von ihnen, die in ihrem alten Umfeld geblieben waren, hatten ein trostloses Leben. Bestimmt fragten sie sich, ob Gott sie verlassen hatte, aber seine Worte an den Propheten Jeremia machten ihnen Mut. Gott hatte noch immer Gutes mit ihnen vor, und das gilt auch heute für Sie.

Fehler, die Sie in der Vergangenheit gemacht haben, müssen Ihnen nicht die Hoffnung auf die Zukunft nehmen. Wenn Sie heute die richtigen Entscheidungen treffen, sind die Aussichten für Ihre Ehe gut. Ihre Kommunikation und Ihr Verständnis füreinander können tiefer werden, als Sie es sich heute vorstellen. Indem Sie Vergangenes vergeben, Gefühle zulassen, einander verstehen und lernen, einander zu lieben, können Sie und Ihr Ehepartner in Ihrer Ehe Erfüllung finden.

Das ist kein Wunschdenken, sondern das ist für viele Hundert Ehepaare Wirklichkeit geworden, die es sich vorgenommen haben, den Weg der Versöhnung zu gehen. Dieser Weg beginnt, wenn Sie sich entscheiden, das Beste aus dem zu machen, was Sie haben, jeden Tag aufs Neue.

*Himmlischer Vater, danke für dieses hoffnungsvolle Wort aus dem Buch des Propheten Jeremia. Du verlässt deine Kinder nicht, und du hast immer Gutes mit uns vor. Ich bin dankbar, dass du mir auch für meine Ehe Hoffnung schenkst. Bitte hilf mir, vergangenes Unrecht zu vergeben, heute gute Entscheidungen zu treffen und in eine glückliche, erfüllte Zukunft zu blicken.*

# 15. Oktober

## In der Gegenwart leben

*Dankt Gott unter allen Umständen!*
*Das will Gott von euch und das ermöglicht er euch durch Christus.*
1. Thessalonicher 5,18

Wenn Sie in einer Problem-Ehe leben, könnten Sie der Verlockung erliegen, einfach davonzulaufen, aber Sie wissen, dass es einen besseren Weg geben muss. Diesen Weg gibt es tatsächlich. Sie gehen ihn, wenn Sie aus dem das Beste machen, was Sie haben, und zwar Tag für Tag aufs Neue. Ruinieren Sie sich nicht die Zukunft, indem Sie sich von Bitterkeit zerfressen lassen. Baden Sie nicht in Selbstmitleid. Vertreiben Sie nicht Ihre Freunde mit der ständigen Weigerung, sich von ihnen trösten zu lassen.

Sie können sich das Leben selbst schwer machen, indem Sie nur noch um Ihre Probleme kreisen. Oder Sie können mit dem Psalmisten sagen: „Dies ist der Tag, den der Herr gemacht hat. Lasst uns jubeln und fröhlich sein“ (Psalm 118,24). Vielleicht können Sie nicht über die Vergangenheit oder Ihre jetzige Situation jubeln, aber Sie können sich freuen, dass Gott Ihnen die Fähigkeit gegeben hat, diesen heutigen Tag zu nutzen, um das Beste daraus zu machen. Sie können auch der Aufforderung des Apostels Paulus aus 1. Thessalonicher 5 folgen und Gott unter allen Umständen danken. Das bedeutet nicht, dass Sie Gott *für* alle Umstände danken sollen, sondern dass Sie die Fähigkeit haben, in jeder Situation etwas zu sehen, wofür Sie Gott danken können. Er ist in jeder Situation bei Ihnen, und je stärker Sie nach ihm Ausschau halten, desto eher werden Sie ihn finden.

Versuchen Sie nicht, Ihre gesamte Zukunft in den heutigen Tag zu packen. Jesus hat betont, wie wichtig es ist, jeden Tag als Herausforderung anzunehmen (vgl. Matthäus 6,34). Sie sollten sich zum Beispiel die folgenden Fragen stellen. Was kann ich heute tun, um meine Lage zu verbessern? Wofür muss ich heute beten? Mit wem muss ich heute sprechen? Was muss ich heute erledigen? Gott hat Ihnen nur die Gegenwart anvertraut. Deshalb erwartet er von Ihnen nur, dass Sie den heutigen Tag sinnvoll nutzen.

*Himmlischer Vater, du hast den heutigen Tag gemacht, und ich will mich daran freuen, auch wenn meine Situation alles andere als leicht ist. Ich weiß, dass du Gutes mit mir vorhast, und ich bin dankbar, dass ich diesen Tag für dieses Ziel nutzen kann. Bitte hilf mir, mich von dem negativen Denken abzuwenden, denn das macht alles nur noch schwerer. Ich möchte lernen, dich in allen Umständen zu erkennen.*

# 16. Oktober

## Aus jedem Tag das Beste machen

*Kommt, wir wollen ihn anbeten und uns vor ihm beugen; lasst uns niederknien vor dem Herrn, unserem Schöpfer! Denn er ist unser Gott, und wir sind sein Volk. Er kümmert sich um uns wie ein Hirte, der seine Herde auf die Weide führt.*
Psalm 95,6-7

Wenn wir in einer Problem-Ehe leben, erliegen wir gern der Verlockung, in unserem Schmerz zu schwelgen. An jedem neuen Tag kommt die Vergangenheit wieder hoch. Aber in der Welt Gottes ist jeder Tag eine Gelegenheit zur Veränderung. Suchen Sie in der Bibel nach dem Wort *heute*, und Sie werden eine Vielzahl von Geschehnissen finden, bei denen Menschen vor Entscheidungen gestellt wurden. An einem bestimmten Tag konnten sie sich entscheiden, ob sie Gott folgen oder sich von ihm abwenden wollten, ob sie seine Stimme hören oder sie ignorieren wollten (vgl. Psalm 95 und 5. Mose 11,26-27). Die Entscheidung, die diese Menschen „heute" trafen, sollte tonangebend sein für alles, was danach kam. Das gleiche Prinzip gilt auch für Sie. Am heutigen Tag können Sie natürlich nicht Ihr ganzes Leben in Ordnung bringen, aber wenn Sie das Beste aus diesem Tag machen, können Sie in einer Ecke Ihres Lebens mit dem Aufräumen beginnen. Wählen Sie eine Ecke, die für Sie momentan am wichtigsten ist.

Wenn Sie Tag für Tag die dunklen Ecken Ihres Lebens aufräumen, sieht Ihr ganzes Leben nach und nach hoffnungsvoller aus. Sie können Ihren Ehepartner nicht ändern? Dann ändern Sie Ihre Einstellung über das Verhalten Ihres Ehepartners. Fangen Sie bei sich an, indem Sie Fehler bekennen, die Sie in der Vergangenheit gemacht haben. Bitten Sie Gott um die Kraft, heute für Ihren Ehepartner etwas Liebevolles zu tun. Sie können Ihren Partner zwar nicht *ändern*, aber Sie können ihn *beeinflussen*. Eine freundliche Handlung pro Tag kann das Klima in Ihrer Beziehung verändern und auch Ihren Ehepartner positiv beeinflussen.

Geben Sie niemals auf. Es gibt immer etwas Gutes, das Sie heute tun können. Wenn Sie das Beste aus dem heutigen Tag machen, schaffen Sie die Basis für eine gute Zukunft.

*Herr Jesus Christus, ich weiß, dass jeder Tag von mir eine Entscheidung fordert. Ich kann mich auf meine Kämpfe und Nöte aus der Vergangenheit konzentrieren und weiter auf der Stelle treten, oder ich kann mich für eine positive Veränderung entscheiden. Bitte gib mir den Mut und die Entschlossenheit, heute die richtigen Entscheidungen zu treffen. Hilf, dass meine kleinen Schritte nach vorne auch unsere Ehe voranbringen.*

# 17. Oktober

## Was ist eine Bitte um Verzeihung?

*So fern, wie der Osten vom Westen liegt, so weit wirft Gott unsere Schuld von uns fort!*
Psalm 103,12

Haben Sie schon einmal festgestellt, dass es verschiedene Auffassungen davon gibt, wie eine Bitte um Verzeihung auszusehen hat? Ein anschauliches Beispiel ist dieser Wortwechsel, der in meinem Büro zwischen einem Ehepaar stattfand. Die Frau sagt: „Ich würde ihm ja vergeben, wenn er sich bei mir entschuldigt." Der Mann erwidert: „Aber ich habe mich doch bei dir entschuldigt." „Das hast du nicht", meint die Frau. „Ich hab dir doch gesagt, dass es mir leidtut", entgegnet der Mann. „Das ist keine Bitte um Verzeihung", erklärt sie entschlossen. Was also ist eine Bitte um Verzeihung?

Die Wahrheit lautet: Eine Bitte um Entschuldigung sieht für unterschiedliche Menschen unterschiedlich aus. Nach einer drei Jahre dauernden Forschungsarbeit sind Dr. Jennifer Thomas und ich zu der Erkenntnis gekommen, dass es fünf grundlegende Sprachen des Verzeihens gibt. Wie bei den Liebessprachen hat jeder Mensch eine Muttersprache des Verzeihens. Eine der fünf Sprachen erreicht ihn oder sie besser als die anderen vier. Wenn Sie nicht die richtige Sprache sprechen, vermutet der Mensch, dem Sie ein Unrecht angetan haben, dass Sie es mit ihrer Bitte um Verzeihung nicht ehrlich meinen. Für die Frau in meinem Büro passten die Worte „Es tut mir leid" nicht zu ihrer Muttersprache des Verzeihens. Der Mann hat es vielleicht ehrlich gemeint, aber das ist bei ihr nicht richtig angekommen.

Glücklicherweise reagiert Gott immer, wenn wir ihn um Vergebung bitten. Das macht auch der oben angegebene Psalmtext deutlich. Weil er unsere Herzen kennt, geht es ihm mehr um unsere Aufrichtigkeit als um unsere Wortwahl. Aber weil wir schwache Menschen sind, bleiben wir oft an den Worten hängen. Deshalb befassen wir uns in den nächsten Tagen mit den fünf Sprachen des Verzeihens.

*Himmlischer Vater, ich möchte mich mit meinem Partner gut verstehen, vor allem dann, wenn ich ihn um Verzeihung bitten muss. Bitte zeig mir, wie ich mein Anliegen am besten verständlich machen kann. Danke, dass du mich immer hörst und verstehst, wenn ich dir meine Sünden bekenne.*

18. Oktober

# Aufrichtige Liebe

*Ihr habt euch nun der Wahrheit, die Christus brachte, zugewandt und habt ihm gehorcht. Darum seid ihr fähig geworden, einander aufrichtig zu lieben. So handelt auch danach, und liebt einander von ganzem Herzen.*
1. Petrus 1,22

Haben Sie sich schon einmal gefragt, ob Ihr Gegenüber es mit seiner Bitte um Verzeihung wirklich ehrlich meint? Das liegt wahrscheinlich daran, dass der oder die Betreffende nicht Ihre Muttersprache des Verzeihens gesprochen hat. Vielleicht sagte er: „Das tut mir leid", aber Sie wollten von ihm hören: „Ich habe dir Unrecht getan". Vielleicht sagte sie: „Kannst du mir vergeben?", aber Sie wollten von ihr hören: „Wie kann ich das wiedergutmachen?" Er hat gesagt: „Ich habe dir Unrecht getan, und ich fühle mich wirklich schlecht deswegen", aber diese Worte hat er letzte Woche schon einmal gebraucht. Sie wollen stattdessen einen Beweis für seine echte Reue und die Zusicherung, dass so etwas nicht immer wieder passiert.

Die meisten unserer Bitten um Verzeihung klingen unaufrichtig, weil wir nicht die Sprache des Betroffenen sprechen. Wenn Ehepaare die Muttersprache des Verzeihens ihres Partners lernen und sie sprechen können, dann wird es uns leichter fallen, dem Ehepartner zu vergeben. Natürlich können Sie Ihrem Gegenüber vergeben, obwohl sie seine Aufrichtigkeit infrage stellen, aber es fällt Ihnen doch viel leichter, wenn Sie wissen, dass der andere es wirklich ehrlich meint. In 1. Petrus 1,22 werden wir aufgefordert, einander aufrichtig zu lieben, und zwar von ganzem Herzen. Wir wollen dafür sorgen, dass wir diese Liebe auch zum Ausdruck bringen.

*Himmlischer Vater, du weißt, wie sehr ich meinen Partner liebe. Bitte hilf mir, diese Liebe auch dann auszudrücken, wenn ich ihn um Verzeihung bitte, damit er merkt, dass ich es ehrlich meine.*

# 19. Oktober

## Die fünf Sprachen des Verzeihens

*Deshalb bete ich zu dir: „Herr, ich habe gegen dich gesündigt, aber sei mir gnädig und mach mich wieder gesund!“*
Psalm 41,5

Kennen Sie die fünf Sprachen des Verzeihens? Das, was Sie jetzt lesen, kann Ihnen helfen, Ihre Bitten um Verzeihung so zu formulieren, dass sie richtig verstanden werden.

- Sprache des Verzeihens Nummer 1 ist der Ausdruck des Bedauerns. Beispiele dafür sind „Es tut mir leid“ oder „Ich fühle mich schlecht, weil ich das getan habe“.
- Sprache des Verzeihens Nummer 2 ist das Übernehmen von Verantwortung. „Ich habe dir Unrecht getan“ oder „Es war meine Schuld“.
- Sprache des Verzeihens Nummer 3 ist die Wiedergutmachung. „Wie kann ich das wiedergutmachen?“
- Sprache des Verzeihens Nummer 4 ist die Bereitschaft zu echter Umkehr. „Ich will dich nicht immer wieder verletzen. Ich weiß, dass das ein Unrecht ist, und ich gebe mir Mühe, dass das nicht wieder passiert.“
- Sprache des Verzeihens Nummer 5 ist die Bitte um Vergebung. „Kannst du mir vergeben?“ oder „Mir ist unsere Beziehung sehr viel wert, und deshalb hoffe ich, dass du mir vergibst.“

Von diesen fünf Sprachen hat Ihr Ehepartner wahrscheinlich eine Muttersprache des Verzeihens. Eine von ihnen ist ihm oder ihr wichtiger als die anderen vier. Wenn Ihre Bitte um Verzeihen bei Ihrem Partner richtig ankommen soll, müssen Sie diese Muttersprache erlernen und sprechen.

Ihre eigene Muttersprache des Verzeihens entdecken Sie am besten, wenn Sie darauf achten, auf welche Art Sie Gott Ihre Sünden bekennen. Hören Sie auf die Worte, die Sie normalerweise verwenden, wenn Sie Gott um Vergebung bitten. Diese Wortwahl kann Ihnen wertvolle Hinweise geben. Wie gut, dass der Herr uns durch und durch kennt und deshalb keine Worte braucht, um zu entscheiden, ob wir es ehrlich meinen oder nicht!

*Himmlischer Vater, danke, dass du uns Menschen so unterschiedlich geschaffen hast. Bitte hilf mir, meinen Partner richtig zu verstehen und herauszufinden, was ihm besonders wichtig ist, wenn ich ihn um Verzeihung bitte. Ich danke dir, dass du mir immer wieder aufs Neue vergibst.*

## 20. Oktober

# *Veränderung beginnt bei mir*

*Es genügt aber nicht, das Wort nur zu hören, denn so betrügt man sich selbst. Man muss danach handeln. Wer aber tief in das vollkommene Gesetz Gottes, in das Gesetz der Freiheit, hineinschaut und das immer wieder tut, wer nicht vergisst, was er gehört hat, sondern danach handelt, der wird in dem, was er tut, glücklich und gesegnet sein.*
Jakobus 1,22.25

Es ist nicht leicht, an der Verbesserung Ihrer Ehe zu arbeiten, aber ich kann Ihnen einen Erfolg versprechenden Weg zu diesem Ziel zeigen. Beginnen Sie bei sich selbst, indem Sie Ihre eigene Einstellung verändern. Anstatt die Dunkelheit zu verfluchen, sollten Sie in Ihrem Herzen ein kleines Licht anzünden. Lesen Sie in der Bibel und suchen Sie nach Texten, die Ihnen sagen, wie sich ein christlicher Ehemann oder eine christliche Ehefrau verhalten sollte.

Nehmen Sie sich jeden Tag etwas vor, das Sie zu einem besseren Ehepartner macht. Halten Sie zum Beispiel nach positiven Eigenschaften Ihres Partners Ausschau, damit Sie ihm ein echtes Kompliment machen können. Überlegen Sie sich, wie Sie Ihrem Ehepartner dienen können. Denken Sie darüber nach, mit welchem Geschenk Sie sein Leben bereichern könnten. Überlegen Sie, wie Sie mehr Zeit miteinander verbringen können. Aber denken Sie nicht bloß nach, sondern setzen Sie Ihre Gedanken auch in die Tat um!

In dem oben angegebenen Text fordert der Apostel Jakobus seine Leser auf, mehr zu tun, als bloß das Wort Gottes zu *hören*. Wenn wir nur Zuhörer sind und nicht gleichzeitig auch unser Verhalten ändern, betrügen wir uns selbst. Erst wenn wir die Richtschnur Gottes in die Praxis umsetzen, kann ihre umwandelnde Kraft an uns wirken.

Wenn sich Ihre Einstellung und Ihr Verhalten ändern, haben Sie auch einen positiven Einfluss auf Ihren Ehepartner. Dieser Einfluss hat mehr Macht, als jedes Ihrer ermahnenden Worte haben könnte. Mit Sicherheit kann sich Ihre Ehe zum Besseren ändern. Diese Veränderung beginnt jedoch zuerst bei Ihnen.

*Himmlischer Vater, wie oft beklage ich mich über meine Ehe, aber ich bin nicht bereit, selbst etwas zu ändern. Bitte vergib mir meine Arroganz, wenn ich meine, dass mein Ehepartner an allem schuld ist. Ich will mir vornehmen, mich selbst zu ändern. Bitte zeig mir, wie ich zu einem Ehepartner werde, der dir gefällt. Verändere meine Worte und mein Denken, verwandle mich mehr und mehr in dein Bild hinein, damit ich in meiner Ehe einen positiven Einfluss ausüben kann.*

## 21. Oktober

# Gott hat Hoffnung, auch für schwierige Ehen

*Aber eine Hoffnung bleibt mir noch, an ihr halte ich fest:*
*Die Güte des Herrn hat kein Ende, sein Erbarmen hört niemals auf,*
*es ist jeden Morgen neu! Groß ist deine Treue, o Herr!*
Klagelieder 3,21-23

In der Eheberatung höre ich oft verschiedene Varianten dieser Frage: „Wir haben geheiratet, weil ich schwanger war, aber jetzt merke ich, dass ich einen großen Fehler gemacht habe. Kann ich mich scheiden lassen oder muss ich das Ganze jetzt aushalten? Wie schaffe ich das nur?"

Diese Frage geht von der Voraussetzung aus, dass es nur die eine Alternative gibt, nämlich mit diesem Partner verheiratet zu bleiben und den Rest seines Lebens unglücklich zu sein oder die Scheidung einzureichen und glücklich zu sein. Ich möchte jedoch eine dritte, viel hoffnungsvollere Option vorschlagen: Arbeiten Sie hart, damit Ihre Ehe ein Erfolg wird! Viele Menschen heiraten, obwohl die Voraussetzungen für eine Ehe alles andere als ideal sind. Bei manchen war der Grund eine ungewollte Schwangerschaft. Bei anderen war es eine emotionale Abhängigkeit, der Wunsch nach Flucht aus einer problematischen Familie, eine falsche Auffassung von Romantik und viele weitere Faktoren. Ein schlechter Start oder eine Heirat aus den falschen Gründen müssen Sie jedoch nicht daran hindern, eine gute Ehe zu führen!

Jedes Paar kann sich eine erfolgreiche Ehe erarbeiten, wenn es Gott um Hilfe bittet. Durch Gebet, Bibellesen, die Lektüre christlicher Bücher über die Ehe und eine gute Eheberatung kann auch Ihre Ehe wachsen und gedeihen. Im Buch der Klagelieder schrieb der Prophet Jeremia wunderbare, inspirierende Worte nieder. Wie die Umstände auch aussehen mögen – und Israel befand sich in einer wirklich schlimmen Lage, als Jeremia diese Prophezeiung aussprach – Gott ist treu. Er schenkt uns jeden Morgen aufs Neue sein Erbarmen! Bei ihm gibt es immer Hoffnung. Gott kann Heilung für die Fehler und Wunden der Vergangenheit schenken und uns Hoffnung für die Zukunft geben.

*Himmlischer Vater, ich bin dir so dankbar für deine treue Liebe, die uns nie im Stich lässt. Du schenkst mir Hoffnung, auch mitten in meinen Eheproblemen. Dir ist nichts zu schwer. Bitte hilf mir, mein Bestes zu geben, damit meine Ehe besser wird. Ich weiß, es ist dein Wille, dass wir eine starke Beziehung haben, in der wir dir die Ehre geben. Deshalb bitte ich dich: Wirke an meinem Herzen, Herr.*

# Zu viele Erwartungen

*Mit Bitterkeit, Jähzorn und Wut sollt ihr nichts mehr zu tun haben. Schreit einander nicht an, redet nicht schlecht über andere, und vermeidet jede Feindseligkeit.*
Epheser 4,31

In unserer Gesellschaft hat bei der Rollenverteilung in der Ehe ein grundlegender Wandel stattgefunden. Nach dem traditionellen Rollenbild war der Mann der Ernährer, während die Frau für den Haushalt zuständig war. Heute sind jedoch mehr Ehefrauen berufstätig als zu Hause. Diese Entwicklung hat sicherlich auch Vorteile, aber sie hat in der Ehe auch neue Konfliktpunkte geschaffen.

Wenn eine Ehefrau außer Haus arbeitet und sie sich die Ernährerrolle mit dem Mann teilt, übernimmt der Ehemann dann auch bei den Aufgaben im Haushalt die gleiche Verantwortung wie die Frau? Wenn man die neuesten Forschungsergebnisse berücksichtigt, ist das wohl nicht der Fall. Als Folge davon fühlt sich die Frau häufig ausgenutzt, weil sie im Grunde genommen zwei Vollzeit-Jobs hat. Wenn diese negativen Gefühle nicht verarbeitet werden, können sie leicht zu Bitterkeit führen. Wir wissen jedoch, dass das nicht der Wille Gottes ist. Der Apostel Paulus macht uns klar, dass wir Bitterkeit und harte Worte aus unseren Herzen verbannen sollen. Aber wie gehen wir dann mit diesen negativen Gefühlen um?

Am besten sprechen wir über diese Gefühle und versuchen gemeinsam, einen Weg zur Veränderung zu finden. Wenn Sie Ihre Anliegen auf positive Art formulieren, werden Sie Ihrem Ehepartner eine bessere Reaktion entlocken. Eine Frau könnte zum Beispiel sagen: „Ich liebe dich, und ich möchte dir wirklich eine gute Ehefrau sein, aber ich versinke in Arbeit. Ich brauche deine Hilfe.“ Dann kann sie ins Detail gehen und schildern, wie viel Druck durch die viele Arbeit auf ihr lastet. Solche Gespräche braucht jedes Ehepaar regelmäßig, um sich zu einigen, wer in einer Ehe welche Aufgaben übernehmen soll.

*Himmlischer Vater, manchmal ist der Druck einfach zu groß, in der Arbeit, zu Hause, in der Familie und bei meinen anderen Verpflichtungen. Ich möchte ein guter Ehepartner sein, aber oft denke ich, dass ich diesem Druck nicht standhalten kann, und dann bin ich schnell verbittert. Bitte hilf mir, mit diesen Gefühlen vernünftig umzugehen, indem ich mit meinem Ehepartner darüber spreche. Schenke uns Geduld und Verständnis, wenn wir klärende Gespräche über die Aufgabenverteilung in unserer Ehe führen.*

# 23. Oktober

## Gemeinsam geht es besser

*Zwei haben es besser als einer allein, denn zusammen können sie mehr erreichen. Stürzt einer von ihnen, dann hilft der andere ihm wieder auf die Beine. Doch wie schlecht steht es um den, der alleine ist, wenn er hinfällt! Niemand ist da, der ihm wieder aufhilft!*
Prediger 4,9-10

Viele Paare beginnen ihre Ehe mit der Annahme, dass ihr Haushalt so geführt wird, wie sie es in ihrem Elternhaus gewohnt waren. Allerdings gibt es jetzt zwei Elternpaare im Hintergrund, und beide haben im Haushalt wahrscheinlich verschiedene Methoden gehabt. Seine Eltern und ihre Eltern hatten bestimmt nicht dieselbe Strategie. Deshalb haben die jungen Eheleute sehr unterschiedliche Erwartungen, was dieses Thema angeht. Wie können wir dieses Problem lösen? Indem wir unsere eigene Strategie entwerfen!

Machen Sie eine Liste mit allen Arbeiten im Haushalt, die Ihnen in den Sinn kommen. Dazu gehören Tätigkeiten wie Geschirr spülen, kochen, das Einkaufen von Lebensmitteln, Staub saugen, das Auto in die Waschanlage fahren, Rasen mähen, Rechnungen bezahlen, einfach alles, was mit dem Haushalt zu tun hat. Bitten Sie Ihren Ehepartner, ebenfalls eine Liste zu notieren. Dann legen Sie die beiden Listen zusammen und erstellen eine „General-Liste" mit den verschiedenen Aufgaben. Als Nächstes sollte jeder von Ihnen ein Exemplar dieser Liste nehmen und seine Initialen neben die Aufgaben schreiben, die Sie übernehmen wollen. Schließlich setzen Sie sich wieder zusammen und vergleichen, wo Sie übereinstimmen. Bei den Unterschieden gibt es Verhandlungsbedarf, und jeder von Ihnen sollte sich bereit erklären, bestimmte Aufgaben zu übernehmen.

Geben Sie sich sechs Monate Zeit. Danach überprüfen Sie noch einmal, ob alles gut läuft. Denken Sie, dass die Aufgaben gleichmäßig verteilt sind? Hat einer von Ihnen Probleme mit einer bestimmten Aufgabe, die dem anderen eventuell leichter fallen würde? Wo muss sich etwas ändern?

Wenn Sie über diese Fragen sprechen, denken Sie daran, dass Sie ein Team sind. Wie es in Prediger 4 heißt, können zwei Menschen mehr erreichen als einer, wenn sie zusammenarbeiten. Nutzen Sie Ihre Stärken, um sich gegenseitig zu unterstützen.

*Großer Gott, ich danke dir für meinen Ehepartner und für die Möglichkeit, als Team zusammenzuarbeiten, damit in unserem Haushalt und unserer Familie alles reibungslos läuft. Ich möchte meinem Partner helfen, damit er weiterkommt. Bitte leite uns, wenn wir unsere Aufgaben und Pflichten planen. Hilf uns, dass wir liebevoll miteinander umgehen.*

# Wege aus der Sackgasse

*Denkt bei allem daran, dass ihr für den Herrn und nicht für die Menschen arbeitet.*
Kolosser 3,23

In meinem Büro saß einmal ein Ehepaar, das sich nicht einigen konnte, wer bei ihnen die Toilette putzen sollte. Er beharrte darauf, dass diese Arbeit Frauensache sei. Sie dagegen behauptete steif und fest, das sei Männerarbeit. Inzwischen war der Toilettensitz schon ganz schimmelig, weil keiner nachgeben wollte.

„Wie wäre es denn, wenn Sie jemanden engagieren, der jede Woche die Toilette putzt?", fragte ich.

„Das können wir uns nicht leisten", antwortete der Ehemann.

„Kennen Sie vielleicht jemanden, der diese Arbeit auch ohne Bezahlung machen würde?"

„Meine Mutter", erwiderte er. „Aber ich will sie nicht darum bitten. Das wäre einfach albern."

„Was wäre denn die logischste Lösung?", wollte ich wissen.

„Die logischste Lösung wäre es, wenn meine Frau das machen würde", sagte er.

„Nein, die logischste Lösung wäre es, wenn mein Mann das machen würde", erwiderte seine Frau.

„Jetzt haben Sie Ihr Problem gelöst", sagte ich. „Sie putzen diese Woche die Toilette, und Ihre Frau macht das nächste Woche."

„Aber dann muss ich ja klein beigeben", protestierte der Mann.

„Ja", erwiderte ich. „Und genau darum geht es in der Ehe."

Dieses Ehepaar hatte kein Problem mit der Toilette, sondern mit der Einstellung. Wenn sowohl der Mann als auch die Frau sich für die Liebe entscheiden, geraten sie nicht in eine solche Sackgasse, und die Arbeiten im Haushalt werden erledigt. Wie es in Kolosser 3,23 heißt, sollen wir unsere Arbeit bereitwillig tun, als würden wir dem Herrn und nicht Menschen dienen. Wenn Sie mit Ihrem Ehepartner über die Aufgabenverteilung im Haushalt verhandeln, sollte es beim Ergebnis nicht um persönliche Rechte gehen, sondern darum, dass Sie Gott dienen und einander Ihre Liebe zeigen wollen.

• • • • • • • • • • • • • • • • • • • • • • • • •

*Himmlischer Vater, manchmal denke ich nur an meine eigenen Rechte und gerate dabei in eine Sackgasse. Bitte erinnere mich daran, dass ich dir diene, wenn ich meinem Ehepartner helfe. Vergib mir, wenn ich manchmal stur und lieblos reagiere. Zeig mir, wie ich auch beim Gespräch über die Aufgabenverteilung im Haushalt eine Einstellung entwickeln kann, die von Liebe geprägt ist.*

25. Oktober

# Geschenke als Symbole

*So kamen die israelitischen Männer und Frauen mit ihren freiwilligen Gaben für den Herrn herbei. Sie alle wollten etwas zum Bau des Heiligtums beitragen. Der Herr hatte sie durch Mose dazu aufgefordert.*
2. Mose 35,29

Bei den meisten Trauzeremonien werden Ringe getauscht. Der Pastor sagt ungefähr Folgendes: „Diese Ringe sind ein äußeres und sichtbares Zeichen eines inneren Bandes, das eure beiden Herzen in ewiger Liebe vereint." Das sind keine leeren Worte, sondern dahinter steckt eine bedeutsame Wahrheit. Symbole haben einen emotionalen Wert.

Sichtbare Symbole der Liebe haben für manche Menschen mehr Bedeutung als für andere. Deshalb gibt es auch unterschiedliche Einstellungen, wenn es um Eheringe geht. Manche Leute nehmen den Ring niemals ab, andere dagegen tragen ihn nur selten. Diese Unterschiede entsprechen oft den verschiedenen Liebessprachen. Wenn „Geschenke" meine Muttersprache der Liebe ist, hat mein Ehering für mich einen großen Wert, und ich fühle mich vielleicht verletzt, wenn mein Ehepartner anders darüber denkt. Auch andere Geschenke, die mein Ehepartner mir im Laufe der Jahre macht, sind für mich Ausdrucksformen der Liebe. Ohne Geschenke als sichtbare Symbole stelle ich die Liebe meines Partners eventuell infrage.

Im Laufe der Jahrhunderte zeigten Menschen ihre Liebe zum Schöpfergott ebenfalls mit Geschenken. In 2. Mose 35 wird berichtet, wie die Israeliten freiwillig Gold, Silber, Bronze, Leinen und andere wertvolle Gaben für die Stiftshütte brachten. Der Herr brauchte diese Opfergaben bestimmt nicht, aber durch diese Handlung zeigten ihm die Menschen damals ihre Liebe und Aufrichtigkeit. Ein ähnliches Verhalten findet man auch in vielen Ehen.

„Du hast mir nichts mitgebracht?" Wenn Sie diesen Satz bei der Rückkehr von einer Reise hören oder wenn Ihr Partner zutiefst verletzt ist, weil Sie vergessen haben, ihm ein Geburtstagsgeschenk zu besorgen, dann können Sie daraus schließen, dass seine oder ihre Muttersprache der Liebe das Schenken und Beschenktwerden ist. Sprechen Sie diese Sprache, und der Liebestank Ihres Ehepartners wird immer gut gefüllt sein.

*Himmlischer Vater, wenn ich meinem Ehepartner etwas schenke, dann ist das eine Zusicherung meiner Liebe. Ich will damit auch zeigen, dass unsere Beziehung mir viel bedeutet. Bitte hilf mir, meinem Ehepartner diese Gefühle zu vermitteln – durch die äußeren Zeichen meiner Liebe.*

# 26. Oktober

# Die Kunst des Schenkens

*Aber so, wie ihr euch in jeder Beziehung hervortut: im Glauben, in der Redegabe und der Erkenntnis, in allem Fleiß und der gegenseitigen Liebe, die wir in euch geweckt haben, so solltet ihr euren Reichtum auch in diesem Gnadenwerk zeigen.*
2. Korinther 8,7

Eine Frau beklagt sich: „Mein Mann schenkt mir nie etwas."

Und was sagt der Mann dazu? „Ich bin nicht gut im Geschenkemachen. Als ich ein Kind war, habe ich nie viele Geschenke bekommen, und ich habe nie gelernt, wie man Geschenke aussucht. Es fällt mir nicht leicht, Geschenke zu machen."

Herzlichen Glückwunsch! Sie haben gerade Ihre erste Entdeckung gemacht, wie Sie ein großer Liebhaber werden können. Sie und Ihre Frau sprechen unterschiedliche Liebessprachen. Nach dieser Entdeckung können Sie Ihre zweite Sprache lernen.

Aber wie fangen Sie das an? Machen Sie eine Liste und schreiben Sie alle Geschenke auf, über die Ihr Partner sich im Laufe der Jahre gefreut hat. Anhand dieser Liste haben Sie eine Vorstellung davon, welche Geschenke ihm gefallen. Hören Sie gut zu, wenn Ihr Partner Bemerkungen fallen lässt wie: „Ach, so etwas hätte ich gerne", wenn Sie einen Einkaufsbummel machen oder er eine Zeitschrift durchblättert. Schreiben Sie auf, was ihm so sehr gefallen hat, damit Sie es nicht vergessen. Oder Sie bitten Familienmitglieder um Hilfe. Ihre Schwester könnte die Richtige sein, wenn es um ein Geschenk für Ihre Frau geht. Vielleicht weiß Ihr Schwager ganz genau, worüber sich Ihr Mann freuen würde.

In seinem Brief an die Gemeinde in Korinth bittet der Apostel Paulus um ein Geldgeschenk für die Not leidenden Christen in Jerusalem. Weil die Korinther im Glauben gewachsen waren, wollte er, dass sie sich auch im „Gnadenwerk" des Gebens hervortaten. Natürlich meinte er damit einen finanziellen Beitrag, aber die dahinter liegenden Prinzipien sind beim Schenken ähnlich. Die Gläubigen drückten ihre Liebe zu Jesus Christus und zu ihren Mitchristen durch Geben aus. Wir können unsere Liebe zu unserem Ehepartner ebenfalls durch selbstloses, aufmerksames Handeln ausdrücken. Wenn Sie das tun, befinden Sie sich auf dem besten Weg, die Kunst des Schenkens zu erlernen.

*Herr Jesus Christus, ich möchte großzügig sein, weil ich weiß, dass Geschenke ein Ausdruck meiner Liebe zu meinem Ehepartner sind. Bitte zeig mir, wie ich die Kunst des Schenkens erlernen kann. Meine Motivation und mein Ziel soll es sein, dem Menschen, den ich liebe, Freude zu bereiten. Danke, dass du uns so viel geschenkt und uns dadurch ein Beispiel gegeben hast.*

# 27. Oktober

## Geschenke als Ausdruck der Liebe

*Ein Mensch, der ein versprochenes Geschenk zurückhält,*
*ist wie Wind und Wolken, die keinen Regen bringen.*
Sprüche 25,14

Wie oft haben wir schon diesen Satz gehört: „Der gute Wille zählt." Aber ich möchte Sie daran erinnern, dass der gute Wille nicht zählt, wenn es allein dabei bleibt, sondern wenn sich dieser gute Wille auch in einem Geschenk ausdrückt. Gute Absichten allein reichen nicht aus. Der oben zitierte Vers aus dem Buch der Sprüche schildert auf humorvolle Weise einen Menschen, der ein Geschenk verspricht, es aber nicht übergibt. Ein solcher Mensch ist „wie Wind und Wolken, die keinen Regen bringen". Wenn Geschenke für Ihren Ehepartner wichtig sind, dann sollten Sie Ihre guten Absichten auch wahr machen.

Geschenke gibt es in allen Größen, Farben und Formen. Manche von ihnen sind teuer, manche gibt es umsonst. Für einen Menschen, dessen Muttersprache „Schenken und Beschenktwerden" lautet, spielt der Preis eines Geschenkes eine untergeordnete Rolle, es sei denn, es fällt gänzlich aus dem Rahmen dessen, was Sie sich leisten können.

Geschenke kann man kaufen, finden oder selbst herstellen. Der Ehemann, der eine Wildblume pflückt, hat eine Ausdrucksform seiner Liebe gefunden (es sei denn, seine Frau ist allergisch gegen Blumen). Für wenig Geld können Sie eine schöne Karte kaufen, aber Sie können auch eine Karte ganz einfach selbst basteln. Falten Sie ein Stück Papier in der Mitte, schneiden Sie auf der einen Seite eine Herzform aus und schreiben Sie auf die andere Seite „Ich liebe dich" mit Ihrer Unterschrift. Geschenke müssen nicht teuer sein. Sogar eine Süßigkeit oder ein preiswerter Modeschmuck können ein Lächeln auf das Gesicht Ihres Partners zaubern. Es ist tatsächlich so: Der gute Wille zählt.

*Himmlischer Vater, ich möchte meinen Ehepartner nicht enttäuschen mit guten Absichten, die zu nichts führen. Bitte hilf mir, meine Absichten mit sinnvollen Geschenken auch wirklich wahr zu machen. Ich will mich ehrlich bemühen, meinem Partner meine Liebe zu zeigen.*

# 28. Oktober

## Liebe und Wahrheit gehören zusammen

*Recht und Gerechtigkeit sind die starken Säulen deines Thrones.*
*Liebe und Wahrheit gehen vor dir her.*
Psalm 89,15

Ein Mann sagte zu mir: „Meine Frau ist übersensibel, und ich will sie nicht verletzen. Deshalb behalte ich alle meine Gefühle für mich. Aber manchmal meine ich, ich müsste explodieren." Glauben Sie, dass dieser Mann seiner Frau einen Gefallen tut? Seine Absichten sind vielleicht gut, aber ich finde, er schadet seiner Ehe.

In Psalm 89 werden „Liebe und Wahrheit" als zwei wichtige Wesenszüge Gottes erwähnt. Wenn die Wahrheit ignoriert wird, ist die Liebe gefährdet. Die Bibel fordert uns auf, die Wahrheit in Liebe zu reden, damit wir Jesus Christus immer ähnlicher werden (vgl. Epheser 4,15).

Beide Punkte sind wichtig: Erstens, die Wahrheit zu sprechen, und zweitens, es auf liebevolle Art zu tun.

Denken Sie daran: Liebe baut auf. Liebe will das Beste für den anderen. Wenn Sie Ihre Frustration, Ihre verletzten Gefühle und Ihren Schmerz für sich behalten, ist das nicht gut für Ihren Ehepartner oder Ihre Ehe. Es ist sogar äußerst unfair, weil Sie Ihren Partner von Ihren Gefühlen ausschließen. Er kann nicht auf Ihren Schmerz reagieren, wenn er nichts davon weiß.

Wenn Sie sich in einer solchen Situation befinden, könnten Sie zum Beispiel sagen: „Schatz, ich habe dich sehr lieb, und ich habe dir Unrecht getan, weil ich dir das nicht schon früher gesagt habe. Ich wollte dich nicht verletzen, aber das ist keine Entschuldigung. Bitte hör mir zu. Ich will dich nicht niedermachen, sondern ich möchte dich wissen lassen, wie ich mich fühle." Dann sagen Sie die Wahrheit über Ihre Gefühle. Jetzt hat Ihr Partner die Gelegenheit, Ihnen zu helfen. Vielleicht wird Sie seine Reaktion überraschen.

*Himmlischer Vater, du zeigst uns in deinem Wort, dass Wahrheit und Liebe zu deinem Wesen gehören und wir uns deshalb beide zu eigen machen sollten. Wenn ich meinem Partner die Wahrheit vorenthalte, weil ich ihn nicht verletzen möchte, betrüge ich mich selbst. Bitte hilf mir, meinem Ehepartner in Liebe die Wahrheit zu sagen.*

29. Oktober

# Vier Mythen, vier Wahrheiten

*Ihr werdet die Wahrheit erkennen, und die Wahrheit wird euch befreien!*
Johannes 8,32

Ich möchte Ihnen heute vier Mythen über die Ehe vorstellen, die uns häufig die Motivation nehmen, an unseren Ehen zu arbeiten. Wenn ich diesen Mythen Glauben schenke, begebe ich mich in Gefangenschaft, aber die Wände meines Gefängnisses sind nicht aus Stein, sondern aus Papier. Sie können mich nur festhalten, wenn ich sie für zu stark halte, um daraus auszubrechen.

Jesus sagte seinen Zuhörern, dass die Wahrheit uns befreien wird, wenn wir sie kennen. Wir können uns auch von den Mythen über die Ehe frei machen, wenn wir ihnen die Wahrheit entgegensetzen.

*Mythos Nummer 1:* Meine Gemütsverfassung und die Qualität meiner Ehe werden von meinem Umfeld geprägt.

*Die Wahrheit:* Gott kann uns auch in den schlimmsten Situationen innere Ruhe schenken (vgl. Johannes 14,27). Er kann mich zu seinem Werkzeug machen, damit meine Ehe besser wird.

*Mythos Nummer 2:* Menschen können sich nicht ändern.

*Die Wahrheit:* Menschen ändern sich jeden Tag, oft sogar grundlegend. Gott kann uns zu neuen Menschen machen (vgl. 2. Korinther 5,17).

*Mythos Nummer 3:* Wenn Sie sich in einer Problem-Ehe befinden, haben Sie nur zwei Möglichkeiten: Sie bleiben und sind unglücklich oder Sie trennen sich von Ihrem Ehepartner.

*Die Wahrheit:* Sie können in Ihrer Ehe ein Werkzeug Gottes sein und positive Veränderungen erleben (vgl. Römer 12,2).

*Mythos Nummer 4:* Manche Situationen sind hoffnungslos.

*Die Wahrheit:* Bei Gott gibt es keine hoffnungslosen Situationen (vgl. Römer 15,13). Er ist ein Gott der Wunder. Richten Sie Ihren Blick auf ihn, nicht auf Ihre Situation.

*Großer Gott, danke für die Wahrheit deines Wortes, die den häufig von uns geglaubten Lügen entgegenwirkt. Bitte hilf uns, an deiner Wahrheit festzuhalten, – der Wahrheit, dass Veränderung stattfinden kann, dass es immer Hoffnung gibt, dass du nur Gutes für meine Ehe im Sinn hast. Verändere mich, Herr und schenke mir eine Liebe zu meinem Ehepartner, die deine Kraft der Verwandlung in sich trägt.*

# Weg mit dem Balken!

*Urteilt nicht über andere, damit Gott euch nicht verurteilt. Denn so wie ihr jetzt andere verurteilt, werdet auch ihr verurteilt werden. Und mit dem Maßstab, den ihr an andere legt, wird man euch selber messen. Warum siehst du jeden kleinen Splitter im Auge deines Bruders, aber den Balken in deinem eigenen Auge bemerkst du nicht? Entferne zuerst den Balken aus deinem Auge, dann kannst du klar sehen, um auch den Splitter aus dem Auge deines Bruders zu ziehen.*

Matthäus 7,1-3.5

Es fällt uns leicht, die Fehler unseres Ehepartners zu benennen, aber es fällt uns schwer, unsere eigenen Fehler zuzugeben. Wenn Paare zu mir in die Eheberatung kommen, mache ich es oft so, dass ich jedem Partner erst einmal ein Blatt Papier gebe und beide darum bitte, die Fehler ihres Ehepartners aufzuschreiben. Zehn oder fünfzehn Minuten lang sitzen beide da und schreiben eifrig. Manche bitten sogar um ein weiteres Blatt Papier.

Dann bitte ich beide, ihre eigenen Fehler niederzuschreiben. Die meisten Leute notieren sich einen einzigen. Aber ich beobachte, wie sie dasitzen und angestrengt nachdenken, ob sie noch einen zweiten Fehler finden. Nur selten kommt ein Ehepartner wieder in mein Büro und hat mehr als vier Fehler auf seiner Liste stehen. Wir sehen beim anderen siebenundzwanzig Fehler, aber wir haben selbst offenbar nicht mehr als vier.

Wir neigen dazu, uns durch eine rosarote Brille zu sehen. Unsere Fehler sind in unseren Augen nicht allzu schlimm, weil wir daran gewöhnt sind. Schließlich leben wir seit Jahren mit ihnen. Natürlich liegt es unserer Meinung nach am Verhalten unseres Ehepartners, wenn wir Probleme haben! Aber Jesus warnte uns davor, über andere zu urteilen, weil unsere Kritik an anderen gegen uns verwendet wird – möglicherweise sogar von unserem Ehepartner. Unser Herr fordert uns auf, zuerst den Balken aus unserem eigenen Auge zu entfernen. Sobald das geschehen ist, können wir klarer sehen und unserem Partner helfen, an seinen Fehlern zu arbeiten.

Wenn wir uns nach einer echten Versöhnung mit unserem Ehepartner sehnen, können wir den ersten Schritt machen, indem wir unsere eigenen Fehler zugeben.

*Herr Jesus Christus, ich schäme mich, dass ich meinen Partner oft so hart kritisiere, ohne auch nur ansatzweise über meine eigenen Fehler nachzudenken. Bitte vergib mir diesen Richtgeist. Hilf mir, zuerst an mir selbst zu arbeiten, bevor ich die Schuld auf meinen Ehepartner schiebe. Bitte hilf mir auch, meinem Partner mit Liebe, Geduld und Freundlichkeit statt mit Kritik zu begegnen.*

# 31. Oktober

## Wütend auf Gott? Er versteht uns!

*Der Herr ist denen nahe, die verzweifelt sind, und rettet jeden, der alle Hoffnung verloren hat.*
Psalm 34,19

Wir sprechen ungern über dieses Thema, aber wir Christen sind manchmal wütend auf Gott, wenn wir meinen, dass er uns unfair behandelt. Das ist oft der Fall bei einem Schicksalsschlag, wenn zum Beispiel bei einem unserer Kinder eine schwere Krankheit diagnostiziert wird oder sich bei der Geburt eines Kindes herausstellt, dass es körperlich oder geistig behindert ist. Wenn wir dieses Gefühl der hilflosen Wut nicht richtig verarbeiten, kann es in unserer Ehe eine Missstimmung auslösen. Warum? Wir fühlen uns nicht wohl bei dem Gedanken, Gott unsere Wut mitzuteilen. Deshalb lassen wir sie an unserem Ehepartner aus, aber er fühlt sich zu Unrecht angegriffen, wenn er an der Situation keine Schuld trägt. Also wird unser Ehepartner ebenfalls wütend. Aber zwei wütende Leute können keine gute Ehe führen.

Ich möchte Ihnen jedoch Mut machen: Wenn Sie meinen, dass Gott Sie unfair behandelt, dann bringen Sie ihm Ihre hilflose Wut. Sie brauchen sich wegen Ihrer Gefühle nicht zu schämen. Schütten Sie Gott ruhig Ihr Herz aus, denn er kennt Ihre Gefühle und wird über Ihre Wut nicht überrascht sein.

Als Hiob unaussprechliches Leid durchlebte, fragte er verzweifelt nach dem Warum. Er brachte seine Fragen zu Gott, und Gott hörte ihm zu. Schließlich antwortete er. Gott erklärte Hiob nicht alles, sondern stellte sogar Gegenfragen. Hiob war jedoch beruhigt, dass Gott ihm nahe war, ihn angehört hatte und alles in seiner Hand hielt. Deshalb rief er voller Verwunderung aus: „Herr, ich kannte dich nur vom Hörensagen, jetzt aber habe ich dich mit eigenen Augen gesehen!" (Hiob 42,5). Wenn wir Gott unsere Wut bringen, tröstet er uns häufig, indem er uns eine neue Sicht der Dinge schenkt.

Der Herr kennt Ihr Herz, und er lässt Sie auch in Ihrem Schmerz nicht allein. Die Worte in Psalm 34 erinnern uns daran, dass er den Verzweifelten nahe ist. Deshalb machen Sie den ersten Schritt auf dem Weg zu Ihrer Heilung, indem Sie Gott gegenüber zugeben, dass Sie Wut empfinden.

*Himmlischer Vater, wenn ich wütend auf dich bin, lasse ich diese Wut oft an meinem Ehepartner aus, obwohl ich weiß, dass das nicht richtig ist. Bitte vergib mir und hilf mir, zu meinem Partner freundlich zu sein, auch wenn meine Gefühle im Aufruhr sind. Danke, dass du in deiner großen Liebe auch mit meiner Wut umgehen kannst.*

# 1. November

## Das Bedürfnis nach Liebe

*Heute gebe ich euch ein neues Gebot: Liebt einander!*
*So wie ich euch geliebt habe, so sollt ihr euch auch untereinander lieben.*
Johannes 13,34

Wir können die wahren Probleme in einer Beziehung nicht ansprechen, wenn wir nicht verstehen, was die Triebkraft hinter dem Verhalten des anderen ist. Unser gesamtes Verhalten wird von inneren Bedürfnissen geprägt. Dazu gehört auch das Bedürfnis nach Liebe.

Barbara beklagt sich, dass ihr Mann sich keine Zeit für sie nimmt. Oft hält sie ihm wütende Gardinenpredigten und wirft ihm mangelndes Interesse an ihrer Person vor. Manchmal wirken diese Verbalattacken, und ihr Mann Bob nimmt sich Zeit für ein Gespräch mit ihr. Aber er nimmt es seiner Frau übel, dass sie einen solchen Druck auf ihn ausübt. Der Umgang der beiden miteinander wäre viel besser, wenn Bob begreifen würde, dass „Zweisamkeit" Barbaras Muttersprache der Liebe ist und er deshalb regelmäßig Zeit mit seiner Frau verbringen sollte. Wenn Bob das Bedürfnis von Barbara mehr berücksichtigen würde, könnte sich das sogar auf ihr Verhalten ihm gegenüber auswirken.

Als Christen sollen wir einander lieben, so wie Jesus Christus uns liebt. Das war das „neue" Gebot, das Jesus seinen Jüngern in Johannes 13 gegeben hat. Natürlich ist das eine große Herausforderung für uns. Aber wir können uns dieser Herausforderung stellen, indem wir mit Geduld reagieren, selbst wenn man uns provoziert. Unseren Partner so zu lieben, wie Jesus Christus uns liebt, bedeutet auch, dass wir in sein Herz schauen. In einer problematischen Beziehung sollten wir lernen, das emotionale Bedürfnis hinter dem Verhalten unseres Ehepartners zu erkennen, anstatt uns über die Symptome zu streiten. Das ist ein bedeutender Schritt zu einer Verbesserung unserer Ehe. Wir sollten nicht über das Verhalten unseres Ehepartners schimpfen, sondern auf das dahinter liegende Bedürfnis reagieren.

*Himmlischer Vater, wenn ich auf das Verhalten meines Ehepartners ungeduldig oder aggressiv reagiere, dann schenke mir die Geduld, die Ursachen zu erkennen. Ich bitte dich um Weisheit, hinter dem Verhalten die Bedürfnisse zu sehen. Hilf mir, auf diese Bedürfnisse einzugehen.*

2. November

# Der Wunsch nach Freiheit

*Durch Christus wurde euch die Freiheit geschenkt, liebe Brüder und Schwestern! Das bedeutet aber nicht, dass ihr jetzt tun und lassen könnt, was ihr wollt. Dient vielmehr einander in Liebe.*
Galater 5,13

Gestern haben wir über unser emotionales Bedürfnis nach Liebe gesprochen. Ein weiteres, tief in uns verankertes Bedürfnis ist der Wunsch nach Freiheit. In einer Ehe wünschen wir uns die Freiheit, unsere Gefühle, Gedanken und Wünsche ausdrücken zu können. Wir möchten Freiheit, um Entscheidungen zu treffen. Wir tun vieles füreinander oder für unseren Ehepartner, aber wir wollen das freiwillig und nicht unter Zwang tun. Wenn wir merken, dass man uns manipulieren und kontrollieren will, gehen wir in die Defensive und werden wütend.

Freiheit ist jedoch nicht etwas Absolutes, denn grenzenlose Freiheit entspricht nicht einem Leben in Liebe. In Galater 5 betont der Apostel Paulus, dass uns Christen in Jesus Christus die Freiheit geschenkt wurde, die Freiheit vom Gesetz, von der Sünde, die Freiheit, so zu sein, wie Gott uns gewollt hat. Trotzdem fordert Paulus uns auf, diese Freiheit zu nutzen, um einander in Liebe zu dienen. Wir tun das nicht, weil wir Schuldgefühle haben oder manipuliert werden, sondern aus freiem Willen. Liebe dient immer den Interessen des geliebten Menschen.

Wenn wir erkennen, dass jeder von uns diesen Wunsch nach Freiheit hat, geben wir auch unserem Ehepartner die Freiheit, eigene Entscheidungen zu treffen. Wir äußern Bitten, keine Forderungen. Wir sagen unsere Meinung, aber geben unserem Ehepartner auch die Möglichkeit, anderer Meinung zu sein. Liebe und Freiheit sind zwei wichtige Bestandteile einer gesunden Ehe.

*Herr Jesus Christus, danke, dass du uns Freiheit geschenkt hast. Hilf mir, diese Freiheit auf liebevolle Weise zu nutzen. Bewahre mich aber auch davor, die Freiheit meines Ehepartners einzuschränken. Hilf uns, einander ohne Vorbehalte zu lieben und zu dienen.*

## 3. November

# Süchtig nach Arbeit?

*Ihr werdet ein heiliges Volk sein, das ganz dem Herrn gehört. So hat er es versprochen.*
5. Mose 26,19

Ist Ihr Ehepartner süchtig nach Arbeit? Wenn das der Fall ist, sollten Sie sich bewusst machen, dass manche Menschen von dem Bedürfnis, in der Welt Bedeutung zu erlangen, angetrieben werden. Viele Arbeitswütige erkennen nicht, dass wir unsere wahre Bedeutung woanders finden. Wir sind schließlich Kinder Gottes und erfüllen in unserem Leben seine Absichten mit uns. In 5. Mose 26 ist die Rede davon, dass Kinder Gottes ganz ihm gehören, wie ein besonderer Schatz. Unser himmlischer Vater liebt uns nicht, weil wir etwas sind oder tun, sondern weil er uns geschaffen hat. Wir können nichts dazu beitragen, unseren Wert in seinen Augen zu erhöhen oder zu mindern.

Ein arbeitswütiger Mensch neigt dazu, diese Tatsachen zu vergessen. Deshalb investiert er alle seine Kraft in den beruflichen Erfolg, auch auf Kosten der Beziehung zum Ehepartner oder der Familie. Vielleicht hat ein Mann noch die Worte seines Vaters im Ohr, der zu ihm sagte: „Aus dir wird nie etwas werden.“ Deshalb versucht er sein ganzes Leben lang, seinen Vater zu widerlegen. Aber das ist ein bitterer, nie endender Kreislauf.

Wenn Sie mit einem arbeitssüchtigen Menschen verheiratet sind, sagen Sie nichts Negatives über die Arbeit Ihres Ehepartners. Sparen Sie stattdessen nicht mit Lob, Bewunderung und Ermutigung. Sagen Sie Ihrem Partner, wie stolz Sie auf ihn sind. Je mehr Sie Ihren Partner loben und je mehr Sie ihn um seiner Person willen wertschätzen, desto größer ist die Wahrscheinlichkeit, dass ein arbeitssüchtiger Ehepartner mehr Zeit mit Ihnen als bei der Arbeit verbringen möchte.

*Himmlischer Vater, danke, dass du uns deine bedingungslose Liebe schenkst. Erinnere mich daran, dass du mir meinen eigentlichen Wert gibst, und nicht das, was ich leiste. Bitte hilf mir, diese Gewissheit auch an meinen Ehepartner weiterzugeben.*

# 4. November

## Zeit mit Kindern verbringen

*Wie ein Vater seine Kinder liebt, so liebt der Herr alle, die ihn ehren.*
Psalm 103,13

In den letzten Jahren haben wir in der Gesellschaft und in den Gemeinden viel darüber gehört, wie wichtig es ist, sich Zeit füreinander zu nehmen. Wir alle stehen unter Zeitdruck. Unsere Terminkalender sind voll, in vielen Familien sind beide Ehepartner berufstätig, und die Zahl der allein erziehenden Eltern wächst stetig. Obwohl das Thema „Zeit füreinander haben" unter Erwachsenen diskutiert wird, wird das Bedürfnis der Kinder nach Zeit und Aufmerksamkeit oft ignoriert. Wenn Sie Kinder haben, merken Sie vielleicht, dass sich hinter ihrem schlechten Benehmen der starke Wunsch verbirgt, mehr Zeit mit ihnen zu verbringen. In den Augen eines Kindes ist es immer noch besser, negative Aufmerksamkeit zu bekommen als gar keine.

Wir sind in der glücklichen Lage, dass wir uns nicht rebellisch verhalten müssen, damit Gott uns seine Aufmerksamkeit schenkt. In Psalm 103 wird Gott als liebevoller Vater geschildert, der seinen Kindern Zärtlichkeit und Mitgefühl entgegenbringt. Wenn wir mit ihm sprechen, hört er uns. Wenn wir ihn rufen, ist er da. Er nimmt sich Zeit für uns, wenn wir ihn brauchen, und das sollte uns als Vorbild dienen.

Wenn wir uns Zeit für ein Kind nehmen, sollten wir ihm unsere volle Aufmerksamkeit schenken. Solange unsere Kinder klein sind, müssen wir das sowieso tun. Aber wenn sie größer werden, entfernen wir uns von ihnen, weil andere Verpflichtungen auf uns zukommen. Ich möchte Sie jedoch auffordern, sich Zeit zu nehmen für Ihre Kinder, ihnen in die Augen zu sehen, ihnen zuzuhören, wenn sie reden und ihnen das Gefühl zu vermitteln, dass sie Ihnen wichtig sind. Diese Investition zahlt sich aus, denn eine gute Beziehung zu Ihren Kindern ist auch gut für Ihre Ehe.

*Himmlischer Vater, danke, dass du immer für mich da bist. Hilf mir, auch für meine eigenen Kinder da zu sein. Bitte schenke mir Geduld und Weisheit, meinen Kindern meine ganze Aufmerksamkeit zu widmen. Hilf mir, ihnen das Gefühl zu geben, dass sie mir viel bedeuten – und dir auch.*

# 5. November

## Kinder brauchen Geschichten

*Bewahrt deshalb diese Worte im Herzen! Bringt die Gebote euren Kindern bei! Redet immer und überall davon, ob ihr zu Hause oder unterwegs seid, ob ihr euch schlafen legt oder aufsteht!*
5. Mose 11,18-19

Alle Kinder mögen Geschichten. Wenn sie klein sind, lesen wir ihnen Geschichten vor, und oft ergeben sich daraus interessante Gespräche. Geschichten wecken Gefühle. Wenn wir ihnen Fragen stellen, wie sie das Gehörte empfinden, helfen wir ihnen dabei, ihre Gefühle auszudrücken. Kinder hören auch gerne Geschichten aus Ihrer eigenen Kindheit. Eltern und Großeltern geben einem Kind ein Gefühl für Zusammengehörigkeit und ein Bewusstsein für die eigene Familiengeschichte, wenn sie von ihren Erinnerungen erzählen.

Für Ihre eigenen Kinder ist das Vorlesen und Erzählen eine Möglichkeit, Zeit mit ihnen zu verbringen. In diesen kurzen Augenblicken erlebt Ihr Kind, wie Sie ihm Ihre volle Aufmerksamkeit schenken. Wenn die Liebessprache Ihres Kindes „gemeinsam verbrachte Zeit" ist, dann fühlt es sich nur dadurch von Ihnen geliebt. Auf diese Weise erfüllen Sie das Bedürfnis eines Kindes nach Liebe und legen das Fundament für eine glückliche Zukunft.

Die Bibel macht auch deutlich, dass unsere Kinder durch Geschichten über den Glauben etwas über Gottes Wesen erfahren. Ob wir ihnen Ereignisse aus der Bibel erzählen oder ihnen berichten, wie Gott heute in unserem Leben wirkt, – auf jeden Fall können wir ihnen eine wichtige Grundlage für ihren Glauben vermitteln. Wenn Sie sich Zeit für Ihre Kinder nehmen, kann Ihre ganze Familie davon profitieren.

*Himmlischer Vater, es gibt so vieles, was ich meinen Kindern vermitteln möchte. Hilf mir, dass ich mir Zeit nehme, mit ihnen zu reden, ihnen Geschichten, aber hauptsächlich von dir zu erzählen. Bitte zeig meinem Ehepartner und mir, wie wir uns auch bei der Kindererziehung gegenseitig ergänzen und als Team zusammenarbeiten können.*

## 6. November

# Die Ehe – ein Vertrag oder ein Bund?

*Gott aber hat uns seine große Liebe gerade dadurch bewiesen,*
*dass Christus für uns starb, als wir noch Sünder waren.*
Römer 5,8

Haben Sie einen Vertrag unterschrieben oder einen Bund geschlossen, als Sie geheiratet haben? Wenn Sie einen Vertrag über eine Hypothek unterschreiben, leiht die Bank Ihnen Geld. Sie müssen jedoch Ihre monatlichen Raten bezahlen. Können oder wollen Sie nicht zahlen, leitet die Bank die Zwangsversteigerung Ihres Hauses ein, um den geliehenen Betrag zurückzubekommen.

Viele Paare haben eine ähnliche Einstellung, wenn es um die Ehe geht, ganz nach dem Motto: „Ich liebe dich und bin dir treu, wenn du mich ebenfalls liebst und mir treu bist." Das ist jedoch nicht die biblische Sichtweise über die Ehe. In der Bibel ist die Ehe ein Bund, kein Vertrag. Die Grundlage dieses Bundes ist bedingungslose Liebe, ganz gleich, was geschieht.

Gott ist der Ursprung der bedingungslosen Liebe. Die Worte in Römer 5 erinnern uns daran, dass Gott uns geliebt und seinen Sohn für uns geopfert hat, als wir noch Sünder waren und seine Liebe nicht verdient hatten. Der Prophet Jesaja vergleicht sogar unsere vermeintlich guten Werke mit einem „schmutzigen Kleid" (Jesaja 64,5). Wir haben Gott nichts anzubieten, aber er liebt uns trotzdem. Zum Wesen Gottes gehört es, dass er diejenigen liebt, die nicht liebenswert sind. Diese bedingungslose Liebe ist auch der Schlüssel zu einer erfolgreichen Ehe.

• • • • • • • • • • • • • • • • • • • • • •

*Herr Jesus Christus, danke, dass du mich liebst, obwohl ich dir nichts anzubieten habe. Hilf mir, meinen Ehepartner genauso zu lieben, wie du mich liebst, ganz gleich, was geschieht.*

# 7. November

# Die heilende Wirkung des Verzeihens

*Erst wollte ich dir, Herr, meine Schuld verheimlichen. Doch davon wurde ich so schwach und elend, dass ich nur noch stöhnen konnte. Da endlich gestand ich dir meine Sünde; mein Unrecht wollte ich nicht länger verschweigen. Ich sagte: „Ich will dem Herrn meine Vergehen bekennen!" Und wirklich: Du hast mir meine ganze Schuld vergeben!*

Psalm 32,3.5

In dem Filmklassiker *Love Story* aus dem Jahr 1970 wurde uns die Botschaft vermittelt, dass wahre Liebe niemals sagen muss „Es tut mir leid". Ich glaube nicht, dass diese Botschaft stimmt, und zwar ganz einfach deshalb, weil wir alle nur Menschen sind. Menschen sind nicht vollkommen. Irgendwann verletzen wir alle denjenigen, den wir am meisten lieben. Eine gute Ehe erfordert keine Vollkommenheit, sondern eine Bitte um Verzeihung, wenn wir einen Fehler machen.

Wenn ich sage: „Es tut mir leid", drücke ich mein Bedauern darüber aus, dass ich mein Gegenüber mit meinen Worten oder meinem Verhalten verletzt habe. Die Bitte um Verzeihung ist eine Grundregel im menschlichen Zusammenleben. Sie beinhaltet auch eine geistliche Wahrheit, denn wenn wir Vergebung empfangen wollen, müssen wir zunächst unsere Sünden bekennen. Tun wir das nicht, verschwindet unsere Sünde nicht einfach wie von selbst. Diese Erfahrung machte König David, bevor er die Worte in Psalm 32 niederschrieb. Wir fühlen uns sogar viel schlimmer, wenn wir unsere Sünde einfach ignorieren. Aber wenn wir das von uns begangene Unrecht und den dadurch zugefügten Schmerz bedauern, bereiten wir den Weg für Vergebung und Versöhnung. Das trifft auf unsere Beziehung zu Gott genauso zu wie auf unsere Ehe. Wann haben Sie zu Ihrem Partner zum letzten Mal gesagt: „Es tut mir leid."? Wenn das schon länger her ist, schulden Sie ihm oder ihr wahrscheinlich eine Bitte um Verzeihung. Liebe bedeutet auch, dass man immer bereit ist, zu sagen: „Es tut mir leid."

*Großer Gott, manchmal fällt es mir schwer, die einfachen Worte: „Es tut mir leid" auszusprechen. Bitte hilf mir, dass ich die Vergebung meines Ehepartners nicht als selbstverständlich hinnehme, sondern bereit bin, meine Fehler zuzugeben.*

# 8. November

## Mehr als nur Worte

*Soll nicht mein Ohr eure Worte prüfen, so wie mein Gaumen das Essen kostet?*
Hiob 12,11

Vielleicht haben Sie bereits gesagt: „Es tut mir leid", aber Ihrem Ehepartner fällt es schwer, Ihnen zu vergeben. Sie sind frustriert und sagen sich: *Ich habe doch um Verzeihung gebeten. Was soll ich denn sonst noch machen?* Wenn Sie es wirklich ernst meinen, verrate ich es Ihnen. Sie können Ihrem Ehepartner diese Frage stellen: „Wie kann ich es wiedergutmachen?" Sie könnten aber auch sagen: „Ich weiß, dass ich dich verletzt habe, und ich fühle mich furchtbar deswegen. Aber ich möchte es wiedergutmachen. Ich möchte etwas tun, um dir zu zeigen, dass ich dich liebe."

Das hat eine ganz andere Wirkung als die Worte „Es tut mir leid". Warum? Weil Worte manchmal nicht viel bedeuten, wenn ihnen keine Taten folgen. Hiob wurde mit Worten förmlich überschüttet, weil seine Freunde versuchten, seinem furchtbaren Leid einen Sinn abzugewinnen. Aber vieles von dem, was sie sagten, war schlichtweg unwahr. In dem oben angegebenen Vers sagt Hiob, er habe ihre Worte geprüft, um festzustellen, was davon wahr ist. Wir verhalten uns ähnlich. Auch wir prüfen Worte auf ihre Echtheit, und wir beobachten, ob den Worten auch Taten folgen. Wenn Sie für Ihren Ehepartner eine Vertrauensbasis schaffen wollen, müssen Sie beweisen, dass Ihre Worte aufrichtig gemeint sind. Sie bemühen sich um Wiedergutmachung, indem Sie Ihren Ehepartner fragen, wie Sie die Situation wieder in Ordnung bringen können. Damit beweisen Sie, dass Ihnen die Beziehung zu Ihrem Partner wirklich wichtig ist. Schließlich will Ihr Ehepartner wissen, ob Ihre Bitte um Verzeihung ehrlich gemeint ist. Deshalb sollten Sie dafür sorgen, dass Ihre Antwort klar und deutlich ist.

*Herr Jesus Christus, manchmal muss ich die „zweite Meile" gehen, um begangenes Unrecht wiedergutzumachen. Ich brauche deine Hilfe, um meinem Ehepartner zu zeigen, dass ich es ehrlich meine. Mach mich bereit zu der Art von Versöhnung, wie sie unsere Ehe braucht.*

## 9. November

# Zuhören schafft Nähe

*Entscheidend ist, wie ihr mir zuhört. Denn wer viel hat, der bekommt noch mehr dazu. Wer aber nichts hat, dem wird selbst noch das Wenige, was er zu haben meint, genommen.*
Lukas 8,18

Nähe und Vertrautheit sind nicht urplötzlich da, sondern entstehen allmählich. Wir erreichen diesen Zustand auch nicht, um ihn dann bis zum Ende unseres Lebens zu „konservieren“. Vertrautheit ist nämlich nicht statisch, sondern fließend, und aufrechterhalten können wir sie nur durch Kommunikation.

Kommunikation beinhaltet zwei Grundelemente, und zwar die *Selbstoffenbarung* und das *Zuhören*. Ein Ehepartner teilt dem anderen seine Gedanken, Gefühle und Erfahrungen mit, während der andere zuhört, um zu verstehen, was das Gegenüber denkt und fühlt. Dann werden die Rollen getauscht. Der Sprecher hört nun aufmerksam zu. Mit diesem einfachen Akt des Redens und Zuhörens wird die Vertrautheit zwischen den Ehepartnern aufrechterhalten.

Wenn das alles ist, wo liegt dann das eigentliche Problem? Man kann es mit einem Wort beschreiben: Egoismus. Nur allzu oft hören wir nicht zu, sondern fangen gleich an zu predigen. Wenn aber beide Ehepartner einander anpredigen, hat keiner von ihnen einen Zuhörer. Und wenn wir es satt haben, aufeinander einzureden, ziehen wir uns schweigend in unseren Schmollwinkel zurück. Wir werden aber erst dann wieder Vertrautheit erleben, wenn wir um Verzeihung bitten und einander unser egoistisches Verhalten vergeben.

Wie wir in Lukas 8,18 lesen, sprach Jesus über das Zuhören. Wenn wir aufmerksam zuhören, sagte er, bekommen wir ein besseres Verständnis. Aber wenn wir unaufmerksam sind, verlieren wir selbst das Wenige, das wir haben. Deshalb ist echtes Zuhören so wichtig, wenn man in einer Beziehung Nähe und Vertrautheit aufbauen möchte.

*Himmlischer Vater, ich möchte besser zuhören – dir und auch meinem Ehepartner. Bitte hilf mir, Zurückhaltung zu üben, wenn mein Partner mit mir spricht. Schenke mir mehr Verständnis für meinen Ehepartner, damit wir vertrauter miteinander umgehen können.*

# 10. November

## Gleichbehandlung in der Familie

*Denn vor Gott sind alle Menschen gleich.*
Römer 2,11

Wie können wir nach der Hochzeit unsere Eltern *verlassen* und sie gleichzeitig *ehren*? Manchmal können wir dadurch in eine Zwangslage geraten, denn normalerweise hat es ein Ehepaar dann mit Eltern *und* Schwiegereltern zu tun. Zu Problemen kann es vor allem während der Feiertage kommen. Vielleicht möchte die Mutter der Ehefrau, dass das Paar den Heiligabend bei ihr zu Hause verbringt, die Mutter des Ehemanns möchte die beiden jedoch am ersten Weihnachtstag zu sich einladen. Das ist durchaus machbar, wenn beide Familien in einer Stadt wohnen, aber es ist unmöglich, wenn mehrere hundert Kilometer zwischen ihnen liegen.

Eine Richtschnur kann hier das Prinzip der Gleichheit sein. In Römer 2,11 heißt es, dass vor Gott alle Menschen gleich sind. In Kapitel zwei des Römerbriefs erinnert der Apostel Paulus seine Leser daran, dass Gott keinen Unterschied macht zwischen jüdischen und nichtjüdischen Gläubigen, aber dieses Prinzip lässt sich auch auf andere Gruppen von Menschen anwenden. Gott gibt uns hier ein Modell für unser Leben, auch für unsere Beziehung zu unseren Eltern. Wir sollten beide, Eltern und Schwiegereltern, gleich behandeln. Das könnte heißen, man einigt sich, Weihnachten in diesem Jahr bei den Eltern und im nächsten Jahr bei den Schwiegereltern zu verbringen oder aber Weihnachten bei der einen und zum Beispiel Ostern bei der anderen Familie. Das Gleiche gilt für Telefongespräche, E-Mails, Besuche, Einladungen zum Essen und gemeinsame Urlaube.

Sie sind nicht verantwortlich für Glück und Zufriedenheit Ihrer Eltern, denn dieser Zustand ist abhängig von deren eigener Einstellung. Sie möchten bloß beiden Elternpaaren den gleichen Respekt entgegenbringen. Wenn Sie das tun, folgen Sie der biblischen Aufforderung, Vater und Mutter zu ehren.

• • • • • • • • • • • • • • • • • • • • • • • • • • • • • • • • • •

*Himmlischer Vater, danke, dass vor dir alle Menschen gleich sind. Du heißt jeden willkommen, der sich dir zuwendet. Hilf mir, meinen Eltern und Schwiegereltern den gleichen Respekt entgegenzubringen, und zeig meinem Partner und mir, wie wir beiden Elternpaaren gerecht werden können. Bitte gib uns viel Weisheit, wenn wir über diese Themen sprechen.*

## 11. November

# Ratschläge sind nicht immer gefragt

*Höre auf guten Rat, und nimm Ermahnung an, damit du endlich weise wirst!*
Sprüche 19,20

In meiner Praxis als Eheberater höre ich häufig diese Frage: „Wir haben gerade unser erstes Kind bekommen, und meine Mutter besteht darauf, uns in unsere Erziehungsmethoden reinzureden. Ich möchte das Problem ansprechen, aber ich will ihre Gefühle nicht verletzen. Wie sollen wir uns verhalten?" Es ist immer hilfreich, wenn Sie sich bewusst machen, dass die Absichten Ihrer Mutter (oder Schwiegermutter) im Grunde genommen gut sind. Loben Sie sie für ihren Wunsch, Ihnen zu helfen. Manche ihrer Vorschläge sind vielleicht sogar hervorragend. Deshalb schreiben Sie sie nicht ab, nur weil sie Ihre Mutter ist.

Im Buch der Sprüche haben diejenigen einen hohen Stellenwert, die Rat und Belehrung suchen. Wenn es um den Umgang mit Kindern geht, sind die Erfahrungswerte von anderen – ob von einem Elternteil oder aus Büchern – oft von großem Vorteil. Andererseits brauchen Sie sich von Ihrer Mutter bei der Kindererziehung nicht das Heft aus der Hand nehmen zu lassen. Schließlich sind Sie und Ihr Ehepartner für Ihre Kinder verantwortlich.

Ich mache Ihnen einen Vorschlag: Hören Sie sich die Gedanken Ihrer Mutter an und danken Sie ihr, dass sie Ihnen ihre Ideen mitteilt. Dann machen Sie und Ihr Ehepartner das, was Ihrer Meinung nach am besten für Ihr Kind ist. Wenn Ihre Mutter verärgert ist, weil Sie ihren Rat nicht angenommen haben, sagen Sie zu ihr: „Ich kann dich gut verstehen, Mutti. Ich bin dir sehr dankbar für deine Ratschläge, aber wir müssen selbst entscheiden, was für unser Kind am besten ist. Du und Papa haben das sicher auch gemacht, oder? Und ich finde, ihr habt bei mir doch sehr gute Arbeit geleistet."

Ihre Mutter ist vielleicht nicht glücklich über Ihre Reaktion, aber sie wird daraus lernen, sich zurückzuhalten und zu warten, bis Sie sie um Rat fragen. Letzteres wäre von Ihrer Seite gesehen ein kluger Schachzug.

• • • • • • • • • • • • • • • • • • • • • • • • •

*Großer Gott, wir danken dir für das Kind, das du uns geschenkt hast. Danke, dass du uns auch liebevolle, besorgte Eltern gegeben hast. Wir bitten dich um Weisheit, wenn sie uns Ratschläge geben. Hilf uns, bei der Erziehung unseres Kindes kluge Entscheidungen zu treffen.*

## 12. November

# Wir sind einzigartig

*Du hast mich geschaffen – meinen Körper und meine Seele, im Leib meiner Mutter hast du mich gebildet. Herr, ich danke dir dafür, dass du mich so wunderbar und einzigartig gemacht hast! Großartig ist alles, was du geschaffen hast – das erkenne ich!*
Psalm 139,13-14

Ehen scheitern vor allem aus drei Gründen: Erstens, wir haben keine enge, vertraute Beziehung zu Gott. Zweitens, wir haben keine enge, vertraute Beziehung zu unserem Ehepartner. Und drittens, uns fehlt es an einem tief gehenden Selbstverständnis und an Selbstvertrauen. Über den dritten Grund möchte ich in den nächsten Tagen mit Ihnen gemeinsam nachdenken.

Die meisten von uns über- oder unterschätzen ihren eigenen Wert. Entweder wir sehen uns als nutzlose Versager oder als Gottes größtes Geschenk an die Welt. Beide Extreme entsprechen nicht den Tatsachen. In Wirklichkeit ist jeder Mensch auf Erden ein Meisterwerk Gottes, „wunderbar und einzigartig", wie es der Psalmist sagt. Zugleich sind wir alle Sünder „und haben nichts aufzuweisen, was Gott gefallen könnte" (vgl. Römer 3,23). Niemand von uns hat einen Wert aufgrund eines eigenen Verdienstes, sondern nur deshalb, weil Gott uns geschaffen und erlöst hat.

Ihre Muster des Denkens, Fühlens und Verhaltens, also Ihre eigene Persönlichkeit, haben sowohl Stärken als auch Schwächen. Wenn Sie das Beste aus sich machen wollen, sollten Sie zuallererst Ihre Stärken ausfindig machen und versuchen, diese Stärken in produktive Bahnen zu leiten. Als Nächstes sollten Sie Ihre Schwächen ausfindig machen und sie zum Anlass nehmen, weiter zu wachsen. Ihr persönliches Wachstum hat mit Sicherheit auch positive Auswirkungen auf Ihre Ehe.

*Herr Jesus Christus, hilf mir, mich richtig zu sehen und zu beurteilen. Ich weiß, dass du mich nach deinem Bild geschaffen hast, aber ich entspreche diesem Bild oft nicht. Deshalb möchte ich mir meine Stärken und Schwächen bewusst machen und auf eine Veränderung hinarbeiten, um so zu werden, wie du mich haben willst. Ich möchte weiter wachsen, damit ich auch ein besserer Ehepartner sein kann.*

# 13. November

## Gott erneuert uns

*Gottes Geist will euch durch und durch erneuern. Zieht das neue Leben an, wie ihr neue Kleider anzieht. Ihr seid neue Menschen geworden, die Gott selbst nach seinem Bild geschaffen hat. Ihr gehört zu Gott und lebt so, wie es ihm gefällt.*
Epheser 4,23-24

Ist Ihre Persönlichkeit für Ihre Ehe ein Vorteil oder ein Nachteil? Die meisten Persönlichkeitsmerkmale lassen sich durch eine gegensätzliche Wortwahl ausdrücken. Wir bezeichnen eine Person als optimistisch oder pessimistisch, als kritisch oder unkritisch, als extrovertiert oder introvertiert, geduldig oder ungeduldig. Obwohl sich unsere Persönlichkeit bereits in der Kindheit ausprägt, ist sie nicht in Stein gemeißelt. Wir können uns immer noch verändern. Wenn ich erkenne, dass meine Neigung, mich schweigend in mein Schneckenhaus zurückzuziehen, meiner Ehe schadet, kann ich lernen, über meine Gefühle und Gedanken zu sprechen. Wenn ich erkenne, dass meine Neigung zur Kritik meinem Ehepartner jeden Mut raubt, kann ich dieses alte Muster durchbrechen und lernen, wie man Komplimente macht. Schließlich lautet die Botschaft der Bibel: Gott liebt uns, wie wir sind, aber er liebt uns zu sehr, um uns so zu lassen, wie wir sind. Wir befinden uns alle in einem Wachstumsprozess, und Wachstum erfordert Veränderung. Meine Persönlichkeit prägt zwar mein Verhalten, aber ich brauche mich nicht von ihr beherrschen zu lassen. Vielmehr sollte mich der Geist Gottes beherrschen. In Epheser 4 fordert uns der Apostel Paulus auf, uns vom Geist Gottes durch und durch erneuern zu lassen. Der Geist Gottes will an uns wirken, aber wir müssen dazu bereit sein. Wenn ich mich seinem Wirken aussetze, werde ich bedeutende Veränderungen erleben – in meiner Einstellung zum Leben und zur Ehe.

*Großer Gott, ich weiß, dass du mich durch das Wirken deines Geistes verändern kannst. Ich möchte erneuert werden, weil ich Jesus immer ähnlicher werden will. Bitte hilf mir, dass ich diese Erneuerung zulasse, denn ich möchte ihre Früchte ernten – in meinem Leben und in meiner Ehe.*

# 14. November

## Den Blick auf das Ziel richten

*Aber eins steht fest: Ich will alles vergessen, was hinter mir liegt, und schaue nur noch auf das Ziel vor mir. Mit aller Kraft laufe ich darauf zu, um den Siegespreis zu gewinnen, das Leben in Gottes Herrlichkeit. Denn dazu hat uns Gott durch Jesus Christus berufen.*
Philipper 3,13-14

Der vielleicht einflussreichste unter den unveränderlichen Faktoren in Ihrem Leben ist Ihre persönliche Geschichte. Schon von ihrer Definition her kann diese Geschichte nicht verändert werden. Ihre Eltern, mit allen Vor- und Nachteilen, tot oder lebend, bekannt oder unbekannt, sind und bleiben Ihre Eltern. Ihre Kindheit, ob sie nun schön oder schwierig war, ist ein fester Bestandteil Ihrer Geschichte. Ihre Ehe oder frühere Beziehungen lassen sich in die gleiche Kategorie einordnen. Auch wenn die Umstände alles andere als gut sind, ist es müßig, daraus die Schlussfolgerung zu ziehen: „Wir hätten besser nicht heiraten sollen." Die Tatsache, dass Sie geheiratet haben, kann man nicht mehr ändern. Sie können sich scheiden lassen, und dieser Prozess ist oft sehr schmerzlich, aber Sie können Ihre Ehe niemals ungeschehen machen. Ihre Geschichte ist nicht zu ändern, sondern Sie können sie bloß akzeptieren und verarbeiten.

Der Apostel Paulus hatte eine Vergangenheit, die er lieber rückgängig gemacht hätte. Als selbstgerechter Pharisäer betrieb er mit großem Eifer die Verfolgung von Christen und sorgte dafür, dass etliche von ihnen ins Gefängnis kamen. Als er zum Glauben an Jesus Christus kam, machte er eine vollständige Kehrtwende. Schließlich wurde er zum bekanntesten Missionar in der Urgemeinde. Er erreichte viel für das Reich Gottes, aber er musste mit den Erinnerungen an seine Vergangenheit leben. Die oben angegebenen Verse aus dem Brief an die Philipper verdeutlichen, dass Paulus seine Vergangenheit verarbeitete, indem er seinen Blick nach vorn, in die Zukunft, richtete. Das Gleiche gilt auch für uns. Wir müssen unsere eigenen Fehler bekennen, von Gott Vergebung empfangen und dann unseren Weg weitergehen. Wenn Sie Ihre Vergangenheit annehmen und Ihren Blick auf die Zukunft richten, wird auch Ihre Ehe Wachstum erfahren.

*Himmlischer Vater, danke für das Beispiel des Apostels Paulus, der sich von seiner Vergangenheit gelöst hat. Du weißt, dass es in meinem Leben vieles gibt, was ich gerne ändern würde. Dazu gehören Dinge, die ich getan, und Dinge, die man mir angetan hat. Das alles bringe ich dir. Bitte hilf mir, deine Vergebung und deinen Trost anzunehmen und dann weiterzugehen, indem ich den Blick auf die Zukunft richte, auch auf die Zukunft meiner Ehe.*

## 15. November

# Liebe ist eine Macht

*Ihr seid Gottes geliebte Kinder, daher sollt ihr in allem seinem Vorbild folgen. Geht liebevoll miteinander um, so wie auch Christus euch seine Liebe erwiesen hat. Aus Liebe hat er sein Leben für uns gegeben. Und Gott hat dieses Opfer angenommen.*
Epheser 5,1-2

Wenn wir uns in unserer Ehe nicht von unserem Partner geliebt fühlen, werden unsere Differenzen immer größer. Schließlich sehen wir unseren Partner als Bedrohung unseres Glücks. Wir kämpfen um unseren Selbstwert und unseren Stellenwert. Die Ehe ist für uns kein Zufluchtsort mehr, sondern wird zu einem Schlachtfeld.

Liebe ist nicht die Antwort auf jedes Problem, aber sie schafft ein sicheres Klima, in dem wir Antworten auf quälende Fragen finden können. In der Geborgenheit der Liebe kann ein Ehepaar über Differenzen sprechen, ohne Angst vor Verurteilung haben zu müssen. Konflikte können gelöst werden. Zwei grundverschiedene Menschen können lernen, wie sie harmonisch zusammenleben und wie sie ihr Potenzial zur vollen Entfaltung bringen können. So sehen die positiven Früchte der Liebe aus.

Liebe ist wirklich die größte Antriebskraft in der Welt. Aus Liebe hat Jesus Christus sein Leben für uns gegeben. Seiner Liebe verdanken wir das ewige Leben. Wir haben die Möglichkeit, diese Liebe an andere weiterzugeben. In Epheser 5 fordert der Apostel Paulus uns auf, dem Vorbild Jesu zu folgen und liebevoll miteinander umzugehen. Ehen funktionieren am besten, wenn sich beide Partner wirklich geliebt fühlen. Die Entscheidung, Ihren Ehepartner zu lieben, birgt ein gewaltiges Potenzial in sich. Wenn Sie die Liebessprache Ihres Partners lernen, können Sie dieses Potenzial in die Praxis umsetzen.

*Himmlischer Vater, hab Dank für die verwandelnde Kraft der Liebe. Deine Liebe zu mir gibt mir so vieles – ein gesundes Selbstwertgefühl, Sinn und Zweck im Leben und vor allem ewiges Leben. Hilf mir, deinem Vorbild zu folgen und meinen Ehepartner zu lieben, damit unsere Liebe uns stärker vereint.*

# 16. November

## Dialekte der Zärtlichkeit

*Ihr Männer müsst euch entsprechend verhalten.*
*Seid rücksichtsvoll zu euren Frauen!*
1. Petrus 3,7

In der Ehe hat die Liebessprache „Zärtlichkeit" viele Dialekte. Das heißt nicht, dass alle zärtlichen Berührungen gleich sind. Manche bereiten Ihrem Ehepartner mehr Genuss als andere. Deshalb ist Ihr Ehepartner auf diesem Gebiet Ihr bester Lehrmeister. Ihre Frau weiß, welche zärtliche Berührung für sie liebevoll ist. Deshalb sollten Sie nicht darauf bestehen, Ihre Vorstellungen durchzusetzen. Respektieren Sie die Wünsche Ihrer Frau. Lernen Sie, ihren Dialekt der Zärtlichkeit zu sprechen. Begehen Sie nicht den Fehler zu glauben, dass die Berührung, die Ihnen Freude bereitet, dasselbe Gefühl bei Ihrer Frau auslösen muss.

In 1. Petrus 3,7 heißt es, dass sich Männer ihren Frauen gegenüber rücksichtsvoll verhalten oder „vernünftig mit ihnen zusammen wohnen" (Luther 1984) sollen. Anders ausgedrückt: Wir müssen unseren Ehepartner wirklich gut kennen.

Liebe Ehemänner, die wichtigste Quelle der Erkenntnis darüber, wodurch Ihre Frau sich geliebt fühlt, ist noch immer Ihre Frau selbst. Manche Frauen genießen eine Rückenmassage, andere reagieren eher gleichmütig darauf, und wieder anderen geht so etwas sogar auf die Nerven. Liebe Ehefrauen, das Gleiche gilt natürlich auch in Bezug auf Ihre Männer.

Gott hat Ihren Ehepartner als ein einzigartiges Wesen geschaffen. Zärtlichkeit ist eine von fünf Sprachen der Liebe, aber Sie müssen selbst herausfinden, welche Art von Zärtlichkeit Ihr Ehepartner wirklich genießt. Wenn Sie den richtigen Dialekt beherrschen, fühlt sich Ihr Liebster von Ihnen geliebt.

*Himmlischer Vater, danke für das Geschenk der Zärtlichkeit. Ich möchte es verwenden, um meinem Ehepartner meine Liebe zu zeigen. Bitte hilf mir, mich auf die Bedürfnisse und Wünsche meines Partners einzustellen und nicht nur auf meine eigenen Bedürfnisse zu achten.*

# Zärtlichkeit ist kreativ

*Komm und küss mich, küss mich immer wieder!*
*Ich genieße deine Liebe mehr als den besten Wein.*
Hohelied 1,2

Zärtliche Berührungen können länger oder kürzer sein. Eine Rückenmassage braucht Zeit, aber wenn Sie Ihrem Partner die Hand auf die Schulter legen, während Sie ihm eine Tasse Kaffee eingießen, dauert das nur einen Augenblick. Sie brauchen keine zusätzliche Zeit, wenn Sie aneinandergekuschelt auf der Couch sitzen und Ihre Lieblingssendung im Fernsehen anschauen, aber Sie sagen einander laut und deutlich, dass Sie sich lieben.

Eine zärtliche Berührung, während Sie durch das Zimmer gehen, in dem Ihr Ehepartner gerade sitzt, dauert bloß eine Sekunde. Ein Abschiedskuss oder eine kurze Umarmung, wenn Sie das Haus verlassen und später wieder nach Hause kommen, kann für Ihren Ehepartner Bände sprechen.

Wenn Sie entdecken, dass Zärtlichkeit für Ihren Ehepartner die Muttersprache der Liebe ist, kann es für Sie zu einer spannenden Herausforderung werden, neue Möglichkeiten für zärtliche Berührungen zu finden. Vielleicht können Sie den Liebestank Ihres Ehepartners füllen, indem Sie Hand in Hand über den Parkplatz schlendern. Ein flüchtiger Kuss, nachdem Sie ins Auto eingestiegen sind, kann die gemeinsame Heimfahrt zu einem angenehmen Erlebnis machen. Im Hohelied wird geschildert, wie Eheleute sich gegenseitig mit zärtlichen Berührungen Freude bereiten. Dieses biblische Buch kann zu einer inspirierenden Lektüre werden, wenn Sie nach neuen Möglichkeiten suchen, Ihre Liebe durch Zärtlichkeit zum Ausdruck zu bringen.

*Herr Jesus Christus, bitte hilf mir, großzügig zu sein mit meiner Zeit und mit meiner Zärtlichkeit. Ich möchte kreativer werden, wenn es darum geht, meinem Ehepartner meine Liebe zu zeigen.*

## 18. November

# Fremdsprachen der Liebe

*Der Mann soll seine Frau nicht vernachlässigen, und die Frau soll sich ihrem Mann nicht entziehen, denn weder die Frau noch der Mann dürfen eigenmächtig über ihren Körper verfügen; sie gehören einander. Keiner soll sich dem Ehepartner verweigern.*
1. Korinther 7,3-5

Eine Frau berichtete mir Folgendes: „Ich möchte meinen Mann so gerne berühren, aber wenn ich es versuche, weicht er zurück. Es sieht so aus, als ob er sich darüber ärgert. Beim Sex reagiert er natürlich ganz anders." Was will der Mann seiner Frau mit seinem Verhalten sagen? Dass Zärtlichkeit nicht seine Muttersprache der Liebe ist. Er wird auf Lob und Anerkennung oder eine der anderen Liebessprachen viel besser reagieren. Denn wenn Zärtlichkeit für Ihren Partner die Muttersprache der Liebe ist, wird er auf Ihre zärtlichen Berührungen immer freudig reagieren.

Häufig sprechen Leute mit ihrer eigenen Liebessprache zu anderen. Wenn Ihr Partner Sie ständig umarmen oder küssen will, dann liegt das daran, dass er diese Liebessprache von Ihnen erwartet.

Manchen Leuten fällt es schwer, die Sprache der Zärtlichkeit zu sprechen. Vielleicht haben sie in ihrer Kindheit kaum Zärtlichkeit erfahren. Deshalb fühlen sie sich bei einer zärtlichen Berührung nicht wohl. Aber jeder kann diese Sprache erlernen. Der Rat des Apostels Paulus in den oben angegebenen Versen lautet, dass Eheleute sich nicht einander entziehen sollen. Das gilt sowohl für den Geschlechtsverkehr als auch jede andere zärtliche Berührung. Wenn wir heiraten, gehört unser Körper nicht mehr nur uns allein. Zärtlichkeit ist auch ein Geschenk, das wir uns gegenseitig machen. Denken Sie daran: In der Liebe geht es darum, die Bedürfnisse Ihres Ehepartners zu erfüllen, nicht Ihre eigenen. Sie schenken Ihrem Partner Zärtlichkeit, weil Sie damit Ihre Liebe zum Ausdruck bringen wollen, nicht weil Sie sich dabei wohlfühlen.

*Himmlischer Vater, du machst mir deutlich, dass Zärtlichkeit ein Geschenk ist, das ich meinem Ehepartner nicht vorenthalten kann. Bitte hilf mir, mit diesem Geschenk der Liebe großzügig umzugehen.*

## 19. November

# Macht Geld glücklich?

*Denn die Liebe zum Geld ist eine Wurzel,*
*aus der alles nur erdenkliche Böse hervorwächst.*
*Schon manche sind vom Glauben abgeirrt, weil sie der Geldgier verfallen sind,*
*und haben dadurch bitteres Leid über sich gebracht.*
1. Timotheus 6,10

Warum ist das Geld in so vielen Ehen zu einem so großen Problem geworden? Dabei leben im Vergleich mit der Mehrheit der Weltbevölkerung manche der ärmsten Ehepaare in Europa und Amerika immer noch im Überfluss. Ich bin davon überzeugt, dass das Problem nicht darin liegt, wie viel oder wie wenig Geld ein Ehepaar hat, sondern in der Einstellung gegenüber dem Geld und der Art, wie das Ehepaar damit umgeht.

Mit dieser Meinung befinde ich mich im Einklang mit den Worten des Apostels Paulus in 1. Timotheus 6,10. Wenn wir Geld über alles lieben, sind wir bereit, fast alles zu tun, um noch mehr davon zu bekommen. Paulus spricht von Christen, deren Geldgier so groß ist, dass sie vom Glauben abgeirrt sind und „bitteres Leid über sich gebracht" haben. Ein solches Leid hat nichts mit dem Besitz von Geld oder mit Geldmangel zu tun, sondern mit dem Stellenwert, den wir dem Geld geben. Wenn uns Geld wichtiger ist als Gott und unsere Ehe, dann werden wir in beiden Bereichen Probleme haben.

Prüfen Sie sich selbst. Ist Geld die Quelle Ihres Glücks, oder ist es Gott? Die Antwort auf diese Frage wird enorme Auswirkungen auf Ihre Ehe haben.

*Himmlischer Vater, Geld kann eine große Verlockung sein. Ich möchte nicht, dass die Liebe zum Geld meinen Glauben oder meine Beziehungen zu meinen Mitmenschen zerstört. Bitte behüte mein Herz und hilf, dass wir als Ehepaar immer die richtigen Prioritäten setzen.*

## 20. November

# *Wo finden wir wahre Zufriedenheit?*

*Strebe dagegen nach Gerechtigkeit, Ehrfurcht vor Gott, Glauben, Liebe, Standhaftigkeit und Freundlichkeit. Kämpfe den guten Kampf, der zu einem Leben im Glauben gehört, und ergeife das ewige Leben, zu dem Gott dich berufen hat und für das du vor vielen Zeugen das gute Bekenntnis abgelegt hast.*
1. Timotheus 6,11-12

Viele Ehepaare meinen, wenn Sie pro Monat bloß hundert Dollar mehr auf dem Konto hätten, könnten sie ein sorgenfreies Leben führen. Sie sagen: „Wenn wir aus dem Gröbsten raus sind, sind wir schon zufrieden." Aber diese Logik ist nicht ganz schlüssig. Wenn wir diese beiden zwei Jahre später wieder treffen, versuchen sie noch immer, aus dem Gröbsten herauszukommen.

Wahre Zufriedenheit liegt nicht im Besitz von Geld, sondern in „Ehrfurcht vor Gott, Glauben, Liebe, Standhaftigkeit und Freundlichkeit", oder kurz gesagt in einem Leben mit Gott und im Einklang mit seinen Werten. Das ist die Lebensweise, zu der der Apostel Paulus seinen jungen Freund Timotheus auffordert. Das Rechte tun, Liebe üben, Geduld mit den Schwächen anderer zeigen und eine realistische Einschätzung seiner selbst haben – diese Dinge geben dem Leben und der Ehe wahre Erfüllung.

„Aber ich brauche doch Essen, Kleidung und ein Dach über dem Kopf", so könnte Ihr Einwand lauten. Ja, das stimmt, aber diese Dinge sind uns verheißen, wenn wir Gott den ersten Platz in unserem Leben einräumen. Jesus drückt es so aus: „Sorgt euch vor allem um Gottes neue Welt, und lebt nach Gottes Willen! Dann wird er euch mit allem anderen versorgen" (Matthäus 6,33). Unsere materielle Versorgung ist ein Nebenprodukt eines gottgemäßen Lebens. Wenn wir unseren Blick auf den Herrn und auf unsere Ehe gerichtet halten, werden wir wahre Zufriedenheit erleben.

*Herr Jesus Christus, danke für das Versprechen, dass du uns mit allem versorgen willst, was wir brauchen. Bitte hilf uns als Ehepaar, dass wir uns um ein Leben bemühen, das dir gefällt. Hilf, dass wir deinen Werten und nicht unseren finanziellen Bedürfnissen den ersten Platz einräumen.*

# Kluge Verwalter

*Da lobte ihn sein Herr: „Du warst tüchtig und zuverlässig.*
*In kleinen Dingen bist du treu gewesen,*
*darum werde ich dir größere Aufgaben anvertrauen.*
*Ich lade dich zu meinem Fest ein!“*
Matthäus 25,21

„Verwalter“ oder „Haushalter“ ist ein bekannter biblischer Begriff, wenn es um den Umgang mit Gaben oder Geld geht. Wir sind verantwortlich für den klugen Umgang mit allem, was Gott uns gibt. Dabei ist es ziemlich unwichtig, wie viele Mittel uns zur Verfügung stehen. Aber es ist ungemein wichtig, dass wir mit diesen Mitteln verantwortungsvoll umgehen. Als Jesus das Gleichnis von den anvertrauten Zentnern bzw. Talenten erzählte, beendete er diese Geschichte mit den oben zitierten Worten des Hausherrn, der seinem Diener zu der von ihm geleisteten Arbeit und zu seiner Treue gratuliert. Der Herr erwartet von uns nicht, dass wir alle denselben Geldbetrag oder dasselbe Talent haben, aber er erwartet, dass wir mit den uns zur Verfügung stehenden Mitteln hart arbeiten.

Finanzielle Mittel können eingesetzt werden, um viel Gutes zu bewirken. Als gute Verwalter sind wir verantwortlich für alles, was Gott uns anvertraut hat. Eine kluge Planung, Kaufen, Sparen, Investieren und Spenden – das alles gehört zu unseren Aufgaben als Verwalter. Aber in der Ehe müssen wir diese Aufgaben gemeinsam mit unserem Ehepartner übernehmen. Wir können uns in finanzieller Hinsicht nicht als Einzelkämpfer gebärden und gleichzeitig in unserer Ehe Nähe und Vertrautheit erwarten. Finanzielle Fragen sind ein wichtiger Bestandteil einer Ehe. Beide Ehepartner müssen in die Entscheidung über den Umgang mit Geld eingebunden werden. Finanzieller Erfolg auf Kosten der Ehe hinterlässt bei uns bloß einen schalen Nachgeschmack.

*Herr Jesus Christus, ich danke dir für das Gleichnis von den anvertrauten Talenten. Darin erinnerst du uns, dass dir wichtig ist, was wir mit unserer Zeit und unserem Geld anfangen. Bitte hilf uns, als Ehepaar zusammenzuarbeiten. Mach uns bewusst, dass alles, was wir haben, dir gehört. Hilf uns, unsere Gaben und Mittel klug einzusetzen.*

# 22. November

## Über unsere Gefühle reden

*Ich bin ihnen von ferne erschienen und habe zu ihnen gesagt:*
*„Ich habe euch schon immer geliebt,*
*darum bin ich euch stets mit Güte begegnet."*
Jeremia 31,3

Haben Sie schon einmal Enttäuschung, Trauer, Frustration, Angst oder Wut empfunden? Ist Ihnen bewusst, dass in der Bibel positive und negative Gefühle als Geschenke Gottes dargestellt werden? Das Leben wäre wirklich langweilig, wenn wir keine Gefühle hätten. Stellen Sie sich vor, Sie beobachten einen Sonnenuntergang, ein Sportereignis oder die Brandung am Meer, ohne etwas dabei zu empfinden. Stellen Sie sich vor, Sie stehen am offenen Grab eines Freundes oder einer Freundin, ohne etwas fühlen zu können. Wir sind nach dem Bild Gottes geschaffen, und das bedeutet auch, dass wir emotionale Geschöpfe sind. Gott empfindet Zorn, Liebe, Hass und Mitleid. Der oben zitierte Text aus dem Buch Jeremia ist nur einer von vielen Bibeltexten, in denen der Herr starke Gefühle gegenüber seinem Volk äußert. Jesus, der Fleisch gewordene Gott, fühlte sich niedergeschlagen und traurig, als er dem Tod am Kreuz nahe war (vgl. Matthäus 26,36-46). Er ist nicht gefühllos, und auch wir sollten es nicht sein.

Alle Menschen haben Gefühle, aber manche Ehepaare sprechen nicht darüber. Vielleicht hat man ihnen in ihrer Kindheit beigebracht, dass sie ihre Gefühle nicht zeigen dürfen. „Große Jungen haben keine Angst." Solche oder ähnliche Äußerungen hört man oft von Eltern. Die Ehe soll jedoch eine intime, vertraute Beziehung sein. Wenn wir nicht über unsere Gefühle sprechen, dann unterbinden wir die Vertrautheit, und es entsteht eine Distanz zwischen uns. Reden wir über positive Gefühle, steigern wir unsere Freude. Sprechen wir über negative Gefühle, lindern wir unseren Schmerz. Wenn Sie Ihren Ehepartner an Ihrer inneren Gefühlswelt Anteil nehmen lassen, fördern Sie die Nähe und Vertrautheit in Ihrer Ehe.

*Herr Jesus Christus, danke, dass du Gefühle gezeigt hast. Es beruhigt mich, wenn ich lese, wie du über den Tod deines Freundes Lazarus weintest und dich freutest, wenn Sünder den Weg zu dir fanden, oder wie du vor deinem Tod bekümmert warst. Diese Berichte zeigen mir, dass Gefühle ein normaler und wichtiger Teil unseres Lebens sind. Bitte hilf uns, dass wir auch als Ehepaar über unsere Gefühle sprechen können, damit wir uns näherkommen.*

# Gefangen von Gefühlen

*Sie versprechen anderen die Freiheit, sind aber selbst Gefangene ihrer Leidenschaften. Denn von wem ich mich überwältigen lasse, dessen Gefangener werde ich.*
2. Petrus 2,19

Warum sind wir so ängstlich im Umgang mit negativen Gefühlen? Vielleicht haben wir erlebt, wie Freunde von uns sich von solchen Emotionen leiten ließen und daraufhin unkluge Entscheidungen getroffen haben. Sie waren Gefangene ihrer Gefühle, und alle anderen in ihrem Umfeld mussten darunter leiden.

Wir müssen jedoch unterscheiden zwischen negativen Gefühlen und negativen Handlungen. Sagen wir zum Beispiel, Sie sind traurig über die emotionale Distanz zwischen Ihnen und Ihrem Ehepartner. Sie könnten über dieses Gefühl sprechen und daran arbeiten, Ihre Beziehung wieder aufzubauen. Das ist eine kluge Vorgehensweise. Sie könnten aber auch schweigen und mit jemandem eine Affäre beginnen. Das ist eine äußerst törichte Vorgehensweise.

Gefühle spornen uns immer zu Handlungen an. Wir müssen jedoch darauf achten, verantwortungsvolle Entscheidungen zu treffen. Über unsere Gefühle können wir nicht entscheiden, aber über unsere Handlungsweise. Wir brauchen uns nicht von unseren Gefühlen treiben zu lassen. Wenn das geschieht, sind wir Gefangene, wie es in 2. Petrus 2,19 heißt. Gefühle sind jedoch nicht unsere Kerkermeister, sondern sie können wertvolle Hilfen sein.

Der gemeinsame Austausch mit unserem Ehepartner, auch über unsere Gefühle, eröffnet uns Wege zu neuen Einsichten. Wenn wir unsere Gefühle jedoch für uns behalten, beschränken wir uns bei unseren Gedanken und Handlungen auf unsere eigene Weisheit. Die Bibel sagt hingegen, dass zwei es besser haben als einer allein (vgl. Prediger 4,9). Denken Sie daran: In einer Ehe teilen zwei Menschen ihr Leben, und Gefühle gehören zum Leben dazu.

*Himmlischer Vater, du gibst mir die Gelegenheit, Freud und Leid mit meinem Ehepartner zu teilen. Wenn ich das tue, wird die Freude größer und das Leid kleiner. Das ist ein wunderbares Geschenk, und ich danke dir dafür. Bitte hilf uns, offener über unsere Gefühle zu sprechen.*

# 24. November

## Bittere Wurzeln ausreißen

*Achtet aufeinander, damit niemand sich von Gottes Gnade ausschließt!*
*Lasst nicht zu, dass eine bittere Wurzel zur Giftpflanze wird,*
*durch die dann viele von euch zu Schaden kommen!*
Hebräer 12,15

Ihr Ehepartner hat Sie zutiefst verletzt, und Sie empfinden hilflose Wut. Wie gehen Sie mit diesem Gefühl um?

Wut ist eine natürliche Reaktion, wenn uns Unrecht angetan wurde. Aber wenn wir nicht richtig damit umgehen, kann sie zerstörerisch wirken. Im Hebräerbrief werden wir davor gewarnt, die „bittere Wurzel“ wachsen zu lassen, weil sie Probleme, Schaden und Verhärtung mit sich bringen kann. Wie sollen wir jedoch angesichts dieser Wahrheit reagieren, wenn wir wütend werden?

Eine Möglichkeit besteht darin, die Wut zu unterdrücken und sie wie ein schwelendes Feuer in uns zu behalten. Wenn wir das tun, verwandelt sich diese unterdrückte Wut in Bitterkeit und wird zu einem bösartigen Krebsgeschwür, das uns langsam die Lebenskraft raubt. Eine andere Möglichkeit ist ein unkontrollierter Wutausbruch. Wie eine Explosion zerstört er alles, was sich in seiner Reichweite befindet. Ein solcher Ausbruch ist wie ein emotionaler Herzinfarkt, und er kann einen dauerhaften Schaden hinterlassen.

Es gibt jedoch einen besseren Weg. Er beginnt, indem Sie sich sagen: Ich bin sehr wütend über das, was mein Partner getan hat. Aber ich lasse nicht zu, dass dieses Unrecht mich zerstört, und ich versuche auch nicht, meinen Partner zu zerstören. Stattdessen lege ich meinen Ehepartner in die Hände Gottes, denn er ist gerecht. Gott überlasse ich auch meinen Zorn.

*Herr Jesus Christus, du weißt, dass es Zeiten gibt, in denen ich Bitterkeit gegenüber meinem Partner empfinde. Bitte hilf mir, den Blick abzuwenden von dem Unrecht, das er mir angetan hat, und dir diese Situation in die Hände zu legen. Ich weiß, dass du mich heilen kannst, Herr.*

# 25. November

## Weg mit der Bitterkeit!

*Mit Bitterkeit, Jähzorn und Wut sollt ihr nichts mehr zu tun haben. Schreit einander nicht an, redet nicht schlecht über andere, und vermeidet jede Feindseligkeit.*
Epheser 4,31

Sie haben ein Recht darauf, wütend zu sein, aber Sie haben kein Recht darauf, verbittert zu sein und mit Ihrer Bitterkeit ein Geschöpf Gottes zu zerstören – sich selbst.

In der Bibel wird Bitterkeit immer als Sünde angesehen, weil sie die Folge einer bewussten Entscheidung ist. Man kann es nicht immer vermeiden, Wut zu empfinden, aber Bitterkeit entsteht aus der täglichen Entscheidung, der Wut in Ihrem Herzen Raum zu geben.

Deshalb fordert der Apostel Paulus die Christen auf, jede Art von Bitterkeit loszuwerden. Der Verfasser des Hebräerbriefs ermahnt uns, die Bitterkeit in unserem Innern keine Wurzeln schlagen zu lassen, damit sie uns nicht zerstört und uns vom Glauben abbringt (vgl. Hebräer 12,15). Deshalb müssen wir die Sünde der Bitterkeit vor Gott bekennen und sie uns vergeben lassen.

Wir sollten uns jedoch auch bewusst machen, dass ein einmaliges Bekenntnis nicht unbedingt ausreicht, alle feindseligen Gefühle abzumildern. Wenn Sie schon sehr lange Zeit verbittert sind, verschwinden diese Gefühle nicht von heute auf morgen. Was können Sie tun, wenn Gedanken und Gefühle der Wut und Bitterkeit immer wieder hochkommen? Sie können zum Beispiel dieses Gebet sprechen. „Himmlischer Vater, du weißt, was ich denke und fühle, aber ich lege diese Gefühle in deine Hände. Bitte hilf mir, heute mit meinem Leben etwas Gutes anzufangen." Dann lassen Sie sich von Gott als Werkzeug seiner Liebe gebrauchen, auch bei Ihrem Ehepartner.

*Himmlischer Vater, manchmal will ich mich an meiner Wut und Bitterkeit festklammern. Das fühlt sich einen kurzen Moment lang gut an, aber im Laufe der Zeit verhärte ich mich und sehe auch meinen Ehepartner mit anderen Augen. Ich bekenne dir meine Bitterkeit und bitte dich um Vergebung. Bitte hilf mir, dieses Gefühl loszulassen – jetzt und jedes Mal, wenn es wieder hochkommt.*

26. November

# Hilfe für Streithähne

*Es ehrt einen Menschen, wenn er sich auf keinen Streit einlässt;*
*nur ein törichter Streithahn wettert sofort los.*
Sprüche 20,3

Wenn jemand zu mir in die Eheberatung kommt, höre ich häufig diese Bemerkung: „Ich mag mit meinem Partner gar nicht mehr reden, weil unsere Gespräche immer in Streitereien ausarten." Manche Leute streiten gern, andere wiederum mögen keinen Streit. Die Bibel sagt, dass es einen Menschen ehrt, wenn er sich auf keine hitzige Auseinandersetzung einlässt, und dass es weise ist, nicht zu streiten. Das ist eine gute Faustregel für die Ehe, aber das bedeutet nicht, dass Sie überhaupt nicht miteinander reden sollen. Treten Sie den Rückzug an, weil Sie Angst vor einem Wortgefecht haben? Diese Reaktion ist vielleicht ganz natürlich, aber sie führt ins Schweigen und in die Isolation, und nicht zu einer erfolgreichen Ehe.

Wie können Sie lernen, mit einem streitlustigen Ehepartner zu reden, ohne gleich in einen Streit zu geraten? Ihre Angst vor Streit hindert Sie an einer wirksamen Kommunikation mit Ihrem Partner. Darüber sollten Sie mit ihm reden. Sie könnten zum Beispiel sagen: „Ich möchte, dass wir eine gute Ehe haben, mit einem guten Austausch von Gedanken und Gefühlen. Ich glaube, du willst das auch, aber in letzter Zeit habe ich mich nicht mehr getraut, mit dir zu reden, weil ich Angst habe, dass wir sofort ein Streitgespräch anfangen. Ist dir das aufgefallen?" Jetzt haben Sie die Karten auf den Tisch gelegt. Ihr Ehepartner hat eine Chance, darauf zu reagieren. Was auch immer Ihr Partner darauf antwortet, Sie können jetzt den folgenden Vorschlag machen: „Können wir uns einigen, dass wir uns an einem Abend pro Woche über kritische Punkte in unserer Ehe auseinandersetzen? An den anderen Abenden sollten wir über das Positive in unserem Leben sprechen."

Ihr Ehepartner ist vielleicht sogar offen für diese neue Idee. Denn warum soll man die ganze Zeit streiten, wenn man einen Abend pro Woche dafür reserviert? Wenn ein Problem angesprochen werden muss, einigen Sie sich darauf, das in aller Ruhe zu tun. Sollten Sie dazu nicht in der Lage sein, schreiben Sie das Problem auf und besprechen Sie es an dem vorgesehenen Abend. Sie werden sehen, wie Ihre Kommunikation förmlich aufblüht, sobald die Gefahr der ständigen Streitereien gebannt ist.

*Himmlischer Vater, manchmal sprechen wir überhaupt nicht mehr miteinander, weil wir in Auseinandersetzungen so unterschiedlich reagieren. Bitte mach es mir bewusst, wenn ich oder mein Partner uns gegen Gespräche sperren, aus Angst, uns ständig zu streiten. Schenke uns die nötige Selbstbeherrschung, damit wir im Gespräch bleiben und in aller Ruhe miteinander reden können.*

27. November

# Fragen als Starthilfen

*Herr, lass dir meine Worte und meine Gedanken gefallen!*
*Bei dir bin ich geborgen, du bist mein Retter!*
Psalm 19,15

Das Gespräch ist die wichtigste Kunst, die in der Ehe geübt werden sollte, aber auch die am meisten vernachlässigte. Wie würden Sie zum Beispiel auf die folgende Frage reagieren? „Berichtest du mir von einem Erlebnis, das du heute hattest und wie es sich auf dich ausgewirkt hat?" Wie würde Ihrer Meinung nach Ihr Ehepartner auf diese Frage reagieren? Wagen Sie doch einfach das Experiment. Stellen Sie die Frage und warten Sie ab! Es ist nicht so schwer, miteinander zu sprechen. Fragen können Starthilfen für ein Gespräch sein.

Sie sollten allerdings offen formuliert sein. Wenn Sie fragen: „Hattest du einen guten Tag?", werden Sie wohl nur ein Ja oder Nein hören. Versuchen Sie es stattdessen mit: „Was waren für dich heute die Höhepunkte und Tiefpunkte deines Tages?" Hier ist ein bisschen Denkarbeit erforderlich, aber Sie und Ihr Ehepartner können diese Frage beantworten. Ihre Antworten dienen vielleicht als Anregung für weitere Gespräche. Fragen sollten nicht gestellt werden, um ein Streitgespräch vom Zaun zu brechen, sondern um zu verstehen, was im Leben Ihres Ehepartners geschieht.

Schweigen führt zu Isolation und Trennung, ein Gedankenaustausch dagegen zu Verständnis und Nähe. In der Ehe sollten zwei Menschen miteinander Gemeinschaft haben und nicht wie getrennt voneinander unter einem Dach leben. Während wir miteinander reden, können wir dafür beten, dass unsere Worte und Gespräche dem Herrn gefallen. Stellen Sie Ihrem Ehepartner heute eine Frage, die zu einem sinnvollen Gedankenaustausch führt.

*Himmlischer Vater, ich wünsche mir, dass wir dir auch in unserer Kommunikation die Ehre geben. Bitte hilf uns, einander zu begegnen, indem wir uns Fragen stellen. Ich möchte wirklich wissen, was im Leben meines Partners geschieht. Zeig mir, wie ich durch eine entsprechende Fragestellung offene, sinnvolle Gespräche fördern kann.*

# 28. November

## Kommunikation als Grundelement der Ehe

*Redet nicht schlecht voneinander. Was ihr sagt, soll für jeden gut und hilfreich sein, eine Wohltat für alle.*
Epheser 4,29

Das grundlegendste Element der Kommunikation besteht darin, dass Sie lernen, wie Sie Ihre Gedanken mitteilen. Wenn Ehen scheitern, hört man von den Betroffenen fast immer diesen Satz: „Unsere Kommunikation ist abgebrochen." Wie sorgen wir dafür, dass das nicht passiert? Wir tun das, was wir getan haben, als wir frisch verliebt waren, und zwar hören wir zu, wenn unser Partner spricht! Wir hören zu, ohne unseren Ehepartner zu verurteilen.

Wenn Ihr Ehepartner Sie mit einer neuen Idee überrascht, sollten Sie der Verlockung widerstehen, sofort Kritik anzubringen. Stellen Sie lieber Fragen. Sie könnten zum Beispiel sagen: „Das klingt interessant. Was ist daran für dich wichtig? Was sind die Schattenseiten, wenn wir diese Idee in die Tat umsetzen?" Solche oder ähnliche Fragen können zu einem sinnvollen Dialog führen.

Äußerungen wie: „Das funktioniert doch nicht bei uns" oder „Das will ich aber nicht" sind Killer für jedes konstruktive Gespräch. Es ist in Ordnung, solche Gedanken zu haben und auch zu äußern, wenn Sie es auf positive Art tun, *nachdem* Sie Ihrem Ehepartner aufmerksam zugehört haben. Dann könnten Sie sagen: „Ich fürchte, das funktioniert nicht bei uns. Ich bin mir nicht sicher, dass ich das wirklich machen will. Können wir uns die Sache ein paar Tage lang überlegen und dann noch einmal darüber sprechen?" Eine solche Bitte ist respektvoll und hilfreich. Damit folgen Sie dem Rat, den der Apostel Paulus in Epheser 4 gibt. Unsere Worte sollten gut und hilfreich sein, nicht herabsetzend und entmutigend.

Wenn Sie bei Ihrer Kommunikation offen und respektvoll bleiben, sind Sie auf dem besten Weg zu einer erfolgreichen Ehe.

*Himmlischer Vater, wenn mein Ehepartner mir einen Gedanken mitteilt, dann schenke mir Geistesgegenwart, damit ich zuhöre, bevor ich reagiere. Lass meine Worte und Fragen hilfreich und einfühlsam sein, wenn wir als Ehepaar einen gemeinsamen Nenner finden wollen.*

# Die Ehe, ein Geschenk Gottes

*Der Mann, der eine Frau findet,*
*hat einen Schatz gefunden und der Herr freut sich über ihn.*
Sprüche 18,22

Die Forschungsergebnisse sind eindeutig: Die Ehe ist in den meisten Fällen ein Gewinn. Verheiratete sind glücklicher, gesünder und zufriedener mit dem Leben als Unverheiratete. Am glücklichsten sind dabei diejenigen, die sehr lange mit ein und derselben Person verheiratet sind. Offenbar entdecken moderne Menschen mit Hilfe soziologischer Forschungsprojekte Wahrheiten, die die Bibel bereits vor Jahrtausenden verkündet hat.

Schließlich war es Gott, der sagte: „Es ist nicht gut, dass der Mensch allein lebt" (1. Mose 2,18). Adam, der erste Mensch, hatte eine Berufung. Er hatte einen Ort, an dem er wohnen, und eine Menge Tiere, die er streicheln konnte. Er hatte sogar eine Beziehung zu Gott. Aber Gott kam zu der Schlussfolgerung, dass Adam eine Frau brauchte. Gott hatte alle Tiere als Paare geschaffen, männlich und weiblich, aber anfänglich hatte er nur *einen* Menschen geschaffen. Die Erschaffung Evas war nicht etwa ein nachträglicher Einfall. Gott sagte sich nicht: „Oh, ich habe ja ganz vergessen, eine Frau zu erschaffen! Am besten erledige ich das gleich noch." Nein, so war es nicht, sondern es war eine Frage des richtigen Zeitpunkts. Gott wollte die Menschen von vornherein als Mann und Frau erschaffen, aber er wollte Adam zunächst Zeit geben, damit er die Welt begutachten konnte, um schließlich zu entdecken, dass er ein wirkliches Gegenüber brauchte. Dann erst erschuf Gott das Wesen, das er als „eine Gefährtin, die zu ihm passt", bezeichnete.

König Salomo sagt uns in Sprüche 18, dass der Mann, der eine Frau findet – oder im weitesten Sinne auch die Frau, die einen Mann findet – einen wahren Schatz entdeckt. Die Ehe ist ein wunderschönes Geschenk Gottes.

*Himmlischer Vater, danke für meinen Ehepartner und für das Geschenk der Ehe. Ich bin so dankbar, dass ich einen Gefährten habe, der mich ein Leben lang begleitet. Ich möchte niemals vergessen, dass mein Ehepartner ein Schatz ist und eine Belohnung von dir. Hilf mir, ihn auch wie einen Schatz zu behandeln.*

# 30. November

## Aus zwei wird eins

*Sie sind also eins und nicht länger zwei voneinander getrennte Menschen. Was nun Gott zusammengefügt hat, soll der Mensch nicht scheiden.*
Matthäus 19,6

Das Herzstück der Ehe ist die Gemeinschaft. Als Gott in Bezug auf Adam sagte: „Es ist nicht gut, dass der Mensch allein lebt", hat er eine wichtige Aussage über die menschliche Natur gemacht. Wir sind nicht dafür geschaffen, in Isolation zu leben, abgeschnitten von anderen Menschen. Nachdem er Eva geschaffen hatte, sagte Gott: „… und sie werden ein Fleisch sein." Das ist das genaue Gegenteil von Alleinsein.

In einer Ehe haben Mann und Frau eine Beziehung zueinander, und zwar als Gegenstück zum jeweils anderen. Es handelt sich nicht um ein Konkurrieren, sondern um eine Zusammenarbeit im Team. Gott hat uns zu einer lebenslangen Gemeinschaft zusammengefügt, damit wir seine Pläne für unser Leben verwirklichen können. Jesus drückte es so aus: Sobald Mann und Frau in der Ehe zusammengefügt sind, soll sie niemand voneinander trennen. Wir sind eins geworden im Bund der Ehe.

Ich bin mir natürlich auch bewusst, dass manche Menschen von Gott zu einem Leben in Ehelosigkeit berufen worden sind. Aber meiner Meinung nach ist so etwas eher eine Ausnahme und nicht die Regel. Mir ist auch bewusst, dass jeder von uns einen Teil seines Lebens allein verbringt, sowohl vor als auch nach der Ehe. Vor der Ehe entdecken wir durch das Alleinsein unser Bedürfnis nach Gemeinschaft. Nach dem Tod eines Ehepartners arrangieren wir uns mit dem Alleinsein und schwelgen in Erinnerungen an die Vertrautheit, die wir in der Ehe erlebt haben. Die Ehe ist eine Idee Gottes. Sie soll den Menschen zum Guten und zur Ehre Gottes dienen.

*Herr Jesus Christus, ich bin dankbar, dass du uns als Ehepaar zusammengefügt hast. Hilf, dass nichts zwischen uns treten oder uns auseinanderbringen kann. Mach uns stattdessen zu einem starken Team, damit wir zusammenarbeiten und nicht miteinander konkurrieren. Ich danke dir, Herr, für das Geschenk der Ehe.*

# 1. Dezember

## *Wenn Alkohol die Ehe zerstört*

*Bei wem sieht man Kummer und Klage? Bei wem Streit und Gejammer? Wer noch spät beim Wein sitzt und jede neue Sorte ausprobiert. Lass dich nicht vom Wein verlocken, wenn er so rötlich schimmert, wenn er im Glas funkelt und so glatt die Kehle hinuntergleitet! Denn zuletzt wirkt er wie der Biss einer giftigen Schlange.*

Sprüche 23,29-32

Nur wenige Dinge schädigen die Innigkeit und Vertrautheit in der Ehe so sehr wie die Abhängigkeit von Alkohol oder anderen Drogen. Forschungsergebnisse zeigen uns sogar, dass bei Ehen, in denen ein Partner alkohol- oder drogenabhängig ist, nur eine von zehn Partnerschaften eine Überlebenschance hat. In unserer Gesellschaft haben wir es da mit einem Problem gewaltigen Ausmaßes zu tun.

Alkoholismus ist jedoch kein neues Problem. Es gibt ihn bereits seit der Zeit des Alten Testaments. In Sprüche 23 beschreibt König Salomo auf anschauliche Weise die negativen Auswirkungen eines chronischen Alkoholmissbrauchs. Eine Alkoholkrankheit bringt viel Not und Schmerz mit sich.

Warum hat die Abhängigkeit von Alkohol eine so zerstörerische Wirkung auf die Ehe? Die Antwort liegt im Verhalten, das aus dem Missbrauch von Drogen oder Alkohol entsteht. Ein Alkoholiker ist extrem egoistisch. Für ihn oder sie dreht sich das ganze Leben nur um seine eigenen Bedürfnisse. Beim Versuch, die Abhängigkeit vom Alkohol zu verbergen, wird der Alkoholiker zu einem Meister der Täuschung. Mit diesem Verhalten richtet er Mauern der Trennung zwischen sich und seinem Ehepartner auf. Der Alkoholiker ist unsensibel gegenüber den Gefühlen jener Menschen, die sich um ihn Sorgen machen. Die Sucht führt häufig zu Verbalattacken und dem Verlust des Arbeitsplatzes.

Der Ehepartner, der sein Augenmerk nur auf die Symptome der Sucht und nicht das wahre Problem richtet, wird eine enorme Frustration erleben. Nur allzu oft unterstützt der Ehepartner die Sucht des Alkoholabhängigen und tut alles Erdenkliche, um den Frieden in der Familie aufrechtzuerhalten. Aber letzten Endes gibt es nur eines, was einem Alkoholiker hilft, und das ist Liebe, gepaart mit Konsequenz und Härte.

*Himmlischer Vater, ich bitte dich um deine Führung und Hilfe, wenn wir uns überlegen, wie wir mit den Süchten oder Gewohnheiten umgehen sollen, die unsere Einigkeit als Ehepaar bedrohen. Dazu gehören auch Dinge, die vielleicht nicht so offenkundig sind wie Alkohol- oder Drogenmissbrauch. Bitte schenke uns die Weisheit, die wir so dringend brauchen.*

2. Dezember

# Einen alkoholabhängigen Ehepartner lieben, aber wie?

*Vor allem aber bekleidet euch mit der Liebe; sie ist das Band, das euch zu einer vollkommenen Einheit zusammenschließt.*
Kolosser 3,14

Beim Zusammenleben mit einem alkohol- oder drogenabhängigen Ehepartner ist Liebe gepaart mit Konsequenz und Härte erforderlich. Barbara erkannte das nach zehn Jahren Ehe mit einem Alkoholiker. Solche Menschen wissen, wie sie ihr Gegenüber manipulieren, betrügen und belügen, um ihre Sucht ausleben zu können. Ihre Geschichten und Ausreden klingen so plausibel, dass man ihnen wirklich Glauben schenken will.

Aber schließlich hat Barbara gelernt, wie sie ihren Ehemann wirklich lieben kann, gerade indem sie *nicht* bereit ist, nach einem Absturz alles wieder in Ordnung zu bringen, für ihn Ausreden zu erfinden oder ihn vor den Folgen seiner Sucht zu bewahren. Sie ließ ihn in der Ausnüchterungszelle schmoren, trotz seiner inständigen Bitten, ihn doch auf Kaution dort herauszuholen. Sie ließ es zu, dass er seine Arbeitsstelle verlor, anstatt sich bei seinem Vorgesetzten für ihn einzusetzen. Als er auf eine Sauftour ging, packte sie ihre Sachen, nahm die Kinder und zog zu ihrer Mutter.

Das war der Tropfen, der das Fass zum Überlaufen brachte. Daniel, ihr Mann, flehte Barbara an, sie solle doch zu ihm zurückkommen, aber sie blieb hart, trotz seiner Tränen. Sie sagte ihm, dass sie erst dann zu ihm zurückkommen würde, wenn er bereit sei, sich einer Suchttherapie zu unterziehen und mit ihr gemeinsam eine Eheberatung aufzusuchen. Daniel kam Abend für Abend zu Besuch und flehte sie an, aber Barbara blieb hart. Eine Woche später war es dann so weit. Daniel begann mit einer Therapie.

Die Bibel sagt deutlich, dass wir uns mit der Liebe bekleiden sollen, wie der Apostel Paulus an die Kolosser geschrieben hat. Aber jemanden zu lieben bedeutet nicht, dass wir uns schikanieren lassen müssen, sondern wir sollen für den anderen das tun, was für ihn am besten ist. Barbara hat gelernt, dass Liebe gepaart mit Härte die einzige Sprache ist, die ein Alkoholabhängiger versteht.

• • • • • • • • • • • • • • • • • • • • • • •

*Himmlischer Vater, manchmal meinen wir, sanfte Liebe sei die einzige Form der Liebe, die uns Jesus Christus ähnlich werden lässt. Aber ich weiß, dass auch du deinen Kindern gegenüber eine andere Art von Liebe zeigst. Ich lese in der Bibel, dass du Menschen auch unter den Folgen ihres Verhaltens hast leiden lassen, damit sie bereit wurden, sich zu ändern. Bitte hilf mir zu erkennen, wann Liebe gepaart mit Härte in meiner Ehe angebracht ist. Und hilf mir auch, für meinen Ehepartner immer das Beste zu wollen.*

## 3. Dezember

# Hoffnung für Alkoholabhängige

*Damit steht fest: Unser früheres Leben endete mit Christus am Kreuz. Unser von der Sünde beherrschtes Wesen ist vernichtet, und wir müssen nicht länger der Sünde dienen. Wer gestorben ist, kann nicht mehr beherrscht werden – auch nicht von der Sünde.*
Römer 6,6-7

Wie können Sie zu einem Werkzeug Gottes werden, wenn Sie mit einem Alkoholiker zusammenleben? Wie Barbara, von der wir gestern gelesen haben, könnten Sie zum Beispiel sagen: „Ich liebe dich viel zu sehr, als dass ich herumsitze und warte, bis du dich selbst und mich zerstört hast. Wenn du das nächste Mal wieder betrunken nach Hause kommst, nehme ich die Kinder und ziehe zu meinen Eltern."

Diese Reaktion erscheint uns sehr unchristlich. Aber in Wirklichkeit ist es vielleicht die einzige Art von Liebe, die ein Alkoholabhängiger versteht. Alkoholiker sind nämlich nur dann bereit, Hilfe in Anspruch zu nehmen, wenn sie erkennen, dass sie etwas Wertvolles verlieren werden, wenn sie das nicht tun.

Es gibt Hoffnung. Auch für einen Alkoholabhängigen ist Befreiung von der Sucht möglich. In Römer 6 und vielen anderen Bibelstellen wird deutlich, dass wir als Christen nicht länger der Sünde dienen müssen, weil Jesus Christus uns von ihrer Macht befreit hat. Er kann unser Leben umwandeln – auch die Bereiche, in denen die Sünde uns noch im Griff hat. Viele Christen können bezeugen, dass sie einmal alkoholabhängig waren, aber heute von ihrer Sucht frei geworden sind. Bei manchen ist diese Befreiung sofort geschehen, bei anderen im Rahmen einer christlichen Therapiegruppe, mit professioneller Hilfe und in einer Familie, die gelernt hat, wie sie am Heilungsprozess mitwirken kann.

Wenn Sie mit einem Alkoholiker verheiratet sind, sollten Sie einen ersten Schritt machen, indem Sie Hilfe für sich selbst in Anspruch nehmen. Lernen Sie, wie Sie bei der Heilung Ihres Ehepartners mitwirken können. Fragen Sie in Ihrer christlichen Gemeinde, ob es vor Ort eine Gruppe gibt, die Ihnen helfen kann (z. B. das Blaue Kreuz). Erkundigen Sie sich auch nach Therapieprogrammen, damit Sie die nötigen Informationen zur Hand haben, wenn Ihr Ehepartner sich entschließt, sich helfen zu lassen.

*Himmlischer Vater, danke, dass es Hoffnung für Alkoholabhängige und ihre Familien gibt. Ob es nun um dieses Problem geht oder um eine andere Sünde, die unsere Ehe in Mitleidenschaft zieht, ich bitte dich um Weisheit, Erneuerung und die Bereitschaft, mich zu ändern. Hilf mir, dir zu vertrauen, dass du die Macht der Sünde in unserer Ehe brechen kannst.*

# 4. Dezember

## *Wenn Sie wütend auf sich selbst sind*

*Nur ein Dummkopf lässt seinem Zorn freien Lauf,*
*ein Verständiger hält seinen Unmut zurück.*
Sprüche 29,11

Die meisten von uns tun ab und zu Dinge, die wir gar nicht tun wollen. Dann werden wir wütend auf uns selbst. Wenn ich bei meinem Auto in der Tiefgarage ankomme und merke, dass ich die Autoschlüssel in meiner Wohnung im zweiten Stock vergessen habe, fällt meine Wut auf mich eventuell mild aus. Wenn ich im Parkhaus des Einkaufszentrums meine Schlüssel im Auto liegen lasse und die Autotür zuschlage, dann ist meine Wut auf mich vielleicht von mittlerer Stärke. Aber wenn ich meine Autoschlüssel auf einem Jagdausflug verliere, bei dem ich mehrere hundert Kilometer von jeder menschlichen Zivilisation entfernt bin, kann meine Wut auf mich eine bösartige Form annehmen.

Welche Wirkung hat dieses Verhalten auf meine Ehe? Wenn ich auf mich selbst wütend bin, lasse ich diese Wut vielleicht an meinem Ehepartner aus. Mein Partner erkennt dann, wie unfair dieser Ausbruch ist und reagiert ebenfalls mit Wut. Diese Situation kann eventuell eskalieren. Wäre es nicht besser, wenn ich mir sagen würde: *Natürlich hast du etwas Dummes gemacht, und diese Dummheit kostet dich Zeit. Aber mach die Sache nicht noch schlimmer, indem du deine Wut an jemandem auslässt, der nicht schuld ist an deiner Misere. Also, wie kann ich das Problem jetzt lösen?*

König Salomo hat es sehr drastisch ausgedrückt: Jemand, der seine Wut an anderen, vor allem an jemandem auslässt, der mit der Situation nichts zu tun hat, füge ich jetzt einmal hinzu, – ist ein Dummkopf. Aber jemand, der seine Wut zurückhält, ist klug. Es ist immer sinnvoller, wenn Sie nicht bei Ihrer Frustration stehen bleiben, denn damit kommen Sie nicht weiter. Vielmehr sollten Sie darüber nachdenken, wie Sie Ihre missliche Lage lösen können.

Wenn Sie eine Dummheit machen, heißt das nicht, dass Sie ein Dummkopf sind. Seien Sie nicht zu hart gegen sich selbst, und lassen Sie Ihre Wut nicht an Ihrem Ehepartner aus!

*Herr Jesus Christus, ich verschwende viel Zeit und Kraft, wenn ich wütend auf mich selbst bin. Viel zu oft lasse ich meine Wut auch noch an meinem Ehepartner aus, aber ich weiß, dass das weder fair noch freundlich ist. Bitte hilf mir, mich von meiner Frustration zu lösen und stattdessen nach einer Lösung des Problems zu suchen. Danke, Herr, dass du Mitleid mit unseren Schwächen hast.*

# 5. Dezember

## Vier Schritte gegen die Wut auf uns selbst

*Denn so hoch, wie der Himmel über der Erde ist, so groß ist seine Liebe zu allen, die ihm mit Ehrfurcht begegnen. So fern, wie der Osten vom Westen liegt, so weit wirft Gott unsere Schuld von uns fort!*
Psalm 103,11-12

Ich möchte Ihnen vier Schritte vorschlagen, mit deren Hilfe Sie gegen die auf Sie selbst gerichtete Wut vorgehen können.

Erstens sollten Sie Ihre Wut zugeben. „Ich bin richtig wütend auf mich selbst." Diese Aussage hat bereits heilende Wirkung.

Zweitens sollten Sie Ihre Wut überprüfen, indem Sie sich fragen: *Habe ich etwas verkehrt gemacht?* Die Antwort auf diese Frage hilft Ihnen bei der Entscheidung, ob Ihre Wut verständlich oder fehlgeleitet ist. Wenn Sie etwas verkehrt gemacht haben, auch auf moralischer Ebene, dann ist Ihre Wut angebracht. Fehlgeleitet ist Ihre Wut jedoch dann, wenn Sie über sich selbst enttäuscht sind, aber kein Unrecht begangen haben. Es ist keine Sünde, wenn Sie z.B. vergessen haben, die Hemden Ihres Mannes in die Wäscherei zu bringen. Vergessen ist keine Sünde, sondern eine menschliche Schwäche.

Drittens sollten Sie alles begangene Unrecht vor Gott und demjenigen bekennen, dem Sie Unrecht getan haben.

Viertens sollten Sie sich entschließen, sich selbst zu vergeben. Sie erreichen nichts, wenn Sie sich selbst verurteilen mit Äußerungen wie: „Ich verdiene es, zu leiden. Schau doch, was ich getan habe. Ich war so dumm. Ich habe doch gewusst, dass das verkehrt ist. Ich verdiene keine Vergebung." Denken Sie daran: Satan verklagt die Menschen (vgl. Hiob 1,6ff.). Gott dagegen vergibt uns. Warum stellen wir uns nicht auf die Seite Gottes? In Psalm 103 heißt es, dass Gott unsere Schuld so weit von uns fortwirft, wie der Osten vom Westen entfernt ist. Anders ausgedrückt: Unsere Sünden sind verschwunden. Wenn der Herr Ihnen vergeben hat, können Sie sich auch selbst vergeben. Sobald Sie das getan haben, können Sie auch offen mit Ihrem Partner umgehen, ohne ihm die Schuld in die Schuhe zu schieben oder Ihre Wut an ihm auszulassen.

• • • • • • • • • • • • • • • • • • • • • • • • • • • •

*Himmlischer Vater, du weißt, wie leicht es mir fällt, wütend auf mich selbst zu werden, und wie schwer es mir fallen kann, aus dieser Falle wieder herauszukommen. Wenn ich ein Unrecht begehe, dann mache mich bereit, dieses Unrecht zu bekennen und dich um Vergebung zu bitten. Ich weiß, dass das der einzige Weg ist, von meiner Wut frei zu werden. Und während ich diese Wut verarbeite, hilf mir, sie nicht an meinem Partner auszulassen, sondern liebevoll mit ihm umzugehen.*

## 6. Dezember

# Ein festes Fundament

*Wisst ihr, mit wem ich einen Menschen vergleiche, der meine Worte hört und danach handelt? Er ist wie ein Mann, der sich ein Haus bauen wollte. Zuerst hob er eine Baugrube aus, dann baute er die Fundamente seines Hauses auf felsigen Grund. Als ein Unwetter kam und die Fluten gegen das Haus brandeten, konnten sie keinen Schaden anrichten, denn das Haus war auf Felsengrund gebaut.*
Lukas 6,47-48

Ein festes Fundament ist der Schlüssel zu einer starken Ehe. Jesus erzählte die Geschichte eines klugen Mannes, der sein Haus auf felsigem Grund baute. Weder Unwetter noch Fluten konnten es erschüttern. Im Gegensatz dazu baute ein törichter Mann ein Haus ohne Fundament. Beim ersten Sturm stürzte es ein. Das Fundament unserer Beziehung zu Gott besteht aus Glauben, Vertrauen und Gehorsam. Das Fundament unserer Ehe ist Einssein.

Nach dem Plan Gottes gehören zur Ehe zwei Menschen, Mann und Frau, die zu einer Einheit werden. Sie entscheiden sich dafür, ihr Leben auf eine tiefer gehende Weise zu teilen als mit anderen Menschen. Diese Intimität umfasst alle Lebensbereiche. Es wäre deshalb ideal, wenn wir vor der Ehe das Fundament für dieses Einssein genau untersuchen würden. Sind wir intellektuell auf derselben Wellenlänge? Können wir miteinander reden und einander verstehen? Wie ist es auf der emotionalen Ebene? Können wir über unsere Gefühle sprechen, ohne befürchten zu müssen, dass uns der andere verurteilt? Haben wir auf der gesellschaftlichen und sozialen Ebene Freude an ähnlichen Aktivitäten? Gehen wir im Glauben einen gemeinsamen Weg?

Nach der Hochzeit bauen wir unsere Ehe auf diesem Fundament auf. Ist das Fundament wacklig, wird es schwieriger, Nähe und Vertrautheit aufzubauen. Aber wir müssen es trotzdem versuchen, denn Vertrautheit ist das Herzstück der Ehe. Wenn wir uns entschließen, unser eigenes Leben zu leben, missachten wir den göttlichen Entwurf für die Ehe. Es mag zwar schwierig sein, Vertrautheit und Nähe zu schaffen, aber Gott hilft uns dabei, wenn wir uns darauf einlassen, seinem Plan zu folgen.

*Himmlischer Vater, ich möchte, dass unsere Ehe ein starkes Fundament des Einsseins bekommt. Hilf uns, es aufzubauen, indem wir in allen Bereichen unserer Beziehung nach Nähe und Vertrautheit streben. Unsere Ehe soll doch den Stürmen standhalten, die in diesem Leben auf uns zukommen. Deshalb bitten wir dich, dass du uns führst und leitest.*

7. Dezember

# Das Fundament der geistlichen Gemeinschaft

*Das Fundament, das bei euch gelegt wurde, ist Jesus Christus.*
*Niemand kann ein anderes oder gar besseres Fundament legen.*
1. Korinther 3,11

Vertrautheit im Glauben ist häufig der schwierigste, aber auch der wichtigste Bereich der Ehe. Unsere Beziehung zu Gott wirkt sich auf unser gesamtes Leben aus. Der Apostel Paulus schreibt in 1. Korinther 3, dass Jesus für Christen das einzige Fundament ist. Wir vertrauen ihm, weil er uns erlöst hat. Dieses Vertrauen gibt uns die Grundlage und Orientierung für unser Leben.

Es ist offensichtlich, dass jeder von uns seinen eigenen Weg mit Gott weitergehen muss. Wir können das nicht füreinander tun. Aber als Ehepartner können wir diesen Weg ein Stück weit gemeinsam gehen. Dabei machen wir uns Mut und fördern unsere Vertrautheit im Glauben. Ich möchte Ihnen dazu ein paar Impulse geben:

1. Sprechen Sie miteinander über einen Punkt, der Ihnen am gemeinsam besuchten Gottesdienst gefallen hat.
2. Tauschen Sie Ihre Gedanken über einen Bibelvers aus, den Sie in Ihrer stillen Zeit gelesen haben. Verwenden Sie den Text nicht, um Ihren Partner anzupredigen, sondern um zu berichten, was Sie daran aufbauend fanden.
3. Beten Sie gemeinsam. Beginnen Sie mit einem stillen Gebet, wenn Sie möchten. Halten Sie sich an den Händen und beten Sie in Gedanken. Sagen Sie laut „Amen“, wenn Sie Ihr stilles Gebet beendet haben, und dann warten Sie, bis Ihr Ehepartner ebenfalls „Amen“ sagt. Diese Art des Gebets ist gar nicht so schwer, und es wird Sie einander näherbringen.

Wie sich unsere Beziehung zu Gott auf alle anderen Bereiche unseres Lebens auswirkt, so wirkt sich die Vertrautheit im Glauben auf alle anderen Bereiche unserer Ehe aus. Wenn wir Gott näherkommen, kommen wir auch einander näher. Vertrautheit im Glauben fördert auch die emotionale, intellektuelle und körperliche Intimität. Diese Elemente gehören alle zum Prozess des Einswerdens in der Ehe.

*Herr Jesus Christus, ich weiß, dass du das Fundament meines Lebens bist. Nichts anderes kann diesen wichtigen Platz einnehmen. Ich bitte dich, dass unsere Beziehung zu dir auch in unserer Ehe eine zentrale Rolle spielt. Hilf uns, alle Herausforderungen und Freuden miteinander zu teilen, während wir dir näherkommen. Hilf uns auch, dass wir einander näherkommen, während unsere Vertrautheit im Glauben zunimmt.*

# 8. Dezember

## Wie gehen wir miteinander um?

*Herr, lass dir meine Worte und meine Gedanken gefallen!*
*Bei dir bin ich geborgen, du bist mein Retter!*
Psalm 19,15

Wir Menschen sind alle auf Kommunikation hin angelegt. Dabei stellt sich lediglich die Frage: Um welche Art von Kommunikation handelt es sich? Einfach ausgedrückt findet Kommunikation statt, wenn wir einen anderen Menschen an unserem Leben Anteil haben lassen. In diesem Prozess entschließen sich zwei Einzelpersonen, einander einen Teil ihrer Gedanken, Gefühle und Erfahrungen mitzuteilen.

Oberflächlich betrachtet scheint dieser Prozess eine einfache Sache zu sein. Deshalb könnte man sich zu Recht fragen, warum Forschungsergebnissen zufolge fehlende Kommunikation in zwischenmenschlichen Beziehungen eines der größten Probleme ist. Ein Grund dafür könnten unsere Emotionen sein, die einem echten Miteinander oft im Weg stehen. Verletzte Gefühle, Wut, Angst, Enttäuschung, Frustration oder ein geringes Selbstwertgefühl hindern uns daran, mit unserem Gegenüber offen umzugehen.

Bei unserem Bemühen um emotionale Stabilität entwickeln wir verschiedene Muster der Kommunikation. Nach einer gewissen Zeit sind uns diese Muster nicht mehr bewusst, sondern sie stellen sich wie von selbst ein. Es ist durchaus möglich, dass Sie, als Einzelpersonen und auch als Ehepaar, positive und auch negative Muster entwickelt haben.

In den nächsten Tagen befassen wir uns mit ein paar negativen Verhaltensmustern, in die wir leicht verfallen können. Wir wollen auch Lösungsansätze für Veränderungen dieser Muster aufzeigen. Wie der Psalmist in dem oben zitierten Vers sagt, sollen unsere Worte, und besonders die an unseren Ehepartner gerichteten Worte, hilfreich und liebevoll sein, aber auch Gott gefallen.

• • • • • • • • • • • • • • • • • • • • • •

*Herr Jesus Christus, ich bin dankbar, dass mein Ehepartner und ich uns über so vieles austauschen können. Bitte mach uns bereit, unsere Kommunikation weiter zu verbessern.*

9. Dezember

# Immer schön bei der Wahrheit bleiben!

*Stattdessen wollen wir die Wahrheit in Liebe leben und zu Christus hinwachsen, dem Haupt der Gemeinde.*
Epheser 4,15

Ehe-Experten haben typische Muster entdeckt, die sich nachteilig auf die Kommunikation auswirken können. Eines dieser Muster wird manchmal auch als „Taube" bezeichnet. Bei diesem Muster beschwichtigt ein Ehepartner den anderen, damit der andere nicht wütend wird. Man könnte dieses Phänomen auch als „Frieden-um-jeden-Preis-Syndrom" bezeichnen. Typische Äußerungen einer „Taube" sind zum Beispiel: „Von mir aus gerne!" oder „Wenn du glücklich und zufrieden bist, bin ich es auch."

Tauben sind ständig bemüht, ihr Gegenüber zu besänftigen. Oft entschuldigen sie sich für Dinge, über die sich ihr Ehepartner aufregen könnte, selbst wenn es nur unbedeutende Kleinigkeiten sind. Sie sagen fast nie offen, dass sie anderer Meinung sind als ihr Ehepartner. Dabei spielt es für sie keine Rolle, was sie selbst dabei empfinden. Das Kommunikationsmuster der „Taube" entsteht oft aus einem geringen Selbstwertgefühl heraus. Die „Taube" denkt sich: Meine Gedanken sind sowieso nichts wert. Warum soll ich sie dann überhaupt äußern? Er oder sie fürchtet sich vielleicht auch vor der Reaktion des Ehepartners auf Widerspruch.

Es sollte offensichtlich sein, dass dieses Kommunikationsmuster nicht förderlich ist für ein ehrliches, authentisches Verhalten in der Ehe. Wenn wir ehrlich sind, geben wir Gott die Ehre, weil Ehrlichkeit sein Wesen widerspiegelt. In Psalm 31,6 wird Gott sogar als „Gott der Treue" (oder Wahrheit) bezeichnet. Wir müssen lernen, die Wahrheit zu sagen, natürlich in Liebe, wie der Apostel Paulus es in dem oben angegebenen Vers schreibt, – bei der Wahrheit müssen wir bleiben.

*Großer Gott, die Bibel macht es deutlich, dass Wahrheit für dich die höchste Bedeutung hat. Hilf uns, dass wir als Ehepaar einander liebevoll die Wahrheit sagen können. Nimm mir die Angst davor, das zu sagen, was ich denke. Nimm mir die Angst davor, das zu sagen, was gesagt werden muss.*

# 10. Dezember

## Ich bin der Chef!

*Wer nun mit Jesus Christus verbunden ist, wird von Gott nicht mehr verurteilt. Denn für ihn gilt nicht länger das Gesetz der Sünde und des Todes. Es ist durch ein neues Gesetz aufgehoben, nämlich durch das Gesetz des Geistes Gottes, der durch Jesus Christus das Leben bringt.*
Römer 8,1-2

Wenn positive Kommunikation für eine Beziehung förderlich ist, dann ist negative Kommunikation das genaue Gegenteil. Ein weiteres, typisches Muster für negative Kommunikation ist der „Falke". Von einem Falken hört man in der Regel Äußerungen wie: „Das ist ganz allein deine Schuld" oder „Wenn du auf mich gehört hättest, wären wir jetzt nicht in diesem Schlamassel." Bei diesem Kommunikationsstil schiebt ein Ehepartner dem anderen für alles die Schuld in die Schuhe. Der „Falke" ist der Chef, der Diktator. Weil er für alles verantwortlich ist, macht er nie einen Fehler. Er oder sie kann auch den Partner herunterziehen mit Aussagen wie: „Du machst doch immer alles falsch", „Du vermasselst immer alles", „Wie konntest du bloß so dämlich sein?" oder „Wenn du nicht wärst, könnte alles gut sein." Der Falke übernimmt nie die Verantwortung, wenn ein Problem auftritt.

In der Regel leiden Falken unter einem geringen Selbstwertgefühl. Sie können nicht zugeben, dass sie falschliegen, weil sie sich dadurch erst recht wie Versager vorkommen würden. Der „Falke" braucht die heilsame Berührung mit der biblischen Wahrheit, dass alle Menschen Sünder sind, wir in Jesus Christus jedoch Vergebung erfahren. Wenn wir in Christus sind, verurteilt uns Gott nicht mehr, wie es der Apostel Paulus in Römer 8 verdeutlicht. Sobald wir unsere Sünden bekennen, sind wir frei von ihnen. Wenn also Jesus Christus uns nicht verurteilt, wie können wir dann noch einander verurteilen? Bei der Kommunikation in der Ehe findet ein Austausch zwischen zwei Sündern statt, denen die Sünden vergeben worden sind.

Wenn Sie in Ihrer Ehe das Kommunikationsmuster des Falken erkennen, bitten Sie Gott um Vergebung und um Hilfe für einen Neubeginn.

*Herr Jesus Christus, bitte erinnere mich immer wieder daran, dass wir beide Sünder sind. Wir beide brauchen Demut, damit wir Fehler zugeben können. Wir brauchen Geduld, damit wir uns mit Liebe und Respekt begegnen können. Bitte vergib uns, dass wir uns gegenseitig verletzt haben. Hilf uns bei einem Neubeginn.*

11. Dezember

# Logik ist nicht immer logisch

*Freut euch mit den Fröhlichen! Weint aber auch mit den Trauernden!*
Römer 12,15

Ohne es zu merken, haben viele von uns negative Kommunikationsmuster entwickelt, die eine zerstörerische Wirkung auf unsere Ehen haben. Ein weiteres Muster ist die „Eule" oder der „Vernunftmensch". Hier haben wir das „Seien-wir-doch-vernünftig-Syndrom". Diese Menschen gleichen eher einem Computer als einem menschlichen Wesen. Sie haben auf alles eine logische Antwort.

Sie haben eine Erklärung für jede Frage, die Sie ihnen stellen. Ihre Antwort klingt so vernünftig, dass Sie sich fragen, warum man überhaupt zu einer anderen Schlussfolgerung kommen kann. Diese Leute halten sich für vernünftig und intelligent. Sie sind stolz darauf, dass sie keine Gefühle zeigen. Wenn jemand anderes emotional reagiert, bleiben sie ruhig sitzen und warten ab, bis der Sturm der Gefühle vorüber ist. Dann machen sie mit ihren logischen Erklärungen weiter.

In Wirklichkeit folgt diese leidenschaftslose Logik nicht immer dem Ideal, das Gott für uns vorgesehen hat. In Römer 12,15 werden wir aufgefordert, uns mit den Fröhlichen zu freuen und mit den Trauernden zu trauern. Das bedeutet, dass wir uns in andere Menschen hineinversetzen und sie trösten sollen, weil wir mit ihnen mitfühlen können.

Das Traurige ist, dass die „Eule" oder der „Vernunftmensch" nicht erkennen, dass sie ein Problem haben. Sie fragen sich bloß, warum ihr Ehepartner ihre große Weisheit nicht zu schätzen weiß. Kann bitte jemand die „Eule" von dem Ast, auf dem sie sitzt, herunterholen?

• • • • • • • • • • • • • • • • • • • • • • • • • • • • • •

*Herr Jesus Christus, es fällt mir leicht, immer ganz vernünftig und rational zu sein. Bitte vergib mir, dass ich in meiner Arroganz die Gefühle meines Ehepartners ignoriere. Gib mir Demut, damit ich erkenne, dass ich nicht vollkommen bin. Hilf mir, die Gefühle meines Ehepartners zu respektieren, und schenke mir mehr Mitgefühl.*

12. Dezember

# Den Kopf in den Sand stecken?

*Denkt daran, liebe Brüder und Schwestern: Seid immer sofort bereit, jemandem zuzuhören; aber überlegt genau, bevor ihr selbst redet. Und hütet euch vor unbeherrschtem Zorn!*
Jakobus 1,19

Das letzte negative Kommunikationsmuster, das ich hier vorstellen möchte, ist der „Vogel Strauß". Für dieses Verhalten gilt das Motto: „Ignoriere eine Sache, und sie erledigt sich von selbst." Der Betreffende ignoriert praktisch alle unangenehmen Handlungen und Bemerkungen seines Gegenübers. Ein „Vogel Strauß" reagiert nur selten direkt auf das, was der andere sagt. Stattdessen wechselt er das Thema und redet einfach weiter. Personen mit diesem Kommunikationsmuster sind Aktivisten. Wenn ihr Schwerpunkt auf dem Reden liegt, plappern sie ständig über alles Mögliche. Wenn sie Tatmenschen sind, haben sie ständig etwas zu tun. Fragen Sie jedoch einen „Vogel Strauß", was er gerade macht, bekommen Sie nur selten eine konkrete Antwort.

Der „Vogel Strauß" entwickelt beim Reden gelegentlich eine Art Singsang. Sie können diese Person zwar unterbrechen und Ihre eigenen Bemerkungen loswerden, aber „Vogel Strauß" redet sofort weiter – oft über ein Thema, das nicht das Geringste zu tun hat mit Ihren Kommentaren oder mit dem, was „Vogel Strauß" vorher gesagt hat. Er spricht alle möglichen Themen an, aber er führt keines davon zu Ende. Wenn Sie eine Problematik ansprechen, die „Vogel Strauß" als unangenehm empfindet, redet er sofort über etwas anderes. Einem solchen Menschen gibt der Apostel Jakobus einen sehr guten Rat: Seid schnell zum Hören und langsam zum Reden. Sorgen Sie dafür, dass Sie das, was Ihr Gegenüber sagt, hören und verstehen, bevor Sie selbst losplappern. Die Bibel macht deutlich, dass es töricht und problematisch ist, wenn man unangenehme Dinge einfach ignoriert, vor allem dann, wenn man mit seinem eigenen Fehlverhalten konfrontiert wird und Korrektur braucht (vgl. Sprüche 10,17).

Wenn Sie selbst oder Ihr Ehepartner Züge des Kommunikationsmusters „Vogel Strauß" haben, brauchen Sie eventuell die Hilfe eines Seelsorgers oder Eheberaters. Wenn Sie keine professionelle Hilfe in Anspruch nehmen, geht die „Vogel-Strauß-Politik" nämlich weiter, und das ist eine schwache Basis für eine offene und ehrliche Kommunikation.

*Himmlischer Vater, manchmal neigen wir beide dazu, die problematischen Themen in unserer Beziehung einfach zu ignorieren. Bitte mach uns bewusst, wie zerstörerisch das sein kann. Zeig uns, wie wir Konflikte und Schwierigkeiten direkt ansprechen können. Schenke uns den Mut dazu.*

## 13. Dezember

# Raus aus den alten Mustern!

*Redet mit jedem Menschen freundlich; alles, was ihr sagt, soll gut und hilfreich sein. Bemüht euch darum, für jeden die richtigen Worte zu finden.*
Kolosser 4,6

In den letzten Tagen haben wir uns mit ungesunden Kommunikationsmustern beschäftigt. Heute möchte ich Ihnen fünf Möglichkeiten vorstellen, wie Sie diese Muster ändern können.

Erstens: Identifizieren Sie das ungesunde Muster. Welches von den vieren ist in Ihrer Ehe am deutlichsten zu erkennen?
Zweitens: Gestehen Sie sich ein, dass dieses Muster schädlich für Ihre Ehe ist. Zum Beispiel könnten Sie sich sagen: „Ich bin ein Falke und das ist schlecht für meine Ehe."
Drittens: Entschließen Sie sich, das ungesunde Muster zu ändern. Veränderungen geschehen nicht automatisch im Laufe der Zeit, sondern die Dinge ändern sich erst dann, wenn Sie das auch wollen.
Viertens: Ersetzen Sie alte Muster durch neue. Besorgen Sie sich ein gutes Buch über das Thema Kommunikation und finden Sie heraus, wie eine gesunde Kommunikation aussehen kann. Dann beginnen Sie damit, diese Ideen in Ihrer Ehe umzusetzen. Natürlich kostet das Zeit und Mühe, aber diese Investition zahlt sich aus.
Fünftens: Gestehen Sie es sich ein, wenn Sie in alte Muster zurückfallen. Kommunikationsmuster ändern sich nicht über Nacht, und ein Rückfall ist kein Scheitern. So etwas gehört dazu, wenn man schlechte Gewohnheiten ablegen will.
Halten Sie durch, denn schließlich werden Sie und Ihr Ehepartner Veränderungen erleben. Ihr Ziel sollte es sein, dem Rat des Apostels Paulus zu folgen und die Kommunikation zwischen Ihnen beiden „gut und hilfreich" werden zu lassen.

*Himmlischer Vater, ich bitte dich um Weisheit, damit ich die negativen Kommunikationsmuster in meinem eigenen Leben und in unserer Beziehung erkennen kann. Bitte hilf mir, die Probleme wahrzunehmen. Schenke uns die Bereitschaft zur Veränderung und die Kraft, uns tatsächlich zu ändern. Ich möchte dir mit meinen Worten und mit meinem Verhalten die Ehre geben.*

## 14. Dezember

# Liebe und Gerechtigkeit gehören zusammen

*Diese Liebe zeigt sich darin, dass wir nach Gottes Geboten leben.*
*Von Anfang an ist euch das gesagt worden, damit ihr euer Leben danach ausrichtet.*
2. Johannes 6

Manchmal kommt es vor, dass ein Mann oder eine Frau zu seinem Ehepartner sagt: „Ich möchte, dass du glücklich bist. Wenn du mich deswegen verlassen musst, dann kann ich dich nicht daran hindern. Das tut mir zwar weh, aber ich möchte ja, dass du glücklich bist." Zunächst mögen diese Worte liebevoll und aufopfernd klingen, aber in Wirklichkeit sind sie keines von beidem. Wahre Liebe sucht immer das Gute für den geliebten Menschen. Und der Bibel zufolge ist es nicht gut, wenn der Bund der Ehe gebrochen wird (vgl. 1. Korinther 7,10-11, um nur ein Beispiel zu nennen).

Das Beste für einen Menschen ist nicht sein persönliches Glück, sondern Gerechtigkeit. Wenn das Glück erlangt wird, indem man Unrecht tut, dann ist dieses Glück vergänglich, weil der Genuss der Sünde immer kurzlebig ist (vgl. Hebräer 11,25). Deshalb sollten Christen niemals die Ehescheidung befürworten, wenn jemand meint, damit nach Glück streben zu können. Stattdessen sollten wir einander zur Rechtschaffenheit auffordern. Wie der Apostel Johannes in dem oben zitierten Text schreibt, zeigt sich die Liebe darin, dass wir nach den Geboten Gottes leben und ein gerechtes Leben führen.

In Wirklichkeit sollten wir uns die Frage stellen: Welche Anweisungen gibt uns die Bibel für unsere jetzige Situation? Wenn Sie die Antwort nicht kennen, suchen Sie sich einen gläubigen Pastor, dem die biblischen Prinzipien für eheliche Beziehungen vertraut sind. Sobald wir wissen, was richtig ist, sollten wir als Christen unser Leben danach ausrichten.

*Himmlischer Vater, danke für diese hilfreiche Definition von Liebe. Es geht nicht darum, meinen Ehepartner um jeden Preis glücklich zu machen, sondern ich soll meinen Partner ermutigen, das zu tun, was für ihn wirklich das Beste ist, nämlich ein Leben nach deinen Geboten. Bitte hilf mir, unseren ehelichen Bund auch in einer schwierigen Situation zu respektieren und nicht bloß nach der einfachsten Lösung zu suchen.*

15. Dezember

# Der Weg zur Versöhnung führt über den Glauben

*Der Glaube ist der tragende Grund für das, was man hofft:*
*Im Vertrauen zeigt sich jetzt schon, was man noch nicht sieht.*
Hebräer 11,1

Wenn es in Ihrer Ehe hart auf hart kommt, scheint es leichter zu sein, einfach aufzugeben und Ihrem eigenen Glück nachzujagen, vor allem dann, wenn die Gefühle der Liebe verflogen sind. Wir als Christen sind jedoch nicht dazu berufen, den leichteren Weg zu gehen, sondern den richtigen Weg. Ich kann Ihnen jedoch eines versprechen: Nach dem Schmerz der Versöhnung führt der richtige Weg sowohl zum Glück als auch zur Liebe.

Der Entschluss, den Weg zur Versöhnung einzuschlagen, ist ein Schritt, den Sie im Glauben machen. Sie können noch nicht sehen, wie die Wärme der Gefühle in Ihre Beziehung zurückkehrt. Sie können noch nicht sehen, wie Differenzen bereinigt werden. Sie können noch nicht sehen, wie sich die Vertrautheit, die Intimität einstellt, die Sie sich in einer Ehe wünschen. Deshalb müssen Sie den ersten Schritt im Glauben gehen, nicht im Schauen. Aber es handelt sich nicht um blinden Glauben, sondern um einen Glauben, der sich auf den Ratschluss Gottes gründet. Wenn Sie Ihre Hand in die Hand Gottes legen, gehen Sie den Weg mit ihm, im Vertrauen auf seine Weisheit und darauf, dass es richtig ist, wenn Sie den Bund der Ehe respektieren.

Wenn Sie im Glauben vorangehen, um die Versöhnung mit Ihrem Ehepartner anzustreben, gehen Sie den gleichen Weg wie die biblischen Glaubenshelden. Lesen Sie Hebräer 11. In diesem Kapitel werden viele Menschen erwähnt, die aus Glauben handelten, ohne zu wissen, ob sich für sie alles zum Guten wenden würde. Ihre einzige Sicherheit war die Verheißung Gottes. Sie haben dieselbe Sicherheit. Was brauchen Sie sonst noch?

*Himmlischer Vater, für mich ist es eine Herausforderung, im Glauben voranzugehen. Wenn unsere Ehe in eine Krise gerät, dann hilf mir, auf eine Versöhnung hinzuarbeiten, weil das der richtige Weg ist. Es gibt zwar keine Garantie, dass mein Ehepartner zur Versöhnung bereit ist, aber du hast mir verheißen, dass du bei mir sein wirst. Bitte gib mir die Kraft, die richtige Entscheidung zu treffen.*

# 16. Dezember

## Dienen, nicht fordern

*Aber so darf es bei euch nicht sein. Wer groß sein will, der soll den anderen dienen, und wer der Erste sein will, der soll sich allen unterordnen. Auch der Menschensohn ist nicht gekommen, um sich bedienen zu lassen. Er kam, um zu dienen und sein Leben hinzugeben, damit viele Menschen aus der Gewalt des Bösen befreit werden.*
Matthäus 20,26-28

Wenn Sie lernen, Ihrem Ehepartner zu dienen, haben Sie den Schlüssel, der die Tür zu einer glücklichen Ehe öffnet. Ich muss zugeben, dass ich einige Jahre brauchte, bis ich diesen Schlüssel entdeckte. Als ich heiratete, war mein einziger Gedanke, wie glücklich mich meine Frau machen würde. Als sie diese Aufgabe nicht zu meiner vollen Zufriedenheit erfüllte, war ich enttäuscht, verletzt, wütend und feindselig. Das war nicht gerade eine Glanzleistung von mir.

Haben Sie schon Ähnliches erlebt? Sie stellen Forderungen an Ihren Partner, und dann werden Sie wütend, wenn er oder sie Ihre Forderungen nicht erfüllt. Sie reagieren vielleicht so: „Warum machst du das nicht? Du weißt, wie wichtig mir das ist." Oder Sie sagen: „Wie kannst du das nur machen? Du weißt doch, was das bei mir bewirkt." Mit solchen oder ähnlichen Äußerungen wollen Sie Ihren Partner manipulieren, damit er Ihre Forderungen erfüllt.

Haben Sie auch schon festgestellt, dass das nicht funktioniert? Menschen reagieren nicht sehr wohlwollend auf Forderungen. Versuchen Sie es doch mal mit Dienen! Jesus sagte seinen Jüngern, dass jeder, der der Erste sein will, zunächst zum Diener werden soll. Wir sollten diesem Beispiel folgen und anderen dienen.

Versuchen Sie es einmal. Tun Sie für Ihren Partner etwas, worüber er oder sie sich freuen würde. Wenn Sie Ihre Fähigkeit zum Dienen weiterentwickeln, hat das eine viel bessere Wirkung auf Ihre Ehe, als wenn Sie Ihrem Ehepartner weiter mit Forderungen kommen. Tun Sie Ihrem Ehepartner heute etwas Gutes!

• • • • • • • • • • • • • • • • • • • • • • • • •

*Herr Jesus Christus, danke für dein Vorbild, auch beim Dienen. Hilf mir, meinem Partner nicht mit Forderungen zu kommen, sondern ihm stattdessen zu dienen.*

## 17. Dezember

# Dienen bringt Freude

*Ordnet euch einander unter; so ehrt ihr Christus.*
*Ihr Frauen, ordnet euch euren Männern unter, so wie ihr euch dem Herrn unterordnet.*
*Ihr Männer, liebt eure Frauen so, wie Christus seine Gemeinde liebt,*
*für die er sein Leben gab.*
Epheser 5,21-22.25

Eine gegenseitige Haltung des Dienens bei Mann und Frau führt in einer Ehe zu Wachstum. Aber die Bereitschaft zum Dienen muss auf beiden Seiten vorhanden sein. Eine sich unterordnende, dienende Frau und ein tyrannischer, fordernder Ehemann werden niemals die Voraussetzungen für eine glückliche Ehe schaffen. Eine herrschsüchtige Ehefrau und ein passiver Ehemann werden in ihrer Ehe ebenfalls keine Erfüllung finden.

Der Mann muss lernen, seiner Frau so zu dienen, wie Jesus Christus der Gemeinde gedient hat. Eine Frau muss ihrem Mann so dienen, wie sie dem Herrn dient. Gemeinsames Dienen bringt gemeinsame Freude.

Tennisspieler trainieren jede Woche mehrere Stunden lang, um ihre Aufschläge zu verbessern und damit ihrem Spiel zu dienen. Wollen Sie weniger Zeit und Aufmerksamkeit investieren, um in Ihrer Beziehung den einen Punkt zu verbessern, der Ihre Ehe zu etwas ganz Besonderem machen kann? Die Entwicklung Ihrer Fähigkeit zum Dienen könnte für den Erfolg oder Misserfolg in Ihrer Ehe entscheidend sein.

Wollen Sie Gott bitten, Ihnen in der Beziehung zu Ihrem Ehepartner die Gesinnung Jesu zu schenken und Ihnen zu helfen, damit Sie Ihrem Ehepartner so dienen können, wie Jesus seinen Jüngern gedient hat? Wenn Sie ein solches Gebet sprechen, wird Gott es erhören, und es wird Sie zum Wachstum in Ihrer Ehe hinführen.

*Himmlischer Vater, ich bitte dich, dass du an meinem Herzen wirkst und mir die Gesinnung Jesu schenkst, gerade gegenüber meinem Ehepartner. Hilf mir zu dienen, wie du gedient hast, rückhaltlos, liebevoll und ohne etwas dafür zu erwarten.*

18. Dezember

# Freiheit zum Dienen

*Durch Christus wurde euch die Freiheit geschenkt, liebe Brüder und Schwestern! Das bedeutet aber nicht, dass ihr jetzt tun und lassen könnt, was ihr wollt. Dient vielmehr einander in Liebe.*
Galater 5,13

In den letzten Tagen haben wir uns damit beschäftigt, wie wir unsere Fähigkeit zum Dienen entwickeln können. Wir müssen von der Gesinnung Jesu lernen und ihr nacheifern. Wenn Sie und Ihr Ehepartner sich gegenseitig dienen, sind Sie beide auf der Gewinnerseite.

Wertschätzung ist ein wichtiges „Hilfsmittel", um Ihrem Ehepartner Mut zum Dienen zu machen. Hat Ihr Partner Ihnen in dieser Woche auf irgendeine Art und Weise gedient? Denken Sie nach! Hat er den Abfall zum Müllcontainer getragen, eine Mahlzeit zubereitet, das Geschirr gespült, den Rasen gemäht, dem Baby die Windel gewechselt oder den Hund gebadet? Wenn das der Fall war, warum bringen Sie nicht Ihre Dankbarkeit zum Ausdruck? Sie können zum Beispiel sagen: „Weißt du, ich habe dir das noch nicht gesagt, aber ich bin dir wirklich dankbar, dass du den Hund gebadet hast. Mir fällt das immer sehr schwer. Ich weiß, dass das eine chaotische Angelegenheit ist, und deshalb weiß ich es zu schätzen, dass du das gemacht hast."

Halten Sie Ausschau nach etwas, was Ihr Ehepartner für Sie getan hat, und dann bringen Sie Ihre Wertschätzung zum Ausdruck. Dann tun Sie Ihrem Ehepartner ebenfalls etwas Gutes. Gegenseitiges Dienen und gegenseitige Wertschätzung führen zu einer glücklichen Ehe. Beides kann nicht eingefordert werden, sondern wird in Freiheit gegeben, wie der oben angegebene Text aus dem Galaterbrief verdeutlicht. Wenn wir einander unser Leben schenken, entdecken wir die Freude des Dienens.

*Himmlischer Vater, danke für alle Handlungen, mit denen mein Ehepartner mir dient. Hilf mir, dass ich diese Liebesdienste nicht für selbstverständlich halte, sondern meinem Partner von ganzem Herzen und oft meine Wertschätzung zeige. Hilf mir, auch ihm zu dienen.*

19. Dezember

# Die Wut, ein Feind oder Freund?

*Mein Schild ist bei Gott, der den von Herzen Aufrichtigen hilft.*
*Gott ist ein gerechter Richter und ein Gott, der täglich zürnt.*
Psalm 7,11-12

Wut wird häufig als Feind einer guten Ehe angesehen, doch ich glaube, Gott hat die Wut als Freund geplant. Das Gefühl des Zorns ist eine Gabe Gottes, weil es unseren Sinn für Gerechtigkeit und unsere Liebe zu unseren Mitmenschen widerspiegelt.

Die Verse aus Psalm 7 zeigen, dass Gott zornig ist auf diejenigen, die Unrecht tun. Warum? Im weiteren Verlauf schildert der Psalmist, wie diese Leute anderen Menschen Fallen stellen und Gewalttaten planen. Ihre Fähigkeit, anderen zu schaden, ist groß, und ihre Missachtung ihren Mitmenschen gegenüber macht den Herrn zornig.

Wenn unser Ehepartner ein Unrecht begeht, werden wir vielleicht auch zornig, weil wir wissen, dass nicht nur andere Menschen Schaden erleiden, sondern auch unser Ehepartner. In den Psalmen finden sich Beispiele, wie der Zorn Gottes und dessen Auswirkungen die Übeltäter zur Umkehr führen. Auch unser Zorn sollte uns dazu bringen, unseren Ehepartner zu beeinflussen, damit er sein oder ihr Fehlverhalten aufgibt und das Richtige tut.

Im Plan Gottes soll der Zorn zu einem guten Ende führen. Wie bei allen Gaben Gottes versucht Satan jedoch, diesen Plan Gottes zu verdrehen. Damit hat er häufig Erfolg. Wenn wir seinen Verlockungen nachgeben, wird durch unseren Zorn die Lage eher schlimmer als besser. Vielleicht reagieren wir mit Verachtung und nicht mit Sorge, oder wir demonstrieren unsere Selbstgerechtigkeit durch bissige Kommentare.

Beten ist jedoch das Beste, was wir tun können, wenn wir zornig sind. Wir sollten Gott bitten, uns zu zeigen, wie wir einen positiven Einfluss auf unseren Ehepartner ausüben können. Denken Sie daran: Unser Zorn soll uns dazu bringen, mit Gott zusammenzuarbeiten, damit unser Ehepartner sich von schädlichem, sündhaftem Verhalten abwendet.

*Himmlischer Vater, wenn ich zornig auf meinen Ehepartner bin, dann schenke mir die Weisheit, die Gründe meines Zorns zu erkennen. Wenn mein Zorn gerechtfertigt ist, weil mein Ehepartner ein Unrecht begeht oder Schaden anrichtet, brauche ich deine Hilfe, damit ich richtig reagieren kann. Ich weiß, dass ich meinen Ehepartner ermutigen soll, auf den rechten Weg zurückzukehren.*

# 20. Dezember

## Anderen helfen, aber mit Sanftmut

*Brüder und Schwestern, wenn einer von euch vom richtigen Weg abkommt, dann sollt ihr, die von Gottes Geist geleitet werden, ihn liebevoll wieder zurechtbringen. Seht aber zu, dass ihr dabei nicht selbst zu Fall kommt.*
Galater 6,1

Wann waren Sie zum letzten Mal wütend auf Ihren Ehepartner? Was haben Sie damals getan? Hat Ihr Verhalten die Situation verbessert oder verschlimmert? Die Bibel sagt uns, dass wir einen Bruder oder eine Schwester in Christus wieder auf den rechten Weg führen sollen, wenn er oder sie ein Unrecht begeht, aber „mit sanftmütigem Geist“ (Luther 1984). Oder anders ausgedrückt, wir müssen sanftmütig und demütig sein, weil auch wir von Zeit zu Zeit Fehler machen. Deshalb sollten wir uns nicht als Richter aufspielen, sondern unseren Ehepartner liebevoll ermutigen, auf den rechten Weg zurückzukehren.

Liebevolle Konfrontation ist der positivste Lösungsansatz, wenn Sie auf Ihren Ehepartner wütend sind. Vielleicht sind Sie wütend, weil Sie meinen, dass Ihr Partner etwas gesagt oder getan hat, was nicht dem Willen Gottes entspricht. Oder aber er hat etwas nicht getan, was er Ihrer Meinung nach hätte tun sollen. Eine Möglichkeit, dieses Thema liebevoll anzusprechen, könnte so aussehen: „Liebling, vielleicht habe ich das missverstanden, aber ich fühle mich wirklich verletzt, und ich bin auch wütend. Deshalb brauche ich deine Hilfe. Können wir jetzt reden?“

Sagen Sie, was Sie auf dem Herzen haben, und dann hören Sie Ihrem Partner zu. Sie können ihn oder sie nicht zwingen, das Richtige zu tun, aber Sie können auf ihn einen positiven Einfluss ausüben. Sie werden wissen, dass Ihr Zorn seinen Zweck erfüllt hat, wenn Sie diese Worte hören: „Das tut mir leid. Ich habe einen Fehler gemacht. Ich brauche die Hilfe Gottes, damit ich das nicht wieder tue. Kannst du mir vergeben?“

*Himmlischer Vater, hilf mir, immer liebevoll und sanftmütig zu sein, wenn ich meinen Partner mit einem Unrecht konfrontiere, das er getan hat. Ich weiß, wie sehr ich dazu neige, in meiner Wut falsch zu reagieren, aber ich möchte, dass auch mein Ehepartner deine Gnade erfährt. Bitte hilf mir, mit meinem Zorn weise umzugehen und ihn nicht an meinem Partner auszulassen, sondern ihn liebevoll mit seinem Fehlverhalten zu konfrontieren.*

# 21. Dezember

# Praktische Tipps für den positiven Umgang mit Wut und Zorn

*Lass dich nicht von Zorn und Wut überwältigen,*
*denn wenn du dich ereiferst, gerätst du schnell ins Unrecht.*
Psalm 37,8

Wie wir bereits festgestellt haben, gehören Zorn oder Wut zu jeder zwischenmenschlichen Beziehung, auch zur Ehe. Wir haben über mögliche Ursachen gesprochen, aber heute möchte ich den Schwerpunkt auf die Praxis legen. Es folgen sechs Vorschläge, wie Sie mit Ihrer Wut auf Ihren Ehepartner umgehen können.

1. Gestehen Sie sich selbst ein, dass es in Ordnung ist, wenn Sie Wut oder Zorn empfinden.
2. Denken Sie daran: „Es ist nicht in Ordnung, meine Wut an meinem Partner auszulassen oder mich schmollend von ihm zurückzuziehen."
3. Bitten Sie Gott um Weisheit im Umgang mit Ihrer Wut oder Ihrem Zorn.
4. Suchen Sie nach einer Erklärung, anstatt Ihren Ehepartner zu verurteilen. Sie könnten zum Beispiel sagen: „Liebling, ich ärgere mich über eine bestimmte Sache, aber vielleicht verstehe ich etwas falsch. Darf ich dich etwas fragen?"
5. Streben Sie eine Lösung an und nicht die Siegerposition im Streit. Wenn Sie die Debatte gewinnen, verliert Ihr Ehepartner. Wollen Sie etwa mit einem Verlierer verheiratet sein? Deshalb sollten Sie die richtige Frage stellen: „Wie können wir dieses Problem lösen?"
6. Versichern Sie Ihrem Partner, dass Sie ihn lieben: „Ich liebe dich, und ich möchte nicht, dass etwas zwischen uns steht", so oder ähnlich könnte eine passende Äußerung lauten.

Der Psalmist erinnert uns daran, dass wir Schaden anrichten, wenn wir uns von Zorn und Wut überwältigen lassen. Im Gegensatz dazu bereiten diese sechs Schritte den Weg zu einer guten Lösung. Der positive Umgang mit Zorn und Wut kann Ihre Ehe sogar retten.

• • • • • • • • • • • • • • • • • • • • • • •

*Himmlischer Vater, danke für diese Vorschläge, wie ich mit meinem Zorn auf meinen Ehepartner umgehen kann. Bitte hilf mir, sie in die Praxis umzusetzen. Ich möchte mich nicht von meiner Wut zur Sünde verleiten lassen, sondern immer respektvoll und liebevoll mit meinem Ehepartner umgehen.*

22. Dezember

# Wir alle brauchen Liebe

*Was bleibt, sind Glaube, Hoffnung und Liebe. Die Liebe aber ist das Größte.*
1. Korinther 13,13

Liebe und Ehe – die beiden bilden ein Gespann wie Pferd und Wagen. Ist das so? Es sollte so sein, und in einer gesunden Ehe ist es auch so. Die meisten Menschen sind sich einig, dass jeder den Wunsch im Herzen trägt, geliebt zu werden. Der Apostel Paulus bezeichnet die Liebe sogar als das Größte, und König David erwähnt, dass die Liebe Gottes ihm mehr bedeutet als sein Leben (Psalm 63,4). Natürlich kann die unerschütterliche Liebe Gottes für uns wie ein Fels in der Brandung unserer Gefühle sein. Aber wir brauchen auch die menschliche Liebe. Wenn wir verheiratet sind, sehnen wir uns am meisten nach der Liebe unseres Ehepartners. Wenn wir uns geliebt fühlen, wird alles andere leichter. Wenn wir uns dagegen nicht geliebt fühlen, können unsere Konflikte zu Schlachtfeldern werden.

Bitte verstehen Sie mich nicht falsch. Ich behaupte nicht, dass Liebe unser einziges Bedürfnis ist. Psychologen haben festgestellt, dass wir emotionale Grundbedürfnisse nach Sicherheit, Selbstwert und Bedeutung haben. Aber die Liebe ist das Bindeglied zwischen all diesen Bedürfnissen.

Wenn ich mich geliebt fühle, kann ich mich entspannen, denn ich weiß, dass mein Partner mir nichts Böses antun will. In seiner Gegenwart fühle ich mich sicher. Ich kann auch den Unsicherheiten in anderen Lebensbereichen, wie zum Beispiel der Arbeitswelt, besser begegnen. Vielleicht habe ich sogar Feinde, aber bei meinem Ehepartner bin ich gut aufgehoben. In den nächsten zwei Tagen werden wir darüber sprechen, wie Sie das Bedürfnis Ihres Ehepartners nach emotionaler Liebe erfüllen können.

*Herr Jesus Christus, danke für deine unerschütterliche Liebe. Und danke für die Liebe, die ich mit meinem Ehepartner teilen kann. Bitte hilf mir, diese Liebe so zu zeigen, dass mein Partner sich in unserer Beziehung sicher fühlt.*

## 23. Dezember

# Wir sind wertvoll, weil Gott uns liebt

*Seht doch, wie groß die Liebe ist, die der Vater uns schenkt!*
*Denn wir dürfen uns nicht nur seine Kinder nennen, sondern wir sind es wirklich.*
1. Johannes 3,1

Häufig hilft die eheliche Liebe dabei, von einem niedrigen zu einem gesunden Selbstwertgefühl zu gelangen. Liebe ist von entscheidender Bedeutung für die Art, wie ich mich selbst wahrnehme.

In Wirklichkeit sind wir alle wertvoll, weil wir nach dem Bild Gottes geschaffen sind. Der Apostel Johannes macht deutlich, dass Gott uns seine Kinder nennt, weil er uns so sehr liebt. Diese Liebe Gottes stellt die Bibel auch mit dem Bild eines Hirten und seiner Schafe dar. In Psalm 100,3 heißt es: „Er hat uns zu seinem Volk gemacht, ihm gehören wir! Er sorgt für uns wie ein Hirte für seine Herde." In Kurzfassung bedeutet das: Gott liebt uns. Wir gehören zu ihm, und er sorgt für uns. Das ist eine wunderbare Botschaft, und sie sollte das Selbstwertgefühl jedes Christen stärken.

Aber nicht alle von uns sind sich ihres eigenen Wertes bewusst. In der Ehe können wir zu einem Werkzeug Gottes werden, um das Selbstwertgefühl unseres Ehepartners aufzubauen. Wir setzen dieses Ziel am besten in die Praxis um, indem wir unseren Ehepartner lieben und ihm die göttliche Wahrheit vermitteln. Wenn wir die Liebessprache unseres Partners sprechen und dafür sorgen, dass sein Liebestank gefüllt bleibt, zeigen wir ihm, wie wertvoll er ist. Dann wird Ihr Ehepartner sich sagen: „Wenn mein Partner mich liebt, muss ich ja etwas wert sein."

Kennen Sie die wichtigste Liebessprache Ihres Partners? Wissen Sie, wodurch er sich wirklich geliebt fühlt? Wenn ja, bitten Sie Gott um die Fähigkeit, diese Muttersprache der Liebe gut zu sprechen, ob es sich nun um Zärtlichkeit handelt, um Lob und Anerkennung, um Zweisamkeit, Geschenke oder Hilfsbereitschaft. Dann können Sie mit ansehen, wie Ihr Partner förmlich aufblüht und zu dem Menschen wird, den Gott geplant hat. Liebe kann viel bewirken.

*Himmlischer Vater, danke, dass wir dich Vater nennen dürfen! Du hast uns als deine Kinder angenommen, und du sorgst für uns so liebevoll wie ein Hirte für seine Schafe. Danke, dass wir in deinen Augen wertvoll sind. Bitte hilf mir, diese Wahrheit auch meinem Partner zu vermitteln, indem ich ihm meine Liebe zeige.*

# 24. Dezember

## Wir sehnen uns nach Bedeutung

*Vor allem ist wichtig, dass ihr als ganze Gemeinde so lebt, wie es der rettenden Botschaft entspricht. Ob ich nun bei euch sein kann und es mit eigenen Augen sehe oder ob ich nur davon höre, ich möchte, dass ihr alle durch Gottes Geist verbunden seid und einmütig für die Ausbreitung dieser Botschaft kämpft.*
Philipper 1,27

Unser Bedürfnis nach Bedeutung prägt einen Großteil unseres Verhaltens. Wir möchten, dass unser Leben einen Sinn hat. Als Mensch zähle ich allein deshalb, weil Gott mich geschaffen hat. Das Leben bekommt schon dadurch seinen Sinn. Es gibt aber auch noch ein höheres Ziel, nämlich die Liebe Gottes an andere Menschen weiterzugeben, indem wir die rettende Botschaft verbreiten. Der Apostel Paulus hat damals die Gemeinde Jesu aufgefordert, dieses Ziel gemeinsam zu verfolgen. Seine Worte gelten auch heute noch. Wenn wir die Liebe Gottes an andere Menschen weitergeben, tun wir etwas sehr Bedeutungsvolles.

Trotzdem spüre ich erst dann, dass ich etwas zähle, wenn jemand mir seine Liebe zeigt. Ich erkenne meinen eigenen Wert, sobald mein Ehepartner aus Liebe Zeit, Energie und Mühe für mich investiert. Aber eines ist überraschend: Entschließe ich mich, meinen Partner zu lieben und mein Leben für sein Wohlergehen einzusetzen, fühle ich mich noch wertvoller. Warum? Weil Geben seliger ist als Nehmen.

Jesus Christus ist auch darin unser Vorbild. Er hat sein Leben für die Gemeinde hingegeben (vgl. Epheser 5,25), und deshalb hat Gott ihn „über alles erhöht" (Philipper 2,9). Sie leisten einen großen Beitrag für das Reich Gottes, wenn Sie Ihren Ehepartner lieben.

*Himmlischer Vater, ich bin dir dankbar, dass ich für dich so viel bedeute. Deshalb möchte ich deinen Willen tun und deine Liebe an andere Menschen weitergeben. Bitte hilf mir, damit bei meinem Partner zu beginnen und ihn selbstlos zu lieben. Durch diese Liebe kann auch er erkennen, was für eine große Bedeutung er hat.*

25. Dezember

# Die Vergangenheit liegt hinter uns

*Ich will alles vergessen, was hinter mir liegt, und schaue nur noch auf das Ziel vor mir. Mit aller Kraft laufe ich darauf zu, um den Siegespreis zu gewinnen, das Leben in Gottes Herrlichkeit. Denn dazu hat uns Gott durch Jesus Christus berufen.*
Philipper 3,13-14

Nach den Worten in 1. Korinther 13 ist Liebe „nicht nachtragend". Wie oft ist es vorgekommen, dass ich in der Eheberatung zugehört habe, wie ein Mann oder eine Frau sich gegenseitig bis ins letzte Detail ihre Fehler aus der Vergangenheit vorgeworfen haben? Die verletzten Gefühle, der Schmerz, die Enttäuschung werden so empfunden, als ob das Unrecht erst gestern geschehen sei. Ich frage Sie, zu was soll das gut sein?

Wir alle haben in unserer Vergangenheit Sünden begangen. Ja, wir haben schreckliche Schuld auf uns geladen, aber die wunderbare Botschaft von Weihnachten lautet doch, dass Gott uns vergibt. Und sobald wir Vergebung erfahren haben, erinnert uns Gott nie wieder an unsere Fehler aus der Vergangenheit. In Jesaja 43,25 sagt er uns sogar: „Ich werde alles Böse für immer vergessen." Was für eine wunderbare Verheißung!

Diesem göttlichen Vorbild müssen wir folgen. Wenn Ihr Partner eine Sünde bekennt und Sie um Vergebung bittet, dürfen Sie nie wieder die Vergangenheit erwähnen. Denken Sie daran, dass Ihr Wohlergehen nicht von der Vergangenheit bestimmt wird, sondern von dem, was Sie mit Ihrer Zukunft tun. Wichtig ist doch, wie Sie heute miteinander umgehen, nicht, wie Sie sich im letzten Monat oder im letzten Jahr behandelt haben.

Folgen Sie dem Beispiel des Apostels Paulus aus Philipper 3 und vergessen Sie die Vergangenheit. Konzentrieren Sie sich stattdessen auf die Zukunft und Ihr letztgültiges Ziel, nämlich ein Leben, das dem unseres Herrn Jesus Christus ähnlich ist. Die Vergangenheit hinter sich zu lassen ist der Schlüssel, der die Zukunft aufschließen kann, in der Versöhnung zwischen Ihnen und Ihrem Ehepartner geschieht.

*Himmlischer Vater, an diesem Weihnachtstag möchte ich dir danken, dass du Jesus in die Welt gesandt hast, um uns zu erretten. Sein Opfer ermöglicht es dir, uns zu vergeben und die Vergangenheit zu vergessen. Bitte hilf mir, auch die in der Vergangenheit liegenden Fehler meines Ehepartners zu vergessen und aufzuhören, die Verletzungen von damals ständig hervorzukramen. Ich möchte stattdessen nach vorn blicken, auf das Wachstum und die Versöhnung, die wir in der Zukunft erleben können. Ich möchte genauso vergeben und lieben können wie du. Bitte zeig mir, wie ich das tun kann, mein Herr.*

# 26. Dezember

## Liebe sucht nicht den eigenen Vorteil

*Damit wollte ich euch zeigen, wie man arbeiten muss, um den Armen zu helfen und das zu erfüllen, was unser Herr Jesus selbst gesagt hat: Geben macht glücklicher als Nehmen.*
Apostelgeschichte 20,35

Glück ist ein einzigartiges Gut. Es lässt sich nicht finden, wenn jemand es käuflich erwerben will. Einsame Männer und Frauen in jeder Epoche der Geschichte haben sich die Sinnlosigkeit ihrer Suche nach dem Glück eingestehen müssen, vor allem König Salomo im Buch Prediger. Dieser reiche, mächtige König mit einem ganzen Heer von Dienern, die ihm jeden Wunsch von den Augen abgelesen haben, fand heraus, dass die meisten Dinge im Leben ermüdend, sinnlos und freudlos waren.

Die meisten von uns meinen, sie werden glücklich, wenn sie heiraten. Nach der Hochzeit entdecken wir, dass unser Ehepartner uns nicht unbedingt glücklich machen will. Vielleicht fordert unser Partner sogar immer mehr von unserer Zeit, Energie und unseren finanziellen Mitteln, damit er sein eigenes Glück finden kann. Wir fühlen uns getäuscht und ausgenutzt, und deshalb kämpfen wir um unsere Rechte. Wir fordern bestimmte Dinge von unserem Ehepartner, oder aber wir geben auf und suchen unser Glück woanders.

Der Apostel Paulus hat in 1. Korinther 13 von der Liebe unter anderem geschrieben, dass sie nicht ihren eigenen Vorteil sucht. Echtes Glück ist eine Begleiterscheinung, wenn ich jemand anderen glücklich mache. Ich frage mich, was geschehen wäre, wenn König Salomo einen Menschen gefunden hätte, dem er hätte dienen können. Sagt die Bibel nicht: „Geben macht glücklicher als Nehmen."?

Möchten Sie glücklich sein? Dann entdecken Sie die Bedürfnisse eines anderen Menschen und helfen Sie ihm, diese Bedürfnisse zu erfüllen. Warum fangen Sie damit nicht bei Ihrem Ehepartner an? „Wie kann ich dir helfen?" Das ist eine gute Frage für den Anfang.

*Herr Jesus Christus, du hast uns gesagt, dass wahrer Segen vom Geben und nicht vom Nehmen kommt. Bitte hilf mir, meine Erwartungen um hundertachtzig Grad zu drehen. Ich möchte meine Zeit und Energie nicht vergeuden, indem ich nach dem Glück greife, um dann doch enttäuscht zu werden. Zeig mir stattdessen, wie ich mich meinem Partner zuwenden kann, um ihm oder ihr etwas zu geben. Ich möchte meinen Partner glücklich machen, indem ich ihm meine Liebe zeige.*

# 27. Dezember

# Eine Strategie für künftige Schwiegereltern

*Achtet alle Menschen, und liebt eure Brüder und Schwestern!*
1. Petrus 2,17

Wenn aus Ihnen eine Schwiegermutter oder ein Schwiegervater wird, gelangen Sie in eine neue Welt der zwischenmenschlichen Beziehungen. Lassen Sie das nicht einfach mit sich geschehen, sondern sprechen Sie darüber. Bevor Ihr Sohn oder Ihre Tochter heiratet, sollten Sie über das Zusammenleben nach der Hochzeit reden. Sprechen Sie mit Ihrem Ehepartner, mit Ihrem Kind und mit Ihrem künftigen Schwiegersohn oder Ihrer künftigen Schwiegertochter. Sie möchten doch gute Beziehungen zu Ihrer neuen Familie entwickeln. Deshalb sollten Sie darüber reden, wie diese Beziehungen gut werden können. Respektieren Sie die Gedanken und Vorschläge der anderen. Einigen Sie sich über eine Strategie. Beantworten Sie für sich die folgenden Fragen.

- Wie soll uns der neue Schwiegersohn/die neue Schwiegertochter anreden?
- Wenn wir in derselben Region leben: Sollen wir uns anrufen, bevor wir beim anderen vor der Tür stehen? Oder können wir jederzeit einen Überraschungsbesuch machen?
- Wie soll unser Kontakt nach der Hochzeit aussehen? Wie oft wollen wir uns anrufen oder besuchen?
- Sind wir offen für Einladungen zum Essen? Gestehen wir einander die Freiheit zu, Nein zu sagen, wenn wir andere Pläne haben?
- Werden wir das junge Ehepaar finanziell unterstützen? Wenn ja, wie können wir das tun, ohne dass sich das jüngere Paar von uns vereinnahmt fühlt?

Wenn wir unseren Familienmitgliedern, auch den neuen, mit Liebe und Respekt begegnen, folgen wir dem Rat des Apostels Petrus. Wir bereiten damit auch den Weg zu starken Familienbanden für die nächsten Jahre. Deshalb ist die Vorbereitung auf das Leben nach der Hochzeit genauso wichtig wie die Vorbereitung der Hochzeit selbst.

*Himmlischer Vater, ich möchte eine gute Beziehung zu meinem Schwiegersohn oder meiner Schwiegertochter haben, auch wenn diese Situation vielleicht noch in der Zukunft liegt. Du erinnerst mich daran, dass vorausschauende Kommunikation, Liebe und Respekt immer förderlich ist, und dafür danke ich dir. Mach unsere familiäre Beziehung stärker, wohltuender und liebevoller.*

## 28. Dezember

# Gutes tun ist besser als Gefühle

*Werdet nicht müde, Gutes zu tun. Es wird eine Zeit kommen, in der ihr eine reiche Ernte einbringt. Gebt nur nicht vorher auf!*
Galater 6,9

Heute möchte ich Sie dazu auffordern, Ihren Partner zu lieben, auch wenn Sie ihm gegenüber negative Gefühle empfinden. Jetzt könnten Sie mich fragen: „Ist so etwas nicht Heuchelei?" Meine Antwort lautet: Nein. Wenn Sie behaupten, etwas zu fühlen, was Sie nicht fühlen, ist das Heuchelei, aber wenn Sie *trotz* Ihrer Gefühle liebevoll handeln, ist das keine Heuchelei. Wenn Sie durch eine aufmerksame Handlung oder ein Geschenk Freundlichkeit zeigen, dann müssen Sie nicht so tun, als hätten Sie warme, herzliche Gefühle. Sie treffen bloß die Entscheidung, freundlich zu sein.

Die Bibel sagt uns, dass wir nicht müde werden sollen, Gutes zu tun. Wenn wir unseren Ehepartner freundlich und liebevoll behandeln, tun wir etwas, was Gott gefällt. Er verspricht uns, dass wir eine reiche Ernte einbringen werden, wenn wir nicht aufgeben.

Es ist in etwa so wie das, was wir jeden Morgen machen. Ich weiß nicht, wie es Ihnen geht, aber wenn ich mich nur an jenen Tagen aus dem Bett erheben würde, an denen ich Lust habe, aufzustehen, hätte ich mir schon den Rücken wundgelegen. Fast jeden Morgen handle ich gegen meine Gefühle und stehe auf, sobald der Wecker klingelt. Später fühle ich mich gut, weil ich es geschafft habe – nun ja, nicht jeden Tag.

Negative Gefühle werden abgemildert, wenn sie ignoriert statt gehegt und gepflegt werden. Wenn Sie trotz negativer Gefühle positiv handeln, dann verändert sich das emotionale Klima zwischen Mann und Frau. Verstimmungen lösen sich auf, und beide Ehepartner sind offener zueinander. Vielleicht ist das der Segen, den Gott verheißt. Sobald Sie diesen Punkt erreichen, können Sie gemeinsam die Punkte ansprechen, die Ihre negativen Gefühle ausgelöst haben.

*Himmlischer Vater, bitte gib mir das nötige Durchhaltevermögen, damit ich meinem Ehepartner freundlich begegnen kann, auch wenn ich etwas anderes empfinde und am liebsten aufgeben würde. Wenn ich jedoch deine Liebe zum Ausdruck bringe, kann sich die Atmosphäre zwischen mir und meinem Ehepartner verändern. Deshalb schenke mir die Willenskraft und Entschlossenheit, trotz meiner Gefühle Gutes zu tun. Danke, dass du mir helfen willst, Herr.*

## 29. Dezember

# Die umwandelnde Kraft der Liebe

*Dagegen bringt der Geist Gottes in unserem Leben nur Gutes hervor: Liebe und Freude, Frieden und Geduld, Freundlichkeit, Güte und Treue, Besonnenheit und Selbstbeherrschung. Ist das bei euch so? Dann kann kein Gesetz mehr etwas von euch fordern!*
Galater 5,22-23

Es war einmal eine Frau, die zu einem Eheberater kam, weil sie Rat brauchte. „Ich will mich von meinem Mann scheiden lassen", sagte sie, „ und ich will ihm dabei so viel Schaden zufügen wie möglich."

„In diesem Fall", riet ihr der Eheberater, „überschütten Sie ihn mit Komplimenten. Wenn Sie sich für ihn unentbehrlich gemacht haben und er denkt, dass Sie mit Hingabe und Liebe an ihm hängen, reichen Sie die Scheidung ein. Damit richten Sie den größtmöglichen Schaden an."

Ein paar Monate später kam die Frau wieder in das Büro des Eheberaters, um zu berichten, dass sie seinem Rat gefolgt war.

„Gut", sagte der Eheberater. „Jetzt können Sie die Scheidung einreichen."

„Scheidung?", erwiderte die Frau entsetzt. „Niemals! Ich habe mich in den Typen verliebt."

Liebevolle Worte und Handlungen verändern nicht nur den Ehepartner, sondern auch den, von dem die liebevollen Worte und Handlungen ausgehen. Hat Jesus nicht gesagt: „Liebt eure Feinde" (Matthäus 5,44)? Vielleicht gehört Ihr Ehepartner auch zu Ihren Feinden, zumindest in bestimmten Momenten! Es mag uns unmöglich erscheinen, aber die Worte in Galater 5 versichern uns, dass wir nicht alles allein machen müssen! Der Geist Gottes, der in uns wohnt, bringt in uns Gutes hervor, nämlich Liebe, Freude, Frieden, Geduld, Freundlichkeit, Güte, Treue, Besonnenheit und Selbstbeherrschung. Das klingt wirklich unglaublich! Wir müssen dem Geist Gottes bloß erlauben, in uns zu wirken. Wenn Sie Ihren Ehepartner in der Vollmacht des Heiligen Geistes lieben, werden die Probleme niemals schlimmer. Wer weiß, vielleicht wird sogar alles besser. Trotzen Sie Ihren Gefühlen und geben Sie der Liebe eine Chance!

*Himmlischer Vater, ich bin dir so dankbar für die Gaben des Heiligen Geistes, der wunderbare Frucht in mir hervorbringen kann. Bitte hilf mir, dass ich deinem Geist erlaube, in mir zu wirken. Mit deiner Hilfe kann ich meinem Ehepartner durch gute Taten Liebe erweisen, auch wenn ich etwas ganz anderes fühle. Ich möchte durch deine Liebe umgewandelt werden, mein Herr.*

30. Dezember

# Welches Vermächtnis hinterlassen Sie?

*Folgt meinem Beispiel, so wie ich dem Vorbild folge, das Christus uns gegeben hat.*
1. Korinther 11,1

Wenn Sie sterben, hinterlassen Sie nicht nur materielle Dinge, sondern auch ein eheliches Vermächtnis. Ihr Beispiel hat einen Einfluss auf das Leben Ihrer Kinder und anderer Menschen, die Sie beobachten. Nur wenige Dinge sind so wichtig, wie eine Ehe aufzubauen, die Ihre Kinder sich zum Vorbild nehmen können.

Älteren Ehepaaren mit Kindern stelle ich oft diese Frage: „Was wünschen Sie sich für Ihre Kinder?" Meist bekomme ich die folgende Antwort: „Ich wünsche mir, dass sie glücklich verheiratet sind und ihre Kinder zu liebevollen, mitfühlenden Menschen erziehen." Das ist ein gutes Ziel. Was tun Sie, um dieses Ziel zu unterstützen? Ich glaube, das Modell Ihrer eigenen Ehe ist der entscheidende Beitrag zu einer gelingenden Ehe Ihrer Kinder.

Werden Sie ein positives oder negatives Vermächtnis hinterlassen? Viele junge Erwachsene haben mit großen Problemen zu kämpfen, weil sie von dem negativen Beispiel geprägt sind, das ihre Eltern ihnen durch ihre Ehe vorgelebt haben. Andere wiederum erfahren einen großen Segen durch ein positives Ehevorbild.

Es ist jedoch nicht zu spät. Solange Sie leben, haben Sie Zeit, an Ihrem ehelichen Vermächtnis zu arbeiten. Am besten folgen wir wie Paulus dem Vorbild, das Jesus Christus uns gegeben hat. Je näher wir Jesus sind und je mehr wir einander so lieben, wie er es uns vorgelebt hat, desto mehr wird ihn auch unser Vermächtnis ehren.

*Herr Jesus Christus, nur wenn ich deinem Vorbild folge, kann ich ein starkes Vermächtnis hinterlassen. Bitte hilf mir, dir immer ähnlicher zu werden, auch im Umgang mit meinem Ehepartner und der Art, wie ich unsere Ehe gestalte. Ich möchte für meine Kinder und meine Mitmenschen ein positives Vorbild sein. Danke, Herr, dass du mir dabei hilfst.*

# Ein positives Vermächtnis

*Allerdings musst du in jeder Beziehung ein Vorbild sein: in allem, was du sagst und tust, in der Liebe, im Glauben und in Selbstbeherrschung.*
1. Timotheus 4,12

Welches Vermächtnis werden Sie Ihren Kindern hinterlassen? Wenn Sie sterben, werden Ihre Kinder wahrscheinlich etwas Materielles von Ihnen erben, in Form von Geld, Kleidungsstücken, Möbeln, Autos und so weiter. Aber das nachhaltigste Erbe, das Sie Ihren Kindern hinterlassen können, ist das Vermächtnis Ihrer Ehe.

John beerdigte seinen achtundsiebzig Jahre alten Vater ein Jahr nach dem Tod seiner Mutter. Sein Vater hatte mehrere Jahre lang in einem Pflegeheim gelebt, und deshalb war kein Geld mehr da. Er konnte seinem Sohn kein materielles Erbe hinterlassen. „Bevor er starb", erinnerte sich John, „sagte er mir, dass ich seinen Ehering bekommen sollte. Nach seinem Tod ging ich ins Pflegeheim. Dort gab man mir eine Tasche mit den Kleidungsstücken meines Vaters. Ganz unten lag eine kleine Plastiktüte, in der sein Ehering war. Jetzt liegt dieser Ring auf meiner Kommode. Jeden Tag, wenn ich ihn sehe, denke ich daran, dass mein Vater mehr als fünf Jahrzehnte lang mit meiner Mutter verheiratet war. Ich erinnere mich an alles, was er für mich getan hat, als ich ein Kind war, und ich bete darum, dass ich ein so guter Ehemann und Vater sein werde, wie er es war."

Mit diesen Worten spricht John von einem Erbe, das viel wertvoller ist als materieller Besitz. Als der Apostel Paulus an Timotheus schrieb, forderte er ihn auf, ein Vorbild zu sein, und zwar in der Art, wie er lebte, glaubte und liebte. Diese Herausforderung gilt auch uns heute. Was werden Ihre Kinder eines Tages denken, wenn sie Ihren Ehering betrachten?

*Herr Jesus Christus, ich möchte ein positives Erbe hinterlassen. Bitte hilf meinem Ehepartner und mir, einander zu lieben, auch wenn wir in unserer Beziehung Herausforderungen zu bestehen haben. Ich wünsche mir, dass unsere Kinder und unsere Mitmenschen ermutigt werden, wenn sie sehen, wie wir unsere Ehe gestalten.*